2026
박문각 행정사

브랜드 만족 1위
근거자료 후면표기

5년 최다
★ 전체 ★
수석
합격자 배출

기출해설 포함

이상기/이준희
행정절차론

2차 | 기본서

박문각 행정사연구소 편_이상기/이준희

동영상 강의 www.pmg.co.kr

박문각

박문각 행정사
이상기/이준희 행정절차론
2차 | 기본서

PREFACE

머리말

법전이 주어지지 않는 행정사 시험에서 행정절차론은 너무나 많은 조문을 암기해야 한다는 부담감이 있습니다. 이를 극복하기 위하여 행정절차론이라는 과목에 대한 수많은 고민과 이를 바탕으로 답안지를 작성해 보는 연습이라는 시행착오를 적지 않게 반복하였던 것으로 기억합니다. 그 과정에서 얻은 결론은 너무 단순하지만 하나입니다. 모든 법학 과목이 그러하듯 큰 틀에서 충분히 이해하고 이를 반복해서 암기하고 실제 시험장에서 답안을 작성하는 것처럼 연습해 보는 것입니다. 하지만 누구나 아는 이러한 결론이 말처럼 쉽게 행동으로 옮겨지는 것은 아니기에 힘들게 했었던 것 같습니다.

본 교재는 과거 수험 생활 속에서 고민했던 문제점과 시행착오를 현재 학습하는 다른 수험생들은 조금이라도 줄일 수 있도록 기술하였습니다.

「행정사 행정절차론 기본서」의 특징은 다음과 같습니다.

1. 행정절차론이라는 과목의 큰 틀을 이해할 수 있도록 구성하였습니다.
2. 행정절차론 출제 범위에 해당하는 법규와 출제 가능한 주요 판례를 빠짐없이 수록하였습니다.
3. 기출문제에 대한 해설을 실전 답안처럼 정리하였습니다.

논술·약술 시험은 문제에서 주어진 논점을 바르게 파악하고 그에 맞는 내용을 중요 키워드별로 정해진 시간 안에 작성하는 싸움입니다. 따라서 이 교재의 모든 내용을 암기하는 것이 필요한 것이 아니라 전반적인 이해를 통해 각 문장마다의 키워드를 추출하여야 합니다. 그리고 자신이 준비한 키워드를 채점자들이 인식할 수 있도록 작성하기 위해서는 계속해서 실제 써보는 연습을 반복해야 합니다. 마지막으로 이해와 암기 그리고 연습을 당부합니다.

현재 행정사를 직업으로 갖고 있는 편저자이기에 행정사라는 자격은 상당히 매력 있는 전문 자격사임을 자부합니다. 이 교재로 학습하는 모든 수험생들이 함께 행정사로서 앞날을 꿈꾸길 기원합니다.

2025년 9월

편저자 행정사 이상기, 이준희 올림

GUIDE

행정사 2차 시험 정보

1. 시험 일정: 매년 1회 실시

원서 접수	시험 일정	합격자 발표
2026년 8월경	2026년 10월경	2026년 12월경

2. 시험 과목 및 시간

교시	입실	시험 시간	시험 과목	문항 수	시험 방법
1교시	09:00	09:30~11:10 (100분)	[공통] ① 민법(계약) ② 행정절차론(행정절차법 포함)	과목당 4문항 (논술 1, 약술 3) ※ 논술 40점, 약술 20점	논술형 및 약술형 혼합
2교시	11:30	• 일반/해사 행정사 11:40~13:20 (100분) • 외국어번역 행정사 11:40~12:30 (50분)	[공통] ③ 사무관리론 　(민원 처리에 관한 법률, 행정업무의 운영 및 혁신에 관한 규정 포함) [일반행정사] ④ 행정사실무법(행정심판사례, 비송사건절차법) [해사행정사] ④ 해사실무법(선박안전법, 해운법, 해사안전기본법, 해사교통안전법, 해양사고의 조사 및 심판에 관한 법률) [외국어번역행정사] ④ 해당 외국어(외국어능력시험으로 대체하며 영어, 중국어, 일본어, 프랑스어, 독일어, 스페인어, 러시아어의 7개 언어에 한함)		

3. 외국어능력검정시험 성적표 제출

2차 시험의 원서접수 마감일부터 거꾸로 계산하여 5년이 되는 날이 속하는 해의 1월 1일 이후에 실시된 외국어능력검정시험에서 취득한 성적으로 대체하며, 기준 점수 이상이어야 한다.

◆ 영어

시험명	TOEIC	TEPS	TOEFL	G-TELP	FLEX	IELTS
기준 점수	쓰기시험 150점 이상	쓰기시험 71점 이상	쓰기시험 25점 이상	GWT 작문시험에서 3등급 이상(1, 2, 3등급)	쓰기시험 200점 이상	쓰기시험 6.5점 이상

◆ 일본어, 중국어, 스페인어, 프랑스어, 독일어, 러시아어

시험명	FLEX (공통)	신HSK (중국어)	DELE (스페인어)	DELF/DALF (프랑스어)	괴테어학 (독일어)	TORFL (러시아어)
기준 점수	쓰기시험 200점이상	6급 또는 5급 쓰기 60점 이상	C1 또는 B2 작문 15점 이상	C2 독해/작문 25점 이상 및 C1 또는 B2 작문 12.5점 이상	C2 또는 B2 쓰기 60점 이상 및 C1 쓰기 15점 이상	1~4단계 쓰기 66% 이상

4. 시험의 면제

(1) 면제 대상
공무원으로 재직한 사람과 외국어 번역 업무에 종사한 경력이 있는 사람 등은 행정사 자격시험의 전부 또는 일부가 면제된다(제2차 시험 일부 과목 면제).

(2) 2차 시험 면제 과목

일반/해사행정사	행정절차론, 사무관리론
외국어번역행정사	민법(계약), 해당 외국어

5. 합격자 결정 방법

(1) 합격기준
1차 시험 및 2차 시험 합격자는 과목당 100점을 만점으로 하여 모든 과목의 점수가 40점 이상이고, 전 과목의 평균 점수가 60점 이상인 사람으로 한다(단, 2차 시험에서 외국어 시험을 외국어능력검정시험으로 대체하는 경우에는 해당 외국어시험은 제외).

(2) 최소합격인원
2차 시험 합격자가 최소선발인원보다 적은 경우에는 최소선발인원이 될 때까지 모든 과목의 점수가 40점 이상인 사람 중에서 전 과목 평균점수가 높은 순으로 합격자를 추가로 결정한다. 이 경우 동점자가 있어 최소선발인원을 초과하는 경우에는 그 동점자 모두를 합격자로 한다.

GUIDE

출제경향 분석

행정절차론의 시험범위는 행정절차법, 공공기관의 정보공개에 관한 법률, 개인정보보호법, 질서위반행위규제법, 행정조사기본법, 행정규제기본법, 주민등록법과 가족관계의 등록 등에 관한 법률까지 총 8개의 법률로 이루어집니다.

40점 논술 문제 즉 사례형으로 출제되는 행정절차법의 경우 처분절차에 관한 대표적인 판례는 반드시 숙지해야 하지만 절차법을 제외한 개별법의 역대 기출 문제는 법조문을 정확하게 암기하였는지를 묻고 있습니다. 행정절차 사례는 최근 들어서 기본 개념에 대한 부분을 논점으로 구성하고 있습니다. 따라서 논점별 작성해야 할 답안을 미리 준비하여 암기하는 것은 물론 기계적 암기가 아닌 정확한 이해가 선행되지 않는다면 자신이 아는 만큼의 답안 작성을 하기가 힘듭니다. 즉 기본이론 과정의 중요성이 더욱 강조됩니다. 또한 판례를 변형한 문제가 출제되므로 판례에 대한 정확한 학습의 중요성을 다시 한번 강조하게 됩니다.

약술 문제의 경우 적어도 단문으로 정리한 내용은 빠짐없이 보셔야 합니다. 각 개별법의 경우 깊게 정리하기보다는 넓게 정리하는 방법이 수험에는 더 효율적으로 보입니다.

2025년 행정절차론 1번 문제의 물음 1의 경우 불이익한 처분의 절차 전반을 가능한 범위에서 최대한 많이 작성하셔야 합니다. 일단 문제에서 대상이 되는 처분은 피부양자 자격 박탈이 아닌 납입고지입니다. 따라서 사전통지는 당연히 필요하며, 청문이 아닌 의견제출에 중점을 두고 답안을 작성하셔야 합니다(물론 참고 조문이 나오지 않은 관계로 의견청취절차 전반에 대한 개념 정도를 작성하시는 것이 좋습니다). 그리고 시간상 여유가 되신다면 이유제시까지 설명해주시면 됩니다.

1번 문제의 물음 2의 경우 수리거부처분에 대한 절차이므로 처분의 사전통지 절차는 거칠 필요가 없지만, 방문하여 신청한 경우이므로 전자문서가 아닌 문서로 통지하여야 합니다.

2번 문제는 위법한 행정조사에 기초한 행정행위의 적법성 여부입니다. 채혈은 강제처분으로 「도로교통법」의 절차를 준수하여야 하며, 영장주의가 적용됩니다. 행정조사의 위법성을 먼저 작성한 후에 그 위법성이 처분에 승계되는지 여부를 작성하셔야 답안이 논리적으로 구성됩니다.

3번 문제와 4번 문제는 해당 단문을 그대로 쓰시면 됩니다.

★

행정사
이상기/이준희 행정절차론

구분	행정절차법	정보공개법	개인정보 보호법	질서위반행위 규제법	행정조사 기본법	행정규제 기본법	주민등록법	가족관계 등록법
제1회	•공청회(40점) •행정예고(20점)				•행정조사 기본 원칙(20점)	•행정규제의 개념과 행정규제 법정주의(20점)		
제2회	•불이익한 처분 절차(40점) •신고(20점)	•비공개대상 정보(20점)	•정보주체의 권리(20점)					
제3회	•청문 주재자(20점)		•영상정보처리 기기(40점)		•사전통지와 연기신청(20점)		•주민등록증 재발급(20점)	
제4회	•불이익한 처분 절차(20점) •절차상 하자의 효력(10점) •하자의 치유(10점)	•정보공개여부 결정 절차(20점)	•개인정보 유출 통지(20점)	•과태료 부과·징수 및 불복절차(20점)				
제5회	•거부처분의 사전통지(20점) •온라인공청회(20점)	•정보공개청구권자와 공공기관(20점)				•규제영향분석 및 자체심사(20점)		•가족관계등록부의 정정(20점)
제6회	•이유제시 하자의 효력(20점) •하자의 치유(20점)	•청구인의 규제 수단(20점)		•질서위반행위 성립(20점)	•현장조사의 절차 및 제한(20점)			
제7회	•청문(40점)		•개인정보의 개념과 손해배상 책임(20점)		•기본원칙 및 위법한 행정조사(20점)	•규제개혁 위원회(20점)		
제8회	•신뢰보호 원칙(20점) •거부처분의 사전통지(20점)	•제3자의 규제수단(20점)		•관허사업의 제한과 고액·상습 체납자에 대한 제재(20점)	•행정조사 방법(20점)			
제9회	•적용범위(10점) •절차상 하자 여부와 효력(30점)	•정보공개청구권자와 비공개대상정보(20점)	•개인정보자기결정권과 개인정보보호원칙(20점)	•적용 범위(20점)				
제10회	•처분 방식(20점) •하자의 치유(20점)	•공공기관과 부분공개(20점)			•수시조사와 중복조사 제한(20점)	•규제의 원칙과 규제개혁위원회(20점)		
제11회	•사전통지(20점) •의견제출(20점)	•부분공개(20점)		•관허사업의 제한(20점)			•주민등록번호의 정정과 변경(20점)	
제12회	•신고의 법적 성질과 당사자 등(20점) •거부처분의 사전통지 이유제시(20점)		•집단분쟁조정(20점)	•약식재판에 대한 이의신청(20점)	•자율관리체제의 구축신고(20점)			
제13회	•불이익한 처분 절차(20점) •처분 방식 거부처분의 사전통지(20점)		•목적외 이용·제공(20점)		•위법한 행정조사와 처분의 관계(20점)	•행정규제 법정주의, 규제의 원칙(20점)		

STRUCTURE

구성 및 활용법

1
출제영역을 반영한 최적화된 교재 구성

출제될 가능성이 높은 내용을 중심으로 풍부한 설명을 덧붙여 수험자의 학습에 탄탄한 길라잡이가 될 수 있도록 구성하였다. 단순 암기를 통한 학습이 아니라 학습내용을 정확하게 이해할 수 있도록 충실한 이론을 반영하였으며, 관련 판례와 조문의 수록을 통해 학습에 도움이 되도록 하여 행정사 자격시험 합격에 최적화된 교재로 만들었다.

2
실전 대비를 위한 사례 연습 문제

2차 시험이 주관식 문제로 치러지기 때문에 실전 시험 대비를 위해 행정절차법과 공공기관의 정보공개에 관한 법률에 맞춘 사례 연습 문제를 수록하였다. 각 문제에 대해 답안을 기술해 보면서 시험에 대한 실전 감각을 키울 수 있다.

행정사
이상기/이준희 행정절차론

3
국민 제안 규정 법령 수록

본문 내용과 관련된 법령을 함께 수록함으로써 연계 학습을 통해 보다 정확한 이해를 할 수 있도록 도왔고 학습의 효율성을 기하였다.

4
2013~2025 기출문제 수록

행정사 자격시험이 주관식 논술형으로 작성해야 하는 만큼 수험자들이 느끼는 불안을 최소화시키기 위하여 기출문제와 모범답안을 수록하였다. 모범답안에는 꼼꼼한 내용 정리와 풍부한 해설을 달아 학습의 편의를 돕고자 하였으며, 실제로 답안을 작성해 보면서 실전감각을 키우고 학습의 진행 정도를 파악하여 보다 완벽한 시험대비가 될 수 있도록 하였다.

CONTENTS 차례

PART 01 　행정절차법

Chapter 01 행정절차법 일반론 · 14
Chapter 02 처분 · 30
Chapter 03 신고, 확약 및 위반사실 등의 공표 등 · 57
Chapter 04 행정상 입법예고 · 62
Chapter 05 행정예고 · 65
Chapter 06 행정지도 · 67
Chapter 07 국민참여의 확대 · 70
Chapter 08 사례 연습 · 71
Chapter 09 국민 제안 규정 · 100

PART 02 　공공기관의 정보공개에 관한 법률

Chapter 01 정보공개 일반론
　　　　　 (정보공개 청구의 적법성) · 110
Chapter 02 공공기관의 의무 · 113
Chapter 03 정보공개의 절차 · 116
Chapter 04 불복 구제 절차 · 126
Chapter 05 정보공개위원회 · 130
Chapter 06 사례 연습 · 133

PART 03 　질서위반행위규제법

Chapter 01 총칙 · 138
Chapter 02 질서위반행위의 성립 등 · 140
Chapter 03 행정청의 과태료 부과 및 징수 · 143
Chapter 04 질서위반행위의 재판 및 집행 · 153

PART 04 　행정조사기본법

Chapter 01 총칙 · 160
Chapter 02 조사계획의 수립 및 조사대상의 선정 · 163
Chapter 03 조사방법 · 165
Chapter 04 조사실시 · 170
Chapter 05 자율관리체제 · 176

PART 05 　행정규제기본법

Chapter 01 총칙 · 180
Chapter 02 규제의 신설·강화에 대한 원칙과 심사 · 185
Chapter 03 기존규제의 정비 · 192
Chapter 04 규제개혁위원회 · 198
Chapter 05 보칙 · 201

PART 06 　개인정보 보호법

Chapter 01 개인정보 일반론 · 204
Chapter 02 정보주체의 권리 보장 · 209
Chapter 03 개인정보 보호위원회 · 223
Chapter 04 개인정보의 처리 –
　　　　　 개인정보의 수집, 이용, 제공 등 · 236
Chapter 05 개인정보의 처리 –
　　　　　 개인정보의 처리 제한 · 246
Chapter 06 가명정보의 처리 · 255
Chapter 07 개인정보의 국외 이전 · 259
Chapter 08 개인정보의 안전한 관리 · 262
Chapter 09 개인정보 분쟁조정위원회 · 271
Chapter 10 개인정보 단체소송 · 277

PART 07 주민등록법

Chapter 01 주민등록법상 대상자와
주민등록표 작성·재작성 · 282

Chapter 02 주민등록번호 · 285

Chapter 03 등록의 신고 · 290

Chapter 04 주민등록증 · 300

Chapter 05 주민등록표의 열람
또는 등·초본의 교부 · 305

PART 08 가족관계의 등록 등에 관한 법률

Chapter 01 총칙 · 312

Chapter 02 가족관계등록부의 작성과
등록사무의 처리 · 313

Chapter 03 등록부의 기록 · 321

Chapter 04 신고 - 통칙 · 322

Chapter 05 출생신고 · 327

Chapter 06 인지신고 · 332

Chapter 07 각종 신고 · 334

Chapter 08 등록부의 정정 · 342

Chapter 09 불복절차 · 344

Chapter 10 신고서류의 송부와 법원의 감독 · 346

부록 기출문제 모범답안

제1회 행정사 2차 행정절차론 기출문제 모범답안 · 350

제2회 행정사 2차 행정절차론 기출문제 모범답안 · 355

제3회 행정사 2차 행정절차론 기출문제 모범답안 · 360

제4회 행정사 2차 행정절차론 기출문제 모범답안 · 365

제5회 행정사 2차 행정절차론 기출문제 모범답안 · 370

제6회 행정사 2차 행정절차론 기출문제 모범답안 · 375

제7회 행정사 2차 행정절차론 기출문제 모범답안 · 380

제8회 행정사 2차 행정절차론 기출문제 모범답안 · 385

제9회 행정사 2차 행정절차론 기출문제 모범답안 · 390

제10회 행정사 2차 행정절차론 기출문제 모범답안 · 395

제11회 행정사 2차 행정절차론 기출문제 모범답안 · 400

제12회 행정사 2차 행정절차론 기출문제 모범답안 · 405

제13회 행정사 2차 행정절차론 기출문제 모범답안 · 410

Chapter 01 행정절차법 일반론
Chapter 02 처분
Chapter 03 신고, 확약 및 위반사실 등의 공표 등
Chapter 04 행정상 입법예고
Chapter 05 행정예고
Chapter 06 행정지도
Chapter 07 국민참여의 확대
Chapter 08 사례 연습
Chapter 09 국민 제안 규정

행정사
이상기/이준희 행정절차론

PART

01

행정절차법

행정절차법 일반론

01 절차상 하자의 효과

> [제4회]
> 영업정지처분에서 요구되는 행정절차를 거치지 않고 이 사건 처분을 한 경우, 이 사건 처분이 유효한지 검토하시오. (10점)
>
> 영업정지처분에서 요구되는 행정절차를 이 사건 처분을 한 뒤에 비로소 거친 경우라면, 이 사건 처분이 유효한지 검토하시오. (10점)
>
> [제6회]
> 법원이 이유제시의 하자가 있음을 이유로 부담금 부과처분을 취소할 수 있는지 설명하시오. (20점)
>
> 취소소송의 계속 중에 이유를 구체적으로 제시하였다면, 이유제시의 하자가 치유되는지 설명하시오. (20점)
>
> [제9회]
> 관련법령의 징계절차상 처분사유설명서를 교부하지 않은 파면처분은 취소되어야 하는지를 검토하시오. (30점)
>
> [제10회]
> 청문통지서가 청문일 5일 전에 도달하였지만 출석하여 자신의 의견을 충분히 진술하였을 때, 폐쇄명령의 위법 여부를 설명하시오. (20점)

1. 절차상 하자의 독자적 위법성 인정 여부

(1) 문제점

「행정절차법」에는 절차상 하자의 효력에 관한 명문 규정이 존재하지 않는다.

(2) 견해의 대립

행정의 효율성을 강조하는 입장에서 절차상 하자의 독자적 위법성을 부정하는 견해와 국민 권익 보호를 강조하는 입장에서 긍정하는 견해로 나뉜다. 판례는 절차상의 하자만을 이유로 행정행위의 취소를 구할 수 있다는 입장이다.

(3) 검토

「헌법」제12조 적법절차원리가 일반조항으로서 행정절차에 유추적용 된다는 점을 볼 때, 절차상의 하자도 기본권 침해에 해당하므로 절차상 하자의 독자적 위법성을 인정하는 것이 타당하다.

2. 위법성의 정도

중대·명백설에 따라 절차상의 하자는 취소에 해당한다.

3. 치유

(1) 치유의 의의

치유란 행정행위 당시에 절차상 하자가 존재하였으나 그 하자를 보완하여 적법한 행정행위로 만드는 것을 말한다.

(2) 치유가능성

치유는 원칙적으로 부정되지만, 국민의 권익침해가 없고 행정의 능률적 수행이 가능하다면 그 한도 내에서 제한적으로 가능하다.

(3) 치유시기

학설은 ① 쟁송제기 이전시설과, ② 쟁송종결 이전시설이 대립하며, 판례는 치유를 허용하려면 적어도 처분에 대한 불복여부의 결정 및 불복신청에 편의를 줄 수 있는 상당한 기간 내에 치유행위가 있어야 한다(82누420)고 판시하였다.

(4) 치유의 효과

위법은 소급적으로 제거되므로 행정행위는 처음부터 적법한 것으로 본다.

> 판례
>
> **하자의 치유를 예외적으로 인정하는 경우**
>
> 1. **과세예고통지서에 납세고지서의 필요적 기재사항을 기재한 경우(99두8039)**
>
>   증여세의 납세고지서에 과세표준과 세액의 계산명세가 기재되어 있지 아니하거나 그 계산명세서를 첨부하지 아니하였다면 그 납세고지는 위법하다고 할 것이나, 한편 과세관청이 과세처분에 앞서 납세의무자에게 보낸 과세예고통지서 등에 납세고지서의 필요적 기재사항이 제대로 기재되어 있어 납세의무자가 그 처분에 대한 불복 여부의 결정 및 불복신청에 전혀 지장을 받지 않았음이 명백하다면, 이로써 납세고지서의 하자가 보완되거나 치유될 수 있다.
>
> 2. **청문서 도달기간을 위반한 처분(92누2844)**
>
>   행정청이 청문서 도달기간을 지키지 아니하였다면 이는 청문의 절차적 요건을 준수하지 아니한 것이므로 이를 바탕으로 한 행정처분은 일단 위법하다고 보아야 한다. 다만 행정청이 청문서 도달기간을 다소 어겼다하더라도 상대방이 이에 대하여 이의하지 아니한 채 스스로 청문일에 출석하여 그 의견을 진술하고 변명하는 등 방어의 기회를 충분히 가졌다면 청문서 도달기간을 준수하지 아니한 하자는 치유되었다고 봄이 상당하다.
>
> 3. **징계처분에 대한 재심절차에서 절차를 준수한 경우(98두4672)**
>
>   징계처분에 대한 재심절차는 원래의 징계절차와 함께 전부가 하나의 징계처분 절차를 이루는 것으로서 그 절차의 정당성도 징계 과정 전부에 관하여 판단되어야 할 것이므로, 원래의 징계 과정에 절차 위반의 하자가 있더라도 재심 과정에서 보완되었다면 그 절차 위반의 하자는 치유된다.

02 목적

> **제1조【목적】** 이 법은 행정절차에 관한 공통적인 사항을 규정하여 국민의 행정참여를 도모함으로써 행정의 공정성·투명성 및 신뢰성을 확보하고 국민의 권익을 보호함을 목적으로 한다.

03 적용 범위

[제9회]
사전통지나 의견청취 절차를 거치지 않은 직위해제처분이 「행정절차법」 위반에 해당하는지를 검토하시오.
(10점)

> **제3조【적용 범위】** ① 처분, 신고, 확약, 위반사실 등의 공표, 행정계획, 행정상 입법예고, 행정예고 및 행정지도의 절차(이하 "행정절차"라 한다)에 관하여 다른 법률에 특별한 규정이 있는 경우를 제외하고는 이 법에서 정하는 바에 따른다.
> ② 이 법은 다음 각 호의 어느 하나에 해당하는 사항에 대하여는 적용하지 아니한다.
> 1. 국회 또는 지방의회의 의결을 거치거나 동의 또는 승인을 받아 행하는 사항
> 2. 법원 또는 군사법원의 재판에 의하거나 그 집행으로 행하는 사항
> 3. 헌법재판소의 심판을 거쳐 행하는 사항
> 4. 각급 선거관리위원회의 의결을 거쳐 행하는 사항
> 5. 감사원이 감사위원회의 결정을 거쳐 행하는 사항
> 6. 형사(刑事), 행형(行刑) 및 보안처분 관계 법령에 따라 행하는 사항
> 7. 국가안전보장·국방·외교 또는 통일에 관한 사항 중 행정절차를 거칠 경우 국가의 중대한 이익을 현저히 해칠 우려가 있는 사항
> 8. 심사청구, 해양안전심판, 조세심판, 특허심판, 행정심판, 그 밖의 불복절차에 따른 사항
> 9. 「병역법」에 따른 징집·소집, 외국인의 출입국·난민인정·귀화, 공무원 인사 관계 법령에 따른 징계와 그 밖의 처분, 이해 조정을 목적으로 하는 법령에 따른 알선·조정·중재(仲裁)·재정(裁定) 또는 그 밖의 처분 등 해당 행정작용의 성질상 행정절차를 거치기 곤란하거나 거칠 필요가 없다고 인정되는 사항과 행정절차에 준하는 절차를 거친 사항으로서 대통령령으로 정하는 사항

1. 원칙(제3조 제1항)

「행정절차법」은 행정절차에 관한 일반법이다.

2. 적용배제사항(제3조 제2항)

(1) 헌법상 독립기관 등의 판단을 거친 사항

① 국회 또는 지방의회의 의결, ② 법원 또는 군사법원의 재판, ③ 헌법재판소의 심판, ④ 선거관리위원회의 의결, ⑤ 감사원의 결정에 의한 사항

(2) 법적 성질이 달라 특별한 절차가 필요한 사항

① 형사 관계 법령에 따라 행하는 사항, ② 심사청구, 행정심판 등 불복절차에 따른 사항

(3) 국가의 중대한 이익

국가의 중대한 이익을 현저히 해칠 우려가 있는 사항

(4) 성질상 곤란하거나 준하는 절차를 거친 사항

병역법에 따른 징집·소집, 외국인의 출입국·난민인정·귀화, 공무원 인사 관계 법령에 따른 징계와 그 밖의 처분 등 해당 행정작용의 성질상 행정절차를 거치기 곤란하거나 거칠 필요가 없다고 인정되는 사항과 행정절차에 준하는 절차를 거친 사항

> **판례**

1. 임원취임승인취소처분(2001두7138)

(1) 「행정절차법」 제3조 제1항은 다른 법률이 행정절차에 관한 특별한 규정을 적극적으로 두고 있는 경우이거나 다른 법률이 명시적으로 「행정절차법」의 규정을 적용하지 아니한다고 소극적으로 규정하고 있는 경우에는 「행정절차법」의 적용을 배제하고 다른 법률의 규정을 적용한다는 의미이다.

(2) 학교법인이나 해당 임원은 위 시정 요구에 응하지 아니하면 임원취임승인이 취소되므로 관할청에 위 시정요구사항에 대한 의견진술을 하게 될 것이다. 따라서 시정 요구는 임원취임승인취소처분의 사전통지와 아울러 의견진술의 기회를 준 것에 해당한다.

(3) 임원취임승인취소처분의 처분서에 임원들의 위법·부당사항을 적시하는 것 외에 그에 대한 시정 요구를 학교법인이 위 기간 내에 응하지 아니하였다는 점까지를 기재하였어야 함이 마땅하나, 처분서에 같은 법 제20조의2의 규정을 적시하는 것만으로도 '시정 요구의 불응' 사실을 알 수 있을 뿐만 아니라 처분서에 임원취임승인취소사유가 구체적으로 적시되어 있었다면 임원취임승인취소처분의 처분사유가 충분히 특정되었다고 봄이 상당하다.

2. 보조금 반환명령과 평가인증취소처분(2014두1260)

(1) 보건복지부장관이 작성한 <보육사업안내>에 평가인증취소의 절차에 관한 사항을 일부 정하고 있다 하더라도 이러한 사정만으로 「행정절차법」 제3조 제1항이 정한 '다른 법률에 특별한 규정이 있는 경우'에 해당하여 「행정절차법」 적용이 배제되는 것은 아니다.

(2) 평가인증취소처분과 보조금 반환명령은 전혀 별개의 절차이다.

(3) 따라서 보조금 반환명령 당시 사전통지 및 의견제출의 기회가 부여되었다 하더라도 그 사정만으로 사전통지 및 의견제출을 하지 아니한 평가인증취소처분은 위법하다.

3. 진급낙천처분(2006두20631)

(1) 공무원 인사관계 법령에 의한 처분에 관한 사항 전부에 대하여 「행정절차법」의 적용이 배제되는 것이 아니라 성질상 행정절차를 거치기 곤란하거나 불필요하다고 인정되는 처분이나 행정절차에 준하는 절차를 거치도록 하고 있는 처분의 경우에만 「행정절차법」의 적용이 배제된다.

(2) 수사과정 및 징계과정에서 자신의 비위행위에 대한 해명 기회를 가졌다는 사정만으로 사전통지를 하지 않거나 의견제출의 기회를 주지 아니하여도 되는 예외적인 경우에 해당한다고 할 수 없다.

4. 사관학교 생도에 대한 퇴교처분(2016두33339)
(1) 대리인은 당사자등을 위하여 행정절차에 관한 모든 행위를 할 수 있다.
(2) 육군3사관학교 생도에 대한 퇴학처분에는 「행정절차법」이 적용되어야 한다.
   ① 공무원 인사관계 법령에 의한 처분에 해당하나, 성질상 행정절차를 거치기 곤란하거나 불필요한 경우가 아니며, 행정절차에 준하는 절차를 거친 경우도 아니다.
   ② 시행령은 학교·연수원 등에서 교육·훈련의 목적을 달성하기 위하여 학생·연수생들을 대상으로 하는 사항을 「행정절차법」의 적용이 제외되는 경우로 규정하고 있으나, 퇴학처분과 같이 신분을 박탈하는 징계처분은 여기에 해당한다고 볼 수 없다.
(3) 변호인에게 의견제출 기회를 주지 않은 것은 절차상 하자에 해당한다.
   다만 징계심의대상자의 대리인이 관련된 행정절차에서 이미 실질적인 의견진술 절차를 거쳤다고 볼 수 있는 특별한 사정이 있는 경우에는 의견제출 절차의 본질적인 취지에 비추어 볼 때, 절차상 하자 여부는 해당 처분에 이르기까지의 전체적인 과정 등을 종합적으로 고려하여 판단하여야 한다. 따라서 징계처분은 적법하다.

5. 사증발급거부처분(2017두38874)
(1) 행정작용의 성질상 행정절차를 거치기 곤란하거나 거칠 필요가 없다고 인정되는 사항이나 행정절차에 준하는 절차를 거친 사항이 아니라면, '외국인의 출입국에 관한 사항'이라고 하여 행정절차를 거칠 필요가 당연히 부정되는 것은 아니다.
(2) 외국인의 사증발급 신청에 대한 거부처분은 당사자에게 의무를 부과하거나 적극적으로 권익을 제한하는 처분이 아니므로, '처분의 사전통지'와 '의견제출 기회 부여'의 대상은 아니다.
(3) 행정청이 처분을 할 때에는 다른 법령 등에 특별한 규정이 있는 경우를 제외하고는 문서로 하여야 하며, 이는 처분내용의 명확성을 확보하고 처분의 존부에 관한 다툼을 방지하여 처분상대방의 권익을 보호하기 위한 것이므로, 이를 위반한 처분은 하자가 중대·명백하여 무효이다.

6. 공정거래위원회 시정조치 및 과징금납부명령(2000두10212)
(1) 공정거래위원회의 의결·결정을 거쳐 행하는 사항에는 「행정절차법」 적용이 제외된다.
(2) 시정조치 및 과징금납부명령에 「행정절차법」상 의견청취 절차 생략사유가 존재한다고 하더라도, 공정거래위원회는 「행정절차법」을 적용하여 의견청취 절차를 생략할 수는 없다.
(3) 이의신청을 하면서 의견을 제출하였더라도, 이로써 절차상 하자가 치유된다고 볼 수도 없다.

7. 법무사자격불인정처분취소(2014두41343)
법무사자격 인정신청을 하였으나 자격이 인정되지 않는다는 이유로 법무사자격 불인정처분을 받은 사안에서, 법무사자격 인정제도는 「행정절차법」 시행령에서 정한 '사람의 학식·기능에 관한 시험·검정의 결과에 따라 행하는 사항'에 해당하므로 위 처분에는 「행정절차법」이 적용되지 않는다.

8. 직위해제처분(2012두26180) / 보직해임처분(2012두5756)
(1) 일시적인 인사조치로서 당해 공무원에게 직무에 종사하지 못하도록 하는 잠정적이고 가처분적인 성격을 가진 조치이다. 따라서 그 성격상 징벌적 제재로서의 징계 등에서 요구되는 것과 같은 동일한 절차적 보장을 요구할 수는 없다.
(2) 처분권자는 처분사유 설명서를 교부하도록 하고 있고, 처분사유 설명서를 받은 공무원은 소청심사청구를 할 수 있도록 함으로써 이를 통하여 충분한 의견진술 및 자료제출의 기회를 보장하고 있다.
(3) 따라서 행정작용의 성질상 행정절차를 거치기 곤란하거나 불필요하다고 인정되는 사항 또는 행정절차에 준하는 절차를 거친 사항에 해당하므로, 처분의 사전통지 및 의견청취 등에 관한 「행정절차법」의 규정이 별도로 적용되지 아니한다.

04 기본 원칙

> [제8회]
>
> 신뢰보호 원칙의 요건에 비추어 거부처분의 타당성을 검토하시오. (20점)

> 제4조【신의성실 및 신뢰보호】① 행정청은 직무를 수행할 때 신의(信義)에 따라 성실히 하여야 한다.
> ② 행정청은 법령등의 해석 또는 행정청의 관행이 일반적으로 국민들에게 받아들여졌을 때에는 공익 또는 제3자의 정당한 이익을 현저히 해칠 우려가 있는 경우를 제외하고는 새로운 해석 또는 관행에 따라 소급하여 불리하게 처리하여서는 아니 된다.
>
> 제5조【투명성】① 행정청이 행하는 행정작용은 그 내용이 구체적이고 명확하여야 한다.
> ② 행정작용의 근거가 되는 법령등의 내용이 명확하지 아니한 경우 상대방은 해당 행정청에 그 해석을 요청할 수 있으며, 해당 행정청은 특별한 사유가 없으면 그 요청에 따라야 한다.
> ③ 행정청은 상대방에게 행정작용과 관련된 정보를 충분히 제공하여야 한다.
>
> 제5조의2【행정업무 혁신】① 행정청은 모든 국민이 균등하고 질 높은 행정서비스를 누릴 수 있도록 노력하여야 한다.
> ② 행정청은 정보통신기술을 활용하여 행정절차를 적극적으로 혁신하도록 노력하여야 한다. 이 경우 행정청은 국민이 경제적·사회적·지역적 여건 등으로 인하여 불이익을 받지 아니하도록 하여야 한다.
> ③ 행정청은 행정청이 생성하거나 취득하여 관리하고 있는 데이터(정보처리능력을 갖춘 장치를 통하여 생성 또는 처리되어 기계에 의한 판독이 가능한 형태로 존재하는 정형 또는 비정형의 정보를 말한다)를 행정과정에 활용하도록 노력하여야 한다.
> ④ 행정청은 행정업무 혁신 추진에 필요한 행정적·재정적·기술적 지원방안을 마련하여야 한다.

1. 신의성실

행정청은 직무를 수행할 때 신의에 따라 성실히 하여야 한다.

2. 신뢰보호

(1) 의의

행정청은 법령등의 해석 또는 행정청의 관행이 일반적으로 국민들에게 받아들여졌을 때에는 공익 또는 제3자의 정당한 이익을 현저히 해할 우려가 있는 경우를 제외하고는 새로운 해석 또는 관행에 따라 소급하여 불리하게 처리하여서는 아니 된다.

(2) 요건
① 행정청이 개인에 대하여 신뢰의 대상이 되는 공적인 견해표명(선행 행위)
② 행정청의 견해표명에 대한 귀책사유가 없는 개인의 신뢰(보호가치 있는 신뢰)
③ 신뢰와 인과관계가 있는 개인의 행위
④ 선행 행위에 반하는 후행 처분으로 개인의 이익이 침해되는 결과가 초래
⑤ 공익 또는 제3자의 정당한 이익을 현저히 해할 우려가 있는 경우가 아니어야 한다.

(3) 위반 효과
신뢰보호 원칙을 위반한 행위는 위법하다.

3. 투명성
(1) 행정청이 행하는 행정작용은 그 내용이 구체적이고 명확하여야 한다.

(2) 행정작용의 근거가 되는 법령등의 내용이 명확하지 아니한 경우 상대방은 해당 행정청에 그 해석을 요청할 수 있으며, 해당 행정청은 특별한 사유가 없으면 그 요청에 따라야 한다.

(3) 행정청은 상대방에게 행정작용과 관련된 정보를 충분히 제공하여야 한다.

4. 행정업무 혁신
(1) 행정청은 모든 국민이 균등하고 질 높은 행정서비스를 누릴 수 있도록 노력하여야 한다.

(2) 행정청은 정보통신기술을 활용하여 행정절차를 적극적으로 혁신하도록 노력하여야 한다.

(3) 행정청은 행정청이 생성하거나 취득하여 관리하고 있는 데이터를 행정과정에 활용하도록 노력하여야 한다.

> 판례

1. 토지형질변경행위불허가처분(96누18380)
행정청의 공적 견해표명이 있었는지의 여부를 판단하는 데 있어 반드시 행정조직상의 형식적인 권한분장에 구애될 것은 아니고 담당자의 조직상의 지위와 임무, 당해 언동을 하게 된 구체적인 경위 및 그에 대한 상대방의 신뢰가능성에 비추어 실질에 의하여 판단하여야 한다.

2. 건축허가취소처분(2013두16111)
수익적 행정처분의 하자가 당사자의 사실은폐나 기타 사위의 방법에 의한 신청행위에 기인한 것이라면 당사자는 처분에 의한 이익이 위법하게 취득되었음을 알아 취소가능성도 예상하고 있었다 할 것이므로, 그 자신이 처분에 관한 신뢰이익을 원용할 수 없음은 물론 행정청이 이를 고려하지 아니하였더라도 재량권의 남용이 되지 아니한다. 한편 당사자의 사실은폐나 기타 사위의 방법에 의한 신청행위가 있었는지 여부는 행정청의 상대방과 그로부터 신청행위를 위임받은 수임인 등 관계자 모두를 기준으로 판단하여야 한다.

3. 부담금부과처분취소(2020두33824)
공무원이 부담금 부과 면제가 가능하다고 말하였다 할지라도 그 경위 등에 비추어 부담금이 부과되지 않을 수도 있다는 가능성을 언급한 것일 뿐 필요한 법리 검토의 결과가 아니라고 보인다면, 그 사유만으로 신뢰의 대상이 되는 공적인 견해가 표명된 것이라고 보기 어렵다.

4. 국토이용계획변경승인거부처분(2004두8828)
폐기물처리업 사업계획에 대한 적정통보와 「국토이용관리법령」에 의한 국토이용계획변경은 각기 그 제도적 취지와 결정단계에서 고려해야 할 사항들이 다르다는 이유로, 폐기물처리업 사업계획에 대하여 적정통보를 한 것만으로 그 사업부지 토지에 대한 국토이용계획변경신청을 승인하여 주겠다는 취지의 공적인 견해표명을 한 것으로 볼 수 없다.

5. 행정계획(2018두34732)
신뢰보호의 원칙은 행정청이 공적인 견해를 표명할 당시의 사정이 그대로 유지됨을 전제로 적용되는 것이 원칙이므로, 사후에 그와 같은 사정이 변경된 경우에는 그 공적 견해가 더 이상 개인에게 신뢰의 대상이 된다고 보기 어려운 만큼, 특별한 사정이 없는 한 행정청이 그 견해표명에 반하는 처분을 하더라도 신뢰보호의 원칙에 위반된다고 할 수 없다.

6. 입법예고(2017다249769)
입법예고를 통해 법령안의 내용을 국민에게 예고한 적이 있다고 하더라도 그것이 법령으로 확정되지 아니한 이상 국가가 이해관계자들에게 위 법령안에 관련된 사항을 약속하였다고 볼 수 없으며, 이러한 사정만으로 어떠한 신뢰를 부여하였다고 볼 수도 없다.

05 행정청의 관할 및 협조

제6조【관할】 ① 행정청이 그 관할에 속하지 아니하는 사안을 접수하였거나 이송받은 경우에는 지체 없이 이를 관할 행정청에 이송하여야 하고 그 사실을 신청인에게 통지하여야 한다. 행정청이 접수하거나 이송받은 후 관할이 변경된 경우에도 또한 같다.
② 행정청의 관할이 분명하지 아니한 경우에는 해당 행정청을 공통으로 감독하는 상급 행정청이 그 관할을 결정하며, 공통으로 감독하는 상급 행정청이 없는 경우에는 각 상급 행정청이 협의하여 그 관할을 결정한다.

제7조【행정청 간의 협조 등】 ① 행정청은 행정의 원활한 수행을 위하여 서로 협조하여야 한다.
② 행정청은 업무의 효율성을 높이고 행정서비스에 대한 국민의 만족도를 높이기 위하여 필요한 경우 행정협업(다른 행정청과 공동의 목표를 설정하고 행정청 상호 간의 기능을 연계하거나 시설·장비 및 정보 등을 공동으로 활용하는 것을 말한다. 이하 같다)의 방식으로 적극적으로 협조하여야 한다.
③ 행정청은 행정협업을 활성화하기 위한 시책을 마련하고 그 추진에 필요한 행정적·재정적 지원방안을 마련하여야 한다.
④ 행정협업의 촉진 등에 필요한 사항은 대통령령으로 정한다.

제8조【행정응원】 ① 행정청은 다음 각 호의 어느 하나에 해당하는 경우에는 다른 행정청에 행정응원(行政應援)을 요청할 수 있다.
1. 법령등의 이유로 독자적인 직무 수행이 어려운 경우
2. 인원·장비의 부족 등 사실상의 이유로 독자적인 직무 수행이 어려운 경우
3. 다른 행정청에 소속되어 있는 전문기관의 협조가 필요한 경우
4. 다른 행정청이 관리하고 있는 문서(전자문서를 포함한다. 이하 같다)·통계 등 행정자료가 직무 수행을 위하여 필요한 경우
5. 다른 행정청의 응원을 받아 처리하는 것이 보다 능률적이고 경제적인 경우
② 제1항에 따라 행정응원을 요청받은 행정청은 다음 각 호의 어느 하나에 해당하는 경우에는 응원을 거부할 수 있다.
1. 다른 행정청이 보다 능률적이거나 경제적으로 응원할 수 있는 명백한 이유가 있는 경우
2. 행정응원으로 인하여 고유의 직무 수행이 현저히 지장 받을 것으로 인정되는 명백한 이유가 있는 경우
③ 행정응원은 해당 직무를 직접 응원할 수 있는 행정청에 요청하여야 한다.
④ 행정응원을 요청받은 행정청은 응원을 거부하는 경우 그 사유를 응원을 요청한 행정청에 통지하여야 한다.
⑤ 행정응원을 위하여 파견된 직원은 응원을 요청한 행정청의 지휘·감독을 받는다. 다만, 해당 직원의 복무에 관하여 다른 법령등에 특별한 규정이 있는 경우에는 그에 따른다.
⑥ 행정응원에 드는 비용은 응원을 요청한 행정청이 부담하며, 그 부담금액 및 부담방법은 응원을 요청한 행정청과 응원을 하는 행정청이 협의하여 결정한다.

06 당사자등

[제12회]

영업자지위승계신고의 법적 성질과 그 수리처분에 있어서 양도인이 '당사자등'이 되는지 검토하시오.
(20점)

> 제2조【정의】이 법에서 사용하는 용어의 뜻은 다음과 같다.
> 4. "당사자등"이란 다음 각 목의 자를 말한다.
>   가. 행정청의 처분에 대하여 직접 그 상대가 되는 당사자
>   나. 행정청이 직권으로 또는 신청에 따라 행정절차에 참여하게 한 이해관계인
>
> 제9조【당사자등의 자격】다음 각 호의 어느 하나에 해당하는 자는 행정절차에서 당사자등이 될 수 있다.
> 1. 자연인
> 2. 법인, 법인이 아닌 사단 또는 재단(이하 "법인등"이라 한다)
> 3. 그 밖에 다른 법령등에 따라 권리·의무의 주체가 될 수 있는 자
>
> 제10조【지위의 승계】① 당사자등이 사망하였을 때의 상속인과 다른 법령등에 따라 당사자등의 권리 또는 이익을 승계한 자는 당사자등의 지위를 승계한다.
> ② 당사자등인 법인등이 합병하였을 때에는 합병 후 존속하는 법인등이나 합병 후 새로 설립된 법인등이 당사자등의 지위를 승계한다.
> ③ 제1항 및 제2항에 따라 당사자등의 지위를 승계한 자는 행정청에 그 사실을 통지하여야 한다.
> ④ 처분에 관한 권리 또는 이익을 사실상 양수한 자는 행정청의 승인을 받아 당사자등의 지위를 승계할 수 있다.
> ⑤ 제3항에 따른 통지가 있을 때까지 사망자 또는 합병 전의 법인등에 대하여 행정청이 한 통지는 제1항 또는 제2항에 따라 당사자등의 지위를 승계한 자에게도 효력이 있다.

1. 개념

행정청의 처분에 대하여 직접 그 상대가 되는 당사자와 행정청이 직권으로 또는 신청에 따라 행정절차에 참여하게 한 이해관계인을 의미한다.

2. 자격

(1) 자연인

(2) 법인, 법인이 아닌 사단 또는 재단

(3) 다른 법령등에 따라 권리·의무의 주체가 될 수 있는 자

3. 지위의 승계

(1) 당사자등이 사망하였을 때의 상속인과 다른 법령등에 따라 당사자등의 권리 또는 이익을 승계한 자는 당사자등의 지위를 승계한다.

(2) 법인등이 합병하였을 때에는 합병 후 존속하는 법인등 또는 새로 설립된 법인등이 당사자등의 지위를 승계한다.

(3) 처분에 관한 권리 또는 이익을 사실상 양수한 자는 행정청의 승인을 받아 당사자등의 지위를 승계할 수 있다.

> **판례**
>
> **1. 영업자지위승계수리처분(2001두7015)**
> (1) 압류재산 매각 절차에 따라 영업시설의 전부를 인수함으로써 그 영업자의 지위를 승계한 자가 관계 행정청에 이를 신고하여 행정청이 이를 수리하는 경우에는 종전의 영업자에 대한 영업허가 등은 그 효력을 잃는다.
> (2) 영업자지위승계신고를 수리하는 처분은 종전의 영업자의 권익을 제한하는 처분이며, 종전의 영업자는 그 처분에 대하여 직접 그 상대가 되는 자(당사자)에 해당한다.
> (3) 행정청으로서는 신고를 수리하는 처분을 함에 있어서 당사자에 해당하는 종전의 영업자에 대하여 불이익한 처분 시 요구되는 행정절차를 실시하여야 한다.
>
> **2. 도로구역 결정·변경고시(2007두1767)**
> '고시'의 방법으로 불특정 다수인을 상대로 의무를 부과하거나 권익을 제한하는 처분은 성질상 의견제출의 기회를 주어야 하는 상대방을 특정할 수 없으므로, 이와 같은 처분에 있어서까지 그 상대방에게 의견제출의 기회를 주어야 한다고 해석할 것은 아니다. 따라서 도로구역을 변경하는 처분은 사전통지나 의견청취의 대상이 되는 처분이 아니다.
>
> **3. 국가를 상대로 하는 불이익한 처분(2023두39724)**
> 「행정절차법」 제2조 제4호에 의하면, 국가를 '당사자등'에서 제외하지 않고 있다. 또한 「행정절차법」 제3조 제2항에서 「행정절차법」이 적용되지 않는 사항을 열거하고 있는데, '국가를 상대로 하는 행정행위'는 그 예외사유에 해당하지 않는다. 따라서 국가에 대해 행정처분을 할 때에도 사전통지, 의견청취, 이유제시와 관련한 「행정절차법」이 그대로 적용된다고 보아야 한다.

07 대표자 및 대리인

> **제11조【대표자】** ① 다수의 당사자등이 공동으로 행정절차에 관한 행위를 할 때에는 대표자를 선정할 수 있다.
> ② 행정청은 제1항에 따라 당사자등이 대표자를 선정하지 아니하거나 대표자가 지나치게 많아 행정절차가 지연될 우려가 있는 경우에는 그 이유를 들어 상당한 기간 내에 3인 이내의 대표자를 선정할 것을 요청할 수 있다. 이 경우 당사자등이 그 요청에 따르지 아니하였을 때에는 행정청이 직접 대표자를 선정할 수 있다.
> ③ 당사자등은 대표자를 변경하거나 해임할 수 있다.
> ④ 대표자는 각자 그를 대표자로 선정한 당사자등을 위하여 행정절차에 관한 모든 행위를 할 수 있다. 다만, 행정절차를 끝맺는 행위에 대하여는 당사자등의 동의를 받아야 한다.
> ⑤ 대표자가 있는 경우에는 당사자등은 그 대표자를 통하여서만 행정절차에 관한 행위를 할 수 있다.
> ⑥ 다수의 대표자가 있는 경우 그중 1인에 대한 행정청의 행위는 모든 당사자등에게 효력이 있다. 다만, 행정청의 통지는 대표자 모두에게 하여야 그 효력이 있다.
>
> **제12조【대리인】** ① 당사자등은 다음 각 호의 어느 하나에 해당하는 자를 대리인으로 선임할 수 있다.
> 1. 당사자등의 배우자, 직계 존속·비속 또는 형제자매
> 2. 당사자등이 법인등인 경우 그 임원 또는 직원
> 3. 변호사
> 4. 행정청 또는 청문 주재자(청문의 경우만 해당한다)의 허가를 받은 자
> 5. 법령등에 따라 해당 사안에 대하여 대리인이 될 수 있는 자
> ② 대리인에 관하여는 제11조 제3항·제4항 및 제6항을 준용한다.
>
> **제13조【대표자·대리인의 통지】** ① 당사자등이 대표자 또는 대리인을 선정하거나 선임하였을 때에는 지체 없이 그 사실을 행정청에 통지하여야 한다. 대표자 또는 대리인을 변경하거나 해임하였을 때에도 또한 같다.
> ③ 제1항에도 불구하고 제12조 제1항 제4호에 따라 청문 주재자가 대리인의 선임을 허가한 경우에는 청문 주재자가 그 사실을 행정청에 통지하여야 한다.

1. 선정·변경·해임

(1) 당사자등은 대표자·대리인을 선임하거나 변경·해임할 수 있다.

(2) 당사자등이 대표자·대리인을 선임하거나 변경·해임하였을 때에는 지체 없이 그 사실을 행정청에 통지하여야 한다.

2. 권한

당사자등을 위하여 행정절차에 관한 모든 행위를 할 수 있다. 다만, 행정절차를 끝맺는 행위에 대하여는 당사자등의 동의를 받아야 한다.

08 송달

제14조【송달】 ① 송달은 우편, 교부 또는 정보통신망 이용 등의 방법으로 하되, 송달받을 자(대표자 또는 대리인을 포함한다. 이하 같다)의 주소·거소(居所)·영업소·사무소 또는 전자우편주소(이하 "주소등"이라 한다)로 한다. 다만, 송달받을 자가 동의하는 경우에는 그를 만나는 장소에서 송달할 수 있다.
② 교부에 의한 송달은 수령확인서를 받고 문서를 교부함으로써 하며, 송달하는 장소에서 송달받을 자를 만나지 못한 경우에는 그 사무원·피용자(被傭者) 또는 동거인으로서 사리를 분별할 지능이 있는 사람(이하 이 조에서 "사무원등"이라 한다)에게 문서를 교부할 수 있다. 다만, 문서를 송달받을 자 또는 그 사무원등이 정당한 사유 없이 송달받기를 거부하는 때에는 그 사실을 수령확인서에 적고, 문서를 송달할 장소에 놓아둘 수 있다.
③ 정보통신망을 이용한 송달은 송달받을 자가 동의하는 경우에만 한다. 이 경우 송달받을 자는 송달받을 전자우편주소 등을 지정하여야 한다.
④ 다음 각 호의 어느 하나에 해당하는 경우에는 송달받을 자가 알기 쉽도록 관보, 공보, 게시판, 일간신문 중 하나 이상에 공고하고 인터넷에도 공고하여야 한다.
1. 송달받을 자의 주소등을 통상적인 방법으로 확인할 수 없는 경우
2. 송달이 불가능한 경우
⑤ 제4항에 따른 공고를 할 때에는 민감정보 및 고유식별정보 등 송달받을 자의 개인정보를 「개인정보 보호법」에 따라 보호하여야 한다.
⑥ 행정청은 송달하는 문서의 명칭, 송달받는 자의 성명 또는 명칭, 발송방법 및 발송 연월일을 확인할 수 있는 기록을 보존하여야 한다.

제15조【송달의 효력 발생】 ① 송달은 다른 법령등에 특별한 규정이 있는 경우를 제외하고는 해당 문서가 송달받을 자에게 도달됨으로써 그 효력이 발생한다.
② 제14조 제3항에 따라 정보통신망을 이용하여 전자문서로 송달하는 경우에는 송달받을 자가 지정한 컴퓨터 등에 입력된 때에 도달된 것으로 본다.
③ 제14조 제4항의 경우에는 다른 법령등에 특별한 규정이 있는 경우를 제외하고는 공고일부터 14일이 지난 때에 그 효력이 발생한다. 다만, 긴급히 시행하여야 할 특별한 사유가 있어 효력 발생 시기를 달리 정하여 공고한 경우에는 그에 따른다.

제16조【기간 및 기한의 특례】 ① 천재지변이나 그 밖에 당사자등에게 책임이 없는 사유로 기간 및 기한을 지킬 수 없는 경우에는 그 사유가 끝나는 날까지 기간의 진행이 정지된다.
② 외국에 거주하거나 체류하는 자에 대한 기간 및 기한은 행정청이 그 우편이나 통신에 걸리는 일수(日數)를 고려하여 정하여야 한다.

1. 송달의 방법

(1) 원칙
우편, 교부 또는 정보통신망 이용 등의 방법으로 한다.

(2) 우편
송달받을 자의 주소등으로 송달한다.

(3) 교부
송달받을 자가 동의하는 경우에는 그를 만나는 장소에서 수령확인서를 받고 문서를 교부한다. 이 경우 송달받을 자를 만나지 못한 경우에는 사리를 분별할 지능이 있는 사무원등에게 문서를 교부할 수 있다. 다만, 문서를 송달받을 자 또는 그 사무원등이 정당한 사유 없이 송달받기를 거부하는 때에는 그 사실을 수령확인서에 적고, 문서를 송달할 장소에 놓아둘 수 있다.

(4) 정보통신망
정보통신망을 이용한 송달은 송달받을 자가 동의하는 경우에만 한다. 이 경우 송달받을 자는 송달받을 전자우편주소 등을 지정하여야 한다.

(5) 공고
송달받을 자의 주소등을 통상적인 방법으로 확인할 수 없는 경우 또는 송달이 불가능한 경우 등에는 송달받을 자가 알기 쉽도록 관보 등에 공고하고 인터넷에도 공고하여야 한다.
공고하는 경우 송달받을 자의 개인정보를 「개인정보 보호법」에 따라 보호하여야 한다.

2. 송달의 효력발생

(1) 원칙
해당 문서가 송달받을 자에게 도달됨으로써 그 효력이 발생한다. 정보통신망을 이용하여 송달하는 경우에는 송달받을 자가 지정한 컴퓨터 등에 입력된 때에 도달된 것으로 본다.

(2) 공고
공고에 의하여 송달하는 경우에는 다른 법령등에 특별한 규정이 있는 경우를 제외하고는 공고일로부터 14일이 지난 때에 그 효력이 발생한다.

> 판례

1. 도달의 의미(89누4963)
행정처분의 효력발생요건으로서의 도달이란 상대방이 그 내용을 현실적으로 양지할 필요까지는 없고, 다만 양지할 수 있는 상태에 놓여짐으로써 충분하다.

2. 청소년유해매체물결정및고시처분무효확인(2004두619)
통상 고시 또는 공고에 의하여 행정처분을 하는 경우에는 그 처분의 상대방이 불특정 다수인이고 그 처분의 효력이 불특정 다수인에게 일률적으로 적용되는 것이므로, 그 행정처분에 이해관계를 갖는 자가 고시 또는 공고가 있었다는 사실을 현실적으로 알았는지 여부에 관계없이 고시가 효력을 발생하는 날 행정처분이 있음을 알았다고 보아야 한다.

3. 외국사업자에 대한 송달(2004두11275)
「행정절차법」은 외국에 거주 또는 체류하는 자에 대한 기간 및 기한은 행정청이 그 우편이나 통신에 소요되는 일수를 감안하여 정하여야 한다고 규정하고 있는 점 등에 비추어 보면, 공정거래위원회는 국내에 주소·거소·영업소 또는 사무소가 없는 외국사업자에 대하여도 우편송달의 방법으로 문서를 송달할 수 있다. 그럼에도 불구하고, 국내에 주소 등이 없는 외국사업자에 대하여는 '송달이 불가능한 경우'에 해당하므로 공시송달의 방법을 취할 수밖에 없다고 한 것은 잘못이다.

Chapter 02 처분

01 불이익한 처분절차

[제2회]
철거명령처분이 갖추어야 할 절차적 요건에 대하여 논하시오. (40점)

[제4회]
영업정지처분을 함에 있어서 어떠한 행정절차를 거쳐야 하는지 설명하시오. (20점)

[제13회]
납입고지를 할 때 어떤 절차를 밟아야 하는지 검토하시오. (20점)

행정청이 공표한 처분기준에 따라 불이익한 처분을 하는 경우에는 사전에 통지하여 청문·공청회·의견제출 등의 의견청취 절차를 거친 후, 문서로 처분과 그 이유를 제시하고 구제방법 등을 고지하여야 한다. 이는 처분 당사자등의 절차적 권리이며, 당사자의 개인적 공권으로 보호되어야 한다.

02 거부처분 절차

행정청이 신청을 거부하기 위해서는 사전에 정하여진 기준에 따라 처리 기간 내에 처리결과를 문서로 통지하여야 한다. 문서에는 향후 불복 수단을 선택할 수 있도록 구체적인 거부 사유와 가능한 불복 수단을 고지한다. 다만 거부처분은 불이익한 처분이 아니므로 사전통지와 의견제출 절차를 거칠 필요는 없다.

03 처분기준 설정·공표

> 제20조【처분기준의 설정·공표】① 행정청은 필요한 처분기준을 해당 처분의 성질에 비추어 되도록 구체적으로 정하여 공표하여야 한다. 처분기준을 변경하는 경우에도 또한 같다.
> ② 「행정기본법」 제24조에 따른 인허가의제의 경우 관련 인허가 행정청은 관련 인허가의 처분기준을 주된 인허가 행정청에 제출하여야 하고, 주된 인허가 행정청은 제출받은 관련 인허가의 처분기준을 통합하여 공표하여야 한다. 처분기준을 변경하는 경우에도 또한 같다.
> ③ 제1항에 따른 처분기준을 공표하는 것이 해당 처분의 성질상 현저히 곤란하거나 공공의 안전 또는 복리를 현저히 해치는 것으로 인정될 만한 상당한 이유가 있는 경우에는 처분기준을 공표하지 아니할 수 있다.
> ④ 당사자등은 공표된 처분기준이 명확하지 아니한 경우 해당 행정청에 그 해석 또는 설명을 요청할 수 있다. 이 경우 해당 행정청은 특별한 사정이 없으면 그 요청에 따라야 한다.

1. 원칙

행정청은 처분기준을 해당 처분의 성질에 비추어 구체적으로 공표하여야 한다.

2. 인허가의제

관련 인허가 행정청은 관련 인허가의 처분기준을 주된 인허가 행정청에 제출하여야 하고, 주된 인허가 행정청은 제출받은 관련 인허가의 처분기준을 통합하여 공표하여야 한다.

3. 예외

처분의 성질상 현저히 곤란하거나 공공의 안전 또는 복리를 현저히 해치는 것으로 인정될 만한 상당한 이유가 있는 경우에는 처분기준을 공표하지 아니할 수 있다.

4. 처분기준과 다른 처분의 효력

(1) **처분기준이 법령에 규정되어 있는 경우**

처분기준을 위반한 행정청의 처분은 위법한 처분이다. 다만 판례는 시행규칙으로 규정한 처분기준의 경우 행정규칙으로 본다.

(2) **처분기준이 행정규칙으로 규정된 경우**

행정규칙은 대외적 구속력이 없으므로 행정청의 처분이 처분기준을 위반하여도 그 자체로는 위법한 처분이 아니다. 다만, 그 처분이 행정법 일반원칙을 침해하는 경우에는 처분의 위법성을 주장할 수 있다.

5. 공표의무 위반

처분기준 사전공표 의무를 위반하여 미리 공표하지 아니한 기준을 적용하여 처분을 하였다고 하더라도, 그러한 사정만으로 해당 처분이 위법한 것은 아니다.

> **판례 ◆**
>
> **1. 처분기준의 성질(2007두6946)**
> 제재적 행정처분의 기준이 부령의 형식으로 규정되어 있더라도 그것은 행정청 내부의 사무처리준칙을 정한 것에 지나지 아니하여 대외적으로 국민이나 법원을 기속하는 효력이 없고, 당해 처분의 적법 여부는 위 처분기준만이 아니라 관계 법령의 규정 내용과 취지에 따라 판단되어야 하므로, 위 처분기준에 적합하다 하여 곧바로 당해 처분이 적법한 것이라고 할 수는 없다.
>
> **2. 처분기준 사전공표 의무 예외(2018두41907)**
> 처분의 성질상 처분기준을 미리 공표하는 경우 행정목적을 달성할 수 없게 되거나 행정청에 일정한 범위 내에서 재량권을 부여함으로써 구체적인 사안에서 개별적인 사정을 고려하여 탄력적으로 처분이 이루어지도록 하는 것이 오히려 공공의 안전 또는 복리에 더 적합한 경우도 있다. 그러한 경우에는 처분기준을 따로 공표하지 않거나 개략적으로만 공표할 수도 있다.
>
> **3. 처분기준 사전공표 의무 위반(2018두45633)**
> (1) 행정청이 공표한 처분기준은 원칙적으로 대외적 구속력이 없는 행정규칙에 해당한다.
> (2) 처분이 적법한지는 행정규칙에 적합한지 여부가 아니라 상위법령의 규정과 입법 목적 등에 적합한지 여부에 따라 판단해야 한다. 처분이 행정규칙을 위반하였다고 하여 그러한 사정만으로 곧바로 위법하게 되는 것은 아니고, 처분이 행정규칙을 따른 것이라고 하여 적법성이 보장되는 것도 아니다. 행정청이 미리 공표한 기준, 즉 행정규칙을 따랐는지 여부가 처분의 적법성을 판단하는 결정적인 지표가 되지 못하는 것과 마찬가지로, 행정청이 미리 공표하지 않은 기준을 적용하였는지 여부도 처분의 적법성을 판단하는 결정적인 지표가 될 수 없다.
> (3) 따라서 처분기준 사전공표 의무를 위반하여 미리 공표하지 아니한 기준을 적용하여 처분을 하였다고 하더라도, 그러한 사정만으로 곧바로 해당 처분에 취소사유에 이를 정도의 흠이 존재한다고 볼 수는 없다.

04 사전 통지

[제5회]

재단법인 설립불허가처분을 하기에 앞서 「행정절차법」상 사전통지절차를 거쳐야 하는지를 검토하시오. (20점)

[제8회]

사전통지를 하지 않은 불허가 처분의 타당성을 검토하시오. (20점)

[제11회]

현장조사 당시 법률위반사실을 인정하였고 그 위반경위를 진술한 사실이 처분의 사전통지의 예외 사유에 해당하는지를 검토하시오. (20점)

[제12회]

영업자지위승계신고의 불수리처분에 앞서 처분의 사전 통지 및 처분의 이유 제시의 절차를 거쳐야 하는지 검토하시오. (20점)

[제13회]

전자문서로 통지한 경우 통지의 방식에 하자가 있는지와 공단이 수리거부처분을 할 때 사전통지를 하여야 하는지 검토하시오. (20점)

제21조【처분의 사전 통지】① 행정청은 당사자에게 의무를 부과하거나 권익을 제한하는 처분을 하는 경우에는 미리 다음 각 호의 사항을 당사자등에게 통지하여야 한다.
1. 처분의 제목
2. 당사자의 성명 또는 명칭과 주소
3. 처분하려는 원인이 되는 사실과 처분의 내용 및 법적 근거
4. 제3호에 대하여 의견을 제출할 수 있다는 뜻과 의견을 제출하지 아니하는 경우의 처리방법
5. 의견제출기관의 명칭과 주소
6. 의견제출기한
7. 그 밖에 필요한 사항

② 행정청은 청문을 하려면 청문이 시작되는 날부터 10일 전까지 제1항 각 호의 사항을 당사자등에게 통지하여야 한다. 이 경우 제1항 제4호부터 제6호까지의 사항은 청문 주재자의 소속·직위 및 성명, 청문의 일시 및 장소, 청문에 응하지 아니하는 경우의 처리방법 등 청문에 필요한 사항으로 갈음한다.
③ 제1항 제6호에 따른 기한은 의견제출에 필요한 기간을 10일 이상으로 고려하여 정하여야 한다.
④ 다음 각 호의 어느 하나에 해당하는 경우에는 제1항에 따른 통지를 하지 아니할 수 있다.
1. 공공의 안전 또는 복리를 위하여 긴급히 처분을 할 필요가 있는 경우
2. 법령등에서 요구된 자격이 없거나 없어지게 되면 반드시 일정한 처분을 하여야 하는 경우에 그 자격이 없거나 없어지게 된 사실이 법원의 재판 등에 의하여 객관적으로 증명된 경우
3. 해당 처분의 성질상 의견청취가 현저히 곤란하거나 명백히 불필요하다고 인정될 만한 상당한 이유가 있는 경우

⑤ 처분의 전제가 되는 사실이 법원의 재판 등에 의하여 객관적으로 증명된 경우 등 제4항에 따른 사전 통지를 하지 아니할 수 있는 구체적인 사항은 대통령령으로 정한다.
⑥ 제4항에 따라 사전 통지를 하지 아니하는 경우 행정청은 처분을 할 때 당사자등에게 통지를 하지 아니한 사유를 알려야 한다. 다만, 신속한 처분이 필요한 경우에는 처분 후 그 사유를 알릴 수 있다.
⑦ 제6항에 따라 당사자등에게 알리는 경우에는 제24조를 준용한다.

시행령 제13조【처분의 사전 통지 생략사유】 ① 급박한 위해의 방지 및 제거 등 공공의 안전 또는 복리를 위하여 긴급한 처분이 필요한 경우
② 법원의 재판 또는 준사법적 절차를 거치는 행정기관의 결정 등에 따라 처분의 전제가 되는 사실이 객관적으로 증명되어 처분에 따른 의견청취가 불필요하다고 인정되는 경우
③ 의견청취의 기회를 줌으로써 처분의 내용이 미리 알려져 현저히 공익을 해치는 행위를 유발할 우려가 예상되는 등 해당 처분의 성질상 의견청취가 현저하게 곤란한 경우
④ 법령 또는 자치법규(이하 "법령등"이라 한다)에서 준수하여야 할 기술적 기준이 명확하게 규정되고, 그 기준에 현저히 미치지 못하는 사실을 이유로 처분을 하려는 경우로서 그 사실이 실험, 계측, 그 밖에 객관적인 방법에 의하여 명확히 입증된 경우
⑤ 법령등에서 일정한 요건에 해당하는 자에 대하여 점용료·사용료 등 금전급부를 명하는 경우 법령등에서 규정하는 요건에 해당함이 명백하고, 행정청의 금액산정에 재량의 여지가 없거나 요율이 명확하게 정하여져 있는 경우 등 해당 처분의 성질상 의견청취가 명백히 불필요하다고 인정될 만한 상당한 이유가 있는 경우

1. 대상

당사자에게 불이익한 처분을 하는 경우에는 미리 해당 사항을 당사자등에게 통지하여야 한다.

2. 생략사유

(1) 공공의 안전 또는 복리를 위하여 긴급히 처분을 할 필요가 있는 경우

(2) 법령등에서 요구된 자격이 없거나 없어지게 되면 반드시 일정한 처분을 하여야 하는 경우에 그 자격이 없거나 없어지게 된 사실이 법원의 재판 등에 의하여 객관적으로 증명되는 경우

(3) 해당 처분의 성질상 의견청취가 현저히 곤란하거나 명백히 불필요하다고 인정될 만한 상당한 이유가 있는 경우

3. 기간

(1) **청문**

청문이 시작되는 날부터 10일 전까지는 당사자등에게 통지하여야 한다.

(2) **의견제출**

의견제출에 필요한 기간을 10일 이상으로 고려하여 정하여야 한다.

4. 거부처분

신청에 따른 처분이 이루어지지 않은 경우에는 아직 당사자에게 권익이 부과되지 아니하였으므로 특별한 사정이 없는 한 신청에 대한 거부처분이라고 하더라도 직접 당사자의 권익을 제한하는 것은 아니다. 따라서 신청에 대한 거부처분은 처분의 사전통지대상이 된다고 할 수 없다(2003두674).

> **판례**
>
> 1. **객관적으로 증명이 되면 반드시 일정한 처분을 하여야 하는 경우(2017두66602)**
>   (1) 처분의 전제가 되는 '일부' 사실만 증명된 경우이거나 의견청취에 따라 행정청의 처분 여부나 처분 수위가 달라질 수 있는 경우라면 위 예외사유에 해당하지 않는다.
>   (2) 1차, 2차 조치명령을 받았고, 형사재판절차에서 위 각 조치명령 불이행의 범죄사실에 관하여 유죄판결이 확정되었다고 하더라도, 유죄판결 확정 이후부터 3차 조치명령 당시까지 시간적 간격이 있으므로 사정변경의 여지가 있다.
>   (3) 폐기물 처리 조치명령은 재량행위에 해당하므로, 3차 조치명령은 의견청취가 행정청의 처분 여부나 그 수위 결정에 영향을 미치는 경우에 해당한다.
>
> 2. **처분의 성질상 현저히 곤란하거나 명백히 불필요하다고 인정될 만한 상당한 이유가 있는 경우란 해당 행정처분의 성질에 비추어 판단하여야 하는 것이지, […]으로 판단할 것이 아니다.**
>   (1) '의견청취가 현저히 곤란하거나 명백히 불필요하다고 인정될 만한 상당한 이유가 있는 경우'에 해당하는지는 해당 행정처분의 성질에 비추어 판단하여야 하며, 처분상대방이 이미 행정청에 위반사실을 시인하였다거나 처분의 사전통지 이전에 의견을 진술할 기회가 있었다는 사정을 고려하여 판단할 것은 아니다(2016두41811).
>   (2) 행정지도방식에 의한 사전고지나 그에 따른 당사자의 자진 폐공의 약속 등의 사유만으로는 사전통지 등을 하지 않아도 되는 「행정절차법」 소정의 예외의 경우에 해당한다고 볼 수 없다는 이유로 그 처분은 위법하다(99두5870).
>   (3) 별도의 징계절차에서 자신의 비위행위에 대한 해명기회를 가졌다는 사정만으로 명예전역수당 지급대상자 선발결정을 취소하는 처분에 대해 사전통지를 하지 않거나 의견제출의 기회를 주지 아니하여도 되는 예외적인 경우에 해당한다고 볼 수도 없다(2014두40258).
>   (4) 시보임용처분의 무효로 인하여 시보공무원으로서의 경력을 갖추지 못하였다는 이유만으로, 별도의 정규임용처분을 취소하는 처분에 대해 사전통지를 하지 않거나 의견제출의 기회를 주지 아니하여도 되는 예외적인 경우에 해당한다고 할 수도 없다(2008두16155).
>   (5) 공사중지명령에 대한 사전통지를 하고 의견제출의 기회를 준다면 많은 액수의 손실보상금을 기대하여 공사를 강행할 우려가 있다는 사정이 사전통지 및 의견제출 절차의 예외사유에 해당하지 아니한다(2004두1254).
>
> 3. **퇴직연금의 환수결정은 성질상 현저히 곤란하거나 명백히 불필요한 경우에 해당(99두5443)**
>   퇴직연금의 환수결정은 당사자에게 의무를 과하는 처분이기는 하나, 관련 법령에 따라 당연히 환수금액이 정하여지는 것이므로, 퇴직연금의 환수결정에 앞서 당사자에게 의견진술의 기회를 주지 아니하여도 행정절차법 제22조 제3항이나 신의칙에 어긋나지 아니한다.

05 의견청취

[제1회]

공청회에 관하여 설명하시오. (40점)

[제7회]

청문통지서가 주소 불명으로 반송되었고, 청문기일에 불출석하였다는 이유로 청문을 생략한 영업허가 취소처분의 위법 여부를 설명하시오. (40점)

[제11회]

현장조사 당시 위반경위를 진술한 사실이 의견제출에 해당하는지와 의견제출이 아니라면 의견제출의 예외 사유에 해당하는지를 검토하시오. (20점)

제2조【정의】이 법에서 사용하는 용어의 뜻은 다음과 같다.
5. "청문"이란 행정청이 어떠한 처분을 하기 전에 당사자등의 의견을 직접 듣고 증거를 조사하는 절차를 말한다.
6. "공청회"란 행정청이 공개적인 토론을 통하여 어떠한 행정작용에 대하여 당사자등, 전문지식과 경험을 가진 사람, 그 밖의 일반인으로부터 의견을 널리 수렴하는 절차를 말한다.
7. "의견제출"이란 행정청이 어떠한 행정작용을 하기 전에 당사자등이 의견을 제시하는 절차로서 청문이나 공청회에 해당하지 아니하는 절차를 말한다.

제22조【의견청취】① 행정청이 처분을 할 때 다음 각 호의 어느 하나에 해당하는 경우에는 청문을 한다.
1. 다른 법령등에서 청문을 하도록 규정하고 있는 경우
2. 행정청이 필요하다고 인정하는 경우
3. 다음 각 목의 처분을 하는 경우
   가. 인허가 등의 취소
   나. 신분·자격의 박탈
   다. 법인이나 조합 등의 설립허가의 취소
② 행정청이 처분을 할 때 다음 각 호의 어느 하나에 해당하는 경우에는 공청회를 개최한다.
1. 다른 법령등에서 공청회를 개최하도록 규정하고 있는 경우
2. 해당 처분의 영향이 광범위하여 널리 의견을 수렴할 필요가 있다고 행정청이 인정하는 경우
3. 국민생활에 큰 영향을 미치는 처분으로서 대통령령으로 정하는 처분에 대하여 대통령령으로 정하는 수 이상의 당사자등이 공청회 개최를 요구하는 경우
③ 행정청이 당사자에게 의무를 부과하거나 권익을 제한하는 처분을 할 때 제1항 또는 제2항의 경우 외에는 당사자등에게 의견제출의 기회를 주어야 한다.

④ 제1항부터 제3항까지의 규정에도 불구하고 제21조 제4항 각 호의 어느 하나에 해당하는 경우와 당사자가 의견진술의 기회를 포기한다는 뜻을 명백히 표시한 경우에는 의견청취를 하지 아니할 수 있다.
⑤ 행정청은 청문·공청회 또는 의견제출을 거쳤을 때에는 신속히 처분하여 해당 처분이 지연되지 아니하도록 하여야 한다.
⑥ 행정청은 처분 후 1년 이내에 당사자등이 요청하는 경우에는 청문·공청회 또는 의견제출을 위하여 제출받은 서류나 그 밖의 물건을 반환하여야 한다.

시행령 제14조【의견진술의 포기】 당사자는 법 제22조 제4항의 규정에 의하여 의견진술의 기회를 포기한 때에는 의견진술포기서 또는 이에 준하는 문서를 행정청에 제출하여야 한다.

1. 청문

(1) 의의

행정청이 처분에 앞서 당사자등의 의견을 직접 듣고 증거를 조사하는 절차이다.

(2) 대상

① 다른 법령등에서 청문을 실시하도록 규정하고 있는 경우
② 행정청이 필요하다고 인정하는 경우
③ 인허가 등의 취소, 신분·자격의 박탈, 법인이나 조합 등의 설립허가의 취소의 처분을 하는 경우

2. 공청회

(1) 의의

행정청이 공개적인 토론을 통하여 어떠한 행정작용에 대하여 의견을 널리 수렴하는 절차이다.

(2) 대상

① 다른 법령등에서 공청회를 개최하도록 규정하고 있는 경우
② 처분의 영향이 광범위하여 널리 의견을 수렴할 필요가 있다고 행정청이 인정하는 경우
③ 국민생활에 큰 영향을 미치는 처분(국민 다수의 생명, 안전 및 건강에 큰 영향을 미치는 처분 또는 소음 및 악취 등 국민의 일상생활과 관계되는 환경에 큰 영향을 미치는 처분)으로써 30명 이상의 당사자등이 공청회 개최를 요구하는 경우

3. 의견제출

(1) 의의
행정청이 어떠한 행정작용을 하기에 앞서 당사자등이 의견을 제시하는 절차로서 청문이나 공청회에 해당하지 아니하는 절차를 말한다.

(2) 대상
「행정절차법」은 불이익한 처분에 있어 청문 또는 공청회를 거치지 않은 경우 의견제출 절차를 의무적으로 거치도록 규정하고 있다.

4. 생략사유

(1) 공공의 안전 또는 복리를 위하여 긴급히 처분을 할 필요가 있는 경우

(2) 법령등에서 요구된 자격이 없거나 없어지게 되면 반드시 일정한 처분을 하여야 하는 경우에 그 자격이 없거나 없어지게 된 사실이 법원의 재판 등에 의하여 객관적으로 증명되는 경우

(3) 해당 처분의 성질상 의견청취가 현저히 곤란한 경우

(4) 당사자가 의견진술의 기회를 포기한다는 뜻을 의견제출 기간 내에 명백히 표시한 경우

> **판례**
>
> 1. **청문의 취지와 청문절차를 결여한 처분의 효력(2002두8350)**
>   청문제도는 행정처분의 사유에 대하여 당사자에게 변명과 유리한 자료를 제출할 기회를 부여함으로써 위법사유의 시정가능성을 고려하고 처분의 신중과 적정을 기하려는 데 그 취지가 있음에 비추어 볼 때, 행정청이 침해적 행정처분을 함에 즈음하여 청문을 실시하지 않아도 되는 예외적인 경우에 해당하지 않는 한 반드시 청문을 실시하여야 하고, 그 절차를 결여한 처분은 위법한 처분으로서 취소사유에 해당한다.
>
> 2. **청문실시 배제협약을 두었다는 이유로 청문을 생략한 처분(2002두8350)**
>   행정청이 당사자와 사이에 도시계획사업의 시행과 관련한 협약을 체결하면서 청문의 실시 등 의견청취 절차를 배제하는 조항을 두었다고 하더라도, 국민의 행정참여를 도모함으로써 행정의 공정성·투명성 및 신뢰성을 확보하고 국민의 권익을 보호한다는 「행정절차법」의 목적 및 청문제도의 취지 등에 비추어 볼 때, 이러한 협약이 체결되었다고 하여 청문의 실시에 관한 규정의 적용이 배제된다거나 청문을 실시하지 않아도 되는 예외적인 경우에 해당한다고 할 수 없다.
>
> 3. **청문통지서가 반송되었다는 이유 또는 청문일시에 불출석하였다는 이유만으로 청문을 생략한 처분 (2000두3337)**
>   '의견청취가 현저히 곤란하거나 명백히 불필요하다고 인정될 만한 상당한 이유가 있는지 여부'는 당해 행정처분의 성질에 비추어 판단하여야 하는 것이지, 청문통지서의 반송 여부, 청문통지의 방법 등에 의하여 판단할 것은 아니며, 또한 행정처분의 상대방이 통지된 청문일시에 불출석하였다는 이유만으로 행정청이 관계 법령상 그 실시가 요구되는 청문을 실시하지 아니한 채 침해적 행정처분을 할 수는 없을 것이므로, 행정처분의 상대방에 대한 청문통지서가 반송되었다거나, 행정처분의 상대방이 청문일시에 불출석하였다는 이유로 청문을 실시하지 아니하고 한 침해적 행정처분은 위법하다.

4. 훈령에서 규정한 청문을 실시하지 않은 불이익한 처분(94누3414)

훈령은 행정 내부적 지침에 해당하는 행정명령에 불과하므로 대외적 구속력이 없다. 따라서 훈령상 청문의 실시를 규정한 경우 청문을 실시하지 않은 처분은 적법한 처분이다. 다만 불이익한 처분에 해당하므로 처분시 당사자에게 의견제출 절차를 의무적으로 부여하여야 한다.

5. 개인택시운송사업면허취소처분(2016두63224)

(1) 피고는 당시 원고에게 관련 법규와 행정처분 절차에 대하여 설명을 한 후 청문절차를 진행하고자 하였으나, 원고는 이 사건 처분의 원인이 되는 자동차운전면허 취소와 관련하여 경찰청을 상대로 구제절차를 진행할 터이니 처분을 좀 연기하여 달라는 내용의 '청문서'라는 제목의 서류를 작성하여 피고에게 제출한 바 있다.

(2) 원고가 이 사건 처분 전에 피고의 사무실에 방문하여 피고 소속 공무원에게 '처분을 좀 연기해 달라'는 내용의 서류를 제출한 것을 들어, 청문을 실시한 것으로 볼 수는 없다.

(3) 청문 등 의견청취를 하지 아니할 수 있는 예외에 해당하는지는 해당 행정처분의 성질에 비추어 판단하여야 하며, 처분상대방이 이미 행정청에게 위반사실을 시인하였다거나 처분의 사전통지 이전에 의견을 진술할 기회가 있었다는 사정을 고려하여 판단할 것은 아니므로, 담당공무원이 청문절차를 진행하고자 하였음에도 원고가 이에 응하지 않았다는 사정만으로 '처분의 성질상 의견청취가 현저히 곤란하거나 명백히 불필요하다고 인정될 만한 상당한 이유가 있는 경우' 또는 '당사자가 의견진술의 기회를 포기한다는 뜻을 명백히 표시한 경우'에 해당한다고 볼 수도 없다.

06 의견제출 절차(방법 및 관리)

> **제27조【의견제출】** ① 당사자등은 처분 전에 그 처분의 관할 행정청에 서면이나 말로 또는 정보통신망을 이용하여 의견제출을 할 수 있다.
> ② 당사자등은 제1항에 따라 의견제출을 하는 경우 그 주장을 입증하기 위한 증거자료 등을 첨부할 수 있다.
> ③ 행정청은 당사자등이 말로 의견제출을 하였을 때에는 서면으로 그 진술의 요지와 진술자를 기록하여야 한다.
> ④ 당사자등이 정당한 이유 없이 의견제출기한까지 의견제출을 하지 아니한 경우에는 의견이 없는 것으로 본다.
>
> **제27조의2【제출 의견의 반영 등】** ① 행정청은 처분을 할 때에 당사자등이 제출한 의견이 상당한 이유가 있다고 인정하는 경우에는 이를 반영하여야 한다.
> ② 행정청은 당사자등이 제출한 의견을 반영하지 아니하고 처분을 한 경우 당사자등이 처분이 있음을 안 날부터 90일 이내에 그 이유의 설명을 요청하면 서면으로 그 이유를 알려야 한다. 다만, 당사자등이 동의하면 말, 정보통신망 또는 그 밖의 방법으로 알릴 수 있다.
>
> **제37조【문서의 열람 및 비밀유지】** ① 당사자등은 의견제출의 경우에는 처분의 사전 통지가 있는 날부터 의견제출기한까지, 청문의 경우에는 청문의 통지가 있는 날부터 청문이 끝날 때까지 행정청에 해당 사안의 조사결과에 관한 문서와 그 밖에 해당 처분과 관련되는 문서의 열람 또는 복사를 요청할 수 있다. 이 경우 행정청은 다른 법령에 따라 공개가 제한되는 경우를 제외하고는 그 요청을 거부할 수 없다.
> ② 행정청은 제1항의 열람 또는 복사의 요청에 따르는 경우 그 일시 및 장소를 지정할 수 있다.
> ③ 행정청은 제1항 후단에 따라 열람 또는 복사의 요청을 거부하는 경우에는 그 이유를 소명(疎明)하여야 한다.
> ④ 제1항에 따라 열람 또는 복사를 요청할 수 있는 문서의 범위는 대통령령으로 정한다.
> ⑤ 행정청은 제1항에 따른 복사에 드는 비용을 복사를 요청한 자에게 부담시킬 수 있다.
> ⑥ 누구든지 의견제출 또는 청문을 통하여 알게 된 사생활이나 경영상 또는 거래상의 비밀을 정당한 이유 없이 누설하거나 다른 목적으로 사용하여서는 아니 된다.

1. 방법

(1) 당사자등은 서면이나 말 또는 정보통신망을 이용하여 의견제출을 할 수 있다.

(2) 당사자등은 증거자료 등을 첨부할 수 있다.

(3) 행정청은 당사자등이 말로 의견제출을 하였을 때에는 서면으로 그 진술의 요지와 진술자를 기록하여야 한다.

2. 의견제출을 하지 아니한 경우

당사자등이 정당한 이유 없이 의견제출기한까지 의견제출을 하지 아니한 경우에는 의견이 없는 것으로 본다.

3. 의견제출을 한 경우

(1) 행정청은 처분을 할 때에 당사자등이 제출한 의견이 상당한 이유가 있다고 인정하는 경우에는 이를 반영하여야 한다.

(2) 행정청은 당사자등이 제출한 의견을 반영하지 아니하고 처분을 한 경우 당사자등이 처분이 있음을 안 날부터 90일 이내에 그 이유의 설명을 요청하면 서면으로 그 이유를 알려야 한다. 다만, 당사자등이 동의하면 말, 정보통신망 또는 그 밖의 방법으로 알릴 수 있다.

4. 문서의 열람·복사

(1) 당사자등은 처분의 사전통지가 있는 날부터 의견제출기한까지 문서의 열람 또는 복사를 요청할 수 있다.

(2) 행정청이 다른 법령에 따라 열람 또는 복사의 요청을 거부하는 경우에는 그 이유를 소명하여야 한다.

07 청문 주재자

> [제3회]
> 청문 주재자에 관하여 설명하시오. (20점)

제28조 【청문 주재자】 ① 행정청은 소속 직원 또는 대통령령으로 정하는 자격을 가진 사람 중에서 청문 주재자를 공정하게 선정하여야 한다.
② 행정청은 다음 각 호의 어느 하나에 해당하는 처분을 하려는 경우에는 청문 주재자를 2명 이상으로 선정할 수 있다. 이 경우 선정된 청문 주재자 중 1명이 청문 주재자를 대표한다.
1. 다수 국민의 이해가 상충되는 처분
2. 다수 국민에게 불편이나 부담을 주는 처분
3. 그 밖에 전문적이고 공정한 청문을 위하여 행정청이 청문 주재자를 2명 이상으로 선정할 필요가 있다고 인정하는 처분

③ 행정청은 청문이 시작되는 날부터 7일 전까지 청문 주재자에게 청문과 관련한 필요한 자료를 미리 통지하여야 한다.
④ 청문 주재자는 독립하여 공정하게 직무를 수행하며, 그 직무 수행을 이유로 본인의 의사에 반하여 신분상 어떠한 불이익도 받지 아니한다.
⑤ 제1항 또는 제2항에 따라 선정된 청문 주재자는 「형법」이나 그 밖의 다른 법률에 따른 벌칙을 적용할 때에는 공무원으로 본다.
⑥ 제1항부터 제5항까지에서 규정한 사항 외에 청문 주재자의 선정 등에 필요한 사항은 대통령령으로 정한다.

시행령 제15조 【청문 주재자】 ① 법 제28조 제1항에서 "대통령령이 정하는 자격을 가진 자"라 함은 다음 각 호의 1에 해당하는 자를 말한다.
1. 교수·변호사·공인회계사 등 관련분야의 전문직 종사자
2. 청문사안과 관련되는 분야에 근무한 경험이 있는 전직 공무원
3. 그 밖의 업무경험을 통하여 청문사안과 관련되는 분야에 전문지식이 있는 자

② 법 제28조의 규정에 의한 청문 주재자에 대하여는 예산의 범위 안에서 수당이나 여비 그 밖의 필요한 경비를 지급할 수 있다. 다만, 청문 주재를 소관업무로 하는 공무원이 청문을 주재하는 경우에는 그러하지 아니하다.

시행령 제15조의2 【2명 이상의 청문 주재자】 ① 행정청은 법 제28조 제2항에 따라 2명 이상의 청문 주재자를 선정하는 경우 전체 청문 주재자의 2분의 1 이상을 제15조 제1항 각 호의 어느 하나에 해당하는 사람으로 선정해야 한다.
② 행정청은 법 제28조 제2항 각 호 외의 부분 후단에 따라 2명 이상의 청문 주재자 중에서 청문사안에 대한 중립성·전문성 등을 고려하여 청문 주재자를 대표하는 청문 주재자(이하 이 조에서 "대표 주재자"라 한다.) 1명을 선정해야 한다.
③ 대표 주재자는 청문 주재자를 대표하여 법 제31조에 따라 청문을 진행하고, 법 제35조에 따라 청문을 종결한다.
④ 대표 주재자는 청문 주재자의 의견을 반영하여 법 제34조에 따른 청문조서 및 법 제34조의2에 따른 청문 주재자의 의견서를 대표로 작성한다. 이 경우 청문 주재자 전원이 그 청문조서 및 청문 주재자의 의견서에 서명 또는 날인해야 한다.

⑤ 대표 주재자는 제4항에 따라 청문 주재자의 의견서를 작성할 때 청문 주재자 사이에 의견이 일치하지 않는 경우에는 그 내용을 청문 주재자의 의견서에 모두 기록해야 한다.

제29조【청문 주재자의 제척·기피·회피】 ① 청문 주재자가 다음 각 호의 어느 하나에 해당하는 경우에는 청문을 주재할 수 없다.
1. 자신이 당사자등이거나 당사자등과 「민법」 제777조 각 호의 어느 하나에 해당하는 친족관계에 있거나 있었던 경우
2. 자신이 해당 처분과 관련하여 증언이나 감정(鑑定)을 한 경우
3. 자신이 해당 처분의 당사자등의 대리인으로 관여하거나 관여하였던 경우
4. 자신이 해당 처분업무를 직접 처리하거나 처리하였던 경우
5. 자신이 해당 처분업무를 처리하는 부서에 근무하는 경우. 이 경우 부서의 구체적인 범위는 대통령령으로 정한다.

② 청문 주재자에게 공정한 청문 진행을 할 수 없는 사정이 있는 경우 당사자등은 행정청에 기피신청을 할 수 있다. 이 경우 행정청은 청문을 정지하고 그 신청이 이유가 있다고 인정할 때에는 해당 청문 주재자를 지체 없이 교체하여야 한다.

③ 청문 주재자는 제1항 또는 제2항의 사유에 해당하는 경우에는 행정청의 승인을 받아 스스로 청문의 주재를 회피할 수 있다.

1. 자격

행정청은 소속 직원 또는 대통령령으로 정하는 자격을 가진 사람 중에서 청문 주재자를 공정하게 선정하여야 한다.

2. 다수의 주재자 선정

(1) 사유

행정청은 다수 국민의 이해가 상충되거나 다수 국민에게 불편이나 부담을 주는 처분을 하려는 경우에는 청문 주재자를 2명 이상으로 선정할 수 있다.

(2) 제한

행정청은 2명 이상의 청문 주재자를 선정하는 경우 전체 청문 주재자의 2분의 1 이상을 대통령령으로 정하는 자격을 가진 사람 중에서 선정해야 한다.

3. 대표 주재자

(1) 선정

행정청은 2명 이상의 청문 주재자 중에서 청문사안에 대한 중립성·전문성 등을 고려하여 대표 주재자 1명을 선정해야 한다.

(2) **역할**

① 대표 주재자는 청문 주재자를 대표하여 청문을 진행과 종결을 하며, 청문조서 및 의견서를 대표로 작성한다.

② 대표 주재자는 청문 주재자 사이에 의견이 일치하지 않는 경우에는 그 내용을 청문 주재자의 의견서에 모두 기록해야 한다.

4. 청문 주재자의 제척 · 기피 · 회피

「행정절차법」은 공정한 청문을 위하여 청문 주재자 제척 · 기피 · 회피 사유를 명문으로 규정하고 있다.

08 청문 진행 절차

제30조【청문의 공개】청문은 당사자가 공개를 신청하거나 청문 주재자가 필요하다고 인정하는 경우 공개할 수 있다. 다만, 공익 또는 제3자의 정당한 이익을 현저히 해칠 우려가 있는 경우에는 공개하여서는 아니 된다.

제31조【청문의 진행】① 청문 주재자가 청문을 시작할 때에는 먼저 예정된 처분의 내용, 그 원인이 되는 사실 및 법적 근거 등을 설명하여야 한다.
② 당사자등은 의견을 진술하고 증거를 제출할 수 있으며, 참고인이나 감정인 등에게 질문할 수 있다.
③ 당사자등이 의견서를 제출한 경우에는 그 내용을 출석하여 진술한 것으로 본다.
④ 청문 주재자는 청문의 신속한 진행과 질서유지를 위하여 필요한 조치를 할 수 있다.
⑤ 청문을 계속할 경우에는 행정청은 당사자등에게 다음 청문의 일시 및 장소를 서면으로 통지하여야 하며, 당사자등이 동의하는 경우에는 전자문서로 통지할 수 있다. 다만, 청문에 출석한 당사자등에게는 그 청문일에 청문 주재자가 말로 통지할 수 있다.

제32조【청문의 병합 · 분리】행정청은 직권으로 또는 당사자의 신청에 따라 여러 개의 사안을 병합하거나 분리하여 청문을 할 수 있다.

제33조【증거조사】① 청문 주재자는 직권으로 또는 당사자의 신청에 따라 필요한 조사를 할 수 있으며, 당사자등이 주장하지 아니한 사실에 대하여도 조사할 수 있다.
② 증거조사는 다음 각 호의 어느 하나에 해당하는 방법으로 한다.
1. 문서 · 장부 · 물건 등 증거자료의 수집
2. 참고인 · 감정인 등에 대한 질문
3. 검증 또는 감정 · 평가
4. 그 밖에 필요한 조사
③ 청문 주재자는 필요하다고 인정할 때에는 관계 행정청에 필요한 문서의 제출 또는 의견의 진술을 요구할 수 있다. 이 경우 관계 행정청은 직무 수행에 특별한 지장이 없으면 그 요구에 따라야 한다.

제34조【청문조서】① 청문 주재자는 다음 각 호의 사항이 적힌 청문조서(聽聞調書)를 작성하여야 한다.
  1. 제목
  2. 청문 주재자의 소속, 성명 등 인적 사항
  3. 당사자등의 주소, 성명 또는 명칭 및 출석 여부
  4. 청문의 일시 및 장소
  5. 당사자등의 진술의 요지 및 제출된 증거
  6. 청문의 공개 여부 및 공개하거나 제30조 단서에 따라 공개하지 아니한 이유
  7. 증거조사를 한 경우에는 그 요지 및 첨부된 증거
  8. 그 밖에 필요한 사항
  ② 당사자등은 청문조서의 내용을 열람·확인할 수 있으며, 이의가 있을 때에는 그 정정을 요구할 수 있다.

제34조의2【청문 주재자의 의견서】청문 주재자는 다음 각 호의 사항이 적힌 청문 주재자의 의견서를 작성하여야 한다.
  1. 청문의 제목
  2. 처분의 내용, 주요 사실 또는 증거
  3. 종합의견
  4. 그 밖에 필요한 사항

제35조【청문의 종결】① 청문 주재자는 해당 사안에 대하여 당사자등의 의견진술, 증거조사가 충분히 이루어졌다고 인정하는 경우에는 청문을 마칠 수 있다.
② 청문 주재자는 당사자등의 전부 또는 일부가 정당한 사유 없이 청문기일에 출석하지 아니하거나 제31조 제3항에 따른 의견서를 제출하지 아니한 경우에는 이들에게 다시 의견진술 및 증거제출의 기회를 주지 아니하고 청문을 마칠 수 있다.
③ 청문 주재자는 당사자등의 전부 또는 일부가 정당한 사유로 청문기일에 출석하지 못하거나 제31조 제3항에 따른 의견서를 제출하지 못한 경우에는 10일 이상의 기간을 정하여 이들에게 의견진술 및 증거제출을 요구하여야 하며, 해당 기간이 지났을 때에 청문을 마칠 수 있다.
④ 청문 주재자는 청문을 마쳤을 때에는 청문조서, 청문 주재자의 의견서, 그 밖의 관계 서류 등을 행정청에 지체 없이 제출하여야 한다.

제35조의2【청문결과의 반영】행정청은 처분을 할 때에 제35조 제4항에 따라 받은 청문조서, 청문 주재자의 의견서, 그 밖의 관계 서류 등을 충분히 검토하고 상당한 이유가 있다고 인정하는 경우에는 청문결과를 반영하여야 한다.

제36조【청문의 재개】행정청은 청문을 마친 후 처분을 할 때까지 새로운 사정이 발견되어 청문을 재개(再開)할 필요가 있다고 인정할 때에는 제35조 제4항에 따라 받은 청문조서 등을 되돌려 보내고 청문의 재개를 명할 수 있다. 이 경우 제31조 제5항을 준용한다.

> **제37조【문서의 열람 및 비밀유지】** ① 당사자등은 의견제출의 경우에는 처분의 사전 통지가 있는 날부터 의견제출기한까지, 청문의 경우에는 청문의 통지가 있는 날부터 청문이 끝날 때까지 행정청에 해당 사안의 조사결과에 관한 문서와 그 밖에 해당 처분과 관련되는 문서의 열람 또는 복사를 요청할 수 있다. 이 경우 행정청은 다른 법령에 따라 공개가 제한되는 경우를 제외하고는 그 요청을 거부할 수 없다.
> ② 행정청은 제1항의 열람 또는 복사의 요청에 따르는 경우 그 일시 및 장소를 지정할 수 있다.
> ③ 행정청은 제1항 후단에 따라 열람 또는 복사의 요청을 거부하는 경우에는 그 이유를 소명(疎明)하여야 한다.
> ④ 제1항에 따라 열람 또는 복사를 요청할 수 있는 문서의 범위는 대통령령으로 정한다.
> ⑤ 행정청은 제1항에 따른 복사에 드는 비용을 복사를 요청한 자에게 부담시킬 수 있다.
> ⑥ 누구든지 의견제출 또는 청문을 통하여 알게 된 사생활이나 경영상 또는 거래상의 비밀을 정당한 이유 없이 누설하거나 다른 목적으로 사용하여서는 아니 된다.

1. 사전통지

행정청은 청문이 시작되는 날부터 10일 전까지 일정 사항을 통지하여야 한다.

2. 진행

(1) 청문 주재자가 진행한다.

(2) 의견서를 제출한 경우에는 출석하여 진술한 것으로 본다.

(3) 청문 주재자는 직권으로 필요한 조사를 할 수 있다.

3. 결과의 반영

청문결과가 상당한 이유가 있는 경우 처분에 반영하여야 한다.

4. 문서의 열람

(1) 당사자등은 청문의 통지가 있는 날부터 청문이 끝날 때까지 문서의 열람 또는 복사를 요청할 수 있다.

(2) 행정청이 다른 법령에 따라 열람 또는 복사의 요청을 거부하는 경우에는 그 이유를 소명하여야 한다.

5. 공개

청문은 비공개를 원칙으로 한다.

6. 종결

(1) 청문 주재자는 해당 사안에 대하여 조사가 충분히 이루어졌다고 인정하는 경우 또는 정당한 사유 없이 청문기일에 출석하지 아니하거나 의견서를 제출하지 아니한 경우에는 청문을 마칠 수 있다.

(2) 정당한 사유로 청문기일에 출석하지 못하거나 의견서를 제출하지 못한 경우에는 10일 이상의 기간을 정하여 이들에게 의견진술 및 증거제출을 요구하여야 하며, 해당 기간이 지났을 때에 청문을 마칠 수 있다.

7. 재개

행정청은 청문을 마친 후 처분을 할 때까지 새로운 사정이 발견되면 청문의 재개를 명할 수 있다.

09 공청회 진행 절차

[제1회]
공청회에 관하여 설명하시오. (40점)

[제5회]
온라인공청회의 의의, 실시요건, 방법 및 절차에 관하여 설명하시오. (20점)

> 제38조 【공청회 개최의 알림】 행정청은 공청회를 개최하려는 경우에는 공청회 개최 14일 전까지 다음 각 호의 사항을 당사자등에게 통지하고 관보, 공보, 인터넷 홈페이지 또는 일간신문 등에 공고하는 등의 방법으로 널리 알려야 한다. 다만, 공청회 개최를 알린 후 예정대로 개최하지 못하여 새로 일시 및 장소 등을 정한 경우에는 공청회 개최 7일 전까지 알려야 한다.
> 1. 제목
> 2. 일시 및 장소
> 3. 주요 내용
> 4. 발표자에 관한 사항
> 5. 발표신청 방법 및 신청 기한
> 6. 정보통신망을 통한 의견제출
> 7. 그 밖에 공청회 개최에 필요한 사항

제38조의2 【온라인공청회】 ① 행정청은 제38조에 따른 공청회와 병행하여서만 정보통신망을 이용한 공청회(이하 "온라인공청회"라 한다)를 실시할 수 있다.
② 제1항에도 불구하고 다음 각 호의 어느 하나에 해당하는 경우에는 온라인공청회를 단독으로 개최할 수 있다.
1. 국민의 생명·신체·재산의 보호 등 국민의 안전 또는 권익보호 등의 이유로 제38조에 따른 공청회를 개최하기 어려운 경우
2. 제38조에 따른 공청회가 행정청이 책임질 수 없는 사유로 개최되지 못하거나 개최는 되었으나 정상적으로 진행되지 못하고 무산된 횟수가 3회 이상인 경우
3. 행정청이 널리 의견을 수렴하기 위하여 온라인공청회를 단독으로 개최할 필요가 있다고 인정하는 경우. 다만, 제22조 제2항 제1호 또는 제3호에 따라 공청회를 실시하는 경우는 제외한다.
③ 행정청은 온라인공청회를 실시하는 경우 의견제출 및 토론 참여가 가능하도록 적절한 전자적 처리능력을 갖춘 정보통신망을 구축·운영하여야 한다.
④ 온라인공청회를 실시하는 경우에는 누구든지 정보통신망을 이용하여 의견을 제출하거나 제출된 의견 등에 대한 토론에 참여할 수 있다.
⑤ 제1항부터 제4항까지에서 규정한 사항 외에 온라인공청회의 실시 방법 및 절차에 관하여 필요한 사항은 대통령령으로 정한다.

제38조의3 【공청회의 주재자 및 발표자의 선정】 ① 행정청은 해당 공청회의 사안과 관련된 분야에 전문적 지식이 있거나 그 분야에 종사한 경험이 있는 사람으로서 대통령령으로 정하는 자격을 가진 사람 중에서 공청회의 주재자를 선정한다.
② 공청회의 발표자는 발표를 신청한 사람 중에서 행정청이 선정한다. 다만, 발표를 신청한 사람이 없거나 공청회의 공정성을 확보하기 위하여 필요하다고 인정하는 경우에는 다음 각 호의 사람 중에서 지명하거나 위촉할 수 있다.
1. 해당 공청회의 사안과 관련된 당사자등
2. 해당 공청회의 사안과 관련된 분야에 전문적 지식이 있는 사람
3. 해당 공청회의 사안과 관련된 분야에 종사한 경험이 있는 사람
③ 행정청은 공청회의 주재자 및 발표자를 지명 또는 위촉하거나 선정할 때 공정성이 확보될 수 있도록 하여야 한다.
④ 공청회의 주재자, 발표자, 그 밖에 자료를 제출한 전문가 등에게는 예산의 범위에서 수당 및 여비와 그 밖에 필요한 경비를 지급할 수 있다.

제39조 【공청회의 진행】 ① 공청회의 주재자는 공청회를 공정하게 진행하여야 하며, 공청회의 원활한 진행을 위하여 발표 내용을 제한할 수 있고, 질서유지를 위하여 발언 중지 및 퇴장 명령 등 행정안전부장관이 정하는 필요한 조치를 할 수 있다.
② 발표자는 공청회의 내용과 직접 관련된 사항에 대하여만 발표하여야 한다.
③ 공청회의 주재자는 발표자의 발표가 끝난 후에는 발표자 상호간에 질의 및 답변을 할 수 있도록 하여야 하며, 방청인에게도 의견을 제시할 기회를 주어야 한다.

제39조의2 【공청회 및 온라인공청회 결과의 반영】 행정청은 처분을 할 때에 공청회, 온라인공청회 및 정보통신망 등을 통하여 제시된 사실 및 의견이 상당한 이유가 있다고 인정하는 경우에는 이를 반영하여야 한다.

제39조의3 【공청회의 재개최】 행정청은 공청회를 마친 후 처분을 할 때까지 새로운 사정이 발견되어 공청회를 다시 개최할 필요가 있다고 인정할 때에는 공청회를 다시 개최할 수 있다.

1. 공청회 개최의 알림

행정청은 공청회 개최 14일 전까지 당사자등에게 통지하고 관보 등에 공고하여야 한다. 다만, 공청회 개최를 알린 후 예정대로 개최하지 못하여 새로 일시 및 장소 등을 정한 경우에는 공청회 개최 7일 전까지 알려야 한다.

2. 온라인공청회

(1) 원칙
행정청은 공청회와 병행하여서만 온라인공청회를 실시할 수 있다.

(2) 온라인공청회 단독 개최
① 국민의 안전 또는 권익보호 등의 이유로 공청회를 개최하기 어려운 경우
② 공청회가 행정청이 책임질 수 없는 사유로 개최되지 못하거나 개최는 되었으나 무산된 횟수가 3회 이상인 경우
③ 행정청이 온라인공청회를 단독으로 개최할 필요가 있다고 인정하는 경우(행정청의 필요로 실시하는 공청회의 경우에만 해당)

(3) 참여
온라인공청회를 실시하는 경우에는 누구든지 정보통신망을 이용하여 토론에 참여할 수 있다.

3. 공청회 및 온라인공청회 결과의 반영

행정청은 처분을 할 때에 공청회, 온라인공청회 및 정보통신망 등을 통하여 제시된 사실 및 의견이 상당한 이유가 있다고 인정하는 경우에는 이를 반영하여야 한다.

10 처분의 방식

[제10회]

구두로 고지한 시정명령의 위법 여부를 설명하시오. (20점)

[제13회]

전자문서로 통지한 경우 통지의 방식에 하자가 있는지와 공단이 수리거부처분을 할 때 사전통지를 하여야 하는지 검토하시오. (20점)

> **제24조【처분의 방식】** ① 행정청이 처분을 할 때에는 다른 법령등에 특별한 규정이 있는 경우를 제외하고는 문서로 하여야 하며, 다음 각 호의 어느 하나에 해당하는 경우에는 전자문서로 할 수 있다.
> 1. 당사자등의 동의가 있는 경우
> 2. 당사자가 전자문서로 처분을 신청한 경우
> ② 제1항에도 불구하고 공공의 안전 또는 복리를 위하여 긴급히 처분을 할 필요가 있거나 사안이 경미한 경우에는 말, 전화, 휴대전화를 이용한 문자 전송, 팩스 또는 전자우편 등 문서가 아닌 방법으로 처분을 할 수 있다. 이 경우 당사자가 요청하면 지체 없이 처분에 관한 문서를 주어야 한다.
> ③ 처분을 하는 문서에는 그 처분 행정청과 담당자의 소속·성명 및 연락처(전화번호, 팩스번호, 전자우편주소 등을 말한다)를 적어야 한다.

1. 원칙

행정청의 처분은 문서로 하여야 한다.

2. 예외

(1) 전자문서

① 당사자등의 동의가 있는 경우에 해당하는 경우, ② 당사자가 전자문서로 처분을 신청한 경우에는 전자문서로 할 수 있다.

(2) 구술 등

긴급히 처분을 할 필요가 있거나 사안이 경미한 경우에는 구술 기타 방법으로 할 수 있으며, 이 경우 당사자의 요청 시 지체 없이 처분에 관한 문서를 교부하여야 한다.

3. 실명제

처분 행정청과 담당자의 소속·성명 및 연락처를 적어야 한다.

4. 구술로 고지한 처분의 효력

행정청이 처분을 문서로 하는 취지는 처분 내용의 명확성을 확보하고 처분의 존부에 관한 다툼을 방지하여 처분 상대방의 권익을 보호하기 위한 것이다. 따라서 이를 위반한 처분은 하자가 중대·명백하여 무효이다.

> **판례**
>
> **문서의 문언 해석 기준(2003두469)**
> 행정청이 문서에 의하여 처분을 한 경우 처분서의 문언이 불분명하다는 등의 특별한 사정이 없는 한, 문언에 따라 어떤 처분을 하였는지를 확정하여야 한다. 처분서의 문언만으로도 행정청이 어떤 처분을 하였는지가 분명한데도 처분 경위나 처분 이후의 상대방의 태도 등 다른 사정을 고려하여 처분서의 문언과는 달리 다른 처분까지 포함되어 있는 것으로 확대해석해서는 안 된다.

11 처분의 정정 및 고지

> **제25조【처분의 정정】** 행정청은 처분에 오기(誤記), 오산(誤算) 또는 그 밖에 이에 준하는 명백한 잘못이 있을 때에는 직권으로 또는 신청에 따라 지체 없이 정정하고 그 사실을 당사자에게 통지하여야 한다.
>
> **제26조【고지】** 행정청이 처분을 할 때에는 당사자에게 그 처분에 관하여 행정심판 및 행정소송을 제기할 수 있는지 여부, 그 밖에 불복을 할 수 있는지 여부, 청구절차 및 청구기간, 그 밖에 필요한 사항을 알려야 한다.

> **판례**
>
> **고지의무 불이행(87누529)**
> 고지절차에 관한 규정은 행정처분의 상대방이 그 처분에 대한 행정심판의 절차를 밟는 데 있어 편의를 제공하려는 데 있으며 처분청이 위 규정에 따른 고지의무를 이행하지 아니하였다고 하더라도 경우에 따라서는 행정심판의 제기기간이 연장될 수 있는 것에 그치고 이로 인하여 심판의 대상이 되는 행정처분에 어떤 하자가 수반된다고 할 수 없다.

12 처분의 이유제시

> [제12회]
>
> 영업자지위승계신고의 불수리처분에 앞서 처분의 사전 통지 및 처분의 이유 제시의 절차를 거쳐야 하는지 검토하시오. (20점)

> 제23조【처분의 이유 제시】① 행정청은 처분을 할 때에는 다음 각 호의 어느 하나에 해당하는 경우를 제외하고는 당사자에게 그 근거와 이유를 제시하여야 한다.
> 1. 신청내용을 모두 그대로 인정하는 처분인 경우
> 2. 단순·반복적인 처분 또는 경미한 처분으로서 당사자가 그 이유를 명백히 알 수 있는 경우
> 3. 긴급히 처분을 할 필요가 있는 경우
> ② 행정청은 제1항 제2호 및 제3호의 경우에 처분 후 당사자가 요청하는 경우에는 그 근거와 이유를 제시하여야 한다.

1. 의의

당사자에게 처분의 근거가 된 법적·사실적 사유를 구체적으로 명시하여야 한다.

2. 취지

행정청의 자의적 결정을 배제하고 당사자로 하여금 행정구제절차에서 적절히 대처할 수 있도록 하는 데 그 취지가 있다.

3. 대상

이유제시는 모든 처분을 대상으로 한다.

4. 생략사유

(1) 신청내용을 모두 그대로 인정하는 처분인 경우

(2) 단순·반복적인 처분 또는 경미한 처분으로서 당사자가 그 이유를 명백히 알 수 있는 경우

(3) 긴급히 처분을 할 필요가 있는 경우

5. 이유제시의 정도

「행정절차법」은 명시적 규정을 두고 있지 않지만, 적어도 처분의 상대방·기타 이해관계인이 이를 기초로 하여 차후 행정구제절차에 대처할 수 있을 정도로 구체적이어야 한다.

따라서 처분의 근거법령, 해당 조항 및 문언, 당해 근거법조를 적용하게 된 원인사실 및 포섭의 경위가 명시되어야 한다. 또한 재량행위의 경우 재량행사의 전후과정이 제시되어야 한다. 한편, 사실적 이유는 법률요건에 해당하는 사실만 제시하면 된다.

> 판례

1. 이유제시의 정도(90누1786)

(1) 처분에는 그 근거가 되는 법령등을 명시하여야 함은 물론 처분을 받은 자가 어떠한 위반사실에 대하여 당해 처분이 있었는지를 알 수 있을 정도로 사실을 적시할 것을 요하며, 이와 같은 취소처분의 근거와 위반사실의 적시를 빠뜨린 하자는 피처분자가 처분 당시 그 취지를 알고 있었다거나 그 후 알게 되었다 하여도 치유될 수 없다.

(2) 일반주류도매업면허취소통지에 "주류도매장은 무면허 주류판매업자에게 주류를 판매하여「주세법」제11조에 의거 지정조건위반으로 주류판매면허를 취소합니다"라고만 되어 있어서 원고의 영업기간과 거래상대방 등에 비추어 원고가 어떠한 거래행위로 인하여 이 사건 처분을 받았는지 알 수 없게 되어 있다면 이 면허취소처분은 위법하다.

2. 이유제시의 하자(2001두1543)

납세고지서에 세액산출근거 등의 기재사항이 누락되었거나 과세표준과 세액의 계산명세서가 첨부되지 않았다면 적법한 납세의 고지라고 볼 수 없으며, 위와 같은 납세고지의 하자는 납세의무자가 그 나름대로 산출근거를 알고 있다거나 사실상 이를 알고서 쟁송에 이르렀다 하더라도 치유되지 않는다.

3. 이유제시의 하자의 치유(96누12634)

과세관청이 과세처분에 앞서 납세의무자에게 보낸 과세예고통지서 등에 의하여 납세의무자가 그 처분에 대한 불복 여부의 결정 및 불복신청에 전혀 지장을 받지 않았음이 명백하다면, 이로써 납세고지서의 흠결이 보완되거나 하자가 치유된다고 보아야 한다.

4. 근거를 알 수 있을 정도로 이유를 제시한 경우(2021두49888)

처분서에 기재된 내용과 관계 법령 및 당해 처분에 이르기까지의 전체적인 과정 등을 종합적으로 고려하여, 처분 당시 당사자가 어떠한 근거와 이유로 처분이 이루어진 것인지를 충분히 알 수 있어서 그에 불복하여 행정구제절차로 나아가는 데에 별다른 지장이 없었던 것으로 인정되는 경우에는 처분서에 처분의 근거와 이유가 구체적으로 명시되어 있지 않았다 하더라도 그로 말미암아 그 처분이 위법한 것으로 된다고 할 수는 없다.

5. 거부처분(2000두8912)

(1) 일반적으로 당사자가 근거규정 등을 명시하여 신청하는 인·허가 등을 거부하는 처분은 당사자가 그 근거를 알 수 있을 정도로 상당한 이유를 제시한 경우에는 당해 처분의 근거 및 이유를 구체적 조항 및 내용까지 명시하지 않았더라도 절차상 하자가 있다고 볼 수 없다.

(2) 행정청이 토지형질변경허가신청을 불허하는 근거규정으로「도시계획법 시행령」제20조를 명시하지 아니하고「도시계획법」이라고만 기재하였으나, 신청인이 자신의 신청이 개발제한구역의 지정목적에 현저히 지장을 초래하는 것이라는 이유로 구「도시계획법시행령」제20조 제1항 제2호에 따라 불허된 것임을 알 수 있었던 경우, 그 불허처분이 위법하지 아니하다.

6. 정성적 평가의 경우(2016두57564)

교육부장관이 어떤 후보자를 총장으로 임용제청하는 행위 자체에 그가 총장으로 더욱 적합하다는 정성적 평가 결과가 당연히 포함되어 있는 것으로, 이로써「행정절차법」상 이유제시의무를 다한 것이라고 보아야 한다.

13 신청에 의한 처분 절차

> **제17조 【처분의 신청】** ① 행정청에 처분을 구하는 신청은 문서로 하여야 한다. 다만, 다른 법령등에 특별한 규정이 있는 경우와 행정청이 미리 다른 방법을 정하여 공시한 경우에는 그러하지 아니하다.
> ② 제1항에 따라 처분을 신청할 때 전자문서로 하는 경우에는 행정청의 컴퓨터 등에 입력된 때에 신청한 것으로 본다.
> ③ 행정청은 신청에 필요한 구비서류, 접수기관, 처리기간, 그 밖에 필요한 사항을 게시(인터넷 등을 통한 게시를 포함한다)하거나 이에 대한 편람을 갖추어 두고 누구나 열람할 수 있도록 하여야 한다.
> ④ 행정청은 신청을 받았을 때에는 다른 법령등에 특별한 규정이 있는 경우를 제외하고는 그 접수를 보류 또는 거부하거나 부당하게 되돌려 보내서는 아니 되며, 신청을 접수한 경우에는 신청인에게 접수증을 주어야 한다. 다만, 대통령령으로 정하는 경우에는 접수증을 주지 아니할 수 있다.
> ⑤ 행정청은 신청에 구비서류의 미비 등 흠이 있는 경우에는 보완에 필요한 상당한 기간을 정하여 지체 없이 신청인에게 보완을 요구하여야 한다.
> ⑥ 행정청은 신청인이 제5항에 따른 기간 내에 보완을 하지 아니하였을 때에는 그 이유를 구체적으로 밝혀 접수된 신청을 되돌려 보낼 수 있다.
> ⑦ 행정청은 신청인의 편의를 위하여 다른 행정청에 신청을 접수하게 할 수 있다. 이 경우 행정청은 다른 행정청에 접수할 수 있는 신청의 종류를 미리 정하여 공시하여야 한다.
> ⑧ 신청인은 처분이 있기 전에는 그 신청의 내용을 보완·변경하거나 취하(取下)할 수 있다. 다만, 다른 법령등에 특별한 규정이 있거나 그 신청의 성질상 보완·변경하거나 취하할 수 없는 경우에는 그러하지 아니하다.
>
> **제18조 【다수의 행정청이 관여하는 처분】** 행정청은 다수의 행정청이 관여하는 처분을 구하는 신청을 접수한 경우에는 관계 행정청과의 신속한 협조를 통하여 그 처분이 지연되지 아니하도록 하여야 한다.

1. 신청 방법

(1) 행정청에 처분을 구하는 신청은 문서로 하여야 한다.

(2) 전자문서는 행정청의 컴퓨터 등에 입력된 때에 신청한 것으로 본다.

2. 편의 제공

(1) 행정청은 편람을 갖추어 두고 누구나 열람할 수 있도록 한다.

(2) 행정청은 다른 행정청에 신청을 접수하게 할 수 있다.

3. 접수

(1) 행정청은 접수를 보류 또는 거부하거나 부당하게 되돌려 보내서는 아니 되며, 신청인에게 접수증을 주어야 한다.

(2) 하자가 있는 경우에는 필요한 상당한 기간을 정하여 지체 없이 신청인에게 보완을 요구하여야 한다.

(3) 행정청은 신청인이 기간 내에 보완을 하지 아니하였을 때에는 그 이유를 구체적으로 밝혀 접수된 신청을 되돌려 보낼 수 있다.

4. 처리

(1) 행정청은 관계 행정청과의 신속한 협조를 통하여 당해 처분이 지연되지 아니하도록 하여야 한다.

(2) 행정청은 처분의 처리기간을 종류별로 미리 정하여 공표하여야 하며, 원칙상 처리기간 내에 처리를 하여야 한다. 다만, 행정청은 부득이한 경우 당해 처분의 처리기간 내에서 1회에 한하여 그 기간을 연장할 수 있다.

(3) 신청인은 처분이 있기 전에는 보완·변경하거나 취하할 수 있다.

5. 신청의 효력발생

문서가 행정청에 도달됨으로써 그 효력이 발생한다. 전자문서인 경우에는 행정청의 컴퓨터 등에 입력된 때에 도달된 것으로 본다.

14 처리기간의 설정·공표

> **제19조【처리기간의 설정·공표】** ① 행정청은 신청인의 편의를 위하여 처분의 처리기간을 종류별로 미리 정하여 공표하여야 한다.
> ② 행정청은 부득이한 사유로 제1항에 따른 처리기간 내에 처분을 처리하기 곤란한 경우에는 해당 처분의 처리기간의 범위에서 한 번만 그 기간을 연장할 수 있다.
> ③ 행정청은 제2항에 따라 처리기간을 연장할 때에는 처리기간의 연장 사유와 처리 예정 기한을 지체 없이 신청인에게 통지하여야 한다.
> ④ 행정청이 정당한 처리기간 내에 처리하지 아니하였을 때에는 신청인은 해당 행정청 또는 그 감독 행정청에 신속한 처리를 요청할 수 있다.
> ⑤ 제1항에 따른 처리기간에 산입하지 아니하는 기간에 관하여는 대통령령으로 정한다.

1. 원칙

행정청은 신청인의 편의를 위하여 처분의 처리기간을 종류별로 미리 정하여 공표하여야 한다.

2. 처리기간의 연장

행정청은 부득이한 경우에는 해당 처분의 처리기간의 범위에서 한 번만 그 기간을 연장할 수 있다. 이 경우에는 연장 사유와 처리 예정 기한을 지체 없이 신청인에게 통지하여야 한다.

3. 신속처리 요청

행정청이 정당한 처리기간 내에 처리하지 아니하였을 때에는 신청인은 해당 행정청 또는 그 감독 행정청에 신속한 처리를 요청할 수 있다.

4. 처리기간을 경과한 처분의 효력

처리기간을 정하는 것은 신청인의 편의를 위한 것으로, 처리기간에 관한 규정은 훈시규정에 불과할 뿐 강행규정이라고 볼 수 없다. 따라서 행정청이 처리기간이 지나 처분을 하였더라도 절차상 하자로 볼 수는 없다.

판례

처리기간을 위반한 처분의 효력(2018두41907)
행정청이 신청인의 편의를 위하여 처분의 처리기간을 정하는 것은 신청에 따른 사무를 가능한 한 조속히 처리하도록 하기 위한 것이다. 처리기간에 관한 규정은 훈시규정에 불과할 뿐 강행규정이라고 볼 수 없다. 따라서 행정청이 처리기간이 지나 처분을 하였더라도 이를 처분을 취소할 절차상 하자로 볼 수는 없다.

Chapter 03 신고, 확약 및 위반사실 등의 공표 등

01 신고

[제2회]
신고의 절차와 효과에 대하여 설명하시오. (20점)

[제12회]
영업자지위승계신고의 법적 성질과 그 수리처분에 있어서 양도인이 '당사자등'이 되는지 검토하시오.
(20점)

제40조【신고】① 법령등에서 행정청에 일정한 사항을 통지함으로써 의무가 끝나는 신고를 규정하고 있는 경우 신고를 관장하는 행정청은 신고에 필요한 구비서류, 접수기관, 그 밖에 법령등에 따른 신고에 필요한 사항을 게시(인터넷 등을 통한 게시를 포함한다)하거나 이에 대한 편람을 갖추어 두고 누구나 열람할 수 있도록 하여야 한다.
② 제1항에 따른 신고가 다음 각 호의 요건을 갖춘 경우에는 신고서가 접수기관에 도달된 때에 신고 의무가 이행된 것으로 본다.
1. 신고서의 기재사항에 흠이 없을 것
2. 필요한 구비서류가 첨부되어 있을 것
3. 그 밖에 법령등에 규정된 형식상의 요건에 적합할 것
③ 행정청은 제2항 각 호의 요건을 갖추지 못한 신고서가 제출된 경우에는 지체 없이 상당한 기간을 정하여 신고인에게 보완을 요구하여야 한다.
④ 행정청은 신고인이 제3항에 따른 기간 내에 보완을 하지 아니하였을 때에는 그 이유를 구체적으로 밝혀 해당 신고서를 되돌려 보내야 한다.

1. 신고의 절차

(1) **편람**

행정청은 신고에 필요한 사항을 게시(인터넷 등을 통한 게시를 포함)하거나 이에 대한 편람을 갖추어 두고 누구나 열람할 수 있도록 하여야 한다.

(2) **신고 의무 이행시기**

신고서가 접수기관에 도달된 때에 신고 의무가 이행된 것으로 본다.

(3) 보완요구 및 반려조치

행정청은 하자가 있는 신고서가 제출된 경우에는 지체 없이 상당한 기간을 정하여 신고인에게 보완을 요구하여야 한다. 한편, 행정청은 신고인이 기간 내에 보완을 하지 아니하였을 때에는 그 이유를 구체적으로 밝혀 해당 신고서를 되돌려 보내야 한다.

2. 신고의 효과

「행정절차법」상의 신고는 행정청에 대하여 일정한 사항을 통지함으로써 법적 효과가 발생한다. 따라서 신고에 대한 수리행위나 수리거부행위는 처분이 아니며, 이에 대한 행정쟁송제기가 인정되지 않는다. 따라서 신고가 있으면 형식적 요건에 하자가 없는 한 행정기관은 이를 수리하여야 한다는 것이 판례의 태도이다.

> **판례**
>
> **1. 「행정절차법」상 신고의 성질(98다57419)**
>
> 행정관청에 대한 신고는 일정한 법률사실 또는 법률관계에 관하여 관계 행정관청에 일방적인 통고를 하는 것을 뜻하는 것으로 그에 대한 행정관청의 반사적 결정을 기다릴 필요가 없으므로, 신고를 하고자 하는 자가 그 신고서를 구비서류까지 첨부하여 제출한 경우 행정관청으로서는 형식적 요건에 하자가 없는 한 수리하여야 할 것이고, 나아가 관할 관청에 신고업의 신고서가 제출되었다면 담당공무원이 법령에 규정되지 아니한 다른 사유를 들어 그 신고를 수리하지 아니하고 반려하였다고 하더라도, 그 신고서가 제출된 때에 신고가 있었다고 볼 것이다.
>
> **2. 건축신고(2008두167, 전원합의체)**
>
> 건축주 등은 신고제하에서도 건축신고가 반려될 경우 당해 건축물의 건축을 개시하면 시정명령, 이행강제금, 벌금의 대상이 되거나 당해 건축물을 사용하여 행할 행위의 허가가 거부될 우려가 있어 불안정한 지위에 놓이게 된다. 따라서 건축신고 반려행위가 이루어진 단계에서 당사자로 하여금 반려행위의 적법성을 다투어 그 법적 불안을 해소하고, 위법한 건축물의 양산과 그 철거를 둘러싼 분쟁을 조기에 근본적으로 해결할 수 있게 하는 것이 법치행정의 원리에 부합한다. 그러므로 건축신고 반려행위는 항고소송의 대상이 된다고 보는 것이 옳다.
>
> **3. 인·허가의제 건축신고(2010두14954, 전원합의체)**
>
> 「건축법」에서 인·허가의제 제도를 둔 취지는, 인·허가의제사항과 관련하여 건축허가 또는 건축신고의 관할 행정청으로 그 창구를 단일화하고 절차를 간소화하며 비용과 시간을 절감함으로써 국민의 권익을 보호하려는 것이지, 인·허가의제사항 관련 법률에 따른 각각의 인·허가 요건에 관한 일체의 심사를 배제하려는 것으로 보기는 어렵다. 따라서 인·허가의제 효과를 수반하는 건축신고는 일반적인 건축신고와는 달리, 특별한 사정이 없는 한 행정청이 그 실체적 요건에 관한 심사를 한 후 수리하여야 하는 이른바 '수리를 요하는 신고'로 보는 것이 옳다.
>
> **4. 주민등록의 신고(2006다17850)**
>
> 주민등록은 단순히 주민의 거주관계를 파악하고 인구의 동태를 명확히 하는 것 외에도 주민등록에 따라 공법관계상의 여러 가지 법률상 효과가 나타나게 되는 것으로서, 주민등록의 신고는 행정청에 도달하기만 하면 신고로서의 효력이 발생하는 것이 아니라 행정청이 수리한 경우에 비로소 신고의 효력이 발생한다.

02 확약

> **제40조의2 【확약】** ① 법령등에서 당사자가 신청할 수 있는 처분을 규정하고 있는 경우 행정청은 당사자의 신청에 따라 장래에 어떤 처분을 하거나 하지 아니할 것을 내용으로 하는 의사표시(이하 "확약"이라 한다)를 할 수 있다.
> ② 확약은 문서로 하여야 한다.
> ③ 행정청은 다른 행정청과의 협의 등의 절차를 거쳐야 하는 처분에 대하여 확약을 하려는 경우에는 확약을 하기 전에 그 절차를 거쳐야 한다.
> ④ 행정청은 다음 각 호의 어느 하나에 해당하는 경우에는 확약에 기속되지 아니한다.
> 1. 확약을 한 후에 확약의 내용을 이행할 수 없을 정도로 법령등이나 사정이 변경된 경우
> 2. 확약이 위법한 경우
> ⑤ 행정청은 확약이 제4항 각 호의 어느 하나에 해당하여 확약을 이행할 수 없는 경우에는 지체 없이 당사자에게 그 사실을 통지하여야 한다.

1. 개념

행정청은 당사자의 신청에 따라 장래에 어떤 처분을 하거나 하지 아니할 것을 내용으로 하는 의사표시를 할 수 있다.

2. 방식 및 절차

(1) 확약은 문서로 하여야 한다.

(2) 행정청은 다른 행정청과의 협의 등의 절차를 거쳐야 하는 처분에 대하여 확약을 하려는 경우에는 확약을 하기 전에 그 절차를 거쳐야 한다.

3. 효력

원칙적으로 확약은 행정청을 기속한다. 다만, 행정청은 ① 확약을 한 후에 확약의 내용을 이행할 수 없을 정도로 법령등이나 사정이 변경된 경우와 ② 확약이 위법한 경우에는 확약에 기속되지 아니한다.

4. 통지

확약을 이행할 수 없는 경우에는 지체 없이 당사자에게 그 사실을 통지하여야 한다.

03 위반사실 등의 공표

제40조의3 【위반사실 등의 공표】 ① 행정청은 법령에 따른 의무를 위반한 자의 성명·법인명, 위반사실, 의무 위반을 이유로 한 처분사실 등(이하 "위반사실등"이라 한다)을 법률로 정하는 바에 따라 일반에게 공표할 수 있다.
② 행정청은 위반사실등의 공표를 하기 전에 사실과 다른 공표로 인하여 당사자의 명예·신용 등이 훼손되지 아니하도록 객관적이고 타당한 증거와 근거가 있는지를 확인하여야 한다.
③ 행정청은 위반사실등의 공표를 할 때에는 미리 당사자에게 그 사실을 통지하고 의견제출의 기회를 주어야 한다. 다만, 다음 각 호의 어느 하나에 해당하는 경우에는 그러하지 아니하다.
1. 공공의 안전 또는 복리를 위하여 긴급히 공표를 할 필요가 있는 경우
2. 해당 공표의 성질상 의견청취가 현저히 곤란하거나 명백히 불필요하다고 인정될 만한 타당한 이유가 있는 경우
3. 당사자가 의견진술의 기회를 포기한다는 뜻을 명백히 밝힌 경우
④ 제3항에 따라 의견제출의 기회를 받은 당사자는 공표 전에 관할 행정청에 서면이나 말 또는 정보통신망을 이용하여 의견을 제출할 수 있다.
⑤ 제4항에 따른 의견제출의 방법과 제출 의견의 반영 등에 관하여는 제27조 및 제27조의2를 준용한다. 이 경우 "처분"은 "위반사실등의 공표"로 본다.
⑥ 위반사실등의 공표는 관보, 공보 또는 인터넷 홈페이지 등을 통하여 한다.
⑦ 행정청은 위반사실등의 공표를 하기 전에 당사자가 공표와 관련된 의무의 이행, 원상회복, 손해배상 등의 조치를 마친 경우에는 위반사실등의 공표를 하지 아니할 수 있다.
⑧ 행정청은 공표된 내용이 사실과 다른 것으로 밝혀지거나 공표에 포함된 처분이 취소된 경우에는 그 내용을 정정하여, 정정한 내용을 지체 없이 해당 공표와 같은 방법으로 공표된 기간 이상 공표하여야 한다. 다만, 당사자가 원하지 아니하면 공표하지 아니할 수 있다.

1. 개념

행정청은 법령에 따른 의무를 위반한 자의 성명·법인명, 위반사실, 처분사실 등을 법률로 정하는 바에 따라 일반에게 공표할 수 있다.

2. 의견제출

(1) 의견제출의 기회를 주어야 한다. 다만, ① 공공의 안전 또는 복리를 위하여 긴급히 공표를 할 필요가 있는 경우, ② 해당 공표의 성질상 의견청취가 현저히 곤란하거나 명백히 불필요하다고 인정될 만한 타당한 이유가 있는 경우, ③ 당사자가 의견진술 기회를 포기한다는 뜻을 명백히 밝힌 경우에는 그러하지 아니하다.

(2) 처분상 의견제출 절차를 준용한다.

3. 절차

(1) 행정청은 당사자의 명예·신용 등이 훼손되지 아니하도록 객관적이고 타당한 증거와 근거가 있는지를 확인하여야 한다.

(2) 관보, 공보 또는 인터넷 홈페이지 등을 통하여 한다.

(3) 행정청은 당사자가 공표와 관련된 의무의 이행 등의 조치를 마친 경우에는 공표를 하지 아니할 수 있다.

4. 정정 공표

행정청은 공표된 내용이 사실과 다른 것으로 밝혀지거나 공표에 포함된 처분이 취소된 경우에는 그 내용을 정정하여, 정정한 내용을 지체 없이 해당 공표와 같은 방법으로 공표된 기간 이상 공표하여야 한다. 다만, 당사자가 원하지 아니하면 공표하지 아니할 수 있다.

04 행정계획

> 제40조의4 【행정계획】 행정청은 행정청이 수립하는 계획 중 국민의 권리·의무에 직접 영향을 미치는 계획을 수립하거나 변경·폐지할 때에는 관련된 여러 이익을 정당하게 형량하여야 한다.

[판례]

행정계획의 개념과 절차(2005두1893)

(1) 행정계획은 행정에 관한 전문적·기술적 판단을 기초로 하여 특정한 행정목표를 달성하기 위하여 서로 관련되는 행정수단을 종합·조정함으로써 장래의 일정한 시점에 있어서 일정한 질서를 실현하기 위한 활동기준이다.

(2) 행정주체는 구체적인 행정계획을 입안·결정함에 있어서 비교적 광범위한 형성의 자유를 가지는 것이지만, 행정주체가 가지는 이와 같은 형성의 자유는 무제한적인 것이 아니라 그 행정계획에 관련되는 자들의 이익을 공익과 사익 사이에서는 물론이고 공익 상호간과 사익 상호간에도 정당하게 비교교량하여야 한다.

(3) 행정주체가 행정계획을 입안·결정함에 있어서 이익형량을 전혀 행하지 아니하거나 이익형량의 고려 대상에 마땅히 포함시켜야 할 사항을 누락한 경우 또는 이익형량을 하였으나 정당성과 객관성이 결여된 경우에는 그 행정계획결정은 형량에 하자가 있어 위법하게 된다.

Chapter 04 행정상 입법예고

제41조【행정상 입법예고】① 법령등을 제정·개정 또는 폐지(이하 "입법"이라 한다)하려는 경우에는 해당 입법안을 마련한 행정청은 이를 예고하여야 한다. 다만, 다음 각 호의 어느 하나에 해당하는 경우에는 예고를 하지 아니할 수 있다.
1. 신속한 국민의 권리 보호 또는 예측 곤란한 특별한 사정의 발생 등으로 입법이 긴급을 요하는 경우
2. 상위 법령등의 단순한 집행을 위한 경우
3. 입법내용이 국민의 권리·의무 또는 일상생활과 관련이 없는 경우
4. 단순한 표현·자구를 변경하는 경우 등 입법내용의 성질상 예고의 필요가 없거나 곤란하다고 판단되는 경우
5. 예고함이 공공의 안전 또는 복리를 현저히 해칠 우려가 있는 경우
② 삭제
③ 법제처장은 입법예고를 하지 아니한 법령안의 심사 요청을 받은 경우에 입법예고를 하는 것이 적당하다고 판단할 때에는 해당 행정청에 입법예고를 권고하거나 직접 예고할 수 있다.
④ 입법안을 마련한 행정청은 입법예고 후 예고내용에 국민생활과 직접 관련된 내용이 추가되는 등 대통령령으로 정하는 중요한 변경이 발생하는 경우에는 해당 부분에 대한 입법예고를 다시 하여야 한다. 다만, 제1항 각 호의 어느 하나에 해당하는 경우에는 예고를 하지 아니할 수 있다.
⑤ 입법예고의 기준·절차 등에 관하여 필요한 사항은 대통령령으로 정한다.

제42조【예고방법】① 행정청은 입법안의 취지, 주요 내용 또는 전문(全文)을 다음 각 호의 구분에 따른 방법으로 공고하여야 하며, 추가로 인터넷, 신문 또는 방송 등을 통하여 공고할 수 있다.
1. 법령의 입법안을 입법예고하는 경우: 관보 및 법제처장이 구축·제공하는 정보시스템을 통한 공고
2. 자치법규의 입법안을 입법예고하는 경우: 공보를 통한 공고
② 행정청은 대통령령을 입법예고하는 경우 국회 소관 상임위원회에 이를 제출하여야 한다.
③ 행정청은 입법예고를 할 때에 입법안과 관련이 있다고 인정되는 중앙행정기관, 지방자치단체, 그 밖의 단체 등이 예고사항을 알 수 있도록 예고사항을 통지하거나 그 밖의 방법으로 알려야 한다.
④ 행정청은 제1항에 따라 예고된 입법안에 대하여 온라인공청회 등을 통하여 널리 의견을 수렴할 수 있다. 이 경우 제38조의2 제3항부터 제5항까지의 규정을 준용한다.
⑤ 행정청은 예고된 입법안의 전문에 대한 열람 또는 복사를 요청받았을 때에는 특별한 사유가 없으면 그 요청에 따라야 한다.
⑥ 행정청은 제5항에 따른 복사에 드는 비용을 복사를 요청한 자에게 부담시킬 수 있다.

제43조【예고기간】입법예고기간은 예고할 때 정하되, 특별한 사정이 없으면 40일(자치법규는 20일) 이상으로 한다.

제44조【의견제출 및 처리】 ① 누구든지 예고된 입법안에 대하여 의견을 제출할 수 있다.
② 행정청은 의견접수기관, 의견제출기간, 그 밖에 필요한 사항을 해당 입법안을 예고할 때 함께 공고하여야 한다.
③ 행정청은 해당 입법안에 대한 의견이 제출된 경우 특별한 사유가 없으면 이를 존중하여 처리하여야 한다.
④ 행정청은 의견을 제출한 자에게 그 제출된 의견의 처리결과를 통지하여야 한다.
⑤ 제출된 의견의 처리방법 및 처리결과의 통지에 관하여는 대통령령으로 정한다.

제45조【공청회】 ① 행정청은 입법안에 관하여 공청회를 개최할 수 있다.
② 공청회에 관하여는 제38조, 제38조의2, 제38조의3, 제39조 및 제39조의2를 준용한다.

01 입법예고의 대상

1. 원칙

행정청은 법령등을 제정·개정 또는 폐지하려는 경우에는 이를 예고하여야 한다.

2. 예외

(1) 신속한 국민의 권리 보호를 위해 입법이 긴급을 요하는 경우

(2) 상위 법령등의 단순한 집행을 위한 경우

(3) 입법내용이 국민의 권리·의무 또는 일상생활과 관련이 없는 경우

(4) 단순한 표현·자구를 변경하는 경우 등 입법내용의 성질상 예고의 필요가 없거나 곤란한 경우

(5) 예고함이 공공의 안전 또는 복리를 현저히 해칠 우려가 있는 경우

3. 재입법예고

행정청은 입법예고 후 중요한 변경이 발생하는 경우에는 해당 부분을 다시 입법예고하여야 한다.

02 입법예고의 주체

입법예고는 당해 입법안을 마련한 행정청이 하도록 한다. 다만, 법제처장은 입법예고를 하지 아니한 법령안의 심사요청을 받은 경우에 해당 행정청에 입법예고를 권고하거나 직접 예고할 수 있다.

03 예고방법

1. 공고

법령의 입법안은 관보 및 법제처장이 구축·제공하는 정보시스템을 통해 공고하며, 자치법규의 경우 공보를 통해 공고한다. 이 경우 행정청은 입법안의 취지, 주요 내용 또는 전문을 공고하여야 하며, 추가로 인터넷, 신문 또는 방송 등을 통하여 공고할 수 있다.

2. 예고기간

예고기간은 예고할 때 정하되, 특별한 사정이 없으면 40일(자치법규는 20일) 이상으로 한다.

04 의견제출 및 처리

1. 의견제출

누구든지 예고된 입법안에 대하여 의견을 제출할 수 있다. 행정청은 입법안에 관하여 의견수렴을 위해 공청회 또는 온라인공청회를 개최할 수 있다.

2. 처리

행정청은 해당 입법안에 대한 의견이 제출된 경우 특별한 사유가 없으면 이를 존중하여 처리하여야 한다. 행정청은 의견을 제출한 자에게 그 제출된 의견의 처리결과를 통지하여야 한다.

Chapter 05 행정예고

[제1회]

행정예고의 개념과 대상에 관하여 설명하고, 행정상 입법예고와의 관련성 및 차이점에 관하여 설명하시오.
(20점)

제46조【행정예고】① 행정청은 정책, 제도 및 계획(이하 "정책등"이라 한다)을 수립·시행하거나 변경하려는 경우에는 이를 예고하여야 한다. 다만, 다음 각 호의 어느 하나에 해당하는 경우에는 예고를 하지 아니할 수 있다.
  1. 신속하게 국민의 권리를 보호하여야 하거나 예측이 어려운 특별한 사정이 발생하는 등 긴급한 사유로 예고가 현저히 곤란한 경우
  2. 법령등의 단순한 집행을 위한 경우
  3. 정책등의 내용이 국민의 권리·의무 또는 일상생활과 관련이 없는 경우
  4. 정책등의 예고가 공공의 안전 또는 복리를 현저히 해칠 우려가 상당한 경우
② 제1항에도 불구하고 법령등의 입법을 포함하는 행정예고는 입법예고로 갈음할 수 있다.
③ 행정예고기간은 예고 내용의 성격 등을 고려하여 정하되, 20일 이상으로 한다.
④ 제3항에도 불구하고 행정목적을 달성하기 위하여 긴급한 필요가 있는 경우에는 행정예고기간을 단축할 수 있다. 이 경우 단축된 행정예고기간은 10일 이상으로 한다.
제46조의2【행정예고 통계 작성 및 공고】행정청은 매년 자신이 행한 행정예고의 실시 현황과 그 결과에 관한 통계를 작성하고, 이를 관보·공보 또는 인터넷 등의 방법으로 널리 공고하여야 한다.
제47조【예고방법 등】① 행정청은 정책등안(案)의 취지, 주요 내용 등을 관보·공보나 인터넷·신문·방송 등을 통하여 공고하여야 한다.
② 행정예고의 방법, 의견제출 및 처리, 공청회 및 온라인공청회에 관하여는 제38조, 제38조의2, 제38조의3, 제39조, 제39조의2, 제39조의3, 제42조(제1항·제2항 및 제4항은 제외한다), 제44조 제1항부터 제3항까지 및 제45조 제1항을 준용한다. 이 경우 "입법안"은 "정책등안"으로, "입법예고"는 "행정예고"로, "처분을 할 때"는 "정책등을 수립·시행하거나 변경할 때"로 본다.

01 행정예고 대상

1. 원칙

행정청은 정책안을 수립·시행하거나 변경하려는 경우에는 이를 예고하여야 한다.

2. 예외

(1) 신속하게 국민의 권리를 보호하여야 하는 등 긴급한 사유로 예고가 현저히 곤란한 경우

(2) 법령등의 단순한 집행을 위한 경우

(3) 국민의 권리·의무 또는 일상생활과 관련이 없는 경우

(4) 공공의 안전 또는 복리를 현저히 해칠 우려가 상당한 경우

02 행정예고의 범위

그 취지와 주요내용만을 예고할 수도 있고 전문을 예고할 수도 있으나 어떤 경우이더라도 그 내용을 명확히 알 수 있도록 예고하여야 한다.

03 입법예고로 갈음

법령등의 입법을 포함하는 행정예고는 입법예고로 갈음할 수 있다.

04 예고기간

행정예고기간은 예고 내용의 성격 등을 고려하여 정하되, 20일 이상으로 한다. 다만, 행정목적을 달성하기 위하여 긴급한 필요가 있는 경우에는 행정예고기간을 단축할 수 있다. 이 경우 단축된 행정예고기간은 10일 이상으로 한다.

05 예고방법 등

1. 행정청은 정책등의 취지, 주요 내용 등을 관보·공보나 인터넷·신문·방송 등을 통하여 공고하여야 한다.
2. 행정예고의 방법, 의견제출 및 처리, 공청회 및 온라인공청회에 관하여는 공청회, 온라인공청회, 입법예고 규정을 준용한다.

Chapter 06 행정지도

> 제48조【행정지도의 원칙】① 행정지도는 그 목적 달성에 필요한 최소한도에 그쳐야 하며, 행정지도의 상대방의 의사에 반하여 부당하게 강요하여서는 아니 된다.
> ② 행정기관은 행정지도의 상대방이 행정지도에 따르지 아니하였다는 것을 이유로 불이익한 조치를 하여서는 아니 된다.
> 제49조【행정지도의 방식】① 행정지도를 하는 자는 그 상대방에게 그 행정지도의 취지 및 내용과 신분을 밝혀야 한다.
> ② 행정지도가 말로 이루어지는 경우에 상대방이 제1항의 사항을 적은 서면의 교부를 요구하면 그 행정지도를 하는 자는 직무 수행에 특별한 지장이 없으면 이를 교부하여야 한다.
> 제50조【의견제출】행정지도의 상대방은 해당 행정지도의 방식·내용 등에 관하여 행정기관에 의견제출을 할 수 있다.
> 제51조【다수인을 대상으로 하는 행정지도】행정기관이 같은 행정목적을 실현하기 위하여 많은 상대방에게 행정지도를 하려는 경우에는 특별한 사정이 없으면 행정지도에 공통적인 내용이 되는 사항을 공표하여야 한다.

01 의의

행정기관이 그 소관 사무의 범위 안에서 일정한 행정목적을 실현하기 위하여 특정인에게 일정한 행위를 하거나 하지 아니하도록 지도·권고·조언 등을 하는 행정작용을 의미한다.

02 행정지도의 원칙

1. 행정지도는 그 목적 달성에 필요한 최소한도에 그쳐야 한다.
2. 행정지도의 상대방의 의사에 반하여 부당하게 강요하여서는 아니 된다.
3. 행정기관은 행정지도의 상대방이 행정지도에 따르지 아니하였다는 것을 이유로 불이익한 조치를 하여서는 아니 된다.

03 행정지도의 방식과 절차

1. 행정지도 실명제

행정지도를 하는 자는 그 상대방에게 그 행정지도의 취지 및 내용과 신분을 밝혀야 한다.

2. 행정지도의 방식

행정지도가 말로 이루어지는 경우에 상대방이 행정지도의 취지 및 내용을 적은 서면의 교부를 요구하면 그 행정지도를 하는 자는 직무 수행에 특별한 지장이 없으면 이를 교부하여야 한다.

3. 의견제출

행정지도의 상대방은 당해 행정지도의 방식·내용 등의 관하여 행정기관에 의견제출을 할 수 있다.

4. 다수인을 대상으로 하는 행정지도

행정기관이 같은 행정목적을 실현하기 위하여 많은 상대방에게 행정지도를 하려는 경우에는 특별한 사정이 없으면 행정지도에 공통적인 내용이 되는 사항을 공표하여야 한다.

04 행정지도의 한계

1. 상대방의 임의적 협력을 전제로 하므로 책임소재가 명확하지 않다.
2. 비권력적 사실행위로서 강제력이 없으므로 실효성 확보가 곤란하다.
3. 행정지도의 내용이 상대방에게 사실상 강제되는 경우가 있다. 그러나 그 피해에 대하여 사후적 구제수단이 미흡하다.

05 행정지도의 권리 구제 수단

1. 행정쟁송

비권력적 사실행위로서 처분이 아니므로 행정쟁송의 대상이 아니다(80누395).

2. 손해배상청구

임의성을 가지므로 손해 발생의 인과관계를 인정하기 어렵다(2006다18228).

3. 헌법소원 제기 가능성

단순한 행정지도로서의 한계를 넘어 규제적·구속적 성격이 강하다면, 헌법소원의 대상인 공권력의 행사에 해당할 수 있다(2002헌마337).

Chapter 07 국민참여의 확대

제52조【국민참여 활성화】 ① 행정청은 행정과정에서 국민의 의견을 적극적으로 청취하고 이를 반영하도록 노력하여야 한다.
② 행정청은 국민에게 다양한 참여방법과 협력의 기회를 제공하도록 노력하여야 하며, 구체적인 참여방법을 공표하여야 한다.
③ 행정청은 국민참여 수준을 향상시키기 위하여 노력하여야 하며 필요한 경우 국민참여 수준에 대한 자체진단을 실시하고, 그 결과를 행정안전부장관에게 제출하여야 한다.
④ 행정청은 제3항에 따라 자체진단을 실시한 경우 그 결과를 공개할 수 있다.
⑤ 행정청은 국민참여를 활성화하기 위하여 교육·홍보, 예산·인력 확보 등 필요한 조치를 할 수 있다.
⑥ 행정안전부장관은 국민참여 확대를 위하여 행정청에 교육·홍보, 포상, 예산·인력 확보 등을 지원할 수 있다.

제52조의2【국민제안의 처리】 ① 행정청(국회사무총장·법원행정처장·헌법재판소사무처장 및 중앙선거관리위원회사무총장은 제외한다)은 정부시책이나 행정제도 및 그 운영의 개선에 관한 국민의 창의적인 의견이나 고안(이하 "국민제안"이라 한다)을 접수·처리하여야 한다.
② 제1항에 따른 국민제안의 운영 및 절차 등에 필요한 사항은 대통령령으로 정한다.

제52조의3【국민참여 창구】 행정청은 주요 정책 등에 관한 국민과 전문가의 의견을 듣거나 국민이 참여할 수 있는 온라인 또는 오프라인 창구를 설치·운영할 수 있다.

제53조【온라인 정책토론】 ① 행정청은 국민에게 영향을 미치는 주요 정책 등에 대하여 국민의 다양하고 창의적인 의견을 널리 수렴하기 위하여 정보통신망을 이용한 정책토론(이하 이 조에서 "온라인 정책토론"이라 한다)을 실시할 수 있다.
② 행정청은 효율적인 온라인 정책토론을 위하여 과제별로 한시적인 토론 패널을 구성하여 해당 토론에 참여시킬 수 있다. 이 경우 패널의 구성에 있어서는 공정성 및 객관성이 확보될 수 있도록 노력하여야 한다.
③ 행정청은 온라인 정책토론이 공정하고 중립적으로 운영되도록 하기 위하여 필요한 조치를 할 수 있다.
④ 토론 패널의 구성, 운영방법, 그 밖에 온라인 정책토론의 운영을 위하여 필요한 사항은 대통령령으로 정한다.

Chapter 08 사례 연습

사례 연습 1

甲은 육군 장교진급심사위원회에서 대령진급예정자로 선발되었다. 그러나 진급예정자명단이 공표된 후, 甲이 과거 직무와 관련한 금품수수의 비위사실이 발견되어서 이를 이유로 정직처분을 받게 되었다. 이러한 징계사실을 알게 된 인사권자는 甲에게 아무런 의견제출 기회를 제공하지 않고 진급선발예정자 명단에서 甲을 제외하는 처분을 행하였다. (60점)

[물음 1] 인사권자가 행한 처분의 절차상 하자에 대하여 검토하시오. (20점)
  ○ 청문과 공청회는 고려하지 않는다.

[물음 2] 인사권자는 과거 직무와 관련한 금품수수의 비위사실로 정직처분을 받는 과정에서 甲에게 충분한 의견제출 기회를 제공하였고, 아니라고 하더라도 「행정절차법」 제21조 제4항 제3호가 정한 "해당 처분의 성질상 의견청취가 현저히 곤란하거나 명백히 불필요하다고 인정될 만한 상당한 이유가 있는 경우"로서 의견제출 기회를 부여하지 아니하여도 되는 경우에 해당한다고 주장한다. 「행정절차법」상 의견제출 절차에 관하여 설명하고, 인사권자 주장의 타당성을 검토하시오. (20점)

[물음 3] 인사권자는 해당 사안이 공무원 인사 관계 법령에 의한 처분에 해당하므로 행정절차법의 적용이 배제된다고 주장한다. 이러한 주장에 대하여 검토하시오. (20점)

‖ 모범답안 ‖

[물음 1]

1. 문제의 소재

인사권자의 처분은 불이익한 처분에 해당하며, 불이익한 처분 시 반드시 필요한 의견제출 절차가 없었던 바 이를 절차상 하자가 있는 처분으로 보아야 하는지 문제가 된다.

2. 의견제출절차

(1) 의의

행정청이 어떠한 행정작용을 하기 앞서 당사자등이 의견을 제시하는 절차로서 청문이나 공청회에 해당하지 아니하는 절차이다.

(2) 대상

① 원칙

불이익한 처분에 있어 청문 또는 공청회를 거치지 않은 경우 의견제출 절차는 의무적으로 거쳐야 한다.

② 생략사유
㉠ 공공의 안전 또는 복리를 위하여 긴급히 처분을 할 필요가 있는 경우
㉡ 법령등에서 요구된 자격이 없거나 없어지게 되면 반드시 일정한 처분을 하여야 하는 경우에 그 자격이 없거나 없어지게 된 사실이 법원의 재판 등에 의하여 객관적으로 증명되는 경우
㉢ 당해 처분의 성질상 의견청취가 현저히 곤란하거나 명백히 불필요하다고 인정될 만한 상당한 이유가 있는 경우
㉣ 당사자가 의견진술의 기회를 포기한다는 뜻을 의견제출 기간 내에 명백히 표시한 경우

3. 사안의 절차상 하자

행정과정에 대한 국민의 참여와 행정의 공정성, 투명성 및 신뢰성을 확보하고 국민의 권익을 보호함을 목적으로 하는「행정절차법」의 입법목적 등에 비추어 보면, 의견제출 절차는 불이익한 처분에 앞서 반드시 행하여야 하는 의무적 절차이다. 본 사안의 경우 의견제출 절차의 예외사유에 해당하는 사정이 없으므로 인사권자의 처분은 절차상 하자가 있는 처분에 해당한다.

[물음 2]

1. 의견제출절차

(1) 의의
행정청이 어떠한 행정작용을 하기 앞서 당사자등이 의견을 제시하는 절차로서 청문이나 공청회에 해당하지 아니하는 절차이다.

(2) 대상
① 원칙
불이익한 처분에 있어 청문 또는 공청회를 거치지 않은 경우 의견제출 절차는 의무적으로 거쳐야 한다.

② 생략사유
㉠ 공공의 안전 또는 복리를 위하여 긴급히 처분을 할 필요가 있는 경우
㉡ 법령등에서 요구된 자격이 없거나 없어지게 되면 반드시 일정한 처분을 하여야 하는 경우에 그 자격이 없거나 없어지게 된 사실이 법원의 재판 등에 의하여 객관적으로 증명되는 경우
㉢ 당해 처분의 성질상 의견청취가 현저히 곤란하거나 명백히 불필요하다고 인정될 만한 상당한 이유가 있는 경우
㉣ 당사자가 의견진술의 기회를 포기한다는 뜻을 의견제출 기간 내에 명백히 표시한 경우

2. 인사권자 주장의 타당성 여부

행정과정에 대한 국민의 참여와 행정의 공정성, 투명성 및 신뢰성을 확보하고 국민의 권익을 보호함을 목적으로 하는 의견제출 절차의 입법목적 등에 비추어 보면, 의견제출 절차는 불이익한 처분에 앞서 반드시 행하여야 하는 의무적 절차이다. 절차는 해당 처분 자체에서 준수되어야 하며, 처분의 성질상 의견제출 절차가 현저히 곤란하거나 명백히 불필요하다고 인정될 만한 상당한 이유가 있는 경우는 해당 행정처분의 성질에 비추어 판단하여야 한다. 따라서 본 사안에서 인사권자의 주장은 타당하지 않다.

[물음 3]

1. 「행정절차법」의 적용범위

   (1) 원칙(제3조 제1항)
   「행정절차법」은 행정절차에 관한 일반법이다.

   (2) 적용배제사항(제3조 제2항)
   ① 헌법상 독립기관 등의 판단을 거친 사항
   ㉠ 국회 또는 지방의회의 의결, ㉡ 법원 또는 군사법원의 재판, ㉢ 헌법재판소의 심판, ㉣ 선거관리위원회의 의결, ㉤ 감사원의 결정에 의한 사항
   ② 법적 성질이 달라 특별한 절차가 필요한 사항
   ㉠ 형사 관계 법령에 따라 행하는 사항, ㉡ 심사청구, 행정심판 등 불복절차에 따른 사항

   (3) 국가의 중대한 이익
   국가의 중대한 이익을 현저히 해칠 우려가 있는 사항

   (4) 성질상 곤란하거나 준하는 절차를 거친 사항
   병역법에 따른 징집·소집, 외국인의 출입국·난민인정·귀화, 공무원 인사 관계 법령에 따른 징계와 그 밖의 처분 등 해당 행정작용의 성질상 행정절차를 거치기 곤란하거나 거칠 필요가 없다고 인정되는 사항과 행정절차에 준하는 절차를 거친 사항

2. 사안의 해결

   공무원 인사 관계 법령에 의한 처분에 해당하더라도 그 전부에 대하여 「행정절차법」의 적용이 배제되는 것이 아니라 성질상 행정절차를 거치기 곤란하거나 불필요하다고 인정되는 처분이나 행정절차에 준하는 절차를 거치도록 하고 있는 처분의 경우에만 「행정절차법」의 적용이 배제된다. 따라서 본 사안에서의 인사권자의 주장은 타당하지 않다.

사례 연습 2

A는 재외동포 자격으로 국내에 입국하고자 F4 사증 발급을 신청하였다. 하지만, A는 미국 시민권을 획득하여 사실상 병역의무의 회피를 하였다는 병무청의 판단으로 법무부 출입국관리정보시스템에 입국 금지 대상자로 분류되어 있다. 이에 따라 법무부장관은 입국금지 결정을 하였으나, A에게 별도의 통보를 하지 않았다. (40점)

[물음 1] 관할 행정청은 A와의 전화 통화에서 구술로 사증 발급이 거부되었음을 통보하였다고 주장하고 있다. 「행정절차법」상 처분의 방식에 관하여 설명하고, 이 처분의 효력을 검토하시오. (20점)

[물음 2] 관할 행정청은 출입국 관련 사항은 「행정절차법」의 적용이 배제된다고 주장하고 있다. 이 주장의 타당성 여부를 검토하시오. (20점)

‖ 모범답안 ‖

[물음 1]

1. **처분의 방식**

   (1) 원칙

   행정청이 처분을 할 때에는 다른 법령등에 특별한 규정이 있는 경우를 제외하고는 문서로 하여야 하며, ① 당사자등의 동의가 있는 경우에 해당하는 경우, ② 당사자가 전자문서로 처분을 신청한 경우에는 전자문서로 할 수 있다.

   (2) 예외

   공공의 안전 또는 복리를 위하여 긴급히 처분을 할 필요가 있거나 사안이 경미한 경우에는 말, 전화, 휴대전화를 이용한 문자 전송, 팩스 또는 전자우편 등 문서가 아닌 방법으로 처분을 할 수 있다. 이 경우 당사자가 요청하면 지체 없이 처분에 관한 문서를 주어야 한다.

   (3) 실명제

   처분을 하는 문서에는 그 처분 행정청과 담당자의 소속·성명 및 연락처를 적어야 한다.

2. **구술로 고지한 처분의 위법성 여부**

   「헌법」 제12조 적법절차원리는 일반조항으로 행정절차에 유추적용 된다는 점을 볼 때, 절차의 하자도 기본권 침해에 해당하므로 절차 하자의 독자적 위법성을 인정하는 것이 타당하다.

3. **처분의 효력**

   절차 하자에 대한 위법성의 정도는 중대·명백설에 따라 판단한다. 특별한 예외 사유에 해당하지 않는 한 구술로 고지한 처분은 중대하고 명백한 하자로 무효이다.

[물음 2]

1. 「행정절차법」의 적용범위

(1) 원칙(제3조 제1항)

「행정절차법」은 행정절차에 관한 일반법이다.

(2) 적용배제사항(제3조 제2항)

① 헌법상 독립기관 등의 판단을 거친 사항

㉠ 국회 또는 지방의회의 의결, ㉡ 법원 또는 군사법원의 재판, ㉢ 헌법재판소의 심판, ㉣ 선거관리위원회의 의결, ㉤ 감사원의 결정에 의한 사항

② 법적 성질이 달라 특별한 절차가 필요한 사항

㉠ 형사 관계 법령에 따라 행하는 사항, ㉡ 심사청구, 행정심판 등 불복절차에 따른 사항

(3) 국가의 중대한 이익

국가의 중대한 이익을 현저히 해칠 우려가 있는 사항

(4) 성질상 곤란하거나 준하는 절차를 거친 사항

병역법에 따른 징집·소집, 외국인의 출입국·난민인정·귀화, 공무원 인사 관계 법령에 따른 징계와 그 밖의 처분 등 해당 행정작용의 성질상 행정절차를 거치기 곤란하거나 거칠 필요가 없다고 인정되는 사항과 행정절차에 준하는 절차를 거친 사항

2. 사안의 해결

외국인의 출입국 관계 법령에 의한 처분에 해당하더라도 그 전부에 대하여 「행정절차법」의 적용이 배제되는 것이 아니라 성질상 행정절차를 거치기 곤란하거나 불필요하다고 인정되는 처분이나 행정절차에 준하는 절차를 거치도록 하고 있는 처분의 경우에만 「행정절차법」의 적용이 배제된다. 따라서 본 사안에서의 관할 행정청의 주장은 타당하지 않다.

사례 연습 3

육군3사관학교의 사관생도에 대한 징계절차에서 징계심의 대상자가 대리인으로 선임한 변호사 甲은 징계위원회 심의에 출석하여 의견을 진술하려고 하였다. 그러나 징계위원회의 소속 직원이 변호사가 징계위원회의 심의에 출석하는 것을 막았으며, 이에 따라 변호사의 의견 진술 없이 해당 사관생도의 퇴학 처분이 확정되었다. (40점)

[물음 1] 본 사안에서 甲의 절차상 권한에 대하여 약술하시오. (10점)

[물음 2] 관할 행정청은 공무원 인사관계 법령에 의한 처분에 관한 사항으로 「행정절차법」의 적용이 배제된다고 주장하고 있다. 이 사건의 절차상 하자 여부를 검토하시오. (20점)

[물음 3] 본 사안에서 징계위원회의 심의가 있기 전까지 변호사 甲이 관련된 행정절차에서 이미 충분한 의견 진술의 기회를 부여받았다는 등의 방어권 행사에 실질적으로 지장이 초래되었다고 볼 수 없는 특별한 사정이 존재한다면, 퇴학처분의 위법성 여부를 검토하시오. (10점)

모범답안

[물음 1]

징계심의 대상자는 변호사를 대리인으로 선임할 수 있고, 대리인으로 선임된 변호사는 당사자등을 위하여 행정절차에 관한 모든 행위를 할 수 있다. 다만, 행정절차를 끝맺는 행위에 대하여는 당사자등의 동의를 받아야 한다. 징계심의대상자가 징계위원회에 출석하여 필요한 의견을 진술하는 것은 자신의 방어권 행사를 위한 본질적 내용에 해당한다. 따라서 행정청은 특별한 사정이 없는 한 대리인 甲이 심의에 출석하는 것을 거부할 수 없다.

[물음 2]

1. 「행정절차법」의 적용범위

   (1) 원칙(제3조 제1항)

   「행정절차법」은 행정절차에 관한 일반법이다.

   (2) 적용배제사항(제3조 제2항)

   ① 헌법상 독립기관 등의 판단을 거친 사항
   ㉠ 국회 또는 지방의회의 의결, ㉡ 법원 또는 군사법원의 재판, ㉢ 헌법재판소의 심판, ㉣ 선거관리위원회의 의결, ㉤ 감사원의 결정에 의한 사항
   ② 법적 성질이 달라 특별한 절차가 필요한 사항
   ㉠ 형사 관계 법령에 따라 행하는 사항, ㉡ 심사청구, 행정심판 등 불복절차에 따른 사항

   (3) 국가의 중대한 이익

   국가의 중대한 이익을 현저히 해칠 우려가 있는 사항

   (4) 성질상 곤란하거나 준하는 절차를 거친 사항

   병역법에 따른 징집·소집, 외국인의 출입국·난민인정·귀화, 공무원 인사 관계 법령에 따른 징계와 그 밖의 처분 등 해당 행정작용의 성질상 행정절차를 거치기 곤란하거나 거칠 필요가 없다고 인정되는 사항과 행정절차에 준하는 절차를 거친 사항

2. 사안의 해결

「행정절차법」의 적용이 제외되는 공무원 인사관계 법령에 의한 처분에 관한 사항이란 성질상 행정절차를 거치기 곤란하거나 불필요하다고 인정되는 처분이나 행정절차에 준하는 절차를 거치도록 하고 있는 처분에 관한 사항만을 말하는 것으로 보아야 한다.

따라서 본 사안의 경우 의견진술 기회를 주지 않은 것은 절차상 하자에 해당한다.

[물음 3]

의견진술 절차의 본질적인 취지에 비추어 볼 때, 절차상 하자 여부는 해당 처분에 이르기까지 전체적인 과정 등을 종합적으로 고려하여 판단하여야 한다. 징계심의대상자의 대리인이 관련된 행정절차에서 이미 실질적인 의견진술 절차를 거쳤다고 볼 수 있는 특별한 사정이 있는 경우에는 징계권자가 징계심의대상자의 대리인에게 징계위원회에 출석하여 의견을 진술할 기회를 주지 아니하였더라도 그로 인하여 징계위원회 심의에 절차적 정당성이 상실되었다고 볼 수 없다. 따라서 퇴학 처분은 적법하다.

사례 연습 4

A는 폐기물처리업을 하기 위해 관련법상 요구하는 사업계획서와 구비서류를 갖추어 관할 행정청 甲에 사전심사를 신청하였다. 이에 따라 甲으로부터 해당 사업에 대한 적정통보를 받은 A는 막대한 비용을 들여 허가 요건을 갖춘 다음 폐기물처리업 허가신청을 하였다. 그러나 甲은 최종 심사 단계에서 다수 청소업자의 난립으로 안정적이고 효율적인 청소업무의 수행에 지장이 있다는 이유로 A의 허가신청에 대하여 불허가 처분을 통보하였다. (40점)

[물음 1] 관할 행정청 甲은 신청인 A에 대하여 아무런 사전 통지가 없이 불허가처분을 통보하였다. 「행정절차법」상 사전통지 절차에 관하여 설명하고, 절차상 하자 여부에 대하여 검토하시오. (20점)

[물음 2] 신청인 A는 행정청 甲이 사전심사 단계에서 해당 사업에 대한 적정통보를 해 주었으면서 최종 허가 단계에서 이를 거부한 것은 신뢰보호 원칙 위반이라고 주장한다. 신뢰보호 원칙의 요건에 비추어 이 주장의 타당성을 검토하시오. (20점)

‖ 모범답안 ‖

[물음 1]

1. 사전통지

(1) 대상
   당사자에게 불이익한 처분을 하는 경우에는 미리 해당 사항을 당사자등에게 통지하여야 한다.

(2) 사전통지의 생략사유
   ① 공공의 안전 또는 복리를 위하여 긴급히 처분을 할 필요가 있는 경우
   ② 법령등에서 요구된 자격이 없거나 없어지게 되면 반드시 일정한 처분을 하여야 하는 경우에 그 자격이 없거나 없어지게 된 사실이 법원의 재판 등에 의하여 객관적으로 증명되는 경우
   ③ 당해 처분의 성질상 의견청취가 현저히 곤란하거나 명백히 불필요하다고 인정될 만한 상당한 이유가 있는 경우

(3) 사전통지 기간
   ① 청문
   청문이 시작되는 날부터 10일 전까지는 당사자등에게 통지하여야 한다.
   ② 의견제출
   의견제출에 필요한 기간을 10일 이상으로 고려하여 정하여야 한다.

(4) 거부처분
   신청에 따른 처분이 이루어지지 않은 경우에는 아직 당사자에게 권익이 부과되지 아니하였으므로 특별한 사정이 없는 한 신청에 대한 거부처분이라고 하더라도 직접 당사자의 권익을 제한하는 것은 아니다.

2. 절차상 하자 여부

관할 행정청 甲의 불허가처분은 신청에 대한 거부처분에 해당한다. 거부처분은 불이익한 처분이 아니므로 「행정절차법」상 사전통지 절차의 대상이 아니다. 따라서 본 사안의 경우 절차상의 하자는 없다.

[물음 2]

1. 신뢰보호 원칙

행정청은 법령등의 해석 또는 행정청의 관행이 일반적으로 국민들에게 받아들여진 때에는 공익 또는 제3자의 정당한 이익을 현저히 해할 우려가 있는 경우를 제외하고는 새로운 해석 또는 관행에 따라 소급하여 불리하게 처리하여서는 아니 된다.

2. 신뢰보호 원칙의 성립요건

(1) 행정청의 개인에 대한 공적 견해표명
(2) 공적 견해표명에 대한 개인의 보호가치 있는 신뢰
(3) 신뢰로 인한 개인의 행위
(4) 공적 견해표명에 반하는 행정청의 처분
(5) 그 견해표명에 따른 행정처분을 할 경우 이로 인하여 공익 또는 제3자의 정당한 이익을 현저히 해할 우려가 있는 경우가 아니어야 한다.

3. 사안의 해결

관할 행정청 甲의 해당 사업에 대한 적정통보는 행정청의 개인에 대한 공적 견해표명에 해당하며, 신청인 A는 귀책사유 없이 이를 신뢰하여 막대한 비용을 들여 폐기물처리업 허가신청을 하였다. 따라서 관할 행정청 甲의 불허가처분은 공적 견해표명에 반하는 행정청의 처분에 해당하여 신뢰보호 원칙 위반이라는 신청인 A의 주장은 타당하다.

사례 연습 5

「행정절차법」은 공정성, 투명성 그리고 신뢰성 확보를 위해 처분시 이유를 제시하도록 명시하고 있다. 다음에 제시한 각각의 사안에 대해 물음에 답하시오. (40점)

[물음 1] 공장을 운영하는 A는 운영비 절감을 위해 환경에 유해한 폐수를 유출하였다. 이를 적발한 관할 행정청은 '「화학물질관리법」상 지정조건 위반으로 영업을 취소합니다.'라고만 기재한 처분 통지서를 송달하였다. 처분의 절차상 하자에 대하여 검토하시오. (20점)

[물음 2] 물음 1의 사안에서 관할 행정청이 처분의 근거를 구체적으로 명시한 사전통지를 하였고, 이에 A는 근거를 충분히 숙지하고 의견제출까지 하였다면 처분의 절차상 하자가 있는지를 검토하시오. (10점)

[물음 3] A는 유해화학물질 신규 사업을 위해 관련법상 요구하는 구비서류를 갖추어 관할 행정청 B에 영업허가 신청을 하였다. 이에 주무부서는 관련기관과의 협의를 거쳐 신청서에 기재된 사항이 부적합하다고 판단하였다. 이에 따라 '「화학물질관리법」상 지정조건 위반으로 신청에 따른 영업허가를 불허합니다.'라고 기재하여 신청을 거부하였다. 거부처분의 절차상 하자에 대하여 검토하시오. (10점)

‖ 모범답안 ‖

[물음 1]

1. 문제의 소재

모든 처분은 그 근거가 되는 법령이나 취소권 유보의 부관 등을 명시하여야 함은 물론 처분을 받은 자가 어떠한 위반사실에 대하여 당해 처분이 있었는지를 알 수 있을 정도로 이유제시를 할 것을 요한다. 따라서 본 사안에서 이유제시의 정도가 적정한지 여부에 대한 검토가 필요하다.

2. 이유제시

(1) 의의

처분의 근거가 된 법적·사실적 사유를 처분 시에 구체적으로 명시하여야 한다.

(2) 대상

① 원칙

모든 처분을 대상으로 한다.

② 생략사유

㉠ 신청내용을 모두 그대로 인정하는 처분인 경우

㉡ 단순·반복적인 처분 또는 경미한 처분으로서 당사자가 그 이유를 명백히 알 수 있는 경우

㉢ 긴급히 처분을 할 필요가 있는 경우

(3) **이유제시의 정도**
「행정절차법」은 명시적 규정을 두고 있지 않지만, 적어도 처분의 상대방 기타 이해관계인이 이를 기초로 하여 차후 행정구제절차에 대처할 수 있을 정도로 구체적이어야 한다. 따라서 처분의 근거법령, 해당 조항 및 문언, 당해 근거법조를 적용하게 된 원인사실 및 포섭의 경위가 명시되어야 한다. 또한 재량행위의 경우 재량행사의 전후과정이 제시되어야 한다.
한편, 사실적 이유는 처분을 하게 된 사정 전부에 대해 일일이 근거를 제시할 필요는 없으며, 주로 법률요건 해당사실, 즉 주요사실의 골자만 제시하면 된다.

3. 사안의 해결
당사자 A가 거부처분의 근거법만을 알 수 있을 뿐 해당 조항조차 알 수 없다는 점에서 처분의 이유가 구체적이지 못하므로 처분의 이유제시는 절차상의 하자가 있다.

[물음 2]
처분의 이유제시 제도의 본질적 취지에 비추어, 행정청이 처분을 하면서 당사자가 그 근거를 알 수 있을 정도로 이유를 제시한 경우에는 처분의 근거와 이유를 구체적으로 명시하지 않았더라도 그로 말미암아 그 처분이 위법하다고 볼 수는 없다. 당사자가 그 근거를 알 수 있을 정도인지 여부는 당해 처분에 이르기까지의 전체적인 과정 등을 종합적으로 고려하여 판단한다. 따라서 본 사안의 경우 A는 사전통지를 통해 처분의 근거를 충분히 알 수 있었다고 봄이 타당하므로 이유제시의 절차상 하자는 없다.

[물음 3]
일반적으로 당사자가 근거규정 등을 명시하여 신청하는 인·허가 등을 거부하는 처분은 당사자가 그 근거를 알 수 있을 정도로 상당한 이유를 제시한 경우에는 당해 처분의 근거 및 이유를 구체적 조항 및 내용까지 명시하지 않았더라도 절차상 하자가 있다고 볼 수 없다. 따라서 본 사안의 경우 A가 기재한 신청서에 근거하여 내려진 거부처분이므로 이유제시의 절차상 하자는 없다.

사례 연습 6

각각의 물음에 답하시오. (40점)

[물음 1] A는 유해화학물질 신규 사업을 위해 관련법상 요구하는 구비서류를 갖추어 관할 행정청 B에 영업허가 신청을 하였다. 이에 행정청 B는 아무런 사전통지 없이 A의 영업허가 신청을 수리하였으며 허가통지서에 별다른 이유를 제시하지 않았다. 행정청 B의 영업허가처분의 절차적 하자 여부를 검토하시오. (10점)

[물음 2] A는 영업허가통지 후에 사업을 영위하던 중 「화학물질관리법」상 지정조건 위반으로 관할 행정청 B에 단속되었다. 행정청 B는 A에게 단속에 따른 영업정지처분에 앞서 의견제출 기회를 부여하지 않고 처분을 하였다. 이에 A는 자신의 억울한 사정에 대해 민원을 제기하였고, 담당 공무원으로부터 처분 후 의견을 제출하라는 답변을 받았다. 처분의 절차적 하자가 치유될 수 있는지를 검토하시오(청문과 공청회는 고려하지 않는다.). (30점)

∥ 모범답안 ∥

[물음 1]
행정청은 당사자에게 불이익한 처분을 하기 전에 일정한 사항을 당사자등에게 통지하여야 한다. 본 사안의 영업허가처분은 불이익한 처분이 아니므로 사전통지의 대상이 아니다. 또한 처분의 근거가 된 법적·사실적 사유를 처분 시에 구체적으로 명시하여야 한다. 본 사안의 경우에는 신청 그대로의 처분이므로 이유제시의 예외사유에 해당한다. 따라서 행정청 B의 영업허가처분은 절차적 하자가 없다.

[물음 2]

1. 의견제출

(1) 의의

행정청이 어떠한 행정작용을 하기 앞서 당사자등이 의견을 제시하는 절차로서 청문이나 공청회에 해당하지 아니하는 절차이다.

(2) 대상

① 원칙

불이익한 처분에 있어 청문 또는 공청회를 거치지 않은 경우 의견제출 절차는 의무적으로 거쳐야 한다.

② 생략사유
 ㉠ 공공의 안전 또는 복리를 위하여 긴급히 처분을 할 필요
 ㉡ 법령등에서 요구된 자격이 없거나 없어지게 되면 반드시 일정한 처분을 하여야 하는 경우에 그 자격이 없거나 없어지게 된 사실이 법원의 재판 등에 의하여 객관적으로 증명되는 경우
 ㉢ 당해 처분의 성질상 의견청취가 현저히 곤란하거나 명백히 불필요하다고 인정될 만한 상당한 이유가 있는 경우
 ㉣ 당사자가 의견진술의 기회를 포기한다는 뜻을 의견제출 기간 내에 명백히 표시한 경우

2. 절차상 하자 있는 처분의 효력

「행정절차법」은 강행규정이라는 점과 「헌법」 제12조 적법절차원리가 일반조항으로서 행정절차에 유추적용된다는 점을 볼 때, 절차의 하자도 기본권 침해에 해당하므로 절차 하자의 독자적 위법성을 인정하는 것이 타당하다. 그리고 절차상의 하자는 중대·명백설에 따라 취소 사유에 해당한다.

3. 하자 치유 여부

(1) 치유가능성
하자의 치유는 원칙적으로 부정되지만, 예외적으로 국민의 권익 침해가 없고 행정의 능률적 수행이 가능하다면 제한적으로 하자의 치유가 가능하다.

(2) 치유시기
학설은 ① 쟁송제기 이전시설과 ② 쟁송종결 이전시설이 대립하며, 판례는 치유를 허용하려면 적어도 처분에 대한 불복여부의 결정 및 불복신청에 편의를 줄 수 있는 상당한 기간 내라고 판시하였다.

(3) 치유의 효과
하자의 치유를 인정하면 절차상 위법은 소급적으로 제거되고 처음부터 적법한 것으로 본다.

4. 사안의 적용

사안의 처분은 의견제출 절차가 의무적이며 생략사유에도 해당하지 않으므로 절차상 하자가 있다. 또한 처분 후에 의견제출 기회를 주는 것은 그 절차의 본질적인 취지에 벗어나며 A의 권익이 침해되는 경우에 해당한다. 따라서 본 사안은 절차상 하자가 치유되었다고 볼 수 없다.

사례 연습 7

乙은 압류재산 매각절차에 따라 甲소유의 영업시설의 전부를 인수하였다. 이에 따라「식품위생법」관련 법규에 의거하여 甲의 영업자의 지위를 승계하고자 관할 행정청 A에게 영업 지위 승계 사실을 신고하였고 이에 행정청 A는 이를 수리하였다. 이와 같은 사안을 보고 각 물음에 답하시오. (40점)

[물음 1] 본 사안에서 절차상 甲의 지위를 설명하시오. (10점)

[물음 2] 본 사안에서 행정청 A가 신고를 수리하는 처분을 하기 전까지 A가 甲을 대상으로 행하여야 할「행정절차법」상 절차에 대하여 설명하시오(이 경우에「식품위생법령」상 청문이나 공청회를 거치도록 하는 규정은 없다). (20점)

[물음 3] 본 사안에서 甲이 의견제출 절차의 하자를 이유로 행정심판을 청구하였다. 행정청 A는 甲이 행정심판 이전에 이의신청을 제기하면서 충분한 의견을 제출하였다는 이유로 절차상 하자가 치유되었다고 주장한다. 행정청 A의 주장에 대해 검토하시오. (10점)

‖ 모범답안 ‖

[물음 1]

1. 당사자등의 개념

당사자등이란 행정청의 처분에 대하여 직접 그 상대가 되는 당사자와 행정청이 직권으로 또는 신청에 따라 행정절차에 참여하게 한 이해관계인을 의미한다.

2. 사안의 적용

영업자의 지위를 승계한 자가 관계 행정청에 이를 신고하여 행정청이 이를 수리하는 경우에는 종전의 영업자에 대한 영업허가 등은 그 효력을 잃는다 할 것이다. 본 사안에서 乙의 영업자지위승계신고를 수리하는 처분은 종전의 영업자인 甲의 권익을 제한하는 불이익한 처분이며, 따라서 甲은 그 처분에 대하여 직접 상대방인 당사자에 해당한다.

[물음 2]

1. 논점의 정리

영업자지위승계신고를 수리하는 처분은 종전 사업자에 대한 불이익한 처분에 해당한다. 따라서 행정청이 공표한 처분기준에 따라 불이익한 처분을 하는 경우에는 사전에 통지하여 의견청취 절차를 거친 후, 문서로 처분과 그 이유를 명시하고 구제방법 등을 고지하여야 한다. 이는 처분 당사자등의 절차적 권리이며, 당사자의 개인적 공권으로 보호되어야 한다.

2. 사전통지

(1) 대상
당사자에게 불이익한 처분을 하는 경우에는 미리 해당 사항을 당사자등에게 통지하여야 한다.

(2) 생략사유
① 공공의 안전 또는 복리를 위하여 긴급히 처분을 할 필요가 있는 경우
② 법령등에서 요구된 자격이 없거나 없어지게 되면 반드시 일정한 처분을 하여야 하는 경우에 그 자격이 없거나 없어지게 된 사실이 법원의 재판 등에 의하여 객관적으로 증명되는 경우
③ 당해 처분의 성질상 의견청취가 현저히 곤란하거나 명백히 불필요하다고 인정될 만한 상당한 이유가 있는 경우

(3) 사전통지 기간
의견제출에 필요한 기간을 10일 이상으로 고려하여 정하여야 한다.

3. 의견제출

(1) 의의
행정청이 어떠한 행정작용을 하기 앞서 당사자등이 의견을 제시하는 절차로서 청문이나 공청회에 해당하지 아니하는 절차이다.

(2) 대상
① 원칙
불이익한 처분에 있어 청문 또는 공청회를 거치지 않은 경우 의견제출 절차는 의무적으로 거쳐야 한다.
② 생략사유
사전통지의 예외사유에 해당하는 경우와 당사자가 의견진술의 기회를 포기한다는 뜻을 의견제출 기간 내에 명백히 표시한 경우에는 의견청취를 아니 할 수 있다.

4. 사안의 해결
행정청 A가 乙의 신청에 따른 영업자지위승계를 수리하는 처분을 함에 있어서는 특별한 생략사유에 해당하지 않는 한, 종전 영업자인 甲에게 처분의 사전통지를 하고 의견제출의 기회를 주어야 한다.

[물음 3]

1. 하자의 치유 인정여부
하자의 치유는 원칙적으로 부정되지만, 예외적으로 국민의 권익침해가 없고 행정의 능률적 수행이 가능하다면 그 한도 내에서 제한적으로만 하자의 치유가 가능하다고 보아야 한다. 다만, 치유를 인정하려면 적어도 쟁송제기 이전에 행정청의 치유를 위한 행위가 존재해야 한다.

2. 사안의 적용
본 사안의 경우 처분 후에 이의신청 단계에서 의견제출 기회를 주는 것은 그 절차의 본질적인 취지에 벗어나며 甲의 권익이 침해되는 경우에 해당한다. 따라서 절차상 하자가 치유되었다고 볼 수 없다.

사례 연습 8

A시의 시장은 소유자 B의 건조물을 B의 신청이 없는 상태에서 소유자의 의견을 듣지 아니하고 문화재로 지정하는 처분을 하였다. 「문화재보호법」에 의하면 시지정문화재는 시장이 문화재위원회의 자문을 받아 지정한다고만 규정되어 있을 뿐 그 지정에 있어서 청문을 통해 문화재의 소유자의 의견을 들어야 한다는 절차의 규정은 없으며, 다만 「국민의 권익보호를 위한 행정절차에 관한 훈령」에 행정청이 권리를 제한하거나 의무를 부과하는 처분을 할 때에는 미리 당사자에게 행정처분을 하고자 하는 원인이 되는 사실을 통지하여 그에 대한 의견을 청문을 통해 청취한 다음 이유를 명시하여 행정처분을 하여야 한다고 규정되어 있을 뿐이다.
건조물 소유자 B는 A시의 시장의 문화재 지정처분의 절차적 하자를 주장하려고 한다. B주장의 타당성 여부를 검토하시오. (40점)

∥ 모범답안 ∥

1. 논점의 정리
문화재지정처분은 불이익한 처분에 해당하므로 「행정절차법」상 불이익한 처분시 필요한 의견청취 절차 의무적으로 거쳐야 한다. 따라서 본 사안의 처분이 청문의 실시사유에 해당하는지 여부와 의견제출 절차에 대한 검토가 필요하다.

2. 청문
(1) 의의
행정청이 처분에 앞서 당사자등의 의견을 직접 듣고 증거를 조사하는 절차이다.

(2) 실시사유
① 다른 법령등에서 청문을 실시하도록 규정하고 있는 경우
② 행정청이 필요하다고 인정하는 경우
③ 인허가 등의 취소, 신분·자격의 박탈, 법인이나 조합 등의 설립허가의 취소의 처분을 하는 경우

(3) 사안의 적용
본 사안에서 「문화재보호법」상에는 청문의 절차가 규정되어 있지 않으며 다른 실시사유에도 해당하는 경우라고 볼 수 없다.
또한 「국민의 권익보호를 위한 행정절차에 관한 훈령」상 청문 절차가 규정되어 있다 하더라도 이는 행정 내부적 지침에 해당하는 행정명령에 불과하므로 청문 실시사유에 규정한 법령에 해당하지 않으며, 또한 내부 지침상의 절차를 위반하였다고 하더라도 처분의 절차적 하자에 해당하지는 않는다. 따라서 A시의 시장의 문화재 지정 처분은 청문의 대상이 아니다.

3. 의견제출
(1) 의의
행정청이 어떠한 행정작용을 하기 앞서 당사자등이 의견을 제시하는 절차로서 청문이나 공청회에 해당하지 아니하는 절차이다.

(2) 대상
① 원칙
불이익한 처분에 있어 청문 또는 공청회를 거치지 않은 경우 의견제출 절차는 의무적으로 거쳐야 한다.

② 생략사유
　㉠ 공공의 안전 또는 복리를 위하여 긴급히 처분을 할 필요가 있는 경우
　㉡ 법령등에서 요구된 자격이 없거나 없어지게 되면 반드시 일정한 처분을 하여야 하는 경우에 그 자격이 없거나 없어지게 된 사실이 법원의 재판 등에 의하여 객관적으로 증명되는 경우
　㉢ 당해 처분의 성질상 의견청취가 현저히 곤란하거나 명백히 불필요하다고 인정될 만한 상당한 이유가 있는 경우
　㉣ 당사자가 의견진술의 기회를 포기한다는 뜻을 의견제출 기간 내에 명백히 표시한 경우

(3) 사안의 적용

A시 시장의 문화재 지정 처분은 불이익한 처분에 해당하며, 상대방인 B에게 불이익한 처분 시 특별한 예외 사유에 해당하지 않는 한 반드시 필요한 당사자 의견제출 기회를 제공하지 아니하였으므로 처분의 절차적 하자에 해당한다.

4. 사안의 해결

A시 시장의 문화재 지정 처분은 청문의 대상은 아니나, 불이익한 처분 시 청문이나 공청회를 실시하지 않았다면 반드시 거쳐야 할 의무적 절차인 의견제출 절차를 거치지 않았으므로 절차상 하자가 있는 처분이다. 따라서 B의 주장은 타당하다.

사례 연습 9

각각의 물음에 답하시오. (40점)

[물음 1] 행정안전부장관은 행정사 甲에게 단지 서면으로 의견제출 기회를 제공한 후에 자격취소처분을 하였다. 처분의 효력에 대하여 검토하시오. (20점)

[물음 2] 물음 1의 사안과 별개로 행정안전부장관이 청문을 실시하려고 한다. 청문의 개시부터 진행 그리고 종결까지의 절차에 대하여 설명하시오. (20점)

∥ 모범답안 ∥

[물음 1]

1. **청문**

    (1) **의의**
    행정청이 처분에 앞서 당사자등의 의견을 직접 듣고 증거를 조사하는 절차이다.

    (2) **실시사유**
    ① 다른 법령등에서 청문을 실시하도록 규정하고 있는 경우
    ② 행정청이 필요하다고 인정하는 경우
    ③ 인허가 등의 취소, 신분·자격의 박탈, 법인이나 조합 등의 설립허가의 취소의 처분을 하는 경우

    (3) **생략사유**
    ① 공공의 안전 또는 복리를 위하여 긴급히 처분을 할 필요한 경우
    ② 법령등에서 요구된 자격이 없거나 없어지게 되면 반드시 일정한 처분을 하여야 하는 경우에 그 자격이 없거나 없어지게 된 사실이 법원의 재판 등에 의하여 객관적으로 증명되는 경우
    ③ 당해 처분의 성질상 의견청취가 현저히 곤란하거나 명백히 불필요하다고 인정될 만한 상당한 이유가 있는 경우
    ④ 당사자가 의견진술의 기회를 포기한다는 뜻을 의견제출 기간 내에 명백히 표시한 경우

    (4) **절차상 하자가 있는지 여부**
    청문 실시사유에 해당함에도 불구하고 이를 실시하지 않고 단지 의견제출의 기회만 부여하였다면 특별히 청문의 예외 사유에 해당하지 않는 한 절차상 하자가 있다.

2. **절차상 하자가 있는 처분의 효력**
「행정절차법」은 강행규정이라는 점과 「헌법」 제12조 적법절차원리가 일반조항으로서 행정절차에 유추적용된다는 점을 볼 때, 절차의 하자도 기본권 침해에 해당하므로 절차 하자의 독자적 위법성을 인정하는 것이 타당하다. 절차상 하자의 위법성 정도는 중대·명백설에 따라 판단한다.

3. **사안의 해결**
본 사안에서의 처분은 청문절차를 실시하지 않은 절차상 하자가 있는 위법한 처분이며 중대·명백설에 따라 취소되어야 한다.

[물음 2]

1. 사전통지
청문이 시작되기 10일 전까지 일정사항을 통지하여야 한다.

2. 진행
(1) 청문 주재자가 진행한다.
(2) 의견서를 제출한 경우에는 출석하여 진술한 것으로 본다.
(3) 청문 주재자는 직권으로 필요한 조사를 할 수 있다.

3. 결과의 반영
청문결과가 상당한 이유가 있는 경우 처분에 반영하여야 한다.

4. 문서의 열람
(1) 당사자등은 청문의 통지가 있는 날부터 청문이 끝날 때까지 문서의 열람 또는 복사를 요청할 수 있다.
(2) 행정청이 다른 법령에 따라 열람 또는 복사의 요청을 거부하는 경우에는 그 이유를 소명하여야 한다.

5. 공개
청문은 비공개를 원칙으로 한다.

6. 종결과 재개
(1) 청문 주재자는 해당 사안에 대하여 조사가 충분히 이루어졌다고 인정하는 경우 또는 정당한 사유 없이 청문기일에 출석하지 아니하거나 의견서를 제출하지 아니한 경우에는 청문을 마칠 수 있다.
(2) 정당한 사유로 청문기일에 출석하지 못하거나 의견서를 제출하지 못한 경우에는 10일 이상의 기간을 정하여 이들에게 의견진술 및 증거제출을 요구하여야 하며, 해당 기간이 지났을 때에 청문을 마칠 수 있다.
(3) 행정청은 청문을 마친 후 처분을 할 때까지 새로운 사정이 발견되면 청문의 재개를 명할 수 있다.

사례 연습 10

각각의 물음에 답하시오. (40점)

[물음 1] 관할 행정청 A는 甲법인이 수집 목적과 관련 없이 위법하게 고객의 개인정보를 국외로 유출했음을 발견하였다. 이에 관련 법령을 근거로 甲법인의 설립허가취소처분을 하였다. 이 처분에 앞서 청문절차를 시행함 없이 甲법인에게 단지 서면으로 의견제출 기회를 제공하였다. 본 사안에서 행정청 A가 행한 법인설립허가취소처분의 효력에 대하여 검토하시오(청문 실시에 특별한 생략사유가 없음을 전제로 한다.). (20점)

[물음 2] 甲법인은 개인정보 보호위원회로부터 위반사실등의 공표에 대하여 미리 통지를 받았으며 이에 의견제출할 수 있음을 고지받았다. 이에 따라 甲법인은 해당 사실에 대한 의견을 제출하고자 한다. 甲법인의 의견제출 방법과 개인정보 보호위원회의 제출 의견의 반영 등에 대하여 설명하시오. (20점)

‖ 모범답안 ‖

[물음 1]

1. 청문
   (1) 의의
      행정청이 처분에 앞서 당사자등의 의견을 직접 듣고 증거를 조사하는 절차이다.
   (2) 실시사유
      ① 다른 법령등에서 청문을 실시하도록 규정하고 있는 경우
      ② 행정청이 필요하다고 인정하는 경우
      ③ 인허가 등의 취소, 신분·자격의 박탈, 법인이나 조합 등의 설립허가의 취소의 처분을 하는 경우
   (3) 절차상 하자가 있는지 여부
      법인설립허가취소처분은 청문절차를 의무적으로 실시하여야 한다. 따라서 청문절차를 실시함 없이 단지 의견제출의 기회만 부여하였다면 절차상 하자가 있다.

2. 절차상 하자가 있는 처분의 효력
   「행정절차법」은 강행규정이라는 점과 「헌법」 제12조 적법절차원리가 일반조항으로서 행정절차에 유추적용된다는 점을 볼 때, 절차의 하자도 기본권 침해에 해당하므로 절차 하자의 독자적 위법성을 인정하는 것이 타당하다. 절차상 하자의 위법성 정도는 중대·명백설에 따라 판단한다.

3. 사안의 해결
   사안의 법인설립허가취소처분은 청문절차를 실시하지 않은 절차상 하자가 있는 위법한 처분이며 중대·명백설에 따라 취소되어야 한다.

[물음 2]

1. 의견제출의 의의

의견제출절차란 행정청이 어떠한 행정작용을 하기 앞서 당사자등이 의견을 제시하는 절차로서 청문이나 공청회에 해당하지 아니하는 절차를 말한다.

2. 의견제출의 대상

행정청은 위반사실등의 공표를 할 때에는 미리 당사자에게 그 사실을 통지하고 의견제출의 기회를 주어야 한다. 다만, ① 공공의 안전 또는 복리를 위하여 긴급히 공표를 할 필요가 있는 경우, ② 해당 공표의 성질상 현저히 곤란하거나 명백히 불필요한 경우, ③ 당사자가 포기한다는 뜻을 명백히 밝힌 경우에는 그러하지 아니하다.

3. 의견제출 방법

(1) 당사자는 위반사실등의 공표 전에 그 관할 행정청에 서면이나 말 또는 정보통신망을 이용하여 의견 제출을 할 수 있다.

(2) 당사자는 그 주장을 입증하기 위한 증거자료 등을 첨부할 수 있다.

(3) 행정청은 당사자가 말로 의견제출을 하였을 때에는 서면으로 그 진술의 요지와 진술자를 기록하여야 한다.

(4) 당사자가 정당한 이유 없이 의견제출 기한까지 의견제출을 하지 아니한 경우에는 의견이 없는 것으로 본다.

4. 제출 의견의 방영 등

(1) 행정청은 위반사실등의 공표를 할 때에 당사자가 제출한 의견이 상당한 이유가 있다고 인정하는 경우에는 이를 반영하여야 한다.

(2) 행정청은 당사자가 제출한 의견을 반영하지 아니하고 위반사실등의 공표를 한 경우 당사자가 위반사실등의 공표가 있음을 안 날부터 90일 이내에 그 이유의 설명을 요청하면 서면으로 그 이유를 알려야 한다. 다만, 당사자가 동의하면 말, 정보통신망 또는 그 밖의 방법으로 알릴 수 있다.

사례 연습 11

각각의 물음에 답하시오. (60점)

[물음 1] 개인정보 보호위원회는 甲기업에 대한 시정조치와 징계권고를 포함한 「개인정보 보호법」 위반사실등을 공표하려고 한다. 위반사실등의 공표에 대한 「행정절차법」상 필요한 절차를 설명하시오. (20점)

[물음 2] 甲기업은 개인정보 보호위원회로부터 위반사실등의 공표에 대하여 미리 통지를 받았으며 이에 의견제출을 할 수 있음을 고지받았다. 이에 따라 甲기업은 해당 사실에 대한 의견을 제출하고자 한다. 甲기업의 의견제출의 방법과 개인정보 보호위원회의 제출 의견의 반영 등에 대하여 설명하시오. (20점)

[물음 3] 甲기업의 「개인정보 보호법」상 위반 행위는 개인정보책임자 B가 업무상 관련하여 행한 행위였으며, B는 인사이동으로 개인정보책임자로서의 업무를 담당하지 않고 있다. 그리고 甲 기업은 현재 새로운 개인정보책임자를 지정하고 있지 않다. 해당 위반 행위가 과태료 3,000만 원, 개인정보책임자 미지정이 과태료 1,000만 원에 해당한다면 과태료 부과 대상과 액수를 검토하시오. (20점)

‖ 모범답안 ‖

[물음 1]

1. 개념

행정청은 법령 의무를 위반한 자의 성명·법인명, 위반사실, 처분사실 등을 법률로 정하는 바에 따라 일반에게 공표할 수 있다.

2. 의견제출

(1) 행정청은 위반사실등의 공표를 할 때에는 미리 당사자에게 그 사실을 통지하고 의견제출의 기회를 주어야 한다. 다만, ① 공공의 안전 또는 복리를 위하여 긴급히 공표를 할 필요가 있는 경우, ② 해당 공표의 성질상 현저히 곤란하거나 명백히 불필요한 경우, ③ 당사자가 포기한다는 뜻을 명백히 밝힌 경우에는 그러하지 아니하다.

(2) 의견제출의 기회를 받은 당사자는 위반사실등의 공표 전에 관할 행정청에 서면이나 말 또는 정보통신망을 이용하여 의견을 제출할 수 있다.

(3) 의견제출의 방법과 제출 의견의 반영 등에 관하여는 처분상 의견제출 절차를 준용한다.

3. 절차

(1) 행정청은 당사자의 명예·신용 등이 훼손되지 아니하도록 객관적이고 타당한 증거와 근거가 있는지를 확인하여야 한다.

(2) 위반사실등의 공표는 관보, 공보 또는 인터넷 홈페이지 등을 통하여 한다.

(3) 행정청은 당사자가 공표와 관련된 의무의 이행, 원상회복, 손해배상 등의 조치를 마친 경우에는 공표를 하지 아니할 수 있다.

(4) 행정청은 공표된 내용이 사실과 다른 것으로 밝혀지거나 공표에 포함된 처분이 취소된 경우에는 그 내용을 정정하여, 정정한 내용을 지체 없이 해당 공표와 같은 방법으로 공표된 기간 이상 공표하여야 한다. 다만, 당사자가 원하지 아니하면 공표하지 아니할 수 있다.

[물음 2]

1. 의견제출 방법

(1) 당사자는 위반사실등의 공표 전에 그 관할 행정청에 서면이나 말 또는 정보통신망을 이용하여 의견제출을 할 수 있다.

(2) 당사자는 그 주장을 입증하기 위한 증거자료 등을 첨부할 수 있다.

(3) 행정청은 당사자가 말로 의견제출을 하였을 때에는 서면으로 그 진술의 요지와 진술자를 기록하여야 한다.

(4) 당사자가 정당한 이유 없이 의견제출 기한까지 의견제출을 하지 아니한 경우에는 의견이 없는 것으로 본다.

2. 제출 의견의 반영 등

(1) 행정청은 위반사실등의 공표를 할 때에 당사자가 제출한 의견이 상당한 이유가 있다고 인정하는 경우에는 이를 반영하여야 한다.

(2) 행정청은 당사자가 제출한 의견을 반영하지 아니하고 위반사실등의 공표를 한 경우 당사자가 위반사실등의 공표가 있음을 안 날부터 90일 이내에 그 이유의 설명을 요청하면 서면으로 그 이유를 알려야 한다. 다만, 당사자가 동의하면 말, 정보통신망 또는 그 밖의 방법으로 알릴 수 있다.

[물음 3]

1. 법인의 처리 등

대리인·사용인 및 그 밖의 종업원이 업무에 관하여 법인 또는 그 개인에게 부과된 법률상의 의무를 위반한 때에는 법인 또는 그 개인에게 과태료를 부과한다.

2. 수개의 질서위반행위의 처리

(1) 하나의 행위가 2 이상의 질서위반행위에 해당하는 경우에는 각 질서위반행위에 대하여 정한 과태료 중 가장 중한 과태료를 부과한다.

(2) 각각의 행위로 2 이상의 질서위반행위가 경합하는 경우에는 각 질서위반행위에 대하여 정한 과태료를 각각 부과한다.

3. 사안의 적용

해당 위반 행위와 개인정보 보호책임자 미지정 행위는 모두 A기업이 과태료 대상이며 각각 다른 행위로 위반하였으므로 각각 과태료가 부과되어 액수는 4,000만 원이다.

사례 연습 12

A는 공장설립을 위해 행정청 甲에게 최소한의 구비서류를 준비하여 「민원처리에 관한 법률」상 사전심사를 청구하였다. 이에 행정청 甲은 관련 기관과의 협의를 거쳐 공장등록이 가능하다는 답변을 문서로 회신하였다. 다음에 제시한 각각의 사안에 대해 물음에 답하시오. (40점)

[물음 1] 행정청 甲의 답변과 관련하여 「행정절차법」상의 내용을 기술하시오. (20점)

[물음 2] 사전심사 답변을 신뢰한 A는 인적·물적 설비를 완비하여 공장등록을 신청하였다. 신청에 대한 수리여부를 결정하기 위하여 행정청 甲은 현지조사를 시행하여 수집한 정보를 바탕으로 최종 검토를 진행하는 중에 사전심사 신청시 제출한 환경영향평가 등급이 허위임을 발견하였다. 이에 따라 해당 공장이 그대로 운영될 경우 인근 주민들에 피해가 있음을 이유로 A의 신청 수리를 거부하였다. A는 행정청 甲의 결정이 신뢰보호 원칙 위반이라고 주장한다. 신뢰보호원칙의 요건에 비추어 이 주장의 타당성을 검토하시오. (20점)

모범답안

[물음 1]

1. 사전심사 결정의 법적 성질

확약이란 행정청이 당사자의 신청에 따라 장래에 어떤 처분을 하거나 하지 아니할 것을 내용으로 하는 의사표시를 의미한다. 따라서 행정청 甲이 A에게 행한 사전심사 결정에 대한 답변은 「행정절차법」상 확약에 해당한다.

2. 방식 및 절차

(1) 확약은 문서로 하여야 한다.
(2) 행정청은 다른 행정청과의 협의 등의 절차를 거쳐야 하는 처분에 대하여 확약을 하려는 경우에는 확약을 하기 전에 그 절차를 거쳐야 한다.

3. 효력

원칙적으로 확약은 행정청을 기속한다.
다만, 행정청은 ① 확약을 한 후에 확약의 내용을 이행할 수 없을 정도로 법령등이나 사정이 변경된 경우와 ② 확약이 위법한 경우에는 확약에 기속되지 아니한다.

4. 통지

행정청이 확약을 이행할 수 없는 경우에는 지체 없이 당사자에게 그 사실을 통지하여야 한다.

[물음 2]

1. 신뢰보호 원칙

행정청은 법령등의 해석 또는 행정청의 관행이 일반적으로 국민들에게 받아들여진 때에는 공익 또는 제3자의 정당한 이익을 현저히 해할 우려가 있는 경우를 제외하고는 새로운 해석 또는 관행에 따라 소급하여 불리하게 처리하여서는 아니 된다.

2. 신뢰보호 원칙의 성립요건

(1) 행정청의 개인에 대한 공적 견해표명

(2) 공적 견해표명에 대한 개인의 보호가치 있는 신뢰

(3) 신뢰로 인한 개인의 행위

(4) 공적 견해표명에 반하는 행정청의 처분

(5) 그 견해표명에 따른 행정처분을 할 경우 이로 인하여 공익 또는 제3자의 정당한 이익을 현저히 해할 우려가 있는 경우가 아니어야 한다.

3. 사안의 해결

본 사안에서 행정청 甲의 확약은 A가 허위기재하여 제출한 영향평가서를 기초로 한다. 따라서 그 확약을 A가 신뢰하였다고 하더라도 보호할 가치가 있는 신뢰라고 볼 수 없으며, 또한 확약의 내용이 그대로 시행된다면 인근 주민들의 정당한 이익을 현저히 해할 우려가 있다. 따라서 A의 주장은 타당하지 않다.

사례 연습 13

각각의 물음에 답하시오. (40점)

[물음 1] 행정청 A는 소관 사무 범위 내에서 행정규제안을 입법하려고 한다. 「행정절차법」상 입법예고 절차에 대하여 설명하시오. (20점)

[물음 2] 행정청 A는 폭넓은 의견을 수렴이 필요하다고 판단하여 온라인공청회를 개최하려고 한다. 「행정절차법」상 온라인공청회에 대하여 설명하고, A가 온라인공청회만을 단독으로 실시할 수 있는지 검토하시오(법령에 공청회를 개최하도록 하는 규정은 없음을 전제로 한다.). (20점)

‖ 모범답안 ‖

[물음 1]

1. **입법예고의 대상**

    (1) 원칙

    행정청은 법령등을 제정·개정 또는 폐지하려는 경우에는 이를 예고하여야 한다.

    (2) 예외

    신속한 국민의 권리 보호를 위해 입법이 긴급을 요하는 경우나 상위 법령등의 단순한 집행을 위한 경우, 입법내용이 국민의 권리·의무 또는 일상생활과 관련이 없는 경우, 단순한 표현·자구를 변경하는 경우 등 입법내용의 성질상 예고의 필요가 없거나 곤란한 경우, 예고함이 공공의 안전 또는 복리를 현저히 해칠 우려가 있는 경우 등에 해당되면 입법예고를 하지 아니할 수 있다.

    (3) 재입법예고

    행정청은 입법예고 후 중요한 변경이 발생하는 경우에는 해당 부분을 다시 입법예고하여야 한다.

2. **입법예고의 주체**

    입법예고는 당해 입법안을 마련한 행정청이 하도록 한다. 다만, 법제처장은 입법예고를 하지 아니한 법령안에 대해 해당 행정청에 입법예고를 권고하거나 직접 예고할 수 있다.

3. **예고방법**

    (1) 공고

    행정청은 입법안의 취지, 주요 내용 또는 전문을 공고하여야 하며, 추가로 인터넷, 신문 또는 방송 등을 통하여 공고할 수 있다.
    법령의 입법안은 관보 및 법제처장이 구축·제공하는 정보시스템을 통해 공고하며, 자치법규의 경우 공보를 통해 공고한다.

    (2) 예고기간

    예고기간은 예고할 때 정하되, 특별한 사정이 없으면 40일(자치법규는 20일) 이상으로 한다.

4. 의견제출 및 처리

(1) **의견제출**

누구든지 예고된 입법안에 대하여 의견을 제출할 수 있다. 행정청은 입법안에 관하여 의견 수렴을 위해 공청회 또는 온라인공청회를 개최할 수 있다.

(2) **처리**

행정청은 해당 입법안에 대한 의견이 제출된 경우 특별한 사유가 없으면 이를 존중하여 처리하여야 한다. 행정청은 의견을 제출한 자에게 그 제출된 의견의 처리결과를 통지하여야 한다.

[물음 2]

1. 실시

(1) **원칙**

행정청은 공청회와 병행하여서만 온라인공청회를 실시할 수 있다.

(2) **예외**

① 국민의 안전 또는 권익보호 등의 이유로 공청회를 개최하기 어려운 경우, ② 공청회가 행정청이 책임질 수 없는 사유로 개최되지 못하거나 개최는 되었으나 무산된 횟수가 3회 이상인 경우, ③ 행정청이 온라인공청회를 단독으로 개최할 필요가 있다고 인정하는 경우(다만, 다른 법령등에서 공청회를 개최하도록 규정하고 있는 경우와 국민생활에 큰 영향을 미치는 처분으로서 일정 수 이상의 당사자등이 공청회 개최를 요구하는 경우에 해당하여 공청회를 실시하는 경우는 제외)에 해당하는 경우에는 온라인공청회를 단독으로 개최할 수 있다.

2. 진행 및 처리

(1) 온라인공청회를 실시하는 경우에는 누구든지 정보통신망을 이용하여 의견을 제출하거나 제출된 의견 등에 대한 토론에 참여할 수 있다.

(2) 행정청은 온라인공청회를 통하여 제시된 사실 및 의견이 상당한 이유가 있다고 인정되는 경우에는 이를 반영하여야 한다.

3. 사안 검토

온라인공청회는 공청회와 병행하여서만 실시할 수 있지만, 행정청이 온라인공청회를 단독으로 개최할 필요가 있다고 인정하는 경우에는 온라인공청회를 단독으로 개최할 수 있다. 따라서 본 사안에서 행정청 A는 온라인공청회를 단독으로 개최할 수 있다.

사례 연습 14

행정청 甲은 지역 경제 살리기의 일환으로 해당 지역 화폐를 만들어 발행하였다. 지역 화폐 활성화 방안으로 관할 소상공인들에게 지역 화폐를 사용하는 소비자에게 일정액의 할인을 하도록 권고하였다. (40점)

[물음 1] 사안에서의 권고의 법적성질과 「행정절차법」상 방식과 절차에 대하여 약술하시오. (15점)

[물음 2] 소상공인 A는 지역 화폐가 활성화되기 전에 할인 행사를 먼저 진행하는 것은 오히려 지역 경제 성장에 방해가 되는 정책이라는 의견을 제출하고 정가 판매를 계속하였다. 이에 甲은 권고를 따르지 않았다는 이유로 A에게 영업정지 처분을 내렸다. 甲의 영업정지 처분에 대하여 적법여부를 검토하시오. (15점)

[물음 3] 사안의 행정작용의 한계에 대하여 약술하시오. (10점)

모범답안

[물음 1]

1. 권고의 법적 성질

행정지도란 행정기관이 그 소관사무의 범위 안에서 일정한 행정목적을 실현하기 위하여 특정인에게 일정한 행위를 하거나 하지 아니하도록 지도·권고·조언 등을 하는 행정작용을 의미한다. 따라서 사안에서 행정청의 권고는 행정지도에 해당한다.

2. 행정지도의 방식과 절차

(1) **행정지도 실명제**

행정지도를 하는 자는 그 상대방에게 그 행정지도의 취지 및 내용과 신분을 밝혀야 한다.

(2) **행정지도의 방식**

행정지도가 말로 이루어지는 경우에 상대방이 행정지도의 취지 및 내용을 적은 서면의 교부를 요구하면 그 행정지도를 하는 자는 직무 수행에 특별한 지장이 없으면 이를 교부하여야 한다.

(3) **의견제출**

행정지도의 상대방은 당해 행정지도의 방식·내용 등에 관하여 행정기관에 의견제출을 할 수 있다.

(4) **다수인을 대상으로 하는 행정지도**

행정기관이 같은 행정목적을 실현하기 위하여 많은 상대방에게 행정지도를 하려는 경우에는 특별한 사정이 없으면 행정지도에 공통적인 내용이 되는 사항을 공표하여야 한다.

[물음 2]

1. 문제의 소재

「행정절차법」은 행정지도의 기본원칙을 규정하고 있으며 이를 기초로 본 사안의 행정지도에 대한 적법성 여부를 판단할 필요가 있다.

2. 「행정절차법」상 기본원칙

(1) 행정지도는 그 목적 달성에 필요한 최소한도에 그쳐야 한다.
(2) 행정지도의 상대방의 의사에 반하여 부당하게 강요하여서는 아니 된다.
(3) 행정기관은 행정지도의 상대방이 행정지도에 따르지 아니하였다는 것을 이유로 불이익한 조치를 하여서는 아니 된다.

3. 영업정지 처분의 적법성 검토

행정지도를 따르지 않았다는 이유로 영업정지라는 불이익한 조치를 취했다는 점에서 본 사안의 영업정지는 위법한 처분이다.

[물음 3]

1. 행정지도는 상대방의 임의적 협력을 전제로 하므로 책임소재가 명확하지 않다.

2. 행정지도는 비권력적 사실행위로서 강제력이 없으므로 상대방이 행정지도에 응하지 아니하면 행정주체가 의도하는 결과의 발생을 기대할 수 없으므로 실효성 확보가 곤란하다.

3. 행정지도는 행정기관에 의하여 행하여지므로 행정지도의 내용이 상대방에게 사실상 강제되는 경우가 있다.

4. 행정지도에 의하여 발생한 피해에 대하여 사후적인 구제수단이 마련되어 있지 않다.

Chapter 09 국민 제안 규정

제1장 총칙

제1조【목적】 이 영은 「행정절차법」 제52조의2에 따라 국민의 창의적인 의견이나 고안(考案)을 정부시책이나 행정제도 및 그 운영에 반영함으로써 국민참여를 활성화하고 행정 업무의 혁신을 촉진하기 위한 국민 제안 제도의 운영에 필요한 사항을 규정함을 목적으로 한다.

제2조【정의】 이 영에서 사용하는 용어의 뜻은 다음과 같다.
1. "국민제안"이란 국민(국내에 거주하는 외국인을 포함한다. 이하 같다.)이 정부시책이나 행정제도 및 그 운영의 개선을 목적으로「행정절차법」 제52조의2에 따른 행정청(이하 "행정청"이라 한다.)에 제출하는 창의적인 의견이나 고안으로서 다음 각 목의 어느 하나에 해당하지 아니하는 것을 말한다.
   가. 다른 사람이 취득한 특허권·실용신안권·디자인권 또는 저작권에 속하는 것 또는 「공무원 직무발명의 처분·관리 및 보상 등에 관한 규정」에 따라 보상이 확정된 것
   나. 접수하려는 기관이 이미 채택했던 제안과 내용이 동일한 것
   다. 접수하려는 기관이 이미 시행 중인 사항이거나 기본 구상이 이와 유사한 것
   라. 일반 통념상 적용하기 어렵다고 판단되는 것
   마. 단순한 주의환기·진정(陳情)·비판 또는 건의이거나 불만의 표시에 불과한 것
   바. 특정 개인·단체·기업 등의 수익사업과 그 홍보에 관한 것
   사. 국가나 지방자치단체의 사무에 관한 사항이 아닌 것
2. 삭제
3. "채택제안"이란 행정청이 접수한 국민제안 중 그 내용을 심사한 후 채택한 것을 말한다.
4. "자체우수제안"이란 행정청이 채택제안 중 그 내용이 우수하다고 인정하여 행정안전부장관(국방·군사에 관한 제안의 경우에는 국방부장관을 말한다.)에게 추천한 것을 말한다.
5. "중앙우수제안"이란 행정안전부장관이 자체우수제안 중 그 내용을 심사한 후 채택한 것을 말한다.

제3조【국민 제안 제도의 관장 기관】 행정안전부장관은 국민 제안 제도의 운영 지도·확인·점검, 국민 제안 제도의 개선 및 중앙우수제안에 관한 업무를 맡아 처리한다.

제4조【다른 법령과의 관계】 국민제안에 관하여 다른 법령에 특별한 규정이 있는 경우를 제외하고는 이 영에서 정하는 바에 따른다.

제2장 국민제안의 제출 등

제5조【국민제안의 제출】 ① 모든 국민은 제안 내용의 소관 행정청에 국민제안을 제출할 수 있다.
② 국민제안을 제출하려는 국민은 정부시책이나 행정제도 및 그 운영의 현황과 문제점, 개선방안 및 기대효과 등에 관한 사항을 작성하여 방문·우편·팩스 또는「부패방지 및 국민권익위원회의 설치와 운영에 관한 법률」 제12조 제16호에 따른 온라인 국민참여포털(이하 "온라인 국민참여포털"이라 한다.) 등 인터넷을 통하여 행정청에게 제출하여야 한다. 이 경우 행정청은 장애인이 국민제안을 쉽게 제출할 수 있도록 적절한 편의를 제공해야 한다.
③ 2명 이상이 공동으로 국민제안을 제출하는 경우에는 국민제안에 참여한 사람 개개인의 기여도에 관한 사항을 백분율로 표시하여야 한다. 이 경

우 기여도가 가장 큰 사람을 "주제안자"로, 그 밖의 참여자를 "부제안자"로 표시하되, 공동제안자가 2명인 경우로서 기여도가 동등한 경우에는 제안자 간의 합의로 주제안자를 정하여야 한다.
④ 둘 이상 행정청의 소관 업무와 관련된 국민제안의 경우에는 국민제안의 주된 내용의 소관 행정청에게 제출해야 한다.

제6조【국민제안의 접수 등】① 행정청은 제출된 국민제안을 신속히 접수하여야 한다.
② 행정청은 접수한 국민제안이 다음 각 호의 어느 하나에 해당하는 경우에는 그 사유를 구체적으로 밝혀 접수한 날부터 7일 이내에 적절한 기간을 정하여 제안자에게 보완을 요청할 수 있다. 이 경우 보완에 걸리는 기간은 제10조 제1항에 따른 기간에 산입(算入)하지 아니한다.
1. 제안에 보완할 수 있는 흠이 있는 경우
2. 제안이 제2조 제1호 각 목의 어느 하나에 해당하는 경우
3. 제안이 「민원 처리에 관한 법률」 제2조 제1호에 따른 민원에 해당하는 경우

③ 행정청이 접수한 국민제안 중 내용이 같은 국민제안이 있는 경우에는 먼저 접수한 국민제안이 우선한다.
④ 행정청은 제안자가 제2항 각 호 외의 부분 전단에 따른 기간 내에 제안내용을 보완하지 않은 경우에는 다음 각 호의 구분에 따라 그 사유를 구체적으로 밝혀 접수된 제안을 종결처리하거나 민원으로 접수하여 민원 처리 절차에 따라 처리할 수 있다.
1. 제2항 제1호 또는 제2호에 해당하는 경우 : 종결처리
2. 제2항 제3호에 해당하는 경우 : 종결처리 또는 민원처리

⑤ 삭제
⑥ 행정청은 제출된 국민제안이 다른 행정기관의 소관인 경우에는 이송 사유를 구체적으로 밝혀 지체 없이 소관 행정기관으로 이송하고, 그 사실을 제안자에게 알려야 한다.
⑦ 행정청은 제안자가 동일한 내용의 제안을 정당한 사유 없이 3회 이상 반복해 제출한 경우에는 2회 이상 그 처리결과를 통지하고, 그 후에 접수되는 제안에 대해서 종결처리할 수 있다.

제7조【접수 및 처리 상황의 공개 등】행정청은 국민제안을 접수하였을 때에는 온라인 국민참여포털 등 인터넷을 통하여 국민제안의 접수 및 처리 상황을 실시간으로 공개하여야 한다. 다만, 제안자가 요구하는 경우에는 국민제안의 제목과 채택 여부를 제외한 사항은 공개하지 않을 수 있다.

제7조의2 삭제

제3장 국민제안의 심사 및 실시

제8조【국민제안의 심사】① 행정청은 제6조에 따라 접수한 국민제안의 채택 여부를 결정하기 위해서는 다음 각 호의 사항을 고려하여 심사하여야 한다.
1. 실시 가능성
2. 창의성
3. 효율성 및 효과성
4. 적용 범위
5. 계속성

② 행정청은 국민제안을 공정하게 심사하기 위하여 필요한 경우에는 기관별 국민제안 심사위원회(이하 "기관별 심사위원회"라 한다)를 구성·운영할 수 있다. 이 경우 제12조 제1항, 제14조 제1항 제1호 또는 제14조 제3항의 재심사 요청에 따른 재심사를 하거나 제15조에 따른 자체우수제안의 결정을 할 때에는 기관별 심사위원회의 심의를 거쳐야 한다.
③ 행정청은 제2항에 따라 기관별 심사위원회를 구성할 경우에는 전체 구성인원의 2분의 1 이상을 국민[국내에 거주하는 내국인 중 공무원(행정청이 「행정절차법」 제2조 제1호 나목에 해당하는 경우에는 그 행정청에 소속된 임직원을 포함한다.)이 아닌 사람으로 한정한다]으로 구성해야 한다.

제9조【의견 또는 자료 제출 등】① 행정청은 제8조에 따른 심사를 하기 위하여 필요한 경우에는 관계 기관 또는 전문가에게 실험·조사 등을 의뢰하거나 의견 또는 자료 제출 요청할 수 있다.
② 행정청은 제출된 제안이 제2조 제1호 가목에 해당하는지에 대하여 문화체육관광부장관 또는 특허청장에게 확인 요청할 수 있다.
③ 행정청은 제1항에 따른 실험·조사 등에 드는 비용을 예산의 범위에서 지급할 수 있다.

④ 제1항과 제2항에 따른 의견 또는 자료 제출 등의 요청을 받은 자는 특별한 사유가 없으면 요청받은 날부터 3주 이내에 회신하여야 한다. 이 경우 회신에 걸리는 기간은 제10조 제1항에 따른 기간에 산입하지 아니한다.

⑤ 제1항 또는 제2항에 따른 의견 또는 자료 제출 등의 요청을 할 때에는 제안자에게 미리 그 사실을 알려야 한다.

제10조【채택제안의 결정】 ① 행정청은 국민제안을 접수한 날부터 30일 이내에 그 내용을 심사한 후 채택제안으로 채택할지를 결정하고 그 사실을 제안자에게 알려야 한다. 이 경우 온라인 국민참여포털 등 인터넷을 통하여 접수된 국민제안에 대해서는 온라인 국민참여포털 등 인터넷을 통하여 채택 여부의 결정 사실을 알릴 수 있다.

② 제1항에 따라 채택제안으로 채택되었음을 제안자에게 알릴 때에는 제22조에 따른 관리기간의 범위에서 채택제안의 실시 예정 시기를 함께 통지하여야 한다.

제11조【채택제안의 실시】 ① 행정청은 제10조 제1항에 따라 채택제안으로 결정하였을 때에는 같은 조 제2항에 따라 제안자에게 통지된 실시 예정 시기까지 채택제안을 실시해야 한다.

② 행정청은 제10조 제2항에 따라 통지된 실시 예정 시기까지 채택제안을 실시할 수 없는 사유가 발생한 경우에는 그 사유와 새로운 실시 예정 시기를 지체 없이 제안자에게 통지해야 한다.

제12조【재심사 요청】 ① 제10조 제1항에 따라 채택제안으로 결정되지 아니하였음을 통지받은 제안자는 통지받은 날부터 15일 이내에 재심사 요청 사유를 구체적으로 밝혀 해당 행정청에게 재심사를 요청할 수 있다.

② 행정안전부장관은 다음 각 호의 어느 하나에 해당하는 국민제안이 행정 업무의 개선, 예산 절감 또는 국고·조세수입 증대 등의 성과가 예상되는 경우 해당 행정청에게 재심사를 요청할 수 있다.

1. 제10조에 따라 채택제안으로 결정되지 아니한 국민제안
2. 제15조에 따른 자체우수제안으로 결정되지 아니한 국민제안

③ 제1항 및 제2항에 따른 국민제안의 재심사 결정 및 실시에 관하여는 제10조 및 제11조를 준용한다.

제13조【국민제안의 보완·개선】 행정청은 국민제안이 다음 각 호의 어느 하나에 해당하는 경우에는 국민과 전문가의 의견을 듣거나 국민제안에 대하여 토론, 투표, 평가할 수 있는 온라인 국민참여 플랫폼(이하 "국민참여 플랫폼"이라 한다) 등을 통하여 해당 국민제안을 보완·개선할 수 있다.

1. 채택되지 아니한 국민제안인 경우
2. 채택제안 중 보완·개선이 필요하다고 인정하는 경우

제14조【채택되지 아니한 국민제안의 재심사】 ① 행정청은 제10조에 따라 채택되지 아니한 국민제안(제22조에 따른 관리기간이 경과하지 아니한 것으로 한정한다. 이하 이 조에서 같다.)이 다음 각 호의 어느 하나에 해당하는 경우에는 그 사실을 제안자에게 알리고 그 제안을 재심사하여 채택 여부를 결정해야 한다.

1. 제12조 제2항에 따라 행정안전부장관이 국민제안의 재심사를 요청하는 경우
2. 채택되지 아니한 국민제안을 제13조에 따라 보완·개선하여 실시하려는 경우
3. 행정청이 행정환경의 변화 등에 따라 채택되지 아니한 국민제안을 실시할 필요가 있다고 인정하는 경우

② 행정청은 제1항 제2호에 따라 국민제안을 재심사하는 경우에는 그 제안에 참여한 사람 개개인의 기여도를 결정해야 한다.

③ 제안자는 제10조 제1항에 따라 국민제안이 채택제안으로 결정되지 않았음을 통지받은 후 해당 국민제안의 내용과 동일한 내용의 정부시책 또는 행정제도가 실시된 사실을 알게 된 경우에는 그 통지를 받은 날부터 2년 이내에 해당 행정청에게 재심사를 요청할 수 있다.

④ 행정청은 제3항의 재심사 요청에 따른 재심사 결과 해당 정부시책 또는 행정제도의 실시내용이 제안자가 제안한 내용과 동일하다고 판단되는 경우에는 제18조 제1항에 따른 포상을 하거나 부상(副賞)을 지급할 수 있다.

⑤ 행정청은 제3항의 재심사 요청에 따른 재심사 결과 해당 정부시책 또는 행정제도의 실시내용이 제안자가 제안한 내용과 다르거나 그 밖의 다른 사유로 제안을 채택하지 않을 경우에는 그 사유를 구체적으로 밝혀 제안자에게 통보해야 한다.

제4장 중앙우수제안의 심사 등

제15조【자체우수제안의 결정】 행정청은 자체우수제안(국방·군사에 관한 제안을 제외한다. 이하 이 장에서 같다.)을 결정하여 행정안전부장관에게 추천할 수 있다.

제16조【중앙우수제안의 심사 및 결정】 ① 행정안전부장관은 제15조에 따라 자체우수제안을 추천받았을 때에는 제17조 제1항에 따른 중앙우수제안 심사위원회의 심의를 거쳐 그 내용을 심사하여 중앙우수제안으로 채택할지 여부 및 창안 등급을 결정하고, 자체우수제안을 추천한 행정청에게 그 사실을 통보해야 한다.

② 행정안전부장관이 제1항에 따라 중앙우수제안으로 채택할지를 결정하는 경우 심사기준 및 의견 조회 등에 관하여는 제8조 제1항 및 제9조를 준용한다. 이 경우 "행정청"은 "행정안전부장관"으로 본다.

제17조【중앙우수제안 심사위원회】 ① 행정안전부장관은 자체우수제안을 공정하게 심사하기 위하여 행정안전부장관 소속으로 중앙우수제안 심사위원회(이하 "위원회"라 한다.)를 구성·운영할 수 있다.

② 위원회는 다음 각 호의 사항을 심의한다.
1. 자체우수제안의 평가 및 심사
2. 중앙우수제안 채택 여부 및 창안 등급의 구분
3. 부상 지급 금액
4. 다른 법령에 따라 위원회의 심의 사항으로 규정된 사항
5. 그 밖에 행정안전부장관이 필요하다고 인정하는 사항

③ 위원회는 위원장 1명을 포함하여 17명 이내의 위원으로 구성한다.

④ 위원회의 위원은 관계 공무원과 국민제안에 관한 학식과 경험이 풍부한 사람 중에서 행정안전부장관이 임명하거나 위촉하며, 위원장은 위촉위원 중에서 행정안전부장관이 위촉한다.

⑤ 공무원이 아닌 위원의 임기는 1년으로 하되, 한 차례만 연임할 수 있다. 다만, 제14항에 따라 위원회가 해산되는 경우에는 그 해산되는 때에 임기가 만료되는 것으로 한다.

⑥ 위원장은 위원회를 대표하고, 위원회의 업무를 총괄한다. 다만, 위원장이 부득이한 사유로 직무를 수행할 수 없을 때에는 위원장이 미리 지명한 위원이 그 직무를 대행한다.

⑦ 위원회의 회의는 재적위원 과반수의 출석으로 개의(開議)하고, 출석위원 과반수의 찬성으로 의결한다.

⑧ 위원회에 간사 1명을 두며, 간사는 행정안전부장관이 소속 공무원 중에서 지명한다.

⑨ 위원회의 효율적인 운영을 위하여 분야별로 분과위원회를 설치·운영할 수 있다.

⑩ 위원회의 위원이 심사 대상인 제안 및 제안자와 직접적인 이해관계를 가진 경우에는 위원회의 심의·의결에서 제척(除斥)된다.

⑪ 제안자는 위원에게 공정한 심의·의결을 기대하기 어려운 사정이 있는 경우에는 위원회에 기피 신청을 할 수 있고, 위원회는 의결로 이를 결정한다. 이 경우 기피 신청의 대상인 위원은 그 의결에 참여하지 못한다.

⑫ 위원이 제10항에 따른 제척 사유에 해당하는 경우에는 스스로 해당 안건의 심의·의결에서 회피(回避)하여야 한다.

⑬ 행정안전부장관은 위원회의 위원이 다음 각 호의 어느 하나에 해당하는 경우에는 해당 위원을 해임하거나 해촉(解囑)할 수 있다.
1. 심신쇠약 등으로 장기간 직무를 수행할 수 없게 된 경우
2. 직무와 관련된 비위사실이 있는 경우
3. 직무 태만, 품위 손상이나 그 밖의 사유로 인하여 위원으로 적합하지 아니하다고 인정되는 경우
4. 위원 스스로 직무를 수행하기 어렵다는 의사를 밝히는 경우
5. 제10항에 따른 제척 사유에 해당하는 데에도 불구하고 회피하지 아니한 경우

⑭ 행정안전부장관은 위원회의 구성 목적을 달성하였다고 인정하는 경우에는 위원회를 해산할 수 있다.

제5장 시상 및 보상

제18조【채택제안의 시상】 ① 행정청은 채택제안의 제안자에게 포상을 하거나 예산의 범위에서 부상을 지급할 수 있다. 다만, 제5조 제3항에 따라 공동으로 국민제안을 제출한 경우에는 각자의 기여도에 따라 부상을 지급한다.
② 행정청은 다음 각 호의 어느 하나에 해당하는 경우에는 채택제안에 대한 시상을 하지 않을 수 있다.
1. 채택제안의 제안자가 동일하거나 유사한 국민제안 또는 「공무원 제안 규정」 제2조 제1호에 따른 공무원제안(이하 "공무원제안"으로 한다.)으로 이미 다른 행정청으로부터 포상이나 부상을 받은 경우
2. 다른 사람이 채택제안과 동일하거나 유사한 국민제안 또는 공무원제안으로 이미 다른 행정청으로부터 포상이나 부상을 받은 경우
3. 채택제안의 제안자가 성명, 전화번호 또는 주소 등 개인정보를 제대로 기재하지 않아 포상 또는 부상지급 사실을 알릴 수 없는 경우

제19조【중앙우수제안의 시상】 ① 중앙우수제안의 창안 등급은 금상·은상·동상 및 장려상으로 구분하며, 각 등급에 해당하는 국민제안이 없는 경우에는 해당 등급의 시상을 하지 아니한다.
② 중앙우수제안의 제안자에게는 「상훈법」 및 「정부 표창 규정」에서 정하는 바에 따라 훈장·포장을 수여하거나 표창을 할 수 있다.
③ 행정안전부장관은 중앙우수제안의 제안자에게 다음 각 호의 기준에 따라 부상을 지급한다. 다만, 제5조 제3항에 따라 공동으로 국민제안을 제출한 경우에는 각자의 기여도에 따라 부상을 지급한다.
1. 금상: 하나의 국민제안당 500만 원 이상 800만 원 이하
2. 은상: 하나의 국민제안당 300만 원 이상 500만 원 이하
3. 동상: 하나의 국민제안당 100만 원 이상 300만 원 이하
4. 장려상: 하나의 국민제안당 50만 원 이상 100만 원 이하

④ 3명 이상이 공동으로 국민제안을 제출한 경우에는 제안자의 수를 고려하여 부상의 금액 상한을 제3항 각 호의 2분의 1까지 높여 지급할 수 있다.
⑤ 중앙우수제안의 제안자가 사망한 경우에는 부상을 다음 각 호의 순위에 따라 지급한다.
1. 제안자가 지정한 자
2. 상속인

제20조【우수기관 등에 대한 포상 등】 ① 행정안전부장관과 행정청은 다음 각 호의 어느 하나에 해당하는 국민제안의 활성화에 직접적인 공로가 있는 우수기관이나 공무원(행정청이 「행정절차법」 제2조 제1호 나목에 해당하는 경우에는 그 행정청에 소속된 임직원을 포함한다. 이하 제2항에서 같다.)에 대하여 포상을 하거나 예산의 범위에서 부상을 지급할 수 있다.
1. 제25조 제3항에 따른 생활공감정책에 관한 국민제안
2. 행정운영의 효율적 추진에 기여한 국민제안
② 행정청은 제23조에 따라 측정된 실시 성과를 바탕으로 해당 채택제안의 채택 및 실시에 직접적인 공로가 있는 공무원에게 예산의 범위에서 상여금을 지급할 수 있다.
③ 행정청이 제2항에 따라 지급하는 상여금의 지급액은 3천만 원 이하의 범위에서 별표에 따라 산정한다. 다만, 실시 성과의 기여도에 따라 상여금을 일부 감액하여 지급할 수 있다.
④ 행정청은 채택제안의 실시에 직접적인 공로가 있는 공무원을 「적극행정 운영규정」 제14조 제1항 및 제15조 제1항 또는 「지방공무원 적극행정 운영규정」 제13조 제1항 및 제14조 제1항에 따라 적극행정 우수공무원으로 선발하여 인사상 우대조치를 할 수 있다.

제21조【보상】 행정안전부장관과 행정청은 전시(展示) 등을 위하여 제안자로 하여금 시험제품을 제작하게 하는 경우에는 예산의 범위에서 제작에 든 실비를 보상할 수 있다.

제6장 국민제안의 사후 관리

제22조【관리기간】 행정청은 채택제안에 대해서는 채택을 결정한 날부터 3년간 실시 여부의 확인 등 필요한 관리를 하여야 하며, 채택되지 아니한 국민제안은 채택하지 아니하는 것으로 결정한 날부터 2년간 보존·관리해야 한다.

제23조【실시 성과의 측정】 ① 행정청은 채택제안의 실시에 따라 행정 업무의 개선, 예산 절감 또는 국고·조세수입 증대 등의 성과가 있는 경우 그 성과를 측정하여야 한다.
② 제1항에 따른 행정 업무의 개선 성과는 다음 각 호의 사항을 고려하여 수·우·미·양·가로 측정한다.
1. 행정서비스의 질적 수준 향상
2. 행정제도 및 행정운영의 효율성 제고
3. 사고의 예방 및 재해의 제거
4. 근무환경 및 근무조건의 개선
5. 그 밖에 행정안전부장관이 정하는 사항
③ 제1항에 따라 예산 절감 금액 또는 국고·조세수입이 늘어난 금액을 측정할 때에는 회계의 방법으로 하는 것을 원칙으로 한다. 이 경우 그 금액을 산출할 때에는 해당 국민제안을 실시하는 데에 든 경비를 빼야 한다.
④ 제1항에 따른 실시 성과의 측정기간은 채택제안이 실시된 후 최초로 성과가 나타난 날부터 1년간으로 한다.

제24조【확인·점검】 ① 행정청은 국민제안의 처리 상황과 운영 실태를 매분기 1회 이상 확인·점검하고, 그 확인·점검 결과 국민제안의 처리가 미흡하다고 판단되는 경우에는 지체 없이 이를 시정하고, 필요한 조치를 해야 한다.
② 행정청은 매년도의 국민 제안 제도의 운영 실적과 국민제안의 실시 결과 등을 다음 해 1월 31일까지 행정안전부장관에게 제출하여야 한다.
③ 온라인 국민참여포털의 운영을 총괄하는 행정청은 매분기 온라인 국민참여포털에서 처리된 국민제안의 처리 실태를 분석하고, 그 결과를 소관 행정기관의 장 및 행정안전부장관에게 통보해야 한다.
④ 행정안전부장관은 각 행정청의 국민제안 채택 실적, 채택제안의 실시 실적, 제안자에 대한 시상 및 보상 내용 등 국민 제안 제도 운영 전반에 관한 사항을 확인·점검하고, 그 결과를 공개할 수 있다.

제7장 국민제안의 활성화

제25조【국민제안의 발굴 노력】 ① 행정안전부장관 및 행정청은 국민이 국민 제안 제도 운영에 적극 참여할 수 있도록 국민제안의 접수, 심사 방법 및 보상 등에 관한 사항을 안내하고, 제안자가 국민제안과 관련하여 상담이나 정보를 요구하는 경우에는 적극 협조해야 한다.
② 행정청은 국민제안의 활성화를 위하여 국민참여 플랫폼을 국민제안 업무에 적극 활용해야 한다.
③ 행정청은 생활공감정책(정부시책이나 행정제도 등을 조금만 개선하면 국민생활에 실질적인 도움을 줄 수 있는 정책을 말한다.)에 관한 생활밀착형 국민제안의 발굴을 위하여 적극 노력해야 한다.
④ 행정청은 국민제안의 활성화를 위해 「민원 처리에 관한 법률」 제12조에 따른 민원실에서 국민제안을 접수할 수 있도록 편의를 제공할 수 있다.

제26조【국민제안 정보의 공동 활용】 행정청은 국민제안의 심사 등을 효율적으로 하기 위하여 다른 행정기관이 접수한 국민제안의 제목, 내용, 제안자, 접수 일시, 채택 및 시상 여부 등 국민제안 관련 정보를 공동으로 활용할 수 있다.

제27조【우수한 국민제안의 확산】 ① 행정청은 채택한 국민제안이 다른 행정청도 적용할 수 있다고 판단될 경우에는 다른 행정청에 그 국민제안의 실시를 권고할 수 있다.
② 행정청은 언론매체, 행정청의 인터넷 홈페이지, 온라인 국민참여포털 등 다양한 매체를 활용하여 자체우수제안이나 중앙우수제안의 내용을 공개하거나 홍보할 수 있다.

제8장 보칙

제28조【국방·군사에 관한 국민제안의 특례】 ① 행정청은 제15조에도 불구하고 국방·군사에 관한 내용의 자체우수제안은 국방부장관에게 추천해야 한다.
② 국방·군사에 관한 중앙우수제안의 심사, 채택 여부의 결정 및 시상은 국방부장관이 한다. 이 경우 심사의 기준 및 의견 또는 자료의 제출, 심사위원회의 구성·운영, 시상 등에 관하여는 제16조(같은 조에 따라 준용되는 제8조 제1항 및 제9조를 포함한다.), 제17조 및 제19조를 준용하되, "행정청" 또는 "행정안전부장관"은 "국방부장관"으로 본다.
③ 국방부장관은 제2항에 따라 중앙우수제안으로 결정하거나 포상 등 시상을 하는 경우 행정안전부장관과 미리 협의하여야 한다.

MEMO

Chapter 01 정보공개 일반론(정보공개 청구의 적법성)
Chapter 02 공공기관의 의무
Chapter 03 정보공개의 절차
Chapter 04 불복 구제 절차
Chapter 05 정보공개위원회
Chapter 06 사례 연습

PART

02

공공기관의 정보공개에 관한 법률

Chapter 01 정보공개 일반론(정보공개 청구의 적법성)

[제5회]
정보공개 청구권자와 공공기관의 범위에 관하여 설명하시오. (20점)

[제9회]
외국인이 정보공개 청구권의 주체가 될 수 있는지와 인적사항 부분이 정보공개 대상이 되는지를 검토하시오. (20점)

[제10회]
사립중학교가 공공기관이 되는 지를 설명하고, 회의록에 사생활 관련 사항이 포함되어 있다면 어떤 범위로 정보공개를 할 수 있는지를 설명하시오. (20점)

제1조【목적】 이 법은 공공기관이 보유·관리하는 정보에 대한 국민의 공개 청구 및 공공기관의 공개 의무에 관하여 필요한 사항을 정함으로써 국민의 알권리를 보장하고 국정(國政)에 대한 국민의 참여와 국정 운영의 투명성을 확보함을 목적으로 한다.

제2조【정의】 이 법에서 사용하는 용어의 뜻은 다음과 같다.
1. "정보"란 공공기관이 직무상 작성 또는 취득하여 관리하고 있는 문서(전자문서를 포함한다. 이하 같다) 및 전자매체를 비롯한 모든 형태의 매체 등에 기록된 사항을 말한다.
2. "공개"란 공공기관이 이 법에 따라 정보를 열람하게 하거나 그 사본·복제물을 제공하는 것 또는 「전자정부법」 제2조 제10호에 따른 정보통신망(이하 "정보통신망"이라 한다)을 통하여 정보를 제공하는 것 등을 말한다.
3. "공공기관"이란 다음 각 목의 기관을 말한다.
   가. 국가기관
      1) 국회, 법원, 헌법재판소, 중앙선거관리위원회
      2) 중앙행정기관(대통령 소속 기관과 국무총리 소속 기관을 포함한다) 및 그 소속 기관
      3) 「행정기관 소속 위원회의 설치·운영에 관한 법률」에 따른 위원회
   나. 지방자치단체
   다. 「공공기관의 운영에 관한 법률」 제2조에 따른 공공기관
   라. 「지방공기업법」에 따른 지방공사 및 지방공단
   마. 그 밖에 대통령령으로 정하는 기관

제4조【적용 범위】 ① 정보의 공개에 관하여는 다른 법률에 특별한 규정이 있는 경우를 제외하고는 이 법에서 정하는 바에 따른다.
② 지방자치단체는 그 소관 사무에 관하여 법령의 범위에서 정보공개에 관한 조례를 정할 수 있다.
③ 국가안전보장에 관련되는 정보 및 보안 업무를 관장하는 기관에서 국가안전보장과 관련된 정보의 분석을 목적으로 수집하거나 작성한 정보에 대해서는 이 법을 적용하지 아니한다. 다만, 제8조 제1항에 따른 정보목록의 작성·비치 및 공개에 대해서는 그러하지 아니한다.
제5조【정보공개 청구권자】 ① 모든 국민은 정보의 공개를 청구할 권리를 가진다.
② 외국인의 정보공개 청구에 관하여는 대통령령으로 정한다.

01 정보공개 청구권의 법적 근거

「헌법」의 제21조에서 직접 파생하는 구체적이고 현실적인 권리로, 「헌법」상의 기본권으로 보장된다. 「공공기관의 정보공개에 관한 법률」도 정보공개 청구권을 정보와의 이해관련성의 유무를 불문하고 국민의 알권리로서 보장하고 있다.

02 정보공개 청구권자

1. 모든 국민은 정보의 공개를 청구할 권리를 가진다.

2. 외국인의 경우도 국내에 일정한 주소를 두고 거주하거나 학술·연구를 위하여 일시적으로 체류하는 사람, 국내에 사무소를 두고 있는 법인 또는 단체에 해당한다면 정보의 공개를 청구할 권리를 가진다.

03 정보공개 의무자

국가기관, 지방자치단체, 「공공기관의 운영에 관한 법률」에 따른 공공기관 등을 의미한다. 대법원은 교육의 공공성, 공·사립학교의 동질성 등을 이유로 사립학교도 공공기관의 하나로 보고 있다.

04 공개대상정보

공공기관이 직무상 작성 또는 취득하여 관리하고 있는 문서(전자문서를 포함) 및 전자매체를 비롯한 모든 형태의 매체 등에 기록된 사항을 말한다.

> 판례

1. **국민의 개념과 정보공개 청구권의 의미(2003두8050)**
   "모든 국민은 정보의 공개를 청구할 권리를 가진다."고 규정하고 있는데, 여기에서 말하는 국민에는 자연인은 물론 법인, 권리능력 없는 사단·재단도 포함되고, 법인, 권리능력 없는 사단·재단 등의 경우에는 설립 목적을 불문하며, 한편 정보공개 청구권은 법률상 보호되는 구체적인 권리이므로 청구인이 공공기관에 대하여 정보공개를 청구하였다가 거부처분을 받은 것 자체가 법률상 이익의 침해에 해당한다.

2. **알권리(2017두44558)**
   정보공개 청구권자가 공개를 청구하는 정보와 어떤 관련성을 가질 것을 요구하거나 정보공개 청구의 목적에 특별한 제한을 두고 있지 아니하므로 정보공개 청구권자의 권리 구제 가능성 등은 정보의 공개 여부 결정에 아무런 영향을 미치지 못한다.

3. **공공기관(2004두2783)**
   공공기관은 국가기관에 한정되는 것이 아니라 지방자치단체, 정부투자기관, 그 밖에 공동체 전체의 이익에 중요한 역할이나 기능을 수행하는 기관도 포함되는 것으로 해석되고, 여기에 정보공개의 목적, 교육의 공공성 및 공·사립학교의 동질성, 사립대학교에 대한 국가의 재정지원 및 보조 등 여러 사정을 고려해 보면, 사립대학교가 국비의 지원을 받는 범위 내에서만 공공기관의 성격을 가진다고 볼 수 없다.

4. **공개대상정보의 범위(2010두18918)**
   공개대상 정보는 원칙적으로 공개를 청구하는 자가 작성한 정보공개 청구서의 기재내용에 의하여 특정되며, 만일 공개청구자가 특정한 바와 같은 정보를 공공기관이 보유·관리하고 있지 않은 경우라면 특별한 사정이 없는 한 해당 정보에 대한 공개거부처분에 대하여는 취소를 구할 법률상 이익이 없다.

Chapter 02 공공기관의 의무

제4조 【적용 범위】 ① 정보의 공개에 관하여는 다른 법률에 특별한 규정이 있는 경우를 제외하고는 이 법에서 정하는 바에 따른다.
② 지방자치단체는 그 소관 사무에 관하여 법령의 범위에서 정보공개에 관한 조례를 정할 수 있다.
③ 국가안전보장에 관련되는 정보 및 보안 업무를 관장하는 기관에서 국가안전보장과 관련된 정보의 분석을 목적으로 수집하거나 작성한 정보에 대해서는 이 법을 적용하지 아니한다. 다만, 제8조 제1항에 따른 정보목록의 작성·비치 및 공개에 대해서는 그러하지 아니한다.

제6조 【공공기관의 의무】 ① 공공기관은 정보의 공개를 청구하는 국민의 권리가 존중될 수 있도록 이 법을 운영하고 소관 관계 법령을 정비하며, 정보를 투명하고 적극적으로 공개하는 조직문화 형성에 노력하여야 한다.
② 공공기관은 정보의 적절한 보존 및 신속한 검색과 국민에게 유용한 정보의 분석 및 공개 등이 이루어지도록 정보관리체계를 정비하고, 정보공개 업무를 주관하는 부서 및 담당하는 인력을 적정하게 두어야 하며, 정보통신망을 활용한 정보공개시스템 등을 구축하도록 노력하여야 한다.
③ 행정안전부장관은 공공기관의 정보공개에 관한 업무를 종합적·체계적·효율적으로 지원하기 위하여 통합정보공개시스템을 구축·운영하여야 한다.
④ 공공기관(국회·법원·헌법재판소·중앙선거관리위원회는 제외한다)이 제2항에 따른 정보공개시스템을 구축하지 아니한 경우에는 제3항에 따라 행정안전부장관이 구축·운영하는 통합정보공개시스템을 통하여 정보공개 청구 등을 처리하여야 한다.
⑤ 공공기관은 소속 공무원 또는 임직원 전체를 대상으로 국회규칙·대법원규칙·헌법재판소규칙·중앙선거관리위원회규칙 및 대통령령으로 정하는 바에 따라 이 법 및 정보공개 제도 운영에 관한 교육을 실시하여야 한다.

제6조의2 【정보공개 담당자의 의무】 공공기관의 정보공개 담당자(정보공개 청구 대상 정보와 관련된 업무 담당자를 포함한다)는 정보공개 업무를 성실하게 수행하여야 하며, 공개 여부의 자의적인 결정, 고의적인 처리 지연 또는 위법한 공개 거부 및 회피 등 부당한 행위를 하여서는 아니 된다.

제7조 【정보의 사전적 공개 등】 ① 공공기관은 다음 각 호의 어느 하나에 해당하는 정보에 대해서는 공개의 구체적 범위, 주기, 시기 및 방법 등을 미리 정하여 정보통신망 등을 통하여 알리고, 이에 따라 정기적으로 공개하여야 한다. 다만, 제9조 제1항 각 호의 어느 하나에 해당하는 정보에 대해서는 그러하지 아니하다.
1. 국민생활에 매우 큰 영향을 미치는 정책에 관한 정보
2. 국가의 시책으로 시행하는 공사(工事) 등 대규모 예산이 투입되는 사업에 관한 정보
3. 예산집행의 내용과 사업평가 결과 등 행정감시를 위하여 필요한 정보
4. 그 밖에 공공기관의 장이 정하는 정보
② 공공기관은 제1항에 규정된 사항 외에도 국민이 알아야 할 필요가 있는 정보를 국민에게 공개하도록 적극적으로 노력하여야 한다.

> 제8조【정보목록의 작성·비치 등】① 공공기관은 그 기관이 보유·관리하는 정보에 대하여 국민이 쉽게 알 수 있도록 정보목록을 작성하여 갖추어 두고, 그 목록을 정보통신망을 활용한 정보공개시스템 등을 통하여 공개하여야 한다. 다만, 정보목록 중 제9조 제1항에 따라 공개하지 아니할 수 있는 정보가 포함되어 있는 경우에는 해당 부분을 갖추어 두지 아니하거나 공개하지 아니할 수 있다.
> ② 공공기관은 정보의 공개에 관한 사무를 신속하고 원활하게 수행하기 위하여 정보공개 장소를 확보하고 공개에 필요한 시설을 갖추어야 한다.
> 제8조의2【공개대상 정보의 원문공개】공공기관 중 중앙행정기관 및 대통령령으로 정하는 기관은 전자적 형태로 보유·관리하는 정보 중 공개대상으로 분류된 정보를 국민의 정보공개 청구가 없더라도 정보통신망을 활용한 정보공개시스템 등을 통하여 공개하여야 한다.

01 공공기관의 의무

1. 정보공개 청구에 관한 소관 관계 법령을 정비하며, 정보를 투명하고 적극적으로 공개하는 조직문화 형성에 노력하여야 한다.

2. 정보의 적절한 보존 및 신속한 검색과 국민에게 유용한 정보의 분석 및 공개 등이 이루어지도록 정보관리체계를 정비한다.

3. 행정안전부장관은 공공기관의 정보공개에 관한 업무를 지원하기 위하여 통합정보공개시스템을 구축·운영하여야 한다.

02 정보공개 담당자의 의무

정보공개 업무를 성실하게 수행하여야 하며, 공개 여부의 자의적인 결정, 고의적인 처리 지연 또는 위법한 공개 거부 및 회피 등 부당한 행위를 하여서는 아니 된다.

03 정보의 사전적 공개 등

1. 공공기관 정기적 공개 대상

(1) 국민생활에 매우 큰 영향을 미치는 정책에 관한 정보

(2) 대규모 예산이 투입되는 사업에 관한 정보

(3) 예산집행의 내용과 사업평가 결과 등 행정감시를 위하여 필요한 정보

2. 공공기관은 국민이 알아야 할 필요가 있는 정보를 국민에게 공개하도록 적극적으로 노력하여야 한다.

04 정보목록의 작성·비치

공공기관은 정보목록을 작성·비치하고 정보통신망을 활용한 정보공개시스템 등을 통하여 공개하여야 한다.

정보공개의 절차

01 비공개 대상 정보

[제2회]

비공개 대상 정보에 대하여 설명하시오. (20점)

[제9회]

외국인이 정보공개 청구권의 주체가 될 수 있는지와 인적사항 부분이 정보공개 대상이 되는지를 검토하시오.
(20점)

제3조【정보공개의 원칙】공공기관이 보유·관리하는 정보는 국민의 알권리 보장 등을 위하여 이 법에서 정하는 바에 따라 적극적으로 공개하여야 한다.

제9조【비공개 대상 정보】① 공공기관이 보유·관리하는 정보는 공개 대상이 된다. 다만, 다음 각 호의 어느 하나에 해당하는 정보는 공개하지 아니할 수 있다.
1. 다른 법률 또는 법률에서 위임한 명령(국회규칙·대법원규칙·헌법재판소규칙·중앙선거관리위원회 규칙·대통령령 및 조례로 한정한다)에 따라 비밀이나 비공개 사항으로 규정된 정보
2. 국가안전보장·국방·통일·외교관계 등에 관한 사항으로서 공개될 경우 국가의 중대한 이익을 현저히 해칠 우려가 있다고 인정되는 정보
3. 공개될 경우 국민의 생명·신체 및 재산의 보호에 현저한 지장을 초래할 우려가 있다고 인정되는 정보
4. 진행 중인 재판에 관련된 정보와 범죄의 예방, 수사, 공소의 제기 및 유지, 형의 집행, 교정(矯正), 보안처분에 관한 사항으로서 공개될 경우 그 직무 수행을 현저히 곤란하게 하거나 형사피고인의 공정한 재판을 받을 권리를 침해한다고 인정할 만한 상당한 이유가 있는 정보
5. 감사·감독·검사·시험·규제·입찰계약·기술개발·인사관리에 관한 사항이나 의사결정 과정 또는 내부검토 과정에 있는 사항 등으로서 공개될 경우 업무의 공정한 수행이나 연구·개발에 현저한 지장을 초래한다고 인정할 만한 상당한 이유가 있는 정보. 다만, 의사결정 과정 또는 내부검토 과정을 이유로 비공개할 경우에는 제13조 제5항에 따라 통지를 할 때 의사결정 과정 또는 내부검토 과정의 단계 및 종료 예정일을 함께 안내하여야 하며, 의사결정 과정 및 내부검토 과정이 종료되면 제10조에 따른 청구인에게 이를 통지하여야 한다.

6. 해당 정보에 포함되어 있는 성명·주민등록번호 등 「개인정보 보호법」 제2조 제1호에 따른 개인정보로서 공개될 경우 사생활의 비밀 또는 자유를 침해할 우려가 있다고 인정되는 정보. 다만, 다음 각 목에 열거한 사항은 제외한다.
   가. 법령에서 정하는 바에 따라 열람할 수 있는 정보
   나. 공공기관이 공표를 목적으로 작성하거나 취득한 정보로서 사생활의 비밀 또는 자유를 부당하게 침해하지 아니하는 정보
   다. 공공기관이 작성하거나 취득한 정보로서 공개하는 것이 공익이나 개인의 권리 구제를 위하여 필요하다고 인정되는 정보
   라. 직무를 수행한 공무원의 성명·직위
   마. 공개하는 것이 공익을 위하여 필요한 경우로서 법령에 따라 국가 또는 지방자치단체가 업무의 일부를 위탁 또는 위촉한 개인의 성명·직업
7. 법인·단체 또는 개인(이하 "법인등"이라 한다)의 경영상·영업상 비밀에 관한 사항으로서 공개될 경우 법인등의 정당한 이익을 현저히 해칠 우려가 있다고 인정되는 정보. 다만, 다음 각 목에 열거한 정보는 제외한다.
   가. 사업활동에 의하여 발생하는 위해(危害)로부터 사람의 생명·신체 또는 건강을 보호하기 위하여 공개할 필요가 있는 정보
   나. 위법·부당한 사업활동으로부터 국민의 재산 또는 생활을 보호하기 위하여 공개할 필요가 있는 정보
8. 공개될 경우 부동산 투기, 매점매석 등으로 특정인에게 이익 또는 불이익을 줄 우려가 있다고 인정되는 정보

② 공공기관은 제1항 각 호의 어느 하나에 해당하는 정보가 기간의 경과 등으로 인하여 비공개의 필요성이 없어진 경우에는 그 정보를 공개 대상으로 하여야 한다.
③ 공공기관은 제1항 각 호의 범위에서 해당 공공기관의 업무 성격을 고려하여 비공개 대상 정보의 범위에 관한 세부 기준(이하 "비공개 세부 기준"이라 한다)을 수립하고 이를 정보통신망을 활용한 정보공개시스템 등을 통하여 공개하여야 한다.
④ 공공기관(국회·법원·헌법재판소 및 중앙선거관리위원회는 제외한다)은 제3항에 따라 수립된 비공개 세부 기준이 제1항 각 호의 비공개 요건에 부합하는지 3년마다 점검하고 필요한 경우 비공개 세부 기준을 개선하여 그 점검 및 개선 결과를 행정안전부장관에게 제출하여야 한다.

1. 정보공개의 원칙

공공기관이 수집, 직무상 작성 또는 취득하여 관리하고 있는 각종의 정보는 국민의 알권리 보장 등을 위하여 적극적으로 공개하여야 한다. 「정보공개법」은 비공개 대상 정보에 대하여 열거하고 있다. 이에 해당하지 아니하는 경우 공공기관은 공개 청구에 대하여 정보를 공개하여야 할 의무를 진다.

2. 비공개 대상 정보

(1) 다른 법률 또는 법률에서 위임한 명령(국회규칙·대법원규칙·헌법재판소규칙·중앙선거관리위원회규칙·대통령령 및 조례로 한정)에 따라 비공개 사항으로 규정된 정보

(2) 국가의 중대한 이익을 현저히 해칠 우려가 있는 정보

(3) 국민의 생명·신체 및 재산상 현저한 지장을 초래할 우려가 있는 정보

(4) 진행 중인 재판에 관한 정보와 공개될 경우 그 직무 수행을 현저히 곤란하게 하거나 형사피고인의 공정한 재판을 받을 권리를 침해한다고 인정할 만한 상당한 이유가 있는 정보

(5) 업무의 공정한 수행이나 연구·개발에 현저한 지장을 초래하는 정보
(다만, 의사결정 과정 등을 이유로 비공개할 경우에는 의사결정 과정 종료 예정일을 함께 안내하여야 한다.)

(6) 개인의 사생활의 비밀 또는 자유를 침해할 우려가 있다고 인정되는 정보

(7) 경영상·영업상 비밀에 관한 사항

(8) 특정인에게 이익 또는 불이익을 줄 우려가 있는 정보

3. 비공개의 필요성이 없어진 경우

비공개 대상 정보가 기간의 경과 등으로 인하여 비공개의 필요성이 없어진 경우에는 그 정보를 공개 대상으로 하여야 한다.

> 판례

1. 비공개 대상 정보 판단기준(2009두12785)
법 제9조가 예외적인 비공개 사유를 열거하고 있는 점에 비추어 보면, 공공기관은 비공개 사유에 해당하지 않는 한 이를 공개하여야 하고, 비공개 사유에 해당하여 이를 거부하는 경우라 할지라도 대상이 된 정보의 내용을 구체적으로 확인·검토하여 어느 부분이 어떠한 법익 또는 기본권과 충돌되어 위 각 호의 어디에 해당하는지를 주장·증명하여야만 하며, 여기에 해당하는지 여부는 비공개에 의하여 보호되는 이익과 공개에 의하여 보호되는 국민의 알권리의 보장을 비교·교량하여 구체적인 사안에 따라 개별적으로 판단하여야 한다.

2. 진행 중인 재판에 관련된 정보(2009두19021)
'진행 중인 재판에 관련된 정보'에 해당한다는 사유로 정보공개를 거부하기 위해서는 반드시 그 정보가 진행 중인 재판의 소송기록 자체에 포함된 내용일 필요는 없다. 그러나 재판에 관련된 일체의 정보가 그에 해당하는 것은 아니고 진행 중인 재판의 심리 또는 재판 결과에 구체적으로 영향을 미칠 위험이 있는 정보에 한정된다고 보는 것이 타당하다.

02 정보공개의 청구방법

제10조【정보공개의 청구방법】 ① 정보의 공개를 청구하는 자(이하 "청구인"이라 한다)는 해당 정보를 보유하거나 관리하고 있는 공공기관에 다음 각 호의 사항을 적은 정보공개 청구서를 제출하거나 말로써 정보의 공개를 청구할 수 있다.
1. 청구인의 성명·생년월일·주소 및 연락처(전화번호·전자우편주소 등을 말한다. 이하 이 조에서 같다). 다만, 청구인이 법인 또는 단체인 경우에는 그 명칭, 대표자의 성명, 사업자등록번호 또는 이에 준하는 번호, 주된 사무소의 소재지 및 연락처를 말한다.
2. 청구인의 주민등록번호(본인임을 확인하고 공개 여부를 결정할 필요가 있는 정보를 청구하는 경우로 한정한다)
3. 공개를 청구하는 정보의 내용 및 공개방법

② 제1항에 따라 청구인이 말로써 정보의 공개를 청구할 때에는 담당 공무원 또는 담당 임직원(이하 "담당공무원등"이라 한다)의 앞에서 진술하여야 하고, 담당공무원등은 정보공개 청구조서를 작성하여 이에 청구인과 함께 기명날인하거나 서명하여야 한다.
③ 제1항과 제2항에서 규정한 사항 외에 정보공개의 청구방법 등에 관하여 필요한 사항은 국회규칙·대법원규칙·헌법재판소규칙·중앙선거관리위원회규칙 및 대통령령으로 정한다.

03 정보공개 여부의 결정

[제4회]

정보공개 청구를 받은 공공기관의 정보공개 여부 결정 절차에 관하여 설명하시오. (20점)

제11조【정보공개 여부의 결정】 ① 공공기관은 제10조에 따라 정보공개의 청구를 받으면 그 청구를 받은 날부터 10일 이내에 공개 여부를 결정하여야 한다.
② 공공기관은 부득이한 사유로 제1항에 따른 기간 이내에 공개 여부를 결정할 수 없을 때에는 그 기간이 끝나는 날의 다음 날부터 기산(起算)하여 10일의 범위에서 공개 여부 결정기간을 연장할 수 있다. 이 경우 공공기관은 연장된 사실과 연장 사유를 청구인에게 지체 없이 문서로 통지하여야 한다.
③ 공공기관은 공개 청구된 공개 대상 정보의 전부 또는 일부가 제3자와 관련이 있다고 인정할 때에는 그 사실을 제3자에게 지체 없이 통지하여야 하며, 필요한 경우에는 그의 의견을 들을 수 있다.
④ 공공기관은 다른 공공기관이 보유·관리하는 정보의 공개 청구를 받았을 때에는 지체 없이 이를 소관 기관으로 이송하여야 하며, 이송 후에는 지체 없이 소관 기관 및 이송 사유 등을 분명히 밝혀 청구인에게 문서로 통지하여야 한다.
⑤ 공공기관은 정보공개 청구가 다음 각 호의 어느 하나에 해당하는 경우로서 「민원 처리에 관한 법률」에 따른 민원으로 처리할 수 있는 경우에는 민원으로 처리할 수 있다.
1. 공개 청구된 정보가 공공기관이 보유·관리하지 아니하는 정보인 경우
2. 공개 청구의 내용이 진정·질의 등으로 이 법에 따른 정보공개 청구로 보기 어려운 경우

> 제11조의2 【반복 청구 등의 처리】 ① 공공기관은 제11조에도 불구하고 제10조 제1항 및 제2항에 따른 정보공개 청구가 다음 각 호의 어느 하나에 해당하는 경우에는 정보공개 청구 대상 정보의 성격, 종전 청구와의 내용적 유사성·관련성, 종전 청구와 동일한 답변을 할 수밖에 없는 사정 등을 종합적으로 고려하여 해당 청구를 종결 처리할 수 있다. 이 경우 종결 처리 사실을 청구인에게 알려야 한다.
> 1. 정보공개를 청구하여 정보공개 여부에 대한 결정의 통지를 받은 자가 정당한 사유 없이 해당 정보의 공개를 다시 청구하는 경우
> 2. 정보공개 청구가 제11조 제5항에 따라 민원으로 처리되었으나 다시 같은 청구를 하는 경우
> ② 공공기관은 제11조에도 불구하고 제10조 제1항 및 제2항에 따른 정보공개 청구가 다음 각 호의 어느 하나에 해당하는 경우에는 다음 각 호의 구분에 따라 안내하고, 해당 청구를 종결 처리할 수 있다.
> 1. 제7조 제1항에 따른 정보 등 공개를 목적으로 작성되어 이미 정보통신망 등을 통하여 공개된 정보를 청구하는 경우: 해당 정보의 소재(所在)를 안내
> 2. 다른 법령이나 사회통념상 청구인의 여건 등에 비추어 수령할 수 없는 방법으로 정보공개 청구를 하는 경우: 수령이 가능한 방법으로 청구하도록 안내

1. 결정 기간

청구를 받은 날부터 10일 이내에 정보공개심의회의 심의를 거쳐 공개 여부를 결정한다. 공공기관은 부득이한 경우 10일의 범위에서 공개 여부 결정기간을 연장할 수 있다. 이 경우 공공기관은 연장된 사실과 연장 사유를 청구인에게 지체 없이 문서로 통지하여야 한다.

2. 제3자에의 통지

공개 청구된 정보가 제3자와 관련이 있는 경우에는 그 사실을 제3자에게 지체 없이 통지하여야 한다.

3. 이송

다른 공공기관이 보유·관리하는 정보의 공개 청구를 받았을 때에는 지체 없이 이를 소관 기관으로 이송하여야 한다.

4. 민원 처리

공공기관은 정보공개 청구가 정보공개 청구로 보기 어려운 경우로서 민원으로 처리할 수 있는 경우에는 민원으로 처리할 수 있다.

5. 종결 처리

(1) 반복 청구
정당한 사유 없이 다시 동일한 청구를 하는 경우에는 동일 여부를 종합적으로 고려하여 해당 청구를 종결 처리 할 수 있다. 이 경우 종결 처리 사실을 청구인에게 알려야 한다.

(2) 기타 종결 처리 사유
① 공개를 목적으로 작성되어 이미 공개된 정보를 공개 청구하는 경우에는 해당 정보의 소재를 안내하고 종결 처리 할 수 있다.
② 다른 법령이나 사회통념상 수령할 수 없는 방법으로 정보공개 청구를 하는 경우에는 수령이 가능한 방법으로 청구하도록 안내하고 종결 처리 할 수 있다.

04 정보공개 여부 결정의 통지

> 제13조【정보공개 여부 결정의 통지】① 공공기관은 제11조에 따라 정보의 공개를 결정한 경우에는 공개의 일시 및 장소 등을 분명히 밝혀 청구인에게 통지하여야 한다.
> ② 공공기관은 청구인이 사본 또는 복제물의 교부를 원하는 경우에는 이를 교부하여야 한다.
> ③ 공공기관은 공개 대상 정보의 양이 너무 많아 정상적인 업무수행에 현저한 지장을 초래할 우려가 있는 경우에는 해당 정보를 일정 기간별로 나누어 제공하거나 사본·복제물의 교부 또는 열람과 병행하여 제공할 수 있다.
> ④ 공공기관은 제1항에 따라 정보를 공개하는 경우에 그 정보의 원본이 더럽혀지거나 파손될 우려가 있거나 그 밖에 상당한 이유가 있다고 인정할 때에는 그 정보의 사본·복제물을 공개할 수 있다.
> ⑤ 공공기관은 제11조에 따라 정보의 비공개 결정을 한 경우에는 그 사실을 청구인에게 지체 없이 문서로 통지하여야 한다. 이 경우 제9조 제1항 각 호 중 어느 규정에 해당하는 비공개 대상 정보인지를 포함한 비공개 이유와 불복(不服)의 방법 및 절차를 구체적으로 밝혀야 한다.

1. 공개의 통지
정보의 공개를 결정한 경우에는 공개의 일시 및 장소 등을 분명히 밝혀 청구인에게 통지하여야 한다.

2. 비공개의 통지
공공기관은 정보의 비공개 결정을 한 경우에는 비공개 이유와 불복의 방법 및 절차를 구체적으로 밝혀야 한다.

3. 공개 방법

(1) 공공기관은 청구인이 사본 또는 복제물의 교부를 원하는 경우에는 이를 교부하여야 한다.

(2) 공개 대상 정보의 양이 너무 많은 경우에는 해당 정보를 나누어 제공하거나 사본 교부 또는 열람과 병행하여 제공할 수 있다.

(3) 원본이 훼손될 우려가 있는 경우 사본을 공개할 수 있다.

05 정보공개심의회

제12조【정보공개심의회】① 국가기관, 지방자치단체, 「공공기관의 운영에 관한 법률」 제5조에 따른 공기업 및 준정부기관, 「지방공기업법」에 따른 지방공사 및 지방공단(이하 "국가기관등"이라 한다)은 제11조에 따른 정보공개 여부 등을 심의하기 위하여 정보공개심의회(이하 "심의회"라 한다)를 설치·운영한다. 이 경우 국가기관등의 규모와 업무성격, 지리적 여건, 청구인의 편의 등을 고려하여 소속 상급기관(지방공사·지방공단의 경우에는 해당 지방공사·지방공단을 설립한 지방자치단체를 말한다)에서 협의를 거쳐 심의회를 통합하여 설치·운영할 수 있다.
② 심의회는 위원장 1명을 포함하여 5명 이상 7명 이하의 위원으로 구성한다.
③ 심의회의 위원은 소속 공무원, 임직원 또는 외부 전문가로 지명하거나 위촉하되, 그 중 3분의 2는 해당 국가기관등의 업무 또는 정보공개의 업무에 관한 지식을 가진 외부 전문가로 위촉하여야 한다. 다만, 제9조 제1항 제2호 및 제4호에 해당하는 업무를 주로 하는 국가기관은 그 국가기관의 장이 외부 전문가의 위촉 비율을 따로 정하되, 최소한 3분의 1 이상은 외부 전문가로 위촉하여야 한다.
④ 심의회의 위원장은 위원 중에서 국가기관등의 장이 지명하거나 위촉한다.
⑤ 심의회의 위원에 대해서는 제23조 제4항 및 제5항을 준용한다.
⑥ 심의회의 운영과 기능 등에 관하여 필요한 사항은 국회규칙·대법원규칙·헌법재판소규칙·중앙선거관리위원회규칙 및 대통령령으로 정한다.

제12조의2【위원의 제척·기피·회피】① 심의회의 위원이 다음 각 호의 어느 하나에 해당하는 경우에는 심의회의 심의에서 제척(除斥)된다.
  1. 위원 또는 그 배우자나 배우자이었던 사람이 해당 심의사항의 당사자(당사자가 법인·단체 등인 경우에는 그 임원 또는 직원을 포함한다. 이하 이 호 및 제2호에서 같다)이거나 그 심의사항의 당사자와 공동권리자 또는 공동의무자인 경우
  2. 위원이 해당 심의사항의 당사자와 친족이거나 친족이었던 경우
  3. 위원이 해당 심의사항에 대하여 증언, 진술, 자문, 연구, 용역 또는 감정을 한 경우
  4. 위원이나 위원이 속한 법인 등이 해당 심의사항의 당사자의 대리인이거나 대리인이었던 경우
② 심의회의 심의사항의 당사자는 위원에게 공정한 심의를 기대하기 어려운 사정이 있는 경우에는 심의회에 기피(忌避) 신청을 할 수 있고, 심의회는 의결로 기피 여부를 결정하여야 한다. 이 경우 기피 신청의 대상인 위원은 그 의결에 참여할 수 없다.
③ 위원은 제1항 각 호에 따른 제척 사유에 해당하는 경우에는 심의회에 그 사실을 알리고 스스로 해당 안건의 심의에서 회피(回避)하여야 한다.
④ 위원이 제1항 각 호의 어느 하나에 해당함에도 불구하고 회피신청을 하지 아니하여 심의회 심의의 공정성을 해친 경우 국가기관등의 장은 해당 위원을 해촉하거나 해임할 수 있다.

1. 원칙

국가기관등은 정보공개의 청구를 받으면 심의회를 개최하여야 한다.

2. 구성

심의회는 위원장 1명을 포함하여 5명 이상 7명 이하의 위원으로 구성한다. 심의회의 위원 중 3분의 2는 외부 전문가로 위촉하여야 한다.

3. 심의 생략

(1) 사유

① 심의회의 심의를 이미 거친 사항
② 단순·반복적인 청구
③ 법령에 따라 비밀로 규정된 정보에 대한 청구에 해당하는 경우

(2) 통지

심의를 생략하는 경우 개최하지 아니하는 사유를 청구인에게 문서로 통지하여야 한다.

06 정보공개의 방법

[제10회]

사립중학교가 공공기관이 되는 지를 설명하고, 회의록에 사생활 관련 사항이 포함되어 있다면 어떤 범위로 정보공개를 할 수 있는지를 설명하시오. (20점)

[제11회]

정보 중 이름·주민등록번호를 제외한 나머지 부분은 비공개 대상 정보가 아니라고 전제할 때, 정보의 전부에 대해 비공개 결정을 한 것이 타당한지를 검토하시오. (20점)

> **제14조【부분 공개】** 공개 청구한 정보가 제9조 제1항 각 호의 어느 하나에 해당하는 부분과 공개 가능한 부분이 혼합되어 있는 경우로서 공개 청구의 취지에 어긋나지 아니하는 범위에서 두 부분을 분리할 수 있는 경우에는 제9조 제1항 각 호의 어느 하나에 해당하는 부분을 제외하고 공개하여야 한다.
>
> **제15조【정보의 전자적 공개】** ① 공공기관은 전자적 형태로 보유·관리하는 정보에 대하여 청구인이 전자적 형태로 공개하여 줄 것을 요청하는 경우에는 그 정보의 성질상 현저히 곤란한 경우를 제외하고는 청구인의 요청에 따라야 한다.

② 공공기관은 전자적 형태로 보유·관리하지 아니하는 정보에 대하여 청구인이 전자적 형태로 공개하여 줄 것을 요청한 경우에는 정상적인 업무수행에 현저한 지장을 초래하거나 그 정보의 성질이 훼손될 우려가 없으면 그 정보를 전자적 형태로 변환하여 공개할 수 있다.
③ 정보의 전자적 형태의 공개 등에 필요한 사항은 국회규칙·대법원규칙·헌법재판소규칙·중앙선거관리위원회규칙 및 대통령령으로 정한다.

제16조【즉시 처리가 가능한 정보의 공개】다음 각 호의 어느 하나에 해당하는 정보로서 즉시 또는 말로 처리가 가능한 정보에 대해서는 제11조에 따른 절차를 거치지 아니하고 공개하여야 한다.
1. 법령등에 따라 공개를 목적으로 작성된 정보
2. 일반 국민에게 알리기 위하여 작성된 각종 홍보자료
3. 공개하기로 결정된 정보로서 공개에 오랜 시간이 걸리지 아니하는 정보
4. 그 밖에 공공기관의 장이 정하는 정보

제17조【비용 부담】① 정보의 공개 및 우송 등에 드는 비용은 실비(實費)의 범위에서 청구인이 부담한다.
② 공개를 청구하는 정보의 사용 목적이 공공복리의 유지·증진을 위하여 필요하다고 인정되는 경우에는 제1항에 따른 비용을 감면할 수 있다.
③ 제1항에 따른 비용 및 그 징수 등에 필요한 사항은 국회규칙·대법원규칙·헌법재판소규칙·중앙선거관리위원회규칙 및 대통령령으로 정한다.

1. 부분 공개

(1) 의의

공개 청구한 정보가 비공개 대상 부분과 공개가 가능한 부분이 혼합되어 있는 경우로서 공개 청구의 취지에 어긋나지 아니하는 범위 안에서 두 부분을 분리할 수 있는 때에는 비공개 대상 부분을 제외하고 공개하여야 한다.

(2) 권리 구제

① 이의신청
  ㉠ 청구인은 부분 공개 결정의 통지를 받은 날부터 30일 이내에 해당 공공기관에 문서로 이의신청을 할 수 있다.
  ㉡ 제3자의 비공개 요청에도 불구하고 공공기관이 공개 결정을 할 때에는 공개 결정 이유와 공개 실시 일을 분명히 밝혀 지체 없이 제3자에게 문서로 통지하여야 한다. 제3자는 부분 공개 결정의 통지를 받은 날부터 7일 이내에 해당 공공기관에 문서로 이의신청을 제기할 수 있다.

② 행정심판 및 행정소송
「행정심판법」 또는 「행정소송법」이 정하는 바에 따라 행정심판 또는 행정소송을 청구할 수 있다. 이의신청과 행정심판, 행정소송은 임의적 전치주의 관계이다.

2. 정보의 전자적 공개

(1) 공공기관은 청구인이 전자적 형태로 공개하여 줄 것을 요청하는 경우에는 그 정보의 성질상 현저히 곤란한 경우를 제외하고는 청구인의 요청에 따라야 한다.

(2) 공공기관은 전자적 형태로 보유·관리하지 아니하는 정보에 대하여 청구인이 전자적 형태로 공개하여 줄 것을 요청한 경우에는 정상적인 업무수행에 현저한 지장을 초래하거나 그 정보의 성질이 훼손될 우려가 없으면 그 정보를 전자적 형태로 변환하여 공개할 수 있다.

3. 즉시 처리가 가능한 정보의 공개

① 공개를 목적으로 작성된 정보, ② 각종 홍보자료 또는 ③ 공개하기로 결정된 정보로서 공개에 오랜 시간이 걸리지 아니하는 정보에 해당하는 정보로서 즉시 또는 말로 처리가 가능한 정보에 대해서는 정보공개 여부의 결정 절차를 거치지 아니하고 공개하여야 한다.

> 판례 ◆
>
> 1. 정보공개방법(2003두8050)
>
>   정보공개를 청구하는 자가 공공기관에 대해 정보의 사본 또는 출력물의 교부의 방법으로 공개방법을 선택하여 정보공개 청구를 한 경우에 공개 청구를 받은 공공기관으로서는 정보의 사본 또는 복제물의 교부를 제한할 수 있는 사유에 해당하지 않는 한 정보공개 청구자가 선택한 공개방법에 따라 정보를 공개하여야 하므로 그 공개방법을 선택할 재량권이 없다.
>
> 2. 정보공개방법의 선택(2016두44674)
>
>   청구인에게는 특정한 공개방법을 지정하여 정보공개를 청구할 수 있는 법령상 신청권이 있다. 따라서 공공기관이 공개 청구의 대상이 된 정보를 공개는 하되, 청구인이 신청한 공개방법 이외의 방법으로 공개하기로 하는 결정을 하였다면, 이는 정보공개 청구 중 정보공개방법에 관한 부분에 대하여 일부 거부처분을 한 것이고, 청구인은 그에 대하여 항고소송으로 다툴 수 있다.
>
> 3. 부분 공개의 의미(2009두12785)
>
>   법원이 행정기관의 정보공개거부처분의 위법 여부를 심리한 결과 공개를 거부한 정보에 비공개 사유에 해당하는 부분과 그렇지 않은 부분이 혼합되어 있고, 공개 청구의 취지에 어긋나지 않는 범위 안에서 두 부분을 분리할 수 있음을 인정할 수 있을 때에는 공개가 가능한 정보에 국한하여 일부취소를 명할 수 있다. 이러한 정보의 부분 공개가 허용되는 경우란 그 정보의 공개방법 및 절차에 비추어 당해 정보에서 비공개 대상 정보에 관련된 기술 등을 제외 혹은 삭제하고 나머지 정보만을 공개하는 것이 가능하고 나머지 부분의 정보만으로도 공개의 가치가 있는 경우를 의미한다.

Chapter 04 불복 구제 절차

01 청구인의 구제수단

> 제6회
> 공공기관의 정보 비공개 결정에 대한 청구인의 불복 구제 절차에 관하여 설명하시오. (20점)

제18조【이의신청】① 청구인이 정보공개와 관련한 공공기관의 비공개 결정 또는 부분 공개 결정에 대하여 불복이 있거나 정보공개 청구 후 20일이 경과하도록 정보공개 결정이 없는 때에는 공공기관으로부터 정보공개 여부의 결정 통지를 받은 날 또는 정보공개 청구 후 20일이 경과한 날부터 30일 이내에 해당 공공기관에 문서로 이의신청을 할 수 있다.
② 국가기관등은 제1항에 따른 이의신청이 있는 경우에는 심의회를 개최하여야 한다. 다만, 다음 각 호의 어느 하나에 해당하는 경우에는 심의회를 개최하지 아니할 수 있으며 개최하지 아니하는 사유를 청구인에게 문서로 통지하여야 한다.
1. 심의회의 심의를 이미 거친 사항
2. 단순·반복적인 청구
3. 법령에 따라 비밀로 규정된 정보에 대한 청구
③ 공공기관은 이의신청을 받은 날부터 7일 이내에 그 이의신청에 대하여 결정하고 그 결과를 청구인에게 지체 없이 문서로 통지하여야 한다. 다만, 부득이한 사유로 정하여진 기간 이내에 결정할 수 없을 때에는 그 기간이 끝나는 날의 다음 날부터 기산하여 7일의 범위에서 연장할 수 있으며, 연장 사유를 청구인에게 통지하여야 한다.
④ 공공기관은 이의신청을 각하(却下) 또는 기각(棄却)하는 결정을 한 경우에는 청구인에게 행정심판 또는 행정소송을 제기할 수 있다는 사실을 제3항에 따른 결과 통지와 함께 알려야 한다.
제19조【행정심판】① 청구인이 정보공개와 관련한 공공기관의 결정에 대하여 불복이 있거나 정보공개 청구 후 20일이 경과하도록 정보공개 결정이 없는 때에는 「행정심판법」에서 정하는 바에 따라 행정심판을 청구할 수 있다. 이 경우 국가기관 및 지방자치단체 외의 공공기관의 결정에 대한 감독행정기관은 관계 중앙행정기관의 장 또는 지방자치단체의 장으로 한다.
② 청구인은 제18조에 따른 이의신청 절차를 거치지 아니하고 행정심판을 청구할 수 있다.
③ 행정심판위원회의 위원 중 정보공개 여부의 결정에 관한 행정심판에 관여하는 위원은 재직 중은 물론 퇴직 후에도 그 직무상 알게 된 비밀을 누설하여서는 아니 된다.
④ 제3항의 위원은 「형법」이나 그 밖의 법률에 따른 벌칙을 적용할 때에는 공무원으로 본다.

> 제20조【행정소송】① 청구인이 정보공개와 관련한 공공기관의 결정에 대하여 불복이 있거나 정보공개 청구 후 20일이 경과하도록 정보공개 결정이 없는 때에는 「행정소송법」에서 정하는 바에 따라 행정소송을 제기할 수 있다.
> ② 재판장은 필요하다고 인정하면 당사자를 참여시키지 아니하고 제출된 공개 청구 정보를 비공개로 열람·심사할 수 있다.
> ③ 재판장은 행정소송의 대상이 제9조 제1항 제2호에 따른 정보 중 국가안전보장·국방 또는 외교관계에 관한 정보의 비공개 또는 부분 공개 결정 처분인 경우에 공공기관이 그 정보에 대한 비밀 지정의 절차, 비밀의 등급·종류 및 성질과 이를 비밀로 취급하게 된 실질적인 이유 및 공개를 하지 아니하는 사유 등을 입증하면 해당 정보를 제출하지 아니하게 할 수 있다.

1. 이의신청

(1) 이의신청 청구

청구인이 정보공개와 관련한 공공기관의 비공개 결정 또는 부분 공개 결정에 대하여 불복이 있거나 정보공개 청구 후 20일이 경과하도록 정보공개 결정이 없는 때에는 공공기관으로부터 정보공개 여부의 결정 통지를 받은 날 또는 정보공개 청구 후 20일이 경과한 날부터 30일 이내에 해당 공공기관에 문서로 이의신청을 할 수 있다.

(2) **심의회 개최**

이의신청이 있는 경우에는 심의회를 개최하여야 한다. 다만, ① 심의회의 심의를 이미 거친 사항, ② 단순·반복적인 청구, ③ 법령에 따라 비밀로 규정된 정보에 대한 청구에 해당하는 경우에는 심의회를 개최하지 아니할 수 있으며, 개최하지 아니하는 사유를 청구인에게 문서로 통지하여야 한다.

(3) **이의신청의 결정기간**

공공기관은 이의신청을 받은 날부터 7일 이내에 그 이의신청에 대하여 결정하고 그 결과를 청구인에게 지체 없이 문서로 통지하여야 한다. 다만, 부득이한 경우에는 7일의 범위에서 연장할 수 있으며, 연장 사유를 청구인에게 통지하여야 한다.

(4) **통지의무**

공공기관은 이의신청을 각하 또는 기각하는 결정을 한 경우에는 청구인에게 행정심판 또는 행정소송을 제기할 수 있다는 사실을 결과 통지와 함께 알려야 한다.

2. 행정심판·행정소송

「행정심판법」 또는 「행정소송법」이 정하는 바에 따라 행정심판 또는 행정소송을 청구할 수 있다. 청구인은 이의신청과 관계없이 행정심판 또는 행정소송을 청구할 수 있다.

02 제3자의 구제수단

> [제8회]
>
> 甲이 공공기관 A에게 공개 청구한 정보가 제3자인 乙과 관련이 있는 경우, 乙의 권리보호에 관하여 설명하시오. (20점)

제21조【제3자의 비공개 요청 등】① 제11조 제3항에 따라 공개 청구된 사실을 통지받은 제3자는 그 통지를 받은 날부터 3일 이내에 해당 공공기관에 대하여 자신과 관련된 정보를 공개하지 아니할 것을 요청할 수 있다.
② 제1항에 따른 비공개 요청에도 불구하고 공공기관이 공개 결정을 할 때에는 공개 결정 이유와 공개 실시일을 분명히 밝혀 지체 없이 문서로 통지하여야 하며, 제3자는 해당 공공기관에 문서로 이의신청을 하거나 행정심판 또는 행정소송을 제기할 수 있다. 이 경우 이의신청은 통지를 받은 날부터 7일 이내에 하여야 한다.
③ 공공기관은 제2항에 따른 공개 결정일과 공개 실시일 사이에 최소한 30일의 간격을 두어야 한다.

1. 제3자의 비공개 요청

공개 청구 사실을 통지받은 제3자는 통지받은 날부터 3일 이내에 비공개 요청을 할 수 있다.

2. 공개 실시일

비공개 요청에도 불구하고 공공기관이 공개 결정을 할 때에는 공개 결정일과 공개 실시일 사이에 최소한 30일의 간격을 두어야 한다.

3. 이의신청

(1) 이의신청 청구

비공개 요청에도 불구하고 공공기관이 공개 결정을 할 때에는 공개 결정 이유와 공개 실시일을 분명히 밝혀 지체 없이 문서로 통지하여야 하며, 제3자는 정보공개 통지를 받은 날부터 7일 이내에 문서로 이의신청을 할 수 있다.

(2) 심의회 개최

이의신청이 있는 경우에는 심의회를 개최하여야 한다. 다만, ① 심의회의 심의를 이미 거친 사항, ② 단순·반복적인 청구, ③ 법령에 따라 비밀로 규정된 정보에 대한 청구에 해당하는 경우에는 심의회를 개최하지 아니할 수 있으며, 개최하지 아니하는 사유를 제3자에게 문서로 통지하여야 한다.

(3) 이의신청의 결정기간

공공기관은 이의신청을 받은 날부터 7일 이내에 그 이의신청에 대하여 결정하고 그 결과를 제3자에게 지체 없이 문서로 통지하여야 한다. 다만, 부득이한 경우에는 7일의 범위에서 연장할 수 있으며, 연장 사유를 제3자에게 통지하여야 한다.

(4) 통지의무

공공기관은 이의신청을 각하 또는 기각하는 결정을 한 경우에는 제3자에게 행정심판 또는 행정소송을 제기할 수 있다는 사실을 결과 통지와 함께 알려야 한다.

4. 행정심판·행정소송

「행정심판법」 또는 「행정소송법」이 정하는 바에 따라 행정심판 또는 행정소송을 청구할 수 있다. 제3자는 이의신청과 관계없이 행정심판 또는 행정소송을 청구할 수 있다.

> **판례**
>
> **비공개 요청의 의미(2008두8680)**
> "제3자는 통지받은 날부터 3일 이내에 당해 공공기관에 대하여 자신과 관련된 정보를 공개하지 아니할 것을 요청할 수 있다"고 규정하고 있다고 하더라도, 이는 공공기관이 보유·관리하고 있는 정보가 제3자와 관련이 있는 경우 그 정보공개 여부를 결정함에 있어 공공기관이 제3자와의 관계에서 거쳐야 할 절차를 규정한 것에 불과할 뿐, 제3자의 비공개 요청이 있다는 사유만으로 「정보공개법」상 정보의 비공개 사유에 해당한다고 볼 수 없다.

Chapter 05 정보공개위원회

제22조【정보공개위원회의 설치】다음 각 호의 사항을 심의·조정하기 위하여 행정안전부장관 소속으로 정보공개위원회(이하 "위원회"라 한다)를 둔다.
1. 정보공개에 관한 정책 수립 및 제도 개선에 관한 사항
2. 정보공개에 관한 기준 수립에 관한 사항
3. 제12조에 따른 심의회 심의결과의 조사·분석 및 심의기준 개선 관련 의견제시에 관한 사항
4. 제24조 제2항 및 제3항에 따른 공공기관의 정보공개 운영실태 평가 및 그 결과 처리에 관한 사항
5. 정보공개와 관련된 불합리한 제도·법령 및 그 운영에 대한 조사 및 개선권고에 관한 사항
6. 그 밖에 정보공개에 관하여 대통령령으로 정하는 사항

제23조【위원회의 구성 등】① 위원회는 성별을 고려하여 위원장과 부위원장 각 1명을 포함한 11명의 위원으로 구성한다.
② 위원회의 위원은 다음 각 호의 사람이 된다. 이 경우 위원장을 포함한 7명은 공무원이 아닌 사람으로 위촉하여야 한다.
1. 대통령령으로 정하는 관계 중앙행정기관의 차관급 공무원이나 고위공무원단에 속하는 일반직공무원
2. 정보공개에 관하여 학식과 경험이 풍부한 사람으로서 행정안전부장관이 위촉하는 사람
3. 시민단체(「비영리민간단체 지원법」 제2조에 따른 비영리민간단체를 말한다)에서 추천한 사람으로서 행정안전부장관이 위촉하는 사람
③ 위원장·부위원장 및 위원(제2항 제1호의 위원은 제외한다)의 임기는 2년으로 하며, 연임할 수 있다.
④ 위원장·부위원장 및 위원은 정보공개 업무와 관련하여 알게 된 정보를 누설하거나 그 정보를 이용하여 본인 또는 타인에게 이익 또는 불이익을 주는 행위를 하여서는 아니 된다.
⑤ 위원장·부위원장 및 위원 중 공무원이 아닌 사람은 「형법」이나 그 밖의 법률에 따른 벌칙을 적용할 때에는 공무원으로 본다.
⑥ 위원회의 구성과 의결 절차 등 위원회 운영에 필요한 사항은 대통령령으로 정한다.

제24조【제도 총괄 등】① 행정안전부장관은 이 법에 따른 정보공개제도의 정책 수립 및 제도 개선 사항 등에 관한 기획·총괄 업무를 관장한다.
② 행정안전부장관은 위원회가 정보공개제도의 효율적 운영을 위하여 필요하다고 요청하면 공공기관(국회·법원·헌법재판소 및 중앙선거관리위원회는 제외한다)의 정보공개제도 운영실태를 평가할 수 있다.
③ 행정안전부장관은 제2항에 따른 평가를 실시한 경우에는 그 결과를 위원회를 거쳐 국무회의에 보고한 후 공개하여야 하며, 위원회가 개선이 필요하다고 권고한 사항에 대해서는 해당 공공기관에 시정 요구 등의 조치를 하여야 한다.
④ 행정안전부장관은 정보공개에 관하여 필요할 경우에 공공기관(국회·법원·헌법재판소 및 중앙선거관리위원회는 제외한다)의 장에게 정보공개 처리 실태의 개선을 권고할 수 있다. 이 경우 권고를 받은 공공기관은 이를 이행하기 위하여 성실하게 노력하여야 하며, 그 조치 결과를 행정안전부장관에게 알려야 한다.
⑤ 국회·법원·헌법재판소·중앙선거관리위원회·중앙행정기관 및 지방자치단체는 그 소속 기관 및 소관 공공기관에 대하여 정보공개에 관한 의견을 제시하거나 지도·점검을 할 수 있다.

제25조【자료의 제출 요구】국회사무총장·법원행정처장·헌법재판소사무처장·중앙선거관리위원회사무총장 및 행정안전부장관은 필요하다고 인정하면 관계 공공기관에 정보공개에 관한 자료 제출 등의 협조를 요청할 수 있다.

제26조【국회에의 보고】① 행정안전부장관은 전년도의 정보공개 운영에 관한 보고서를 매년 정기국회 개회 전까지 국회에 제출하여야 한다.
② 제1항에 따른 보고서 작성에 필요한 사항은 대통령령으로 정한다.

제27조【위임규정】이 법 시행에 필요한 사항은 국회규칙·대법원규칙·헌법재판소규칙·중앙선거관리위원회규칙 및 대통령령으로 정한다.

제28조【신분보장】누구든지 이 법에 따른 정당한 정보공개를 이유로 징계조치 등 어떠한 신분상 불이익이나 근무조건상의 차별을 받지 아니한다.

제29조【기간의 계산】① 이 법에 따른 기간의 계산은 「민법」에 따른다.
② 제1항에도 불구하고 다음 각 호의 기간은 "일" 단위로 계산하고 첫날을 산입하되, 공휴일과 토요일은 산입하지 아니한다.
1. 제11조 제1항 및 제2항에 따른 정보공개 여부 결정기간
2. 제18조 제1항, 제19조 제1항 및 제20조 제1항에 따른 정보공개 청구 후 경과한 기간
3. 제18조 제3항에 따른 이의신청 결정기간

01 정보공개위원회의 설치·심의사항

1. 설치

행정안전부장관 소속으로 정보공개위원회를 둔다.

2. 심의사항

(1) 정보공개에 관한 정책 수립 및 제도 개선에 관한 사항

(2) 정보공개에 관한 기준 수립에 관한 사항

(3) 심의회 심의결과의 조사·분석 및 심의기준 개선 관련 의견제시에 관한 사항

(4) 공공기관의 정보공개 운영실태 평가 및 그 결과 처리에 관한 사항

(5) 정보공개와 관련된 불합리한 제도·법령 및 그 운영에 대한 조사 및 개선권고에 관한 사항

02 위원회의 구성

1. 위원회는 성별을 고려하여 위원장과 부위원장 각 1명을 포함한 11명의 위원으로 구성한다.

2. 위원장을 포함한 7명은 공무원이 아닌 사람으로 위촉하여야 한다.

3. 위원장·부위원장 및 위원은 정보공개 업무와 관련하여 알게 된 정보를 누설하거나 그 정보를 이용하여 본인 또는 타인에게 이익 또는 불이익을 주는 행위를 하여서는 아니 된다.

Chapter 06 사례 연습

사례 연습

학원원장인 A는 자체 학원의 학생들의 대학 입학 준비를 돕고자 대학별 입시 요강을 분석하기 위해「공공기관의 정보공개에 관한 법률」에 따라 B대학을 상대로 합격자 선발기준에 대한 공개를 청구하였다. (40점)

[물음 1] A의 정보공개 청구가 타당한지 검토하시오. (20점)

[물음 2] A는「공공기관의 정보공개에 관한 법률」에 따라 B대학을 상대로 합격자 선발기준과 지역별 합격자의 수 그리고 합격자 전원의 개인정보를 포함한 인적사항 공개를 청구하였다. B대학은 A의 청구대로 응할 경우 업무의 공정한 수행에 현저히 지장을 초래하며 합격자 사생활 보호 측면에도 바람직하지 않다는 이유로 비공개 결정을 하였다. 이러한 비공개 결정의 타당성을 검토하시오. (20점)

‖ 모범답안 ‖

[물음 1]

1. 문제의 소재

A의 정보공개 청구가 타당하기 위해서는 적법한 정보공개 청구권을 바탕으로 공개 의무자에게 공개 가능한 정보에 대한 청구가 전제되어야 한다. 따라서 정보공개 청구권의 법적 근거와 청구권자의 자격, 공개 의무자, 대상 정보의 요건에 대하여 살펴본다.

2. 정보공개 청구권

(1) 정보공개 청구권의 법적 근거

정보공개 청구권은「헌법」제21조에서 직접 파생하는 구체적이고 현실적인 권리이다. 대법원과 헌법재판소도 정보공개 청구권은 국민의 알권리에서 보장되어야 하며 이러한 알권리의 핵심적 근거를「헌법」제21조에 규정된 표현의 자유로 보고 있다.

또한「공공기관의 정보공개에 관한 법률」에서 알권리를 명문으로 인정하고 있으며, 특정인의 특정 사안에 대한 이해관련성의 유무를 불문하고 정보에 대한 이익 그 자체를 권리로써 보장하고 있다.

(2) 정보공개 청구권자

① 모든 국민은 정보의 공개를 청구할 수 있다. 나아가 법인과 법인격 없는 단체도 청구적격을 가진다.
② 외국인의 경우도 국내에 일정한 주소를 두고 거주하거나 학술·연구를 위하여 일시적으로 체류하는 사람, 국내에 사무소를 두고 있는 법인 또는 단체에 해당한다면 정보의 공개를 청구할 권리를 가진다.

(3) 정보공개 의무자

국가기관, 지방자치단체, 「공공기관의 운영에 관한 법률」에 따른 공공기관 등을 의미한다. 대법원은 교육의 공공성, 공·사립학교의 동질성 등을 이유로 사립학교도 공공기관의 하나로 보고 있다.

(4) 대상 정보

공공기관이 수집, 직무상 작성 또는 취득하여 관리하고 있는 정보가 청구의 대상이다.

3. 사안의 해결

학원원장 A는 알권리로서 정보공개 청구권을 가지는 정당한 청구권자이며, 사립학교 역시 정보공개 의무자에 해당하므로 정보가 현존한다는 전제하에 사안의 정보공개 청구는 타당하다.

[물음 2]

1. 비공개 대상 정보

(1) 열거주의

「공공기관의 정보공개에 관한 법률」 제9조는 비공개 대상 정보를 열거하고 있다.

(2) 비공개 대상 정보

① 다른 법률 또는 법률에서 위임한 명령(국회규칙·대법원규칙·헌법재판소규칙·중앙선거관리위원회규칙·대통령령 및 조례로 한정한다.)에 따라 비공개 사항으로 규정된 정보
② 국가의 중대한 이익을 현저히 해칠 우려가 있는 정보
③ 국민의 생명·신체 및 재산상 현저한 지장을 초래할 우려가 있는 정보
④ 진행 중인 재판에 관한 정보와 공개될 경우 그 직무 수행을 현저히 곤란하게 하거나 형사피고인의 공정한 재판을 받을 권리를 침해한다고 인정할 만한 상당한 이유가 있는 정보
⑤ 업무의 공정한 수행이나 연구·개발에 현저한 지장을 초래하는 정보 (다만, 의사결정 과정 등을 이유로 비공개할 경우에는 의사결정 과정 종료 예정일을 함께 안내하여야 한다.)
⑥ 개인의 사생활의 비밀 또는 자유를 침해할 우려가 있다고 인정되는 정보
⑦ 경영상·영업상 비밀에 관한 사항
⑧ 특정인에게 이익 또는 불이익을 줄 우려가 있는 정보

(3) 사안의 적용

B대학이 주장하는 비공개 사유는 「공공기관의 정보공개에 관한 법률」 제9조에서 열거한 비공개 대상 정보에는 해당한다.

2. 비공개 결정의 타당성 여부

(1) 재량의 남용 여부

합격자의 인적사항 공개가 공익이나 개인의 권리 구제를 위해 반드시 필요하다는 개연성을 찾기가 어려운바, 개인정보 비공개 결정은 합리적이라 보인다. 다만, 합격자 선발기준과 지역별 합격자의 수 공개는 공개로 인하여 초래될 업무상 부작용이 합격자 선발의 투명성과 공정성이라는 공익에 비해 더 클 것이라고 단정하기 어려우므로, B대학의 비공개 결정은 재량의 남용에 해당한다.

(2) 부분 공개

① 의의

공개 청구한 정보가 비공개 대상 부분과 공개가 가능한 부분이 혼합되어 있는 경우로서 공개 청구의 취지에 어긋나지 아니하는 범위 안에서 두 부분을 분리할 수 있는 때에는 비공개 대상 부분을 제외하고 공개하여야 한다.

② **부분 공개의 가능성**

합격자 선발기준과 지역별 합격자의 수 공개는 공익의 측면에서 공개의 필요성이 인정되는 반면 개인인적사항에 해당되는 정보는 비공개하는 것이 타당하다. 따라서 공개 청구의 취지에 어긋나지 아니하는 범위 안에서 두 부분을 분리할 수 있는 때에는 비공개 대상 부분을 제외하고 공개하여야 한다.

3. **사안의 해결**

A의 정보공개 청구는 그 공개로 인하여 업무상 부작용이 존재하며, 개인에 관한 사항으로 관련자의 사생활 보호 측면에서 비공개 대상 정보에 해당한다. 그러나 합격자 선발 기준과 지역별 합격자의 수 공개는 대학 운영의 투명성과 공정성이라는 공익 차원에서 공개하는 것이 타당하다. 따라서 부분 공개가 가능함에도 불구하고 개인인적사항을 제외하고 다른 정보에 대하여 전부 비공개한 B대학의 비공개 결정은 위법하다고 보아야 한다.

Chapter 01 총칙
Chapter 02 질서위반행위의 성립 등
Chapter 03 행정청의 과태료 부과 및 징수
Chapter 04 질서위반행위의 재판 및 집행

행정사
이상기/이준희 행정절차론

PART

03

질서위반행위규제법

Chapter 01 총칙

01 목적과 정의

제1조【목적】 이 법은 법률상 의무의 효율적인 이행을 확보하고 국민의 권리와 이익을 보호하기 위하여 질서위반행위의 성립요건과 과태료의 부과·징수 및 재판 등에 관한 사항을 규정하는 것을 목적으로 한다.

제2조【정의】 이 법에서 사용하는 용어의 뜻은 다음과 같다.
1. "질서위반행위"란 법률(지방자치단체의 조례를 포함한다. 이하 같다)상의 의무를 위반하여 과태료를 부과하는 행위를 말한다. 다만, 다음 각 목의 어느 하나에 해당하는 행위를 제외한다.
   가. 대통령령으로 정하는 사법(私法)상·소송법상 의무를 위반하여 과태료를 부과하는 행위
   나. 대통령령으로 정하는 법률에 따른 징계사유에 해당하여 과태료를 부과하는 행위
2. "행정청"이란 행정에 관한 의사를 결정하여 표시하는 국가 또는 지방자치단체의 기관, 그 밖의 법령 또는 자치법규에 따라 행정권한을 가지고 있거나 위임 또는 위탁받은 공공단체나 그 기관 또는 사인(私人)을 말한다.
3. "당사자"란 질서위반행위를 한 자연인 또는 법인(법인이 아닌 사단 또는 재단으로서 대표자 또는 관리인이 있는 것을 포함한다. 이하 같다)을 말한다.

02 질서위반행위 적용범위

> [제9회]
> 질서위반행위의 개념과 시간적, 장소적 적용범위에 관하여 설명하시오. (20점)

제3조【법 적용의 시간적 범위】 ① 질서위반행위의 성립과 과태료 처분은 행위 시의 법률에 따른다.
② 질서위반행위 후 법률이 변경되어 그 행위가 질서위반행위에 해당하지 아니하게 되거나 과태료가 변경되기 전의 법률보다 가볍게 된 때에는 법률에 특별한 규정이 없는 한 변경된 법률을 적용한다.
③ 행정청의 과태료 처분이나 법원의 과태료 재판이 확정된 후 법률이 변경되어 그 행위가 질서위반행위에 해당하지 아니하게 된 때에는 변경된 법률에 특별한 규정이 없는 한 과태료의 징수 또는 집행을 면제한다.

> 제4조【법 적용의 장소적 범위】① 이 법은 대한민국 영역 안에서 질서위반행위를 한 자에게 적용한다.
> ② 이 법은 대한민국 영역 밖에서 질서위반행위를 한 대한민국의 국민에게 적용한다.
> ③ 이 법은 대한민국 영역 밖에 있는 대한민국의 선박 또는 항공기 안에서 질서위반행위를 한 외국인에게 적용한다.
> 제5조【다른 법률과의 관계】과태료의 부과·징수, 재판 및 집행 등의 절차에 관한 다른 법률의 규정 중 이 법의 규정에 저촉되는 것은 이 법으로 정하는 바에 따른다.

1. 질서위반행위

법률 또는 조례상의 의무를 위반하여 과태료를 부과하는 행위이다.

2. 시간적 범위

(1) 원칙

행위 시의 법률에 따른다.

(2) 예외

① 질서위반행위 후 법률이 변경되어 그 행위가 질서위반행위에 해당하지 아니하게 되거나 과태료가 변경되기 전의 법률보다 가볍게 된 때에는 법률에 특별한 규정이 없는 한 변경된 법률을 적용한다.

② 행정청의 과태료 처분이나 법원의 과태료 재판이 확정된 후 법률이 변경되어 그 행위가 질서위반행위에 해당하지 아니하게 된 때에는 변경된 법률에 특별한 규정이 없는 한 과태료의 징수 또는 집행을 면제한다.

3. 장소적 범위

(1) 대한민국 영역 안에서 질서위반행위를 한 자에게 적용한다.

(2) 대한민국 영역 밖에서 질서위반행위를 한 대한민국의 국민에게 적용한다.

(3) 대한민국 영역 밖에 있는 대한민국의 선박 또는 항공기안에서 질서위반행위를 한 외국인에게 적용한다.

4. 다른 법률과의 관계

과태료에 관한 다른 법률의 규정 중 「질서위반행위규제법」의 규정에 저촉되는 것은 「질서위반행위규제법」을 적용한다.

질서위반행위의 성립 등

01 질서위반행위의 성립요건

> [제6회]
> 질서위반행위 성립요건과 관련하여 과태료 부과처분이 적법한지 설명하시오. (20점)

제6조【질서위반행위 법정주의】법률에 따르지 아니하고는 어떤 행위도 질서위반행위로 과태료를 부과하지 아니한다.
제7조【고의 또는 과실】고의 또는 과실이 없는 질서위반행위는 과태료를 부과하지 아니한다.
제8조【위법성의 착오】자신의 행위가 위법하지 아니한 것으로 오인하고 행한 질서위반행위는 그 오인에 정당한 이유가 있는 때에 한하여 과태료를 부과하지 아니한다.
제9조【책임연령】14세가 되지 아니한 자의 질서위반행위는 과태료를 부과하지 아니한다. 다만, 다른 법률에 특별한 규정이 있는 경우에는 그러하지 아니하다.
제10조【심신장애】① 심신(心神)장애로 인하여 행위의 옳고 그름을 판단할 능력이 없거나 그 판단에 따른 행위를 할 능력이 없는 자의 질서위반행위는 과태료를 부과하지 아니한다.
② 심신장애로 인하여 제1항에 따른 능력이 미약한 자의 질서위반행위는 과태료를 감경한다.
③ 스스로 심신장애 상태를 일으켜 질서위반행위를 한 자에 대하여는 제1항 및 제2항을 적용하지 아니한다.

1. 질서위반행위

법률 또는 조례상의 의무를 위반하여 과태료를 부과하는 행위이다.

2. 고의 또는 과실

고의 또는 과실이 없는 위반행위는 과태료를 부과하지 아니한다.

3. 위법성의 착오

자신의 행위가 위법하지 아니한 것으로 오인하고 그 오인에 정당한 이유가 있는 때에 한하여 과태료를 부과하지 아니한다.

4. 책임연령

14세가 되지 아니한 자의 질서위반행위는 과태료를 부과하지 아니한다.

5. 심신장애

(1) 심신장애로 인하여 행위의 옳고 그름을 판단할 능력이 없거나 그 판단에 따른 행위를 할 능력이 없는 자의 질서위반행위는 과태료를 부과하지 아니한다.

(2) 심신장애로 인하여 능력이 미약한 자의 질서위반행위는 과태료를 감경한다.

(3) 스스로 심신장애 상태를 일으켜 질서위반행위를 한 자에 대하여는 심신장애를 적용하지 아니한다.

02 질서위반행위의 성립효과

제11조【법인의 처리 등】① 법인의 대표자, 법인 또는 개인의 대리인·사용인 및 그 밖의 종업원이 업무에 관하여 법인 또는 그 개인에게 부과된 법률상의 의무를 위반한 때에는 법인 또는 그 개인에게 과태료를 부과한다.
② 제7조부터 제10조까지의 규정은 「도로교통법」 제56조 제1항에 따른 고용주등을 같은 법 제160조 제3항에 따라 과태료를 부과하는 경우에는 적용하지 아니한다.

제12조【다수인의 질서위반행위 가담】① 2인 이상이 질서위반행위에 가담한 때에는 각자가 질서위반행위를 한 것으로 본다.
② 신분에 의하여 성립하는 질서위반행위에 신분이 없는 자가 가담한 때에는 신분이 없는 자에 대하여도 질서위반행위가 성립한다.
③ 신분에 의하여 과태료를 감경 또는 가중하거나 과태료를 부과하지 아니하는 때에는 그 신분의 효과는 신분이 없는 자에게는 미치지 아니한다.

제13조【수개의 질서위반행위의 처리】① 하나의 행위가 2 이상의 질서위반행위에 해당하는 경우에는 각 질서위반행위에 대하여 정한 과태료 중 가장 중한 과태료를 부과한다.
② 제1항의 경우를 제외하고 2 이상의 질서위반행위가 경합하는 경우에는 각 질서위반행위에 대하여 정한 과태료를 각각 부과한다. 다만, 다른 법령(지방자치단체의 조례를 포함한다. 이하 같다)에 특별한 규정이 있는 경우에는 그 법령으로 정하는 바에 따른다.

제14조【과태료의 산정】 행정청 및 법원은 과태료를 정함에 있어서 다음 각 호의 사항을 고려하여야 한다.
1. 질서위반행위의 동기·목적·방법·결과
2. 질서위반행위 이후의 당사자의 태도와 정황
3. 질서위반행위자의 연령·재산상태·환경
4. 그 밖에 과태료의 산정에 필요하다고 인정되는 사유

제15조【과태료의 시효】① 과태료는 행정청의 과태료 부과처분이나 법원의 과태료 재판이 확정된 후 5년간 징수하지 아니하거나 집행하지 아니하면 시효로 인하여 소멸한다.
② 제1항에 따른 소멸시효의 중단·정지 등에 관하여는 「국세기본법」 제28조를 준용한다.

1. 질서위반행위

법률 또는 조례상의 의무를 위반하여 과태료를 부과하는 행위이다.

2. 법인의 처리 등

종업원이 업무에 관하여 법인 또는 개인에게 부과된 법률상의 의무를 위반한 때에는 법인 또는 개인에게 과태료를 부과한다.

3. 다수인의 질서위반행위 가담

(1) 2인 이상이 질서위반행위에 가담한 때에는 각자가 질서위반행위를 한 것으로 본다.

(2) 신분에 의하여 성립하는 질서위반행위에 신분이 없는 자가 가담한 때에는 신분이 없는 자에 대하여도 질서위반행위가 성립한다.

(3) 신분에 의하여 과태료를 감경 또는 가중하는 경우 신분이 없는 자에게는 미치지 아니한다.

4. 수개의 질서위반행위의 처리

(1) 하나의 행위가 2 이상의 질서위반행위에 해당하는 경우에는 각 질서위반행위의 과태료 중 가장 중한 과태료를 부과한다.

(2) 다른 행위로 2 이상의 질서위반행위가 경합하는 경우에는 각 질서위반행위에 대하여 정한 과태료를 각각 부과한다.

5. 과태료의 시효

5년간 징수하지 아니하거나 집행하지 아니하면 시효로 소멸한다.

Chapter 03 행정청의 과태료 부과 및 징수

01 과태료 부과 절차

> [제4회]
> 행정청의 과태료 부과·징수 및 불복절차에 관하여 설명하시오. (20점)

제16조【사전통지 및 의견제출 등】① 행정청이 질서위반행위에 대하여 과태료를 부과하고자 하는 때에는 미리 당사자(제11조 제2항에 따른 고용주등을 포함한다. 이하 같다)에게 대통령령으로 정하는 사항을 통지하고, 10일 이상의 기간을 정하여 의견을 제출할 기회를 주어야 한다. 이 경우 지정된 기일까지 의견제출이 없는 경우에는 의견이 없는 것으로 본다.
② 당사자는 의견제출 기한 이내에 대통령령으로 정하는 방법에 따라 행정청에 의견을 진술하거나 필요한 자료를 제출할 수 있다.
③ 행정청은 제2항에 따라 당사자가 제출한 의견에 상당한 이유가 있는 경우에는 과태료를 부과하지 아니하거나 통지한 내용을 변경할 수 있다.

제17조【과태료의 부과】① 행정청은 제16조의 의견제출 절차를 마친 후에 서면(당사자가 동의하는 경우에는 전자문서를 포함한다. 이하 이 조에서 같다)으로 과태료를 부과하여야 한다.
② 제1항에 따른 서면에는 질서위반행위, 과태료 금액, 그 밖에 대통령령으로 정하는 사항을 명시하여야 한다.
③ 삭제

제19조【과태료 부과의 제척기간】① 행정청은 질서위반행위가 종료된 날(다수인이 질서위반행위에 가담한 경우에는 최종행위가 종료된 날을 말한다)부터 5년이 경과한 경우에는 해당 질서위반행위에 대하여 과태료를 부과할 수 없다.
② 제1항에도 불구하고 행정청은 제36조 또는 제44조에 따른 법원의 결정이 있는 경우에는 그 결정이 확정된 날부터 1년이 경과하기 전까지는 과태료를 정정부과 하는 등 해당 결정에 따라 필요한 처분을 할 수 있다.

제20조【이의제기】① 행정청의 과태료 부과에 불복하는 당사자는 제17조 제1항에 따른 과태료 부과 통지를 받은 날부터 60일 이내에 해당 행정청에 서면으로 이의제기를 할 수 있다.
② 제1항에 따른 이의제기가 있는 경우에는 행정청의 과태료 부과처분은 그 효력을 상실한다.
③ 당사자는 행정청으로부터 제21조 제3항에 따른 통지를 받기 전까지는 행정청에 대하여 서면으로 이의제기를 철회할 수 있다.

제21조【법원에의 통보】 ① 제20조 제1항에 따른 이의제기를 받은 행정청은 이의제기를 받은 날부터 14일 이내에 이에 대한 의견 및 증빙서류를 첨부하여 관할 법원에 통보하여야 한다. 다만, 다음 각 호의 어느 하나에 해당하는 경우에는 그러하지 아니하다.
1. 당사자가 이의제기를 철회한 경우
2. 당사자의 이의제기에 이유가 있어 과태료를 부과할 필요가 없는 것으로 인정되는 경우
② 행정청은 사실상 또는 법률상 같은 원인으로 말미암아 다수인에게 과태료를 부과할 필요가 있는 경우에는 다수인 가운데 1인에 대한 관할권이 있는 법원에 제1항에 따른 이의제기 사실을 통보할 수 있다.
③ 행정청이 제1항 및 제2항에 따라 관할 법원에 통보를 하거나 통보하지 아니하는 경우에는 그 사실을 즉시 당사자에게 통지하여야 한다.

제22조【질서위반행위의 조사】 ① 행정청은 질서위반행위가 발생하였다는 합리적 의심이 있어 그에 대한 조사가 필요하다고 인정할 때에는 대통령령으로 정하는 바에 따라 다음 각 호의 조치를 할 수 있다.
1. 당사자 또는 참고인의 출석 요구 및 진술의 청취
2. 당사자에 대한 보고 명령 또는 자료 제출의 명령
② 행정청은 질서위반행위가 발생하였다는 합리적 의심이 있어 그에 대한 조사가 필요하다고 인정할 때에는 그 소속 직원으로 하여금 당사자의 사무소 또는 영업소에 출입하여 장부·서류 또는 그 밖의 물건을 검사하게 할 수 있다.
③ 제2항에 따른 검사를 하고자 하는 행정청 소속 직원은 당사자에게 검사 개시 7일 전까지 검사 대상 및 검사 이유, 그 밖에 대통령령으로 정하는 사항을 통지하여야 한다. 다만, 긴급을 요하거나 사전통지의 경우 증거인멸 등으로 검사목적을 달성할 수 없다고 인정되는 때에는 그러하지 아니하다.
④ 제2항에 따라 검사를 하는 직원은 그 권한을 표시하는 증표를 지니고 이를 관계인에게 내보여야 한다.
⑤ 제1항 및 제2항에 따른 조치 또는 검사는 그 목적 달성에 필요한 최소한에 그쳐야 한다.

제23조【자료제공의 요청】 행정청은 과태료의 부과·징수를 위하여 필요한 때에는 관계 행정기관, 지방자치단체, 그 밖에 대통령령으로 정하는 공공기관(이하 "공공기관등"이라 한다)의 장에게 그 필요성을 소명하여 자료 또는 정보의 제공을 요청할 수 있으며, 그 요청을 받은 공공기관등의 장은 특별한 사정이 없는 한 이에 응하여야 한다.

1. 질서위반행위

법률 또는 조례상의 의무를 위반하여 과태료를 부과하는 행위이다.

2. 사전통지·의견제출

행정청은 미리 당사자에게 통지하고 10일 이상의 기간을 정하여 의견제출 기회를 주어야 한다. 지정된 기일까지 의견제출이 없는 경우에는 의견이 없는 것으로 본다. 행정청은 당사자의 의견에 상당한 이유가 있는 경우에는 과태료를 부과하지 아니하거나 변경할 수 있다.

3. 과태료의 부과

행정청은 서면으로 과태료를 부과하여야 한다.

4. 과태료 부과의 제척기간

행정청은 질서위반행위가 종료된 날부터 5년이 경과한 경우에는 해당 질서위반행위에 대하여 과태료를 부과할 수 없다. 행정청은 법원의 결정이 있는 경우에는 그 결정이 확정된 날부터 1년이 경과하기 전까지는 과태료를 정정부과 하는 등 필요한 처분을 할 수 있다.

5. 이의제기

당사자는 과태료 부과 통지를 받은 날부터 60일 이내에 해당 행정청에 서면으로 이의제기를 할 수 있다. 이의제기가 있으면 행정청의 과태료 부과처분은 그 효력을 상실한다.

6. 법원에의 통보

행정청은 이의제기를 받은 날부터 14일 이내에 이에 대한 의견 및 증빙서류를 첨부하여 관할 법원에 통보하여야 한다.

02 과태료 납부

> 제17조의2【신용카드 등에 의한 과태료의 납부】① 당사자는 과태료, 제24조에 따른 가산금, 중가산금 및 체납처분비를 대통령령으로 정하는 과태료 납부대행기관을 통하여 신용카드, 직불카드 등(이하 "신용카드등"이라 한다)으로 낼 수 있다.
> ② 제1항에 따라 신용카드등으로 내는 경우에는 과태료 납부대행기관의 승인일을 납부일로 본다.
> ③ 과태료 납부대행기관은 납부자로부터 신용카드등에 의한 과태료 납부대행 용역의 대가로 납부대행 수수료를 받을 수 있다.
> ④ 과태료 납부대행기관의 지정 및 운영, 납부대행 수수료에 관한 사항은 대통령령으로 정한다.
>
> 제18조【자진납부자에 대한 과태료 감경】① 행정청은 당사자가 제16조에 따른 의견제출 기한 이내에 과태료를 자진하여 납부하고자 하는 경우에는 대통령령으로 정하는 바에 따라 과태료를 감경할 수 있다.
> ② 당사자가 제1항에 따라 감경된 과태료를 납부한 경우에는 해당 질서위반행위에 대한 과태료 부과 및 징수절차는 종료한다.
>
> 제24조【가산금 징수 및 체납처분 등】① 행정청은 당사자가 납부기한까지 과태료를 납부하지 아니한 때에는 납부기한을 경과한 날부터 체납된 과태료에 대하여 100분의 3에 상당하는 가산금을 징수한다.
> ② 체납된 과태료를 납부하지 아니한 때에는 납부기한이 경과한 날부터 매 1개월이 경과할 때마다 체납된 과태료의 1천분의 12에 상당하는 가산금(이하 이 조에서 "중가산금"이라 한다)을 제1항에 따른 가산금에 가산하여 징수한다. 이 경우 중가산금을 가산하여 징수하는 기간은 60개월을 초과하지 못한다.
> ③ 행정청은 당사자가 제20조 제1항에 따른 기한 이내에 이의를 제기하지 아니하고 제1항에 따른 가산금을 납부하지 아니한 때에는 국세 또는 지방세 체납처분의 예에 따라 징수한다.

> **제24조의2 【상속재산 등에 대한 집행】** ① 과태료는 당사자가 과태료 부과처분에 대하여 이의를 제기하지 아니한 채 제20조 제1항에 따른 기한이 종료한 후 사망한 경우에는 그 상속재산에 대하여 집행할 수 있다.
> ② 법인에 대한 과태료는 법인이 과태료 부과처분에 대하여 이의를 제기하지 아니한 채 제20조 제1항에 따른 기한이 종료한 후 합병에 의하여 소멸한 경우에는 합병 후 존속한 법인 또는 합병에 의하여 설립된 법인에 대하여 집행할 수 있다.
> **제24조의4 【결손처분】** ① 행정청은 당사자에게 다음 각 호의 어느 하나에 해당하는 사유가 있을 경우에는 결손처분을 할 수 있다.
> 1. 제15조 제1항에 따라 과태료의 소멸시효가 완성된 경우
> 2. 체납자의 행방이 분명하지 아니하거나 재산이 없는 등 징수할 수 없다고 인정되는 경우로서 대통령령으로 정하는 경우
> ② 행정청은 제1항 제2호에 따라 결손처분을 한 후 압류할 수 있는 다른 재산을 발견하였을 때에는 지체 없이 그 처분을 취소하고 체납처분을 하여야 한다.

1. 자진납부자

행정청은 당사자가 의견제출 기한 이내에 과태료를 자진하여 납부하고자 하는 경우에는 과태료를 감경할 수 있다.

2. 납부기한의 위반

(1) 가산금

행정청은 당사자가 납부기한까지 과태료를 납부하지 아니한 때에는 납부기한을 경과한 날부터 체납된 과태료에 대하여 100분의 3에 상당하는 가산금을 징수한다.

(2) 중가산금

체납된 과태료를 납부하지 아니한 때에는 납부기한이 경과한 날부터 매 1개월이 경과할 때마다 체납된 과태료의 1천분의 12에 상당하는 중가산금을 가산금에 가산하여 징수한다. 이 경우 중가산금을 가산하여 징수하는 기간은 60개월을 초과하지 못한다.

(3) 체납처분

행정청은 당사자가 이의를 제기하지 아니하고 가산금을 납부하지 아니한 때에는 체납처분한다.

3. 결손처분

(1) 사유
① 과태료의 소멸시효가 완성된 경우
② 체납자의 행방이 분명하지 아니하거나 재산이 없는 등 징수할 수 없는 경우

(2) 취소
행정청은 결손처분을 한 후 압류할 수 있는 다른 재산을 발견하였을 때에는 지체 없이 그 처분을 취소하고 체납처분을 하여야 한다.

03 과태료의 징수유예등

> **제24조의3【과태료의 징수유예등】** ① 행정청은 당사자가 다음 각 호의 어느 하나에 해당하여 과태료(체납된 과태료와 가산금, 중가산금 및 체납처분비를 포함한다. 이하 이 조에서 같다)를 납부하기가 곤란하다고 인정되면 1년의 범위에서 대통령령으로 정하는 바에 따라 과태료의 분할납부나 납부기일의 연기(이하 "징수유예등"이라 한다)를 결정할 수 있다.
> 1. 「국민기초생활 보장법」에 따른 수급권자
> 2. 「국민기초생활 보장법」에 따른 차상위계층 중 다음 각 목의 대상자
>   가. 「의료급여법」에 따른 수급권자
>   나. 「한부모가족지원법」에 따른 지원대상자
>   다. 자활사업 참여자
> 3. 「장애인복지법」 제2조 제2항에 따른 장애인
> 4. 본인 외에는 가족을 부양할 사람이 없는 사람
> 5. 불의의 재난으로 피해를 당한 사람
> 6. 납부의무자 또는 그 동거 가족이 질병이나 중상해로 1개월 이상의 장기 치료를 받아야 하는 경우
> 7. 「채무자 회생 및 파산에 관한 법률」에 따른 개인회생절차개시결정자
> 8. 「고용보험법」에 따른 실업급여수급자
> 9. 그 밖에 제1호부터 제8호까지에 준하는 것으로서 대통령령으로 정하는 부득이한 사유가 있는 경우
> ② 제1항에 따라 징수유예등을 받으려는 당사자는 대통령령으로 정하는 바에 따라 이를 행정청에 신청할 수 있다.
> ③ 행정청은 제1항에 따라 징수유예등을 하는 경우 그 유예하는 금액에 상당하는 담보의 제공이나 제공된 담보의 변경을 요구할 수 있고, 그 밖에 담보보전에 필요한 명령을 할 수 있다.
> ④ 행정청은 제1항에 따른 징수유예등의 기간 중에는 그 유예한 과태료 징수금에 대하여 가산금, 중가산금의 징수 또는 체납처분(교부청구는 제외한다)을 할 수 없다.

> ⑤ 행정청은 다음 각 호의 어느 하나에 해당하는 경우 그 징수유예등을 취소하고, 유예된 과태료 징수금을 한꺼번에 징수할 수 있다. 이 경우 그 사실을 당사자에게 통지하여야 한다.
> 1. 과태료 징수금을 지정된 기한까지 납부하지 아니하였을 때
> 2. 담보의 제공이나 변경, 그 밖에 담보보전에 필요한 행정청의 명령에 따르지 아니하였을 때
> 3. 재산상황이나 그 밖의 사정의 변화로 유예할 필요가 없다고 인정될 때
> 4. 제1호부터 제3호까지에 준하는 대통령령으로 정하는 사유에 해당되어 유예한 기한까지 과태료 징수금의 전액을 징수할 수 없다고 인정될 때
> ⑥ 과태료 징수유예등의 방식과 절차, 그 밖에 징수유예등에 관하여 필요한 사항은 대통령령으로 정한다.

1. 개념

행정청은 당사자가 과태료를 납부하기가 곤란하다고 인정되면 1년의 범위에서 과태료의 분할납부나 납부기일의 연기를 결정할 수 있다.

2. 대상

(1) 「국민기초생활 보장법」에 따른 수급권자

(2) 「장애인복지법」에 따른 장애인

(3) 본인 외에는 가족을 부양할 사람이 없는 사람

(4) 불의의 재난으로 피해를 당한 사람

(5) 납부의무자 또는 그 동거 가족이 1개월 이상의 장기 치료를 받아야 하는 경우

(6) 개인회생절차개시결정자

(7) 「고용보험법」에 따른 실업급여수급자

3. 신청

징수유예등을 받으려는 당사자는 행정청에 징수유예를 신청할 수 있다.

4. 담보 제공 명령

행정청은 징수유예등을 하는 경우 그 유예하는 금액에 상당하는 담보의 제공이나 제공된 담보의 변경을 요구할 수 있고, 그 밖에 담보보전에 필요한 명령을 할 수 있다.

5. 제한

행정청은 징수유예등의 기간 중에는 가산금·중가산금의 징수 또는 체납처분을 할 수 없다.

6. 취소

행정청은 ① 과태료 징수금을 지정된 기한까지 납부하지 아니하였을 때, ② 행정청의 담보의 제공이나 변경 명령에 따르지 아니하였을 때, ③ 재산상황의 변화로 유예할 필요가 없다고 인정될 때에 해당하는 경우 그 징수유예등을 취소하고, 유예된 과태료 징수금을 한꺼번에 징수할 수 있다.

04 과태료 체납자에 대한 제재

[제8회]

관허사업의 제한과 고액·상습체납자에 대한 제재를 설명하시오. (20점)

[제11회]

관허사업을 경영하고 있는 과태료 체납자에 대한 제재에 관하여 설명하시오. (20점)

> 제51조【자료제출 요구】법무부장관은 과태료 징수 관련 통계 작성 등 이 법의 운용과 관련하여 필요한 경우에는 중앙행정기관의 장이나 그 밖의 관계 기관의 장에게 과태료 징수 현황 등에 관한 자료의 제출을 요구할 수 있다.
>
> 제52조【관허사업의 제한】① 행정청은 허가·인가·면허·등록 및 갱신(이하 "허가등"이라 한다)을 요하는 사업을 경영하는 자로서 다음 각 호의 사유에 모두 해당하는 체납자에 대하여는 사업의 정지 또는 허가등의 취소를 할 수 있다.
> 1. 해당 사업과 관련된 질서위반행위로 부과받은 과태료를 3회 이상 체납하고 있고, 체납발생일부터 각 1년이 경과하였으며, 체납금액의 합계가 500만 원 이상인 체납자 중 대통령령으로 정하는 횟수와 금액 이상을 체납한 자
> 2. 천재지변이나 그 밖의 중대한 재난 등 대통령령으로 정하는 특별한 사유 없이 과태료를 체납한 자
> ② 허가등을 요하는 사업의 주무관청이 따로 있는 경우에는 행정청은 당해 주무관청에 대하여 사업의 정지 또는 허가등의 취소를 요구할 수 있다.
> ③ 행정청은 제1항 또는 제2항에 따라 사업의 정지 또는 허가등을 취소하거나 주무관청에 대하여 그 요구를 한 후 당해 과태료를 징수한 때에는 지체 없이 사업의 정지 또는 허가등의 취소나 그 요구를 철회하여야 한다.
> ④ 제2항에 따른 행정청의 요구가 있는 때에는 당해 주무관청은 정당한 사유가 없는 한 이에 응하여야 한다.

제53조【신용정보의 제공 등】① 행정청은 과태료 징수 또는 공익목적을 위하여 필요한 경우「국세징수법」제110조를 준용하여「신용정보의 이용 및 보호에 관한 법률」제25조 제2항 제1호에 따른 종합신용정보집중기관의 요청에 따라 체납 또는 결손처분자료를 제공할 수 있다. 이 경우「국세징수법」제110조를 준용할 때 "체납자"는 "체납자 또는 결손처분자"로, "체납자료"는 "체납 또는 결손처분 자료"로 본다.
② 행정청은 당사자에게 과태료를 납부하지 아니할 경우에는 체납 또는 결손처분자료를 제1항의 신용정보집중기관에게 제공할 수 있음을 미리 알려야 한다.
③ 행정청은 제1항에 따라 체납 또는 결손처분자료를 제공한 경우에는 대통령령으로 정하는 바에 따라 해당 체납자에게 그 제공사실을 통보하여야 한다.

제54조【고액·상습체납자에 대한 제재】① 법원은 검사의 청구에 따라 결정으로 30일의 범위 이내에서 과태료의 납부가 있을 때까지 다음 각 호의 사유에 모두 해당하는 경우 체납자(법인인 경우에는 대표자를 말한다. 이하 이 조에서 같다)를 감치(監置)에 처할 수 있다.
1. 과태료를 3회 이상 체납하고 있고, 체납발생일부터 각 1년이 경과하였으며, 체납금액의 합계가 1천만원 이상인 체납자 중 대통령령으로 정하는 횟수와 금액 이상을 체납한 경우
2. 과태료 납부능력이 있음에도 불구하고 정당한 사유 없이 체납한 경우
② 행정청은 과태료 체납자가 제1항 각 호의 사유에 모두 해당하는 경우에는 관할 지방검찰청 또는 지청의 검사에게 체납자의 감치를 신청할 수 있다.
③ 제1항의 결정에 대하여는 즉시항고를 할 수 있다.
④ 제1항에 따라 감치에 처하여진 과태료 체납자는 동일한 체납사실로 인하여 재차 감치되지 아니한다.
⑤ 제1항에 따른 감치에 처하는 재판 절차 및 그 집행, 그 밖에 필요한 사항은 대법원규칙으로 정한다.

제55조【자동차 관련 과태료 체납자에 대한 자동차 등록번호판의 영치】① 행정청은「자동차관리법」제2조 제1호에 따른 자동차의 운행·관리 등에 관한 질서위반행위 중 대통령령으로 정하는 질서위반행위로 부과받은 과태료(이하 "자동차 관련 과태료"라 한다)를 납부하지 아니한 자에 대하여 체납된 자동차 관련 과태료와 관계된 그 소유의 자동차의 등록번호판을 영치할 수 있다.
② 자동차 등록업무를 담당하는 주무관청이 아닌 행정청이 제1항에 따라 등록번호판을 영치한 경우에는 지체 없이 주무관청에 등록번호판을 영치한 사실을 통지하여야 한다.
③ 자동차 관련 과태료를 납부하지 아니한 자가 체납된 자동차 관련 과태료를 납부한 경우 행정청은 영치한 자동차 등록번호판을 즉시 내주어야 한다.
④ 행정청은 제1항에 따라 자동차의 등록번호판이 영치된 당사자가 해당 자동차를 직접적인 생계유지 목적으로 사용하고 있어 자동차 등록번호판을 영치할 경우 생계유지가 곤란하다고 인정되는 경우 자동차 등록번호판을 내주고 영치를 일시 해제할 수 있다. 다만, 그 밖의 다른 과태료를 체납하고 있는 당사자에 대하여는 그러하지 아니하다.
⑤ 제1항부터 제4항까지에서 규정한 사항 외에 자동차 등록번호판 영치의 요건·방법·절차, 영치 해제의 요건·방법·절차 및 영치 일시 해제의 기간·요건·방법·절차에 관하여 필요한 사항은 대통령령으로 정한다.

제56조【자동차 관련 과태료 납부증명서의 제출】자동차 관련 과태료와 관계된 자동차가 그 자동차 관련 과태료의 체납으로 인하여 압류등록된 경우 그 자동차에 대하여 소유권 이전등록을 하려는 자는 압류등록의 원인이 된 자동차 관련 과태료(제24조에 따른 가산금 및 중가산금을 포함한다)를 납부한 증명서를 제출하여야 한다. 다만,「전자정부법」제36조 제1항에 따른 행정정보의 공동이용을 통하여 납부사실을 확인할 수 있는 경우에는 그러하지 아니하다.

1. 관허사업의 제한

(1) 개념
행정청은 과태료 체납자 중 허가등을 요하는 사업을 경영하는 자에 대하여는 사업의 정지 또는 허가등의 취소를 할 수 있다.

(2) 요건
특별한 사유 없이 해당 사업과 관련된 과태료를 ① 3회 이상 체납하고 있고, ② 체납발생일부터 각 1년 경과하였으며, ③ 체납금액의 합계가 500만 원 이상인 체납자

(3) 절차
① 사업의 주무관청이 따로 있는 경우에는 행정청은 당해 주무관청에 대하여 사업의 정지 또는 허가등의 취소를 요구할 수 있다.
② 행정청은 당해 과태료를 징수한 때에는 지체 없이 사업의 정지 또는 허가등의 취소나 그 요구를 철회하여야 한다.

2. 고액·상습체납자에 대한 제재

(1) 감치
법원은 30일의 범위 이내에서 고액·상습체납자(법인인 경우에는 대표자)를 감치에 처할 수 있다.

(2) 요건
과태료 납부능력이 있음에도 불구하고 정당한 사유 없이 ① 3회 이상 체납하고 있고, ② 체납발생일부터 각 1년 경과하였으며, ③ 체납금액의 합계가 1천만 원 이상인 체납자

(3) 절차
① 감치 결정에 대하여는 즉시항고를 할 수 있다.
② 감치에 처하여진 과태료 체납자는 동일한 체납사실로 인하여 재차 감치되지 아니한다.

3. 자동차 관련 과태료 체납자

(1) 자동차 등록번호판의 영치

행정청은 자동차 관련 과태료를 납부하지 아니한 자에 대하여 체납된 자동차 관련 과태료와 관계된 그 소유의 자동차의 등록번호판을 영치할 수 있다.

(2) 영치 일시 해제

해당 자동차를 직접적인 생계유지 목적으로 사용하고 있어 생계유지가 곤란하다고 인정되는 경우 영치를 일시 해제할 수 있다. 다만, 그 밖의 다른 과태료를 체납하고 있는 당사자에 대하여는 그러하지 아니하다.

(3) 소유권 이전등록

자동차 관련 과태료의 체납으로 인하여 압류등록된 자동차에 대하여 소유권 이전등록을 하려는 자는 압류등록의 원인이 된 자동차 관련 과태료를 납부한 증명서를 제출하여야 한다.

Chapter 04 질서위반행위의 재판 및 집행

01 과태료 재판

제25조 【관할 법원】 과태료 사건은 다른 법령에 특별한 규정이 있는 경우를 제외하고는 당사자의 주소지의 지방법원 또는 그 지원의 관할로 한다.

제26조 【관할의 표준이 되는 시기】 법원의 관할은 행정청이 제21조 제1항 및 제2항에 따라 이의제기 사실을 통보한 때를 표준으로 정한다.

제27조 【관할위반에 따른 이송】 ① 법원은 과태료 사건의 전부 또는 일부에 대하여 관할권이 없다고 인정하는 경우에는 결정으로 이를 관할 법원으로 이송한다.
② 당사자 또는 검사는 이송결정에 대하여 즉시항고를 할 수 있다.

제28조 【준용규정】 「비송사건절차법」 제2조부터 제4조까지, 제6조, 제7조, 제10조(인증과 감정을 제외한다) 및 제24조부터 제26조까지의 규정은 이 법에 따른 과태료 재판(이하 "과태료 재판"이라 한다)에 준용한다.

제29조 【법원직원의 제척 등】 법원직원의 제척·기피 및 회피에 관한 「민사소송법」의 규정은 과태료 재판에 준용한다.

제30조 【행정청 통보사실의 통지】 법원은 제21조 제1항 및 제2항에 따른 행정청의 통보가 있는 경우 이를 즉시 검사에게 통지하여야 한다.

제31조 【심문 등】 ① 법원은 심문기일을 열어 당사자의 진술을 들어야 한다.
② 법원은 검사의 의견을 구하여야 하고, 검사는 심문에 참여하여 의견을 진술하거나 서면으로 의견을 제출하여야 한다.
③ 법원은 당사자 및 검사에게 제1항에 따른 심문기일을 통지하여야 한다.

제32조 【행정청에 대한 출석 요구 등】 ① 법원은 행정청의 참여가 필요하다고 인정하는 때에는 행정청으로 하여금 심문기일에 출석하여 의견을 진술하게 할 수 있다.
② 행정청은 법원의 허가를 받아 소속 공무원으로 하여금 심문기일에 출석하여 의견을 진술하게 할 수 있다.

제33조 【직권에 의한 사실탐지와 증거조사】 ① 법원은 직권으로 사실의 탐지와 필요하다고 인정하는 증거의 조사를 하여야 한다.
② 제1항의 증거조사에 관하여는 「민사소송법」에 따른다.

제34조 【촉탁할 수 있는 사항】 사실탐지·소환 및 고지에 관한 행위는 촉탁할 수 있다.

제35조 【조서의 작성】 법원서기관·법원사무관·법원주사 또는 법원주사보(이하 "법원사무관등"이라 한다)는 증인 또는 감정인의 심문에 관하여는 조서를 작성하고, 그 밖의 심문에 관하여는 필요하다고 인정하는 경우에 한하여 조서를 작성한다.

제36조 【재판】 ① 과태료 재판은 이유를 붙인 결정으로써 한다.
② 결정서의 원본에는 판사가 서명날인하여야 한다. 다만, 제20조 제1항에 따른 이의제기서 또는 조서에 재판에 관한 사항을 기재하고 판사가 이에 서명날인함으로써 원본에 갈음할 수 있다.
③ 결정서의 정본과 등본에는 법원사무관등이 기명날인하고, 정본에는 법원인을 찍어야 한다.
④ 제2항의 서명날인은 기명날인으로 갈음할 수 있다.

제37조 【결정의 고지】 ① 결정은 당사자와 검사에게 고지함으로써 효력이 생긴다.
② 결정의 고지는 법원이 적당하다고 인정하는 방법으로 한다. 다만, 공시송달을 하는 경우에는 「민사소송법」에 따라야 한다.
③ 법원사무관등은 고지의 방법·장소와 연월일을 결정서의 원본에 부기하고 이에 날인하여야 한다.

제38조 【항고】 ① 당사자와 검사는 과태료 재판에 대하여 즉시항고를 할 수 있다. 이 경우 항고는 집행정지의 효력이 있다
② 검사는 필요한 경우에는 제1항에 따른 즉시항고 여부에 대한 행정청의 의견을 청취할 수 있다.

제39조 【항고법원의 재판】 항고법원의 과태료 재판에는 이유를 적어야 한다.

제40조 【항고의 절차】 「민사소송법」의 항고에 관한 규정은 특별한 규정이 있는 경우를 제외하고는 이 법에 따른 항고에 준용한다.

제41조 【재판비용】 ① 과태료 재판절차의 비용은 과태료에 처하는 선고가 있는 경우에는 그 선고를 받은 자의 부담으로 하고, 그 외의 경우에는 국고의 부담으로 한다.
② 항고법원이 당사자의 신청을 인정하는 과태료 재판을 한 때에는 항고절차의 비용과 전심에서 당사자의 부담이 된 비용은 국고의 부담으로 한다.

제42조 【과태료 재판의 집행】 ① 과태료 재판은 검사의 명령으로써 집행한다. 이 경우 그 명령은 집행력 있는 집행권원과 동일한 효력이 있다.
② 과태료 재판의 집행절차는 「민사집행법」에 따르거나 국세 또는 지방세 체납처분의 예에 따른다. 다만, 「민사집행법」에 따를 경우에는 집행을 하기 전에 과태료 재판의 송달은 하지 아니한다.
③ 과태료 재판의 집행에 대하여는 제24조 및 제24조의2를 준용한다. 이 경우 제24조의2 제1항 및 제2항 중 "과태료 부과처분에 대하여 이의를 제기하지 아니한 채 제20조 제1항에 따른 기한이 종료한 후"는 "과태료 재판이 확정된 후"로 본다.
④ 검사는 제1항부터 제3항까지의 규정에 따른 과태료 재판을 집행한 경우 그 결과를 해당 행정청에 통보하여야 한다.

제43조 【과태료 재판 집행의 위탁】 ① 검사는 과태료를 최초 부과한 행정청에 대하여 과태료 재판의 집행을 위탁할 수 있고, 위탁을 받은 행정청은 국세 또는 지방세 체납처분의 예에 따라 집행한다.
② 지방자치단체의 장이 제1항에 따라 집행을 위탁받은 경우에는 그 집행한 금원(金員)은 당해 지방자치단체의 수입으로 한다.

1. 심리

(1) 법원은 심문기일을 열어 당사자의 진술을 들어야 한다.

(2) 법원은 검사의 의견을 구하여야 하고, 검사는 심문에 참여하여 의견을 진술하거나 서면으로 의견을 제출하여야 한다.

(3) 법원은 행정청의 참여가 필요하다고 인정하는 때에는 행정청으로 하여금 심문기일에 출석하여 의견을 진술하게 할 수 있다.

(4) 법원은 직권으로 사실의 탐지와 필요하다고 인정하는 증거의 조사를 하여야 한다.

2. 재판

과태료 재판은 이유를 붙인 결정으로써 한다.

3. 항고

당사자와 검사는 과태료 재판에 대하여 즉시항고를 할 수 있다. 이 경우 항고는 집행정지의 효력이 있다.

4. 과태료 재판의 집행

과태료 재판은 검사의 명령으로써 집행한다.

02 약식재판

[제12회]

약식재판에 대한 이의신청을 설명하시오. (20점)

제44조【약식재판】법원은 상당하다고 인정하는 때에는 제31조 제1항에 따른 심문 없이 과태료 재판을 할 수 있다.

제45조【이의신청】① 당사자와 검사는 제44조에 따른 약식재판의 고지를 받은 날부터 7일 이내에 이의신청을 할 수 있다.
② 검사는 필요한 경우에는 제1항에 따른 이의신청 여부에 대하여 행정청의 의견을 청취할 수 있다.
③ 제1항의 기간은 불변기간으로 한다.
④ 당사자와 검사가 책임질 수 없는 사유로 제1항의 기간을 지킬 수 없었던 경우에는 그 사유가 없어진 날부터 14일 이내에 이의신청을 할 수 있다. 다만, 그 사유가 없어질 당시 외국에 있던 당사자에 대하여는 그 기간을 30일로 한다.

제46조【이의신청 방식】① 이의신청은 대통령령으로 정하는 이의신청서를 제44조에 따른 약식재판을 한 법원에 제출함으로써 한다.
② 법원은 제1항에 따른 이의신청이 있은 때에는 이의신청의 상대방에게 이의신청서 부본을 송달하여야 한다.

제47조【이의신청 취하】① 이의신청을 한 당사자 또는 검사는 정식재판 절차에 따른 결정을 고지받기 전까지 이의신청을 취하할 수 있다.
② 이의신청의 취하는 대통령령으로 정하는 이의신청취하서를 제46조 제1항에 따른 법원에 제출함으로써 한다. 다만, 심문기일에는 말로 할 수 있다.
③ 법원은 제46조 제2항에 따라 이의신청서 부본을 송달한 뒤에 제1항에 따른 이의신청의 취하가 있은 때에는 그 상대방에게 이의신청취하서 부본을 송달하여야 한다.

제48조【이의신청 각하】① 법원은 이의신청이 법령상 방식에 어긋나거나 이의신청권이 소멸된 뒤의 것임이 명백한 경우에는 결정으로 이를 각하하여야 한다. 다만, 그 흠을 보정할 수 있는 경우에는 그러하지 아니하다.
② 제1항의 결정에 대하여는 즉시항고를 할 수 있다.

제49조【약식재판의 확정】약식재판은 다음 각 호의 어느 하나에 해당하는 때에 확정된다.
1. 제45조에 따른 기간 이내에 이의신청이 없는 때
2. 이의신청에 대한 각하결정이 확정된 때
3. 당사자 또는 검사가 이의신청을 취하한 때

제50조【이의신청에 따른 정식재판 절차로의 이행】① 법원이 이의신청이 적법하다고 인정하는 때에는 약식재판은 그 효력을 잃는다.
② 제1항의 경우 법원은 제31조 제1항에 따른 심문을 거쳐 다시 재판하여야 한다.

1. 의의

법원이 심문 없이 행하는 과태료 재판을 의미한다.

2. 이의신청

(1) 신청 기간

당사자와 검사는 약식재판의 고지를 받은 날부터 7일 이내에 이의신청을 할 수 있다. 이때의 기간은 불변기간이다.

(2) 신청 방식

당사자와 검사는 약식재판을 한 법원에 이의신청서를 제출하며, 법원은 이의신청의 상대방에게 이의신청서 부본을 송달하여야 한다.

3. 이의신청 취하

(1) 이의신청을 한 당사자 또는 검사는 정식재판 절차에 따른 결정을 고지받기 전까지 이의신청을 취하할 수 있다.

(2) 이의신청의 취하는 이의신청취하서를 법원에 제출함으로써 한다. 다만, 심문기일에는 말로 할 수 있다.

4. 이의신청 각하

법원은 이의신청이 법령상 방식에 어긋나거나 이의신청권이 소멸된 뒤의 것임이 명백한 경우에는 결정으로 이를 각하하여야 한다.

5. 약식재판의 확정

(1) 이의신청 기간 이내에 이의신청이 없는 때

(2) 이의신청에 대한 각하결정이 확정된 때

(3) 당사자 또는 검사가 이의신청을 취하한 때

6. 정식재판 절차로의 이행

법원이 이의신청이 적법하다고 인정하는 때에는 약식재판은 그 효력을 상실하며, 법원은 심문을 거쳐 다시 재판하여야 한다.

Chapter 01 총칙
Chapter 02 조사계획의 수립 및 조사대상의 선정
Chapter 03 조사방법
Chapter 04 조사실시
Chapter 05 자율관리체제

PART

04

행정조사기본법

Chapter 01 총칙

01 행정조사 일반론

제1조 【목적】 이 법은 행정조사에 관한 기본원칙·행정조사의 방법 및 절차 등에 관한 공통적인 사항을 규정함으로써 행정의 공정성·투명성 및 효율성을 높이고, 국민의 권익을 보호함을 목적으로 한다.

제2조 【정의】 이 법에서 사용하는 용어의 정의는 다음과 같다.
1. "행정조사"란 행정기관이 정책을 결정하거나 직무를 수행하는 데 필요한 정보나 자료를 수집하기 위하여 현장조사·문서열람·시료채취 등을 하거나 조사대상자에게 보고요구·자료제출요구 및 출석·진술요구를 행하는 활동을 말한다.
2. "행정기관"이란 법령 및 조례·규칙(이하 "법령등"이라 한다)에 따라 행정권한이 있는 기관과 그 권한을 위임 또는 위탁받은 법인·단체 또는 그 기관이나 개인을 말한다.
3. "조사원"이란 행정조사업무를 수행하는 행정기관의 공무원·직원 또는 개인을 말한다.
4. "조사대상자"란 행정조사의 대상이 되는 법인·단체 또는 그 기관이나 개인을 말한다.

제3조 【적용범위】 ① 행정조사에 관하여 다른 법률에 특별한 규정이 있는 경우를 제외하고는 이 법으로 정하는 바에 따른다.
② 다음 각 호의 어느 하나에 해당하는 사항에 대하여는 이 법을 적용하지 아니한다.
1. 행정조사를 한다는 사실이나 조사내용이 공개될 경우 국가의 존립을 위태롭게 하거나 국가의 중대한 이익을 현저히 해칠 우려가 있는 국가안전보장·통일 및 외교에 관한 사항
2. 국방 및 안전에 관한 사항 중 다음 각 목의 어느 하나에 해당하는 사항
    가. 군사시설·군사기밀보호 또는 방위사업에 관한 사항
    나. 「병역법」·「예비군법」·「민방위기본법」·「비상대비에 관한 법률」·「재난관리자원의 관리 등에 관한 법률」에 따른 징집·소집·동원 및 훈련에 관한 사항
3. 「공공기관의 정보공개에 관한 법률」 제4조 제3항의 정보에 관한 사항
4. 「근로기준법」 제101조에 따른 근로감독관의 직무에 관한 사항
5. 조세·형사·행형 및 보안처분에 관한 사항
6. 금융감독기관의 감독·검사·조사 및 감리에 관한 사항
7. 「독점규제 및 공정거래에 관한 법률」, 「표시·광고의 공정화에 관한 법률」, 「하도급거래 공정화에 관한 법률」, 「가맹사업거래의 공정화에 관한 법률」, 「방문판매 등에 관한 법률」, 「전자상거래 등에서의 소비자보호에 관한 법률」, 「약관의 규제에 관한 법률」 및 「할부거래에 관한 법률」에 따른 공정거래위원회의 법률위반행위 조사에 관한 사항
③ 제2항에도 불구하고 제4조(행정조사의 기본원칙), 제5조(행정조사의 근거) 및 제28조(정보통신수단을 통한 행정조사)는 제2항 각 호의 사항에 대하여 적용한다.

02 행정조사의 근거와 기본원칙

[제1회]
행정조사의 기본원칙(20점)

[제7회]
행정조사의 기본원칙 및 위법한 행정조사에 기초한 행정행위의 효력(20점)

> **제4조【행정조사의 기본원칙】** ① 행정조사는 조사목적을 달성하는 데 필요한 최소한의 범위 안에서 실시하여야 하며, 다른 목적 등을 위하여 조사권을 남용하여서는 아니 된다.
> ② 행정기관은 조사목적에 적합하도록 조사대상자를 선정하여 행정조사를 실시하여야 한다.
> ③ 행정기관은 유사하거나 동일한 사안에 대하여는 공동조사 등을 실시함으로써 행정조사가 중복되지 아니하도록 하여야 한다.
> ④ 행정조사는 법령등의 위반에 대한 처벌보다는 법령등을 준수하도록 유도하는 데 중점을 두어야 한다.
> ⑤ 다른 법률에 따르지 아니하고는 행정조사의 대상자 또는 행정조사의 내용을 공표하거나 직무상 알게 된 비밀을 누설하여서는 아니 된다.
> ⑥ 행정기관은 행정조사를 통하여 알게 된 정보를 다른 법률에 따라 내부에서 이용하거나 다른 기관에 제공하는 경우를 제외하고는 원래의 조사목적 이외의 용도로 이용하거나 타인에게 제공하여서는 아니 된다.
> **제5조【행정조사의 근거】** 행정기관은 법령등에서 행정조사를 규정하고 있는 경우에 한하여 행정조사를 실시할 수 있다. 다만, 조사대상자의 자발적인 협조를 얻어 실시하는 행정조사의 경우에는 그러하지 아니하다.

1. 행정조사

행정조사란 행정기관이 정책을 결정하거나 직무를 수행하는 데 필요한 정보나 자료를 수집하는 활동을 말한다.

2. 행정조사의 근거

행정기관은 법령등에서 행정조사를 규정하고 있는 경우에 한하여 행정조사를 실시할 수 있다. 다만, 조사대상자의 자발적인 협조를 얻어 실시하는 행정조사의 경우에는 그러하지 아니하다.

3. 행정조사의 기본원칙

(1) 행정조사는 필요한 최소한의 범위 안에서 실시하여야 하며, 조사권을 남용하여서는 아니 된다.

(2) 행정기관은 조사목적에 적합하도록 조사대상자를 선정하여야 한다.

(3) 행정기관은 공동조사 등을 실시함으로써 행정조사가 중복되지 아니하도록 하여야 한다.

(4) 행정조사는 법령등을 준수하도록 유도하는 데 중점을 두어야 한다.

(5) 행정조사의 내용을 공표하거나 직무상 알게 된 비밀을 누설하여서는 아니 된다.

(6) 행정조사를 통하여 알게 된 정보를 원래의 조사목적 이외의 용도로 이용하거나 타인에게 제공하여서는 아니 된다.

03 위법한 행정조사에 기초한 행정행위의 효력

[제7회]
행정조사의 기본원칙 및 위법한 행정조사에 기초한 행정행위의 효력 (20점)

[제13회]
동의를 얻지 않은 채혈에 근거한 운전면허취소처분이 적법한지 검토하시오. (20점)

1. 행정조사

행정조사란 행정기관이 정책을 결정하거나 직무를 수행하는 데 필요한 정보나 자료를 수집하는 활동을 말한다.

2. 견해의 대립

행정의 효율성을 강조하는 입장에서 행정조사는 행정행위의 준비작용일 뿐 반드시 행정행위 결정의 선행요건으로 볼 수는 없다는 승계부정설과 행정조사는 전체적으로 하나의 행정과정을 구성하고 있으므로 행정조사에 중대한 위법사유가 있으면 곧 행정행위도 위법하다는 승계긍정설이 대립한다.

3. 검토

행정조사와 그에 기초한 행정행위는 별개라 할지라도 밀접한 관련성을 가지므로, 국민의 권익을 보호하는 입장에서 행정조사의 위법성은 행정행위에도 원칙적으로 승계된다고 보는 것이 타당하다.

Chapter 02 조사계획의 수립 및 조사대상의 선정

01 행정조사운영계획

제6조【연도별 행정조사운영계획의 수립 및 제출】① 행정기관의 장은 매년 12월 말까지 다음 연도의 행정조사운영계획을 수립하여 국무조정실장에게 제출하여야 한다. 다만, 행정조사운영계획을 제출해야 하는 행정기관의 구체적인 범위는 대통령령으로 정한다.
② 행정기관의 장이 행정조사운영계획을 수립하는 때에는 제4조에 따른 행정조사의 기본원칙에 따라야 한다.
③ 제1항에 따른 행정조사운영계획에는 조사의 종류·조사방법·공동조사 실시계획·중복조사 방지계획, 그 밖에 대통령령으로 정하는 사항이 포함되어야 한다.
④ 국무조정실장은 행정기관의 장이 제출한 행정조사운영계획을 검토한 후 그에 대한 보완을 요청할 수 있다. 이 경우 행정기관의 장은 특별한 사정이 없는 한 이에 응하여야 한다.

02 조사의 주기와 대상자

[제10회]
수시조사와 중복조사 제한에 관하여 설명하시오. (20점)

제7조【조사의 주기】행정조사는 법령등 또는 행정조사운영계획으로 정하는 바에 따라 정기적으로 실시함을 원칙으로 한다. 다만, 다음 각 호 중 어느 하나에 해당하는 경우에는 수시조사를 할 수 있다.
1. 법률에서 수시조사를 규정하고 있는 경우
2. 법령등의 위반에 대하여 혐의가 있는 경우
3. 다른 행정기관으로부터 법령등의 위반에 관한 혐의를 통보 또는 이첩받은 경우
4. 법령등의 위반에 대한 신고를 받거나 민원이 접수된 경우
5. 그 밖에 행정조사의 필요성이 인정되는 사항으로서 대통령령으로 정하는 경우

제8조【조사대상의 선정】① 행정기관의 장은 행정조사의 목적, 법령준수의 실적, 자율적인 준수를 위한 노력, 규모와 업종 등을 고려하여 명백하고 객관적인 기준에 따라 행정조사의 대상을 선정하여야 한다.
② 조사대상자는 조사대상 선정기준에 대한 열람을 행정기관의 장에게 신청할 수 있다.

> ③ 행정기관의 장이 제2항에 따라 열람신청을 받은 때에는 다음 각 호의 어느 하나에 해당하는 경우를 제외하고 신청인이 조사대상 선정기준을 열람할 수 있도록 하여야 한다.
> 1. 행정기관이 당해 행정조사업무를 수행할 수 없을 정도로 조사활동에 지장을 초래하는 경우
> 2. 내부고발자 등 제3자에 대한 보호가 필요한 경우
> ④ 제2항 및 제3항에 따른 행정조사 대상 선정기준의 열람방법이나 그 밖에 행정조사 대상 선정기준의 열람에 관하여 필요한 사항은 대통령령으로 정한다.

1. 행정조사

행정조사란 행정기관이 정책을 결정하거나 직무를 수행하는 데 필요한 정보나 자료를 수집하는 활동을 말한다.

2. 조사의 주기

(1) 정기조사

법령등 또는 행정조사운영계획으로 정하는 바에 따라 정기적으로 실시함을 원칙으로 한다.

(2) 수시조사 실시사유

① 법률에서 수시조사를 규정하고 있는 경우
② 법령등의 위반에 대하여 혐의가 있는 경우
③ 다른 행정기관으로부터 법령등의 위반에 관한 혐의를 통보 또는 이첩받은 경우
④ 법령등의 위반에 대한 신고를 받거나 민원이 접수된 경우

3. 조사대상의 선정

(1) 기본원칙

행정기관은 조사목적에 적합하도록 조사대상자를 선정하여야 한다.

(2) 선정 기준

행정기관의 장은 명백하고 객관적인 기준에 따라 행정조사의 대상을 선정하여야 한다.

(3) 열람 신청

조사대상자는 조사대상 선정기준에 대한 열람을 행정기관의 장에게 신청할 수 있다.

(4) 열람 거절 사유

① 행정조사업무를 수행할 수 없을 정도로 조사활동에 방해
② 내부고발자 등 제3자에 대한 보호가 필요한 경우

Chapter 03 조사방법

> [제8회]
> 행정조사 방법에 관하여 설명하시오. (20점)

01 일반적인 조사방법

> [제6회]
> 현장조사의 절차 및 제한에 관하여 설명하시오. (20점)

제9조【출석·진술 요구】 ① 행정기관의 장이 조사대상자의 출석·진술을 요구하는 때에는 다음 각 호의 사항이 기재된 출석요구서를 발송하여야 한다.
1. 일시와 장소
2. 출석요구의 취지
3. 출석하여 진술하여야 하는 내용
4. 제출자료
5. 출석거부에 대한 제재(근거 법령 및 조항 포함)
6. 그 밖에 당해 행정조사와 관련하여 필요한 사항

② 조사대상자는 지정된 출석일시에 출석하는 경우 업무 또는 생활에 지장이 있는 때에는 행정기관의 장에게 출석일시를 변경하여 줄 것을 신청할 수 있으며, 변경신청을 받은 행정기관의 장은 행정조사의 목적을 달성할 수 있는 범위 안에서 출석일시를 변경할 수 있다.

③ 출석한 조사대상자가 제1항에 따른 출석요구서에 기재된 내용을 이행하지 아니하여 행정조사의 목적을 달성할 수 없는 경우를 제외하고는 조사원은 조사대상자의 1회 출석으로 당해 조사를 종결하여야 한다.

제10조【보고요구와 자료제출의 요구】 ① 행정기관의 장은 조사대상자에게 조사사항에 대하여 보고를 요구하는 때에는 다음 각 호의 사항이 포함된 보고요구서를 발송하여야 한다.
1. 일시와 장소
2. 조사의 목적과 범위
3. 보고하여야 하는 내용
4. 보고거부에 대한 제재(근거법령 및 조항 포함)
5. 그 밖에 당해 행정조사와 관련하여 필요한 사항

② 행정기관의 장은 조사대상자에게 장부·서류나 그 밖의 자료를 제출하도록 요구하는 때에는 다음 각 호의 사항이 기재된 자료제출요구서를 발송하여야 한다.
1. 제출기간
2. 제출요청사유
3. 제출서류
4. 제출서류의 반환 여부
5. 제출거부에 대한 제재(근거 법령 및 조항 포함)
6. 그 밖에 당해 행정조사와 관련하여 필요한 사항

제11조【현장조사】① 조사원이 가택·사무실 또는 사업장 등에 출입하여 현장조사를 실시하는 경우에는 행정기관의 장은 다음 각 호의 사항이 기재된 현장출입조사서 또는 법령등에서 현장조사시 제시하도록 규정하고 있는 문서를 조사대상자에게 발송하여야 한다.
1. 조사목적
2. 조사기간과 장소
3. 조사원의 성명과 직위
4. 조사범위와 내용
5. 제출자료
6. 조사거부에 대한 제재(근거 법령 및 조항 포함)
7. 그 밖에 당해 행정조사와 관련하여 필요한 사항
② 제1항에 따른 현장조사는 해가 뜨기 전이나 해가 진 뒤에는 할 수 없다. 다만, 다음 각 호의 어느 하나에 해당하는 경우에는 그러하지 아니하다.
1. 조사대상자(대리인 및 관리책임이 있는 자를 포함한다)가 동의한 경우
2. 사무실 또는 사업장 등의 업무시간에 행정조사를 실시하는 경우
3. 해가 뜬 후부터 해가 지기 전까지 행정조사를 실시하는 경우에는 조사목적의 달성이 불가능하거나 증거인멸로 인하여 조사대상자의 법령등의 위반 여부를 확인할 수 없는 경우
③ 제1항 및 제2항에 따라 현장조사를 하는 조사원은 그 권한을 나타내는 증표를 지니고 이를 조사대상자에게 내보여야 한다.

제12조【시료채취】① 조사원이 조사목적의 달성을 위하여 시료채취를 하는 경우에는 그 시료의 소유자 및 관리자의 정상적인 경제활동을 방해하지 아니하는 범위 안에서 최소한도로 하여야 한다.
② 행정기관의 장은 제1항에 따른 시료채취로 조사대상자에게 손실을 입힌 때에는 대통령령으로 정하는 절차와 방법에 따라 그 손실을 보상하여야 한다.

제13조【자료등의 영치】① 조사원이 현장조사 중에 자료·서류·물건 등(이하 이 조에서 "자료등"이라 한다)을 영치하는 때에는 조사대상자 또는 그 대리인을 입회시켜야 한다.
② 조사원이 제1항에 따라 자료등을 영치하는 경우에 조사대상자의 생활이나 영업이 사실상 불가능하게 될 우려가 있는 때에는 조사원은 자료등을 사진으로 촬영하거나 사본을 작성하는 등의 방법으로 영치에 갈음할 수 있다. 다만, 증거인멸의 우려가 있는 자료등을 영치하는 경우에는 그러하지 아니하다.
③ 조사원이 영치를 완료한 때에는 영치조서 2부를 작성하여 입회인과 함께 서명날인하고 그중 1부를 입회인에게 교부하여야 한다.
④ 행정기관의 장은 영치한 자료등이 다음 각 호의 어느 하나에 해당하는 경우에는 이를 즉시 반환하여야 한다.
1. 영치한 자료등을 검토한 결과 당해 행정조사와 관련이 없다고 인정되는 경우
2. 당해 행정조사의 목적의 달성 등으로 자료등에 대한 영치의 필요성이 없게 된 경우

1. 행정조사

행정조사란 행정기관이 정책을 결정하거나 직무를 수행하는 데 필요한 정보나 자료를 수집하는 활동을 말한다.

2. 출석·진술요구, 보고요구, 자료제출 요구

(1) 요구서 발송

① 일시와 장소, ② 취지, ③ 내용, ④ 제출자료, ⑤ 거부에 대한 제재 등이 기재된 요구서를 발송하여야 한다.

(2) 조사대상자는 출석일시 변경을 신청할 수 있다.

(3) 조사원은 조사대상자의 1회 출석으로 당해 조사를 종결하여야 한다.

3. 현장조사

(1) 사전통지

현장출입조사서를 조사대상자에게 발송하여야 한다.

(2) 시간적 제한

① 원칙

　현장조사는 해가 뜨기 전이나 해가 진 뒤에는 할 수 없다.

② 예외

　㉠ 조사대상자가 동의한 경우
　㉡ 업무시간에 행정조사를 실시하는 경우
　㉢ 조사목적의 달성이 불가능하거나 증거인멸 우려가 있는 경우

(3) 실명제

조사원은 그 권한을 나타내는 증표를 지니고 이를 조사대상자에게 내보여야 한다.

4. 시료채취

(1) 정상적인 경제활동을 방해하지 아니하는 범위 안에서 최소한도로 하여야 한다.

(2) 행정기관의 장은 손실을 보상하여야 한다.

5. 자료등 영치

(1) 조사원이 영치하는 때에는 조사대상자 등을 입회시켜야 한다. 또한 조사원은 영치조서 2부를 작성하여 입회인과 함께 서명날인하고 그중 1부를 입회인에게 교부하여야 한다.

(2) 조사대상자의 생활이나 영업이 사실상 불가능하게 될 우려가 있는 때에는 사진 또는 사본으로 영치에 갈음할 수 있다. 다만, 증거인멸의 우려가 있는 경우에는 그러하지 아니하다.

02 공동조사 실시와 중복조사 제한

제10회

수시조사와 중복조사 제한에 관하여 설명하시오. (20점)

> **제14조【공동조사】** ① 행정기관의 장은 다음 각 호의 어느 하나에 해당하는 행정조사를 하는 경우에는 공동조사를 하여야 한다.
> 1. 당해 행정기관 내의 2 이상의 부서가 동일하거나 유사한 업무분야에 대하여 동일한 조사대상자에게 행정조사를 실시하는 경우
> 2. 서로 다른 행정기관이 대통령령으로 정하는 분야에 대하여 동일한 조사대상자에게 행정조사를 실시하는 경우
> ② 제1항 각 호에 따른 사항에 대하여 행정조사의 사전통지를 받은 조사대상자는 관계 행정기관의 장에게 공동조사를 실시하여 줄 것을 신청할 수 있다. 이 경우 조사대상자는 신청인의 성명·조사일시·신청이유 등이 기재된 공동조사신청서를 관계 행정기관의 장에게 제출하여야 한다.
> ③ 제2항에 따라 공동조사를 요청받은 행정기관의 장은 이에 응하여야 한다.
> ④ 국무조정실장은 행정기관의 장이 제6조에 따라 제출한 행정조사운영계획의 내용을 검토한 후 관계 부처의 장에게 공동조사의 실시를 요청할 수 있다.
> ⑤ 그 밖에 공동조사에 관하여 필요한 사항은 대통령령으로 정한다.
>
> **제15조【중복조사의 제한】** ① 제7조에 따라 정기조사 또는 수시조사를 실시한 행정기관의 장은 동일한 사안에 대하여 동일한 조사대상자를 재조사 하여서는 아니 된다. 다만, 당해 행정기관이 이미 조사를 받은 조사대상자에 대하여 위법행위가 의심되는 새로운 증거를 확보한 경우에는 그러하지 아니하다.
> ② 행정조사를 실시할 행정기관의 장은 행정조사를 실시하기 전에 다른 행정기관에서 동일한 조사대상자에게 동일하거나 유사한 사안에 대하여 행정조사를 실시하였는지 여부를 확인할 수 있다.
> ③ 행정조사를 실시할 행정기관의 장이 제2항에 따른 사실을 확인하기 위하여 행정조사의 결과에 대한 자료를 요청하는 경우 요청받은 행정기관의 장은 특별한 사유가 없는 한 관련 자료를 제공하여야 한다.

1. 행정조사

행정조사란 행정기관이 정책을 결정하거나 직무를 수행하는 데 필요한 정보나 자료를 수집하는 활동을 말한다.

2. 기본원칙

행정기관은 공동조사 등을 실시함으로써 행정조사가 중복되지 아니하도록 하여야 한다.

3. 공동조사

(1) 의무적 공동조사 사유

① 당해 행정기관 내의 2 이상의 부서가 동일하거나 유사한 업무분야에 대하여 동일한 조사대상자에게 행정조사를 실시하는 경우
② 서로 다른 행정기관이 대통령령으로 정하는 분야에 대하여 동일한 조사대상자에게 행정조사를 실시하는 경우

(2) 조사대상자의 신청

행정조사의 사전통지를 받은 조사대상자는 관계 행정기관의 장에게 공동조사를 실시하여 줄 것을 신청할 수 있다.

(3) 국무조정실장의 요청

국무조정실장은 행정조사운영계획의 내용을 검토한 후 관계 부처의 장에게 공동조사를 요청할 수 있다.

4. 중복조사 제한

(1) 행정기관의 재조사 금지

행정기관의 장은 동일한 사안에 대하여 동일한 조사대상자를 재조사 하여서는 아니 된다. 다만, 위법행위가 의심되는 새로운 증거를 확보한 경우에는 그러하지 아니하다.

(2) 행정기관 간의 중복조사 금지

① 행정조사를 실시할 행정기관의 장은 행정조사를 실시하기 전에 다른 행정기관에서 동일한 조사대상자에게 동일하거나 유사한 사안에 대하여 행정조사를 실시하였는지 여부를 확인할 수 있다.
② 행정조사를 실시할 행정기관의 장이 사실을 확인하기 위하여 행정조사의 결과에 대한 자료를 요청하는 경우 요청받은 행정기관의 장은 관련 자료를 제공하여야 한다.

Chapter 04 조사실시

01 행정조사 절차

[제3회]
행정조사의 사전통지와 연기신청에 관하여 설명하시오. (20점)

제16조【개별조사계획의 수립】 ① 행정조사를 실시하고자 하는 행정기관의 장은 제17조에 따른 사전통지를 하기 전에 개별조사계획을 수립하여야 한다. 다만, 행정조사의 시급성으로 행정조사계획을 수립할 수 없는 경우에는 행정조사에 대한 결과보고서로 개별조사계획을 갈음할 수 있다.
② 제1항에 따른 개별조사계획에는 조사의 목적·종류·대상·방법 및 기간, 그 밖에 대통령령으로 정하는 사항이 포함되어야 한다.

제17조【조사의 사전통지】 ① 행정조사를 실시하고자 하는 행정기관의 장은 제9조에 따른 출석요구서, 제10조에 따른 보고요구서·자료제출요구서 및 제11조에 따른 현장출입조사서(이하 "출석요구서등"이라 한다)를 조사개시 7일 전까지 조사대상자에게 서면으로 통지하여야 한다. 다만, 다음 각 호의 어느 하나에 해당하는 경우에는 행정조사의 개시와 동시에 출석요구서등을 조사대상자에게 제시하거나 행정조사의 목적 등을 조사대상자에게 구두로 통지할 수 있다.
1. 행정조사를 실시하기 전에 관련 사항을 미리 통지하는 때에는 증거인멸 등으로 행정조사의 목적을 달성할 수 없다고 판단되는 경우
2. 「통계법」제3조 제2호에 따른 지정통계의 작성을 위하여 조사하는 경우
3. 제5조 단서에 따라 조사대상자의 자발적인 협조를 얻어 실시하는 행정조사의 경우
② 행정기관의 장이 출석요구서등을 조사대상자에게 발송하는 경우 출석요구서등의 내용이 외부에 공개되지 아니하도록 필요한 조치를 하여야 한다.

제18조【조사의 연기신청】 ① 출석요구서등을 통지받은 자가 천재지변이나 그 밖에 대통령령으로 정하는 사유로 인하여 행정조사를 받을 수 없는 때에는 당해 행정조사를 연기하여 줄 것을 행정기관의 장에게 요청할 수 있다.
② 제1항에 따라 연기요청을 하고자 하는 자는 연기하고자 하는 기간과 사유가 포함된 연기신청서를 행정기관의 장에게 제출하여야 한다.
③ 행정기관의 장은 제2항에 따라 행정조사의 연기요청을 받은 때에는 연기요청을 받은 날부터 7일 이내에 조사의 연기 여부를 결정하여 조사대상자에게 통지하여야 한다.

제21조【의견제출】 ① 조사대상자는 제17조에 따른 사전통지의 내용에 대하여 행정기관의 장에게 의견을 제출할 수 있다.
② 행정기관의 장은 제1항에 따라 조사대상자가 제출한 의견이 상당한 이유가 있다고 인정하는 경우에는 이를 행정조사에 반영하여야 한다.

> 제22조【조사원 교체신청】① 조사대상자는 조사원에게 공정한 행정조사를 기대하기 어려운 사정이 있다고 판단되는 경우에는 행정기관의 장에게 당해 조사원의 교체를 신청할 수 있다.
> ② 제1항에 따른 교체신청은 그 이유를 명시한 서면으로 행정기관의 장에게 하여야 한다.
> ③ 제1항에 따른 교체신청을 받은 행정기관의 장은 즉시 이를 심사하여야 한다.
> ④ 행정기관의 장은 제1항에 따른 교체신청이 타당하다고 인정되는 경우에는 다른 조사원으로 하여금 행정조사를 하게 하여야 한다.
> ⑤ 행정기관의 장은 제1항에 따른 교체신청이 조사를 지연할 목적으로 한 것이거나 그 밖에 교체신청에 타당한 이유가 없다고 인정되는 때에는 그 신청을 기각하고 그 취지를 신청인에게 통지하여야 한다.
> 제24조【조사결과의 통지】행정기관의 장은 법령등에 특별한 규정이 있는 경우를 제외하고는 행정조사의 결과를 확정한 날부터 7일 이내에 그 결과를 조사대상자에게 통지하여야 한다.

1. 행정조사

행정조사란 행정기관이 정책을 결정하거나 직무를 수행하는 데 필요한 정보나 자료를 수집하는 활동을 말한다.

2. 개별조사계획의 수립

행정기관의 장은 사전통지를 하기 전에 개별조사계획을 수립하여야 한다.

3. 사전통지

(1) 원칙

조사개시 7일 전까지 조사대상자에게 서면으로 통지하여야 한다.

(2) 예외

① 증거인멸 등으로 행정조사의 목적을 달성할 수 없다고 판단되는 경우
② 지정통계의 작성을 위하여 조사하는 경우
③ 조사대상자의 자발적인 협조를 얻어 실시하는 행정조사의 경우

4. 조사연기신청

(1) 조사대상자는 ① 천재지변이나 ② 화재나 그 밖의 재해로 인하여 사업장의 운영이 불가능한 경우 또는 ③ 조사대상자의 질병이나 장기 출장 등으로 인하여 조사가 곤란하다고 판단되는 경우에는 연기신청서를 제출함으로써 행정조사 연기를 요청할 수 있다.

(2) 행정기관의 장은 행정조사의 연기요청을 받은 때에는 연기요청을 받은 날부터 7일 이내에 조사의 연기 여부를 결정하여 조사대상자에게 통지하여야 한다.

5. 의견제출

(1) 조사대상자는 사전통지의 내용에 대하여 행정기관의 장에게 의견을 제출할 수 있다.

(2) 행정기관의 장은 조사대상자가 제출한 의견이 상당한 이유가 있다고 인정하는 경우에는 이를 행정조사에 반영하여야 한다.

6. 조사원 교체신청

(1) 조사대상자는 조사원에게 공정한 행정조사를 기대하기 어려운 사정이 있다고 판단되는 경우에는 행정기관의 장에게 당해 조사원의 교체를 신청할 수 있다. 교체신청은 그 이유를 명시한 서면으로 행정기관의 장에게 하여야 한다.

(2) 행정기관의 장은 교체신청이 조사를 지연할 목적으로 한 것이거나 그 밖에 교체신청에 타당한 이유가 없다고 인정되는 때에는 그 신청을 기각하고 그 취지를 신청인에게 통지하여야 한다.

7. 조사결과의 통지

행정조사의 결과를 확정한 날부터 7일 이내에 그 결과를 조사대상자에게 통지하여야 한다.

02 제3자 보충조사와 자발적인 협조에 의한 행정조사

> **제19조【제3자에 대한 보충조사】** ① 행정기관의 장은 조사대상자에 대한 조사만으로는 당해 행정조사의 목적을 달성할 수 없거나 조사대상이 되는 행위에 대한 사실 여부 등을 입증하는 데 과도한 비용 등이 소요되는 경우로서 다음 각 호의 어느 하나에 해당하는 경우에는 제3자에 대하여 보충조사를 할 수 있다.
> 1. 다른 법률에서 제3자에 대한 조사를 허용하고 있는 경우
> 2. 제3자의 동의가 있는 경우
> ② 행정기관의 장은 제1항에 따라 제3자에 대한 보충조사를 실시하는 경우에는 조사개시 7일 전까지 보충조사의 일시·장소 및 보충조사의 취지 등을 제3자에게 서면으로 통지하여야 한다.
> ③ 행정기관의 장은 제3자에 대한 보충조사를 하기 전에 그 사실을 원래의 조사대상자에게 통지하여야 한다. 다만, 제3자에 대한 보충조사를 사전에 통지하여서는 조사목적을 달성할 수 없거나 조사목적의 달성이 현저히 곤란한 경우에는 제3자에 대한 조사결과를 확정하기 전에 그 사실을 통지하여야 한다.
> ④ 원래의 조사대상자는 제3항에 따른 통지에 대하여 의견을 제출할 수 있다.
>
> **제20조【자발적인 협조에 따라 실시하는 행정조사】** ① 행정기관의 장이 제5조 단서에 따라 조사대상자의 자발적인 협조를 얻어 행정조사를 실시하고자 하는 경우 조사대상자는 문서·전화·구두 등의 방법으로 당해 행정조사를 거부할 수 있다.
> ② 제1항에 따른 행정조사에 대하여 조사대상자가 조사에 응할 것인지에 대한 응답을 하지 아니하는 경우에는 법령등에 특별한 규정이 없는 한 그 조사를 거부한 것으로 본다.
> ③ 행정기관의 장은 제1항 및 제2항에 따른 조사거부자의 인적 사항 등에 관한 기초자료는 특정 개인을 식별할 수 없는 형태로 통계를 작성하는 경우에 한하여 이를 이용할 수 있다.

1. 행정조사

행정조사란 행정기관이 정책을 결정하거나 직무를 수행하는 데 필요한 정보나 자료를 수집하는 활동을 말한다.

2. 제3자에 대한 보충조사

(1) 실시사유

행정기관의 장은 조사대상자에 대한 조사만으로는 당해 행정조사의 목적을 달성할 수 없거나 과도한 비용 등이 소요되는 경우에는 제3자에 대한 보충조사를 할 수 있다.

(2) 실시요건

① 다른 법률에서 제3자에 대한 조사를 허용하고 있는 경우 또는 ② 제3자의 동의가 있는 경우에 한하여 제3자에 대하여 보충조사를 할 수 있다.

(3) 사전통지

조사개시 7일 전까지 제3자에게 서면으로 통지하여야 한다.

(4) **원 조사대상자에 대한 통지**

행정기관의 장은 제3자에 대한 보충조사를 하기 전에 그 사실을 원래의 조사대상자에게 통지하여야 한다. 다만, 제3자에 대한 보충조사를 사전에 통지하여서는 조사목적을 달성할 수 없거나 조사목적의 달성이 현저히 곤란한 경우에는 제3자에 대한 조사결과를 확정하기 전에 그 사실을 통지하여야 한다.

(5) **의견제출**

제3자는 물론 원래의 조사대상자도 제3자 보충조사에 대한 의견을 제출할 수 있다.

3. 자발적인 협조에 따라 실시하는 행정조사

(1) 조사대상자는 문서·전화·구두 등의 방법으로 당해 행정조사를 거부할 수 있다.

(2) 조사대상자가 조사에 응할 것인지에 대한 응답을 하지 아니하는 경우에는 그 조사를 거부한 것으로 본다.

(3) 조사거부자의 기초자료는 특정 개인을 식별할 수 없는 형태로 통계를 작성하는 경우에 한하여 이를 이용할 수 있다.

03 조사권 행사의 제한

> 제23조【조사권 행사의 제한】① 조사원은 제9조부터 제11조까지에 따라 사전에 발송된 사항에 한하여 조사대상자를 조사하되, 사전통지한 사항과 관련된 추가적인 행정조사가 필요할 경우에는 조사대상자에게 추가조사의 필요성과 조사내용 등에 관한 사항을 서면이나 구두로 통보한 후 추가조사를 실시할 수 있다.
> ② 조사대상자는 법률·회계 등에 대하여 전문지식이 있는 관계 전문가로 하여금 행정조사를 받는 과정에 입회하게 하거나 의견을 진술하게 할 수 있다.
> ③ 조사대상자와 조사원은 조사과정을 방해하지 아니하는 범위 안에서 행정조사의 과정을 녹음하거나 녹화할 수 있다. 이 경우 녹음·녹화의 범위 등은 상호 협의하여 정하여야 한다.
> ④ 조사대상자와 조사원이 제3항에 따라 녹음이나 녹화를 하는 경우에는 사전에 이를 당해 행정기관의 장에게 통지하여야 한다.

1. 행정조사

행정조사란 행정기관이 정책을 결정하거나 직무를 수행하는 데 필요한 정보나 자료를 수집하는 활동을 말한다.

2. 기본원칙

행정조사는 필요한 최소한의 범위 안에서 실시하여야 하며, 조사권을 남용하여서는 아니 된다.

3. 조사권 행사의 제한

(1) 조사의 범위

조사원은 사전에 발송된 사항에 한하여 조사대상자를 조사하되, 사전통지한 사항과 관련된 추가적인 행정조사가 필요할 경우에는 조사대상자에게 추가조사의 필요성과 조사내용 등에 관한 사항을 서면이나 구두로 통보한 후 추가조사를 실시할 수 있다.

(2) 녹음·녹화

조사대상자와 조사원은 조사과정을 방해하지 아니하는 범위 안에서 행정조사의 과정을 녹음하거나 녹화할 수 있다. 이 경우 녹음·녹화의 범위 등은 상호 협의하여 정하여야 한다.

(3) 전문가의 참여

조사대상자는 전문가로 하여금 행정조사를 받는 과정에 입회하게 하거나 의견을 진술하게 할 수 있다.

자율관리체제

[제12회]
자율관리체제의 구축신고에 관하여 설명하시오. (20점)

> **제25조【자율신고제도】** ① 행정기관의 장은 법령등에서 규정하고 있는 조사사항을 조사대상자로 하여금 스스로 신고하도록 하는 제도를 운영할 수 있다.
> ② 행정기관의 장은 조사대상자가 제1항에 따라 신고한 내용이 거짓의 신고라고 인정할 만한 근거가 있거나 신고내용을 신뢰할 수 없는 경우를 제외하고는 그 신고내용을 행정조사에 갈음할 수 있다.
>
> **제26조【자율관리체제의 구축】** ① 행정기관의 장은 조사대상자가 자율적으로 행정조사사항을 신고·관리하고, 스스로 법령준수사항을 통제하도록 하는 체제(이하 "자율관리체제"라 한다)의 기준을 마련하여 고시할 수 있다.
> ② 다음 각 호의 어느 하나에 해당하는 자는 제1항에 따른 기준에 따라 자율관리체제를 구축하여 대통령령으로 정하는 절차와 방법에 따라 행정기관의 장에게 신고할 수 있다.
> 1. 조사대상자
> 2. 조사대상자가 법령등에 따라 설립하거나 자율적으로 설립한 단체 또는 협회
> ③ 국가와 지방자치단체는 행정사무의 효율적인 집행과 법령등의 준수를 위하여 조사대상자의 자율관리체제 구축을 지원하여야 한다.
>
> **제27조【자율관리에 대한 혜택의 부여】** 행정기관의 장은 제25조에 따라 자율신고를 하는 자와 제26조에 따라 자율관리체제를 구축하고 자율관리체제의 기준을 준수한 자에 대하여는 법령등으로 규정한 바에 따라 행정조사의 감면 또는 행정·세제상의 지원을 하는 등 필요한 혜택을 부여할 수 있다.

01 자율신고제도

1. 행정기관의 장은 조사사항을 조사대상자로 하여금 스스로 신고하도록 하는 제도를 운영할 수 있다.

2. 행정기관의 장은 조사대상자가 신고한 내용을 행정조사에 갈음할 수 있다.

02 자율관리체제의 구축

1. 행정기관의 장은 조사대상자가 자율적으로 행정조사사항을 신고·관리하고, 스스로 법령준수사항을 통제하도록 하는 체제의 기준을 마련하여 고시할 수 있다.
2. 조사대상자와 조사대상자가 설립한 단체 또는 협회는 자율관리체제의 기준에 따라 자율관리체제를 구축하여 행정기관의 장에게 신고할 수 있다.

03 자율관리에 대한 혜택의 부여

행정기관의 장은 자율신고를 하는 자와 자율관리체제의 기준을 준수한 자에 대하여는 행정조사의 감면 또는 행정·세제상의 지원을 하는 등 필요한 혜택을 부여할 수 있다.

Chapter 01 총칙
Chapter 02 규제의 신설·강화에 대한 원칙과 심사
Chapter 03 기존규제의 정비
Chapter 04 규제개혁위원회
Chapter 05 보칙

PART

05

행정규제기본법

Chapter 01 총칙

01 행정규제의 일반론

제1조【목적】 이 법은 행정규제에 관한 기본적인 사항을 규정하여 불필요한 행정규제를 폐지하고 비효율적인 행정규제의 신설을 억제함으로써 사회·경제활동의 자율과 창의를 촉진하여 국민의 삶의 질을 높이고 국가경쟁력이 지속적으로 향상되도록 함을 목적으로 한다.

제2조【정의】 ① 이 법에서 사용하는 용어의 뜻은 다음과 같다.
1. "행정규제"(이하 "규제"라 한다)란 국가나 지방자치단체가 특정한 행정 목적을 실현하기 위하여 국민(국내법을 적용받는 외국인을 포함한다)의 권리를 제한하거나 의무를 부과하는 것으로서 법령등이나 조례·규칙에 규정되는 사항을 말한다.
2. "법령등"이란 법률·대통령령·총리령·부령과 그 위임을 받는 고시(告示) 등을 말한다.
3. "기존규제"란 이 법 시행 당시 다른 법률에 근거하여 규정된 규제와 이 법 시행 후 이 법에서 정한 절차에 따라 규정된 규제를 말한다.
4. "행정기관"이란 법령등 또는 조례·규칙에 따라 행정 권한을 가지는 기관과 그 권한을 위임받거나 위탁받은 법인·단체 또는 그 기관이나 개인을 말한다.
5. "규제영향분석"이란 규제로 인하여 국민의 일상생활과 사회·경제·행정 등에 미치는 여러 가지 영향을 객관적이고 과학적인 방법을 사용하여 미리 예측·분석함으로써 규제의 타당성을 판단하는 기준을 제시하는 것을 말한다.

② 규제의 구체적 범위는 대통령령으로 정한다.

제3조【적용 범위】 ① 규제에 관하여 다른 법률에 특별한 규정이 있는 경우를 제외하고는 이 법에서 정하는 바에 따른다.
② 다음 각 호의 어느 하나에 해당하는 사항에 대하여는 이 법을 적용하지 아니한다.
1. 국회, 법원, 헌법재판소, 선거관리위원회 및 감사원이 하는 사무
2. 형사(刑事), 행형(行刑) 및 보안처분에 관한 사무
2의2. 과징금, 과태료의 부과 및 징수에 관한 사항
3. 「국가정보원법」에 따른 정보·보안 업무에 관한 사항
4. 「병역법」, 「대체역의 편입 및 복무 등에 관한 법률」, 「통합방위법」, 「예비군법」, 「민방위기본법」, 「비상대비에 관한 법률」, 「재난 및 안전관리기본법」 및 「재난관리자원의 관리 등에 관한 법률」에 규정된 징집·소집·동원·훈련에 관한 사항
5. 군사시설, 군사기밀 보호 및 방위사업에 관한 사항
6. 조세(租稅)의 종목·세율·부과 및 징수에 관한 사항
③ 지방자치단체는 이 법에서 정하는 취지에 따라 조례·규칙에 규정된 규제의 등록 및 공표(公表), 규제의 신설이나 강화에 대한 심사, 기존규제의 정비, 규제심사기구의 설치 등에 필요한 조치를 하여야 한다.

제6조【규제의 등록 및 공표】 ① 중앙행정기관의 장은 소관 규제의 명칭·내용·근거·처리기관 등을 제23조에 따른 규제개혁위원회(이하 "위원회"라 한다)에 등록하여야 한다.
② 위원회는 제1항에 따라 등록된 규제사무 목록을 작성하여 공표하고, 매년 6월 말일까지 국회에 제출하여야 한다.
③ 위원회는 직권으로 조사하여 등록되지 아니한 규제가 있는 경우에는 관계 중앙행정기관의 장에게 지체 없이 위원회에 등록하게 하거나 그 규제를 폐지하는 법령등의 정비계획을 제출하도록 요구하여야 하며, 관계 중앙행정기관의 장은 특별한 사유가 없으면 그 요구에 따라야 한다.
④ 제1항부터 제3항까지의 규정에 따른 규제의 등록·공표의 방법과 절차 등에 관하여 필요한 사항은 대통령령으로 정한다.

02 규제 법정주의

[제1회]

행정규제의 개념과 행정규제 법정주의에 관하여 설명하시오. (20점)

[제13회]

규제법정주의 및 규제의 원칙을 설명하고 우선허용·사후규제 원칙에 대하여 설명하시오. (20점)

제4조【규제 법정주의】 ① 규제는 법률에 근거하여야 하며, 그 내용은 알기 쉬운 용어로 구체적이고 명확하게 규정되어야 한다.
② 규제는 법률에 직접 규정하되, 규제의 세부적인 내용은 법률 또는 상위법령(上位法令)에서 구체적으로 범위를 정하여 위임한 바에 따라 대통령령·총리령·부령 또는 조례·규칙으로 정할 수 있다. 다만, 법령에서 전문적·기술적 사항이나 경미한 사항으로서 업무의 성질상 위임이 불가피한 사항에 관하여 구체적으로 범위를 정하여 위임한 경우에는 고시 등으로 정할 수 있다.
③ 행정기관은 법률에 근거하지 아니한 규제로 국민의 권리를 제한하거나 의무를 부과할 수 없다.

1. 행정규제의 의의

행정규제란 국가나 지방자치단체가 특정한 행정 목적을 실현하기 위하여 국민 또는 국내법을 적용받는 외국인의 권리를 제한하거나 의무를 부과하는 것으로서 법령등이나 조례·규칙에 규정되는 사항을 말한다.

2. 규제 법정주의의 내용

(1) 규제는 법률에 근거하여야 하며, 그 내용은 알기 쉬운 용어로 구체적이고 명확하게 규정되어야 한다.

(2) 규제는 법률에 직접 규정하되, 규제의 세부적인 내용은 법률에서 구체적으로 범위를 정하여 위임한 바에 따라 명령 또는 조례·규칙으로 정할 수 있다. 다만, 법령에서 전문적·기술적 사항이나 경미한 사항으로서 불가피한 경우에 구체적으로 범위를 정하여 고시 등으로 위임할 수 있다.

(3) 행정기관은 법률에 근거하지 아니한 규제로 국민의 권리를 제한하거나 의무를 부과할 수 없다.

> **판례**
>
> **법률의 위임 없이 규제를 정한 조례는 효력이 없다(2016두35229).**
> 폐기물처리시설을 설치하거나 그 설치비용에 해당하는 금액을 납부할 의무를 부담하는 조례 규정에 따라 폐기물처리시설 부담금을 부과한 사안에서, 위 조례 규정은 폐기물시설촉진법령의 가능한 해석범위를 넘어 이를 확장함으로써 위임의 한계를 벗어난 새로운 입법을 한 것과 다름없으므로 효력이 없고, 사업시행자가 주민편익시설 설치비용을 부담하도록 할 필요성 또는 타당성이 있다는 사정만으로 그 법령 문언의 해석상 예측 가능한 범위를 벗어나 사업시행자에게 새로운 비용부담의무를 부과하는 내용으로 제정된 조례 규정에 대하여 효력을 인정할 수는 없다.

03 행정규제 기본 원칙

> **제10회**
>
> 규제의 원칙을 설명하고 규제개혁위원회의 심의·조정 사항을 기술하시오. (20점)

> **제13회**
>
> 규제법정주의 및 규제의 원칙을 설명하고 우선허용·사후규제 원칙에 대하여 설명하시오. (20점)

제5조【규제의 원칙】 ① 국가나 지방자치단체는 국민의 자유와 창의를 존중하여야 하며, 규제를 정하는 경우에도 그 본질적 내용을 침해하지 아니하도록 하여야 한다.
② 국가나 지방자치단체가 규제를 정할 때에는 국민의 생명·인권·보건 및 환경 등의 보호와 식품·의약품의 안전을 위한 실효성이 있는 규제가 되도록 하여야 한다.
③ 규제의 대상과 수단은 규제의 목적 실현에 필요한 최소한의 범위에서 가장 효과적인 방법으로 객관성·투명성 및 공정성이 확보되도록 설정되어야 한다.

제5조의2【우선허용·사후규제 원칙】 ① 국가나 지방자치단체가 신기술을 활용한 새로운 서비스 또는 제품(이하 "신기술 서비스·제품"이라 한다)과 관련된 규제를 법령등이나 조례·규칙에 규정할 때에는 다음 각 호의 어느 하나의 규정 방식을 우선적으로 고려하여야 한다.
1. 규제로 인하여 제한되는 권리나 부과되는 의무는 한정적으로 열거하고 그 밖의 사항은 원칙적으로 허용하는 규정 방식
2. 서비스와 제품의 인정 요건·개념 등을 장래의 신기술 발전에 따른 새로운 서비스와 제품도 포섭될 수 있도록 하는 규정 방식
3. 서비스와 제품에 관한 분류기준을 장래의 신기술 발전에 따른 서비스와 제품도 포섭될 수 있도록 유연하게 정하는 규정 방식
4. 그 밖에 신기술 서비스·제품과 관련하여 출시 전에 권리를 제한하거나 의무를 부과하지 아니하고 필요에 따라 출시 후에 권리를 제한하거나 의무를 부과하는 규정 방식
② 국가와 지방자치단체는 신기술 서비스·제품과 관련된 규제를 점검하여 해당 규제를 제1항에 따른 규정 방식으로 개선하는 방안을 강구하여야 한다.

1. 행정규제의 의의

행정규제란 국가나 지방자치단체가 특정한 행정 목적을 실현하기 위하여 국민 또는 국내법을 적용받는 외국인의 권리를 제한하거나 의무를 부과하는 것으로서 법령등이나 조례·규칙에 규정되는 사항을 말한다.

2. 규제의 원칙

(1) 국가나 지방자치단체가 규제를 정하는 경우 그 본질적 내용을 침해하지 아니하도록 하여야 한다.

(2) 국가나 지방자치단체가 규제를 정할 때에는 실효성이 있는 규제가 되도록 하여야 한다.

(3) 규제의 대상과 수단은 규제의 목적 실현에 필요한 최소한의 범위에서 가장 효과적인 방법으로 객관성·투명성 및 공정성이 확보되도록 설정되어야 한다.

3. 우선허용·사후규제 원칙(입법 방식의 유연화)

(1) **대상**

신기술을 활용한 새로운 서비스 또는 제품과 관련된 규제이다.

(2) **내용**

① **네거티브 리스트**

규제로 인하여 제한되는 권리나 부과되는 의무는 한정적으로 열거하고 그 밖의 사항은 원칙적으로 허용한다.

② **포괄적 개념 정의**

서비스와 제품의 인정 요건·개념 등을 장래의 신기술 발전에 따른 새로운 서비스와 제품도 포섭될 수 있도록 한다.

③ **유연한 분류 체계**

서비스와 제품에 관한 분류기준을 장래의 신기술 발전에 따른 서비스와 제품도 포섭될 수 있도록 유연하게 정한다.

④ **사후평가 방식**

신기술 서비스·제품과 관련하여 출시 전에 권리를 제한하거나 의무를 부과하지 아니하고 필요에 따라 출시 후에 권리를 제한하거나 의무를 부과한다.

규제의 신설·강화에 대한 원칙과 심사

01 자체심사절차

제5회

규제영향분석 및 자체심사에 관하여 설명하시오. (20점)

제7조【규제영향분석 및 자체심사】 ① 중앙행정기관의 장은 규제를 신설하거나 강화(규제의 존속기한 연장을 포함한다. 이하 같다)하려면 다음 각 호의 사항을 종합적으로 고려하여 규제영향분석을 하고 규제영향분석서를 작성하여야 한다.
1. 규제의 신설 또는 강화의 필요성
2. 규제 목적의 실현 가능성
3. 규제 외의 대체 수단 존재 여부 및 기존규제와의 중복 여부
4. 규제의 시행에 따라 규제를 받는 집단과 국민이 부담하여야 할 비용과 편익의 비교 분석
5. 규제의 시행이 「중소기업기본법」 제2조에 따른 중소기업에 미치는 영향
6. 「국가표준기본법」 제3조 제8호 및 제19호에 따른 기술규정 및 적합성평가의 시행이 기업에 미치는 영향
7. 경쟁 제한적 요소의 포함 여부
8. 규제 내용의 객관성과 명료성
9. 규제의 존속기한·재검토기한(일정기간마다 그 규제의 시행상황에 관한 점검결과에 따라 폐지 또는 완화 등의 조치를 할 필요성이 인정되는 규제에 한정하여 적용되는 기한을 말한다. 이하 같다)의 설정 근거 또는 미설정 사유
10. 규제의 신설 또는 강화에 따른 행정기구·인력 및 예산의 소요
11. 규제의 신설 또는 강화에 따른 부담을 경감하기 위하여 폐지·완화가 필요한 기존규제 대상
12. 관련 민원사무의 구비서류 및 처리절차 등의 적정 여부
② 중앙행정기관의 장은 제1항에 따른 규제영향분석서를 입법예고 기간 동안 국민에게 공표하여야 하고, 제출된 의견을 검토하여 규제영향분석서를 보완하며, 의견을 제출한 자에게 제출된 의견의 처리결과를 알려야 한다.
③ 중앙행정기관의 장은 제1항에 따른 규제영향분석의 결과를 기초로 규제의 대상·범위·방법 등을 정하고 자체규제심사위원회의 심의를 거쳐 그 타당성에 대하여 자체심사를 하여야 한다. 이 경우 관계 전문가 등의 의견을 충분히 수렴하여 심사에 반영하여야 한다.
④ 규제영향분석의 방법·절차와 규제영향분석서의 작성지침 및 공표방법, 자체규제심사위원회의 구성, 자체심사의 기준 및 절차 등에 관하여 필요한 사항은 대통령령으로 정한다.

제8조【규제의 존속기한 및 재검토기한 명시】① 중앙행정기관의 장은 규제를 신설하거나 강화하려는 경우에 존속시켜야 할 명백한 사유가 없는 규제는 존속기한 또는 재검토기한을 설정하여 그 법령등에 규정하여야 한다.
② 규제의 존속기한 또는 재검토기한은 규제의 목적을 달성하기 위하여 필요한 최소한의 기간 내에서 설정되어야 하며, 그 기간은 원칙적으로 5년을 초과할 수 없다.
③ 중앙행정기관의 장은 규제의 존속기한 또는 재검토기한을 연장할 필요가 있을 때에는 그 규제의 존속기한 또는 재검토기한의 6개월 전까지 제10조에 따라 위원회에 심사를 요청하여야 한다.
④ 위원회는 제12조와 제13조에 따른 심사 시 필요하다고 인정하면 관계 중앙행정기관의 장에게 그 규제의 존속기한 또는 재검토기한을 설정할 것을 권고할 수 있다.
⑤ 중앙행정기관의 장은 법률에 규정된 규제의 존속기한 또는 재검토기한을 연장할 필요가 있을 때에는 그 규제의 존속기한 또는 재검토기한의 3개월 전까지 규제의 존속기한 또는 재검토기한 연장을 내용으로 하는 개정안을 국회에 제출하여야 한다.

제8조의2【규제의 재검토】① 중앙행정기관의 장은 규제의 재검토기한이 도래하는 경우 제7조 제4항에 따른 자체규제심사위원회의 심의를 거쳐 해당 규제의 시행상황을 점검하는 방법 등으로 규제의 재검토를 실시하고 그 결과에 따라 규제의 폐지 또는 완화 등 필요한 조치를 하여야 한다.
② 중앙행정기관의 장은 제1항에 따른 재검토의 결과보고서를 작성·보존 및 공개하고, 다음 재검토를 실시할 때 그 내용을 반영하여야 한다.
③ 규제의 재검토의 실시 절차, 결과보고서의 작성·보존 및 공개 등에 필요한 사항은 대통령령으로 정한다.

제8조의3【소상공인 등에 대한 규제 형평】① 중앙행정기관의 장은 규제를 신설하거나 강화하려는 경우 「소상공인기본법」 제2조에 따른 소상공인 및 「중소기업기본법」 제2조 제2항에 따른 소기업에 대하여 해당 규제를 적용하는 것이 적절하지 아니하거나 과도한 부담을 줄 우려가 있다고 판단되면 규제의 전부 또는 일부의 적용을 면제하거나 일정기간 유예하는 등의 방안을 검토하여야 한다.
② 중앙행정기관의 장은 제1항을 적용하는 것이 적절하지 아니하다고 판단될 경우에는 제10조 제1항에 따라 위원회에 심사를 요청할 때에 그 판단의 근거를 제시하여야 한다.

제9조【의견 수렴】 중앙행정기관의 장은 규제를 신설하거나 강화하려면 공청회, 행정상 입법예고 등의 방법으로 행정기관·민간단체·이해관계인·연구기관·전문가 등의 의견을 충분히 수렴하여야 한다.

제10조【심사 요청】① 중앙행정기관의 장은 규제를 신설하거나 강화하려면 위원회에 심사를 요청하여야 한다. 이 경우 법령안(法令案)에 대하여는 법제처장에게 법령안 심사를 요청하기 전에 하여야 한다.
② 중앙행정기관의 장은 제1항에 따라 심사를 요청할 때에는 규제안에 다음 각 호의 사항을 첨부하여 위원회에 제출하여야 한다.
1. 제7조 제1항에 따른 규제영향분석서
2. 제7조 제3항에 따른 자체심사 의견
3. 제9조에 따른 행정기관·이해관계인 등의 제출의견 요지
③ 위원회는 제1항에 따라 규제심사를 요청받은 경우에는 그 법령에 대한 규제정비 계획을 제출하게 할 수 있다.

1. 자체심사

(1) 규제영향분석

① **의의**

규제로 인하여 국민의 일상생활과 사회·경제·행정 등에 미치는 여러 가지 영향을 객관적이고 과학적인 방법을 사용하여 미리 예측·분석함으로써 규제의 타당성을 판단하는 기준을 제시하는 것을 말한다.

② **규제영향분석 시 고려사항**

㉠ 규제 목적의 실현 가능성
㉡ 규제의 신설 또는 강화의 필요성
㉢ 비용과 편익의 비교 분석
㉣ 규제 외의 대체 수단 존재 여부 및 기존규제와의 중복 여부
㉤ 규제 시행이 중소기업에 미치는 영향
㉥ 규제 내용의 객관성과 명료성
㉦ 경쟁 제한적 요소의 포함 여부
㉧ 부담을 경감하기 위하여 폐지·완화가 필요한 기존규제
㉨ 규제의 존속기한·재검토기한의 설정 근거 또는 미설정 사유

(2) 입법예고

규제영향분석서를 입법예고 기간 동안 공표하여야 하고, 제출된 의견을 검토하여 규제영향분석서를 보완하며, 의견을 제출한 자에게 제출된 의견의 처리결과를 알려야 한다.

(3) 자체검토

중앙행정기관의 장은 규제영향분석의 결과와 공청회, 행정상 입법예고 등의 방법으로 수렴한 의견을 기초로 자체규제심사위원회의 심의를 거쳐 그 타당성에 대하여 자체심사를 하여야 한다.

2. 규제의 존속기한 및 재검토기한 설정(규제일몰제)

(1) 원칙

중앙행정기관의 장은 규제를 신설하거나 강화하려는 경우에 존속시켜야 할 명백한 사유가 없는 규제는 존속기한 또는 재검토기한을 설정하여 그 법령등에 규정하여야 한다.

(2) 기간

규제의 존속기한 또는 재검토기한은 규제의 목적을 달성하기 위하여 필요한 최소한의 기간 내에서 설정되어야 하며, 그 기간은 원칙적으로 5년을 초과할 수 없다.

(3) 절차
① 존속기한 또는 재검토기한의 6개월 전까지 위원회에 심사를 요청하여야 한다.
② 규제의 존속기한 또는 재검토기한의 3개월 전까지 개정안을 국회에 제출하여야 한다.

(4) 규제의 재검토
① 중앙행정기관의 장은 규제의 재검토기한이 도래하는 경우 자체규제심사위원회의 심의를 거쳐 해당 규제의 시행상황을 점검하는 방법 등으로 규제의 재검토를 실시하고 그 결과에 따라 규제의 폐지 또는 완화 등 필요한 조치를 하여야 한다.
② 중앙행정기관의 장은 재검토의 결과보고서를 작성·보존 및 공개하고, 다음 재검토를 실시할 때 그 내용을 반영하여야 한다.

3. 소상공인 등에 대한 규제 형평

(1) 중앙행정기관의 장은 규제를 신설하거나 강화하려는 경우 소상공인 및 소기업에 대하여 해당 규제를 적용하는 것이 적절하지 아니하거나 과도한 부담을 줄 우려가 있다고 판단되면 규제의 전부 또는 일부의 적용을 면제하거나 일정기간 유예하는 등의 방안을 검토하여야 한다.

(2) 중앙행정기관의 장은 소상공인 등에 대한 규제 형평을 적용하는 것이 적절하지 아니하다고 판단될 경우에는 위원회에 심사를 요청할 때에 그 판단의 근거를 제시하여야 한다.

02 위원회 심사 절차

제11조【예비심사】① 위원회는 제10조에 따라 심사를 요청받은 날부터 10일 이내에 그 규제가 국민의 일상생활과 사회·경제활동에 미치는 파급 효과를 고려하여 제12조에 따른 심사를 받아야 할 규제(이하 "중요규제"라 한다)인지를 결정하여야 한다.
② 제1항에 따라 위원회가 중요규제가 아니라고 결정한 규제는 위원회의 심사를 받은 것으로 본다.
③ 위원회는 제1항에 따라 결정을 하였을 때에는 지체 없이 그 결과를 관계 중앙행정기관의 장에게 통보하여야 한다.

제12조【심사】① 위원회는 제11조 제1항에 따라 중요규제라고 결정한 규제에 대하여는 심사 요청을 받은 날부터 45일 이내에 심사를 끝내야 한다. 다만, 심사기간의 연장이 불가피한 경우에는 위원회의 결정으로 15일을 넘지 아니하는 범위에서 한 차례만 연장할 수 있다.
② 위원회는 관계 중앙행정기관의 자체심사가 신뢰할 수 있는 자료와 근거에 의하여 적절한 절차에 따라 적정하게 이루어졌는지 심사하여야 한다.

③ 위원회는 제10조 제2항 각 호의 첨부서류 중 보완이 필요한 사항에 대하여는 관계 중앙행정기관의 장에게 보완할 것을 요구할 수 있다. 이 경우 보완하는 데에 걸린 기간은 제1항에 따른 심사기간에 포함하지 아니한다.

④ 위원회는 제1항에 따라 심사를 마쳤을 때에는 지체 없이 그 결과를 관계 중앙행정기관의 장에게 통보하여야 한다.

제14조 【개선 권고】 ① 위원회는 제12조와 제13조에 따른 심사 결과 필요하다고 인정하면 관계 중앙행정기관의 장에게 그 규제의 신설 또는 강화를 철회하거나 개선하도록 권고할 수 있다.

② 제1항에 따라 권고를 받은 관계 중앙행정기관의 장은 특별한 사유가 없으면 이에 따라야 하며, 그 처리결과를 대통령령으로 정하는 바에 따라 위원회에 제출하여야 한다.

제15조 【재심사】 ① 중앙행정기관의 장은 위원회의 심사 결과에 이의가 있거나 위원회의 권고대로 조치하기가 곤란하다고 판단되는 특별한 사정이 있는 경우에는 대통령령으로 정하는 바에 따라 위원회에 재심사(再審査)를 요청할 수 있다.

② 위원회는 제1항에 따른 재심사 요청을 받으면 그 요청받은 날부터 15일 이내에 재심사를 끝내고 그 결과를 관계 중앙행정기관의 장에게 통보하여야 한다.

③ 제2항에 따른 재심사는 제14조를 준용한다.

제16조 【심사절차의 준수】 ① 중앙행정기관의 장은 위원회의 심사를 받지 아니하고 규제를 신설하거나 강화하여서는 아니 된다.

② 중앙행정기관의 장은 법제처장에게 신설되거나 강화되는 규제를 포함하는 법령안의 심사를 요청할 때에는 그 규제에 대한 위원회의 심사의견을 첨부하여야 한다. 법령안을 국무회의에 상정(上程)하는 경우에도 또한 같다.

1. 예비심사

(1) 중요규제 여부 결정

위원회는 규제의 심사를 요청받은 날부터 10일 이내에 중요규제인지를 결정하여야 한다. 위원회가 중요규제가 아니라고 결정한 규제는 위원회의 심사를 받은 것으로 본다.

(2) 중요규제의 판단기준

① 국민이 부담하여야 할 비용이 연간 100억 원 이상인 규제

② 규제를 받는 사람의 수가 연간 100만 명 이상인 규제

③ 명백하게 진입이나 경쟁이 제한적인 성격의 규제

④ 국제기준에 비추어 규제 정도가 과도하거나 불합리한 규제

⑤ 다른 행정기관에 의하여 시행되고 있거나 시행 예정인 규제와 심각한 불일치 또는 간섭을 발생시키는 규제

⑥ 이해관계인 간 이견이 첨예하게 대립하거나 사회·경제적으로 상당한 부작용이 우려되는 규제

(3) 예외

심사를 요청받은 규제가 중요규제 판단기준의 어느 하나에 해당하더라도 이해관계인 간의 이견이 없으면서 다른 규제대안이 없는 경우 등 불가피성이 인정되는 경우에는 중요규제로 보지 아니할 수 있다.

2. 심사

(1) 심사 기간

위원회는 심사 요청을 받은 날부터 45일 이내에 심사를 끝내고, 지체 없이 그 결과를 관계 중앙행정기관의 장에게 통보하여야 한다. 다만, 불가피한 경우에는 15일을 넘지 아니하는 범위에서 한 차례만 연장할 수 있다.

(2) 심사 내용

위원회는 관계 중앙행정기관의 자체심사가 신뢰할 수 있는 자료와 근거에 의하여 적절한 절차에 따라 적정하게 이루어졌는지 심사하여야 한다.

3. 심사 효과

(1) 개선 권고

위원회는 규제의 신설 또는 강화를 철회하거나 개선하도록 권고할 수 있다.

(2) 재심사

중앙행정기관의 장은 위원회의 심사 결과에 이의가 있거나 위원회의 권고대로 조치하기가 곤란하다고 판단되는 특별한 사정이 있는 경우에는 위원회에 재심사를 요청할 수 있다.

03 긴급한 규제

> **제13조【긴급한 규제의 신설·강화 심사】** ① 중앙행정기관의 장은 긴급하게 규제를 신설하거나 강화하여야 할 특별한 사유가 있는 경우에는 제7조, 제8조 제3항, 제9조 및 제10조의 절차를 거치지 아니하고 위원회에 심사를 요청할 수 있다. 이 경우 그 사유를 제시하여야 한다.
> ② 위원회는 제1항에 따라 심사 요청된 규제의 긴급성이 인정된다고 결정하면 심사를 요청받은 날부터 20일 이내에 규제의 신설 또는 강화의 타당성을 심사하고 그 결과를 관계 중앙행정기관의 장에게 통보하여야 한다. 이 경우 관계 중앙행정기관의 장은 위원회의 심사 결과를 통보받은 날부터 60일 이내에 위원회에 규제영향분석서를 제출하여야 한다.
> ③ 위원회는 제1항에 따라 심사 요청된 규제의 긴급성이 인정되지 아니한다고 결정하면 심사를 요청받은 날부터 10일 이내에 관계 중앙행정기관의 장에게 제7조부터 제10조까지의 규정에 따른 절차를 거치도록 요구할 수 있다.

1. 심사 요청

긴급하게 규제를 신설하거나 강화하는 경우에는 규제영향분석 및 자체심사, 재검토기한 연장 요청, 의견 수렴 및 심사 요청의 절차를 거치지 아니하고 위원회에 심사를 요청할 수 있다. 이 경우 그 사유를 제시하여야 한다.

2. 긴급성이 인정되는 경우

위원회는 심사 요청된 규제의 긴급성이 인정된다고 결정하면 심사를 요청받은 날부터 20일 이내에 규제의 신설 또는 강화의 타당성을 심사하고 그 결과를 관계 중앙행정기관의 장에게 통보하여야 한다. 이 경우 관계 중앙행정기관의 장은 위원회의 심사 결과를 통보받은 날부터 60일 이내에 위원회에 규제영향분석서를 제출하여야 한다.

3. 긴급성이 부정되는 경우

위원회는 심사 요청된 규제의 긴급성이 인정되지 아니한다고 결정하면 심사를 요청받은 날부터 10일 이내에 관계 중앙행정기관의 장에게 절차를 거치도록 요구할 수 있다.

Chapter 03 기존규제의 정비

01 정비 요청

> 제17조【규제 정비의 요청】① 누구든지 위원회에 고시(告示) 등 기존규제의 폐지 또는 개선(이하 "정비"라 한다)을 요청할 수 있다.
> ② 위원회는 제1항에 따라 정비 요청을 받으면 해당 규제의 소관 행정기관의 장에게 지체 없이 통보하여야 하고, 통보를 받은 행정기관의 장은 책임자 실명으로 성실히 답변하여야 한다.
> ③ 위원회는 제2항의 답변과 관련하여 필요한 경우 해당 행정기관의 장에게 규제 존치의 필요성 등에 대하여 소명할 것을 요청할 수 있다.
> ④ 제3항에 따라 소명을 요청받은 행정기관의 장은 특별한 사유가 없으면 이에 따라야 한다.
> ⑤ 제1항부터 제4항까지의 규정에 따른 기존규제의 정비 요청, 답변·소명의 기한 및 절차 등에 필요한 사항은 대통령령으로 정한다.
>
> 제17조의2【다른 행정기관 소관의 규제에 관한 의견제출】중앙행정기관의 장은 규제 개선 또는 소관 정책의 목적을 효과적으로 달성하기 위하여 다른 중앙행정기관의 소관 규제를 개선할 필요가 있다고 판단하는 경우에는 그에 관한 의견을 위원회에 제출할 수 있다.
>
> 제18조【기존규제의 심사】① 위원회는 다음 각 호의 어느 하나에 해당하는 경우 기존규제의 정비에 관하여 심사할 수 있다.
> 1. 제17조에 따른 정비 요청 및 제17조의2에 따라 제출된 의견을 위원회에서 심사할 필요가 있다고 인정한 경우
> 2. 삭제
> 3. 그 밖에 위원회가 이해관계인·전문가 등의 의견을 수렴한 결과 특정한 기존규제에 대한 심사가 필요하다고 인정한 경우
> ② 제1항의 심사는 제14조와 제15조를 준용한다.

1. 규제 정비의 요청

(1) 누구든지 위원회에 기존규제의 정비를 요청할 수 있다.

(2) 위원회는 정비 요청을 받으면 해당 규제의 소관 행정기관의 장에게 지체 없이 통보하여야 하고, 행정기관의 장은 책임자 실명으로 성실히 답변하여야 한다.

(3) 위원회는 해당 행정기관의 장에게 규제 존치의 필요성 등에 대하여 소명할 것을 요청할 수 있으며 소명을 요청받은 행정기관의 장은 특별한 사유가 없으면 이에 따라야 한다.

2. 중앙행정기관의 장의 의견제출

중앙행정기관의 장은 위원회에 다른 행정기관 소관의 규제에 관한 의견을 제출할 수 있다.

3. 기존규제 심사

위원회는 의견을 수렴한 결과 특정한 기존규제에 대한 심사가 필요하다고 인정한 경우에는 기존규제의 정비에 관하여 심사할 수 있다.

02 자체정비

제19조【기존규제의 자체정비】 ① 중앙행정기관의 장은 매년 소관 기존규제에 대하여 이해관계인·전문가 등의 의견을 수렴하여 정비가 필요한 규제를 선정하여 정비하여야 한다.
② 중앙행정기관의 장은 제1항에 따른 정비 결과를 대통령령으로 정하는 바에 따라 위원회에 제출하여야 한다.

제19조의2【기존규제의 존속기한 및 재검토기한 명시】 ① 중앙행정기관의 장은 기존규제에 대한 점검결과 존속시켜야 할 명백한 사유가 없는 규제는 존속기한 또는 재검토기한을 설정하여 그 법령등에 규정하여야 한다.
② 제1항에 따른 기존규제의 존속기한 또는 재검토기한 설정에 관하여는 제8조 제2항부터 제5항까지를 준용한다.

제19조의3【신기술 서비스·제품 관련 규제의 정비 및 특례】 ① 중앙행정기관의 장은 신기술 서비스·제품과 관련된 규제와 관련하여 규제의 적용 또는 존재 여부에 대하여 국민이 확인을 요청하는 경우 신기술 서비스·제품에 대한 규제 특례를 부여하는 관계 법률로 정하는 바에 따라 이를 지체 없이 확인하여 통보하여야 한다.
② 중앙행정기관의 장은 신기술 서비스·제품과 관련된 규제와 관련하여 다음 각 호의 어느 하나에 해당하여 신기술 서비스·제품의 육성을 저해하는 경우에는 해당 규제를 신속하게 정비하여야 한다.
1. 기존규제를 해당 신기술 서비스·제품에 적용하는 것이 곤란하거나 맞지 아니한 경우
2. 해당 신기술 서비스·제품에 대하여 명확히 규정되어 있지 아니한 경우
③ 중앙행정기관의 장은 제2항에 따라 규제를 정비하여야 하는 경우로서 필요한 경우에는 해당 규제가 정비되기 전이라도 신기술 서비스·제품과 관련된 규제 특례를 부여하는 관계 법률로서 대통령령으로 정하는 법률(이하 "규제 특례 관계 법률"이라 한다)로 정하는 바에 따라 해당 규제의 적용을 면제하거나 완화할 수 있다.
④ 중앙행정기관의 장은 규제 특례 관계 법률에 규제의 적용을 면제하거나 완화하는 규정을 두는 경우에는 다음 각 호의 사항을 종합적으로 고려하여야 한다.
1. 국민의 안전·생명·건강에 위해가 되거나 환경 및 지역균형발전을 저해하는지 여부와 개인정보의 안전한 보호 및 처리 여부
2. 해당 신기술 서비스·제품의 혁신성 및 안전성과 그에 따른 이용자의 편익
3. 규제의 적용 면제 또는 완화로 인하여 발생할 수 있는 부작용에 대한 사후 책임 확보 방안

⑤ 신기술 서비스·제품과 관련된 규제 특례를 부여받고자 하는 자의 신청을 받은 중앙행정기관의 장(이하 "규제 특례 주관기관"이라 한다)은 신기술 서비스·제품 관련 규제 특례에 관한 사항을 심의·의결하기 위하여 규제 특례 관계 법률에 따라 설치된 위원회(이하 "규제 특례 위원회"라 한다)의 심의·의결을 거쳐 제3항에 따른 규제 특례를 부여하려는 경우에는 대통령령으로 정하는 기간 이내에 규제 특례 위원회에 신청된 사항을 상정하여야 한다.
⑥ 제3항에 따른 규제 특례 부여가 규제 특례 위원회에서 부결된 경우에는 규제 특례의 부여를 신청한 자는 대통령령으로 정하는 바에 따라 규제 특례 주관기관의 장에게 재심의를 신청할 수 있다.
⑦ 신기술 서비스·제품과 관련된 규제 특례를 부여받은 자는 사정의 변경 등 정당한 사유가 있는 경우 규제 특례 주관기관의 장에게 규제 특례의 내용·조건 등의 변경을 신청할 수 있다.
⑧ 신기술 서비스·제품의 규제 특례와 관련된 규제 법령을 소관하는 중앙행정기관의 장은 대통령령으로 정하는 바에 따라 규제 특례와 관련된 법령의 정비 여부 및 사유, 정비 계획 등에 대해 규제 특례를 부여받은 자 및 규제 특례 주관기관의 장에게 통보하여야 한다.
⑨ 그 밖에 법령정비 등 신기술 서비스·제품과 관련된 규제 특례 제도운영에 필요한 사항은 대통령령으로 정한다.

1. 기존규제의 자체정비

(1) 중앙행정기관의 장은 매년 소관 기존규제에 대하여 정비하여야 한다.

(2) 중앙행정기관의 장은 기존규제에 대한 점검결과 존속시켜야 할 명백한 사유가 없는 규제는 존속기한 또는 재검토기한을 명시하여야 한다.

2. 신기술 서비스·제품 관련 규제의 정비 및 특례(규제 샌드박스)

(1) **규제의 신속 확인**

① 중앙행정기관의 장은 신기술 서비스·제품과 관련된 규제와 관련하여 규제의 적용 또는 존재 여부에 대하여 국민이 확인을 요청하는 경우 이를 지체 없이 확인하여 통보하여야 한다.

② 중앙행정기관의 장은 기존규제가 신기술 서비스·제품의 육성을 저해하는 경우에는 해당 규제를 신속하게 정비하여야 한다.

(2) 규제 특례

① 규제 적용의 면제 또는 완화
중앙행정기관의 장은 해당 규제가 정비되기 전이라도 규제 특례 위원회의 심의를 거쳐 규제 특례 관계 법률로 정하는 바에 따라 해당 규제의 적용을 면제하거나 완화할 수 있다.

② 규제 특례 적용 시 고려사항
㉠ 국민의 안전·생명·건강에 위해가 되는지 여부
㉡ 환경 및 지역균형발전을 저해하는지 여부
㉢ 개인정보의 안전한 보호 및 처리 여부
㉣ 해당 신기술 서비스·제품의 혁신성 및 안전성과 그에 따른 이용자의 편익
㉤ 규제의 적용 면제 또는 완화로 인하여 발생할 수 있는 부작용에 대한 사후 책임 확보 방안

③ 규제 특례 위원회의 심의·재심의
규제 특례 주관기관은 규제 특례를 부여하려는 경우에는 90일 이내에 규제 특례 위원회에 해당 사항을 상정하여 심의·의결을 거쳐야 한다. 규제 특례 위원회에서 규제 특례 부여가 부결된 경우에는 규제 특례의 부여를 신청한 자는 재심의를 신청할 수 있다.

④ 변경 신청
신기술 서비스·제품과 관련된 규제 특례를 부여받은 자는 사정의 변경 등 정당한 사유가 있는 경우 규제 특례의 내용·조건 등의 변경을 신청할 수 있다.

03 규제정비 종합계획

제19조의4 【신산업 규제정비 기본계획의 수립 및 시행】 ① 위원회는 신산업을 육성하고 촉진하기 위하여 신산업 분야의 규제정비에 관한 기본계획을 3년마다 수립·시행하여야 한다.
② 제1항에 따른 기본계획에는 다음 각 호의 사항이 포함되어야 한다.
1. 신산업 분야의 규제정비의 목표와 기본방향
2. 신산업 분야 육성을 위한 규제정비에 관한 사항
3. 신산업 분야 규제의 우선허용·사후규제 방식으로의 전환에 관한 사항
4. 신산업 분야의 규제정비와 관련하여 관계 중앙행정기관 간 정책 및 업무 협력에 관한 사항
5. 그 밖에 신산업 분야의 규제정비에 필요한 사항
③ 위원회는 제1항에 따른 기본계획이 수립된 때에는 지체 없이 이를 관계 중앙행정기관의 장에게 통보하여야 한다.
④ 관계 중앙행정기관의 장은 제1항에 따른 기본계획에 따라 연도별 시행계획을 제20조에 따른 규제정비 계획에 반영하여야 한다.

제20조 【규제정비 종합계획의 수립】 ① 위원회는 매년 중점적으로 추진할 규제 분야나 특정한 기존규제를 선정하여 기존규제의 정비지침을 작성하고 위원회의 의결을 거쳐 중앙행정기관의 장에게 통보하여야 한다. 이 경우 위원회는 필요하다고 인정하면 정비지침에 특정한 기존규제에 대한 정비의 기한을 정할 수 있다.
② 중앙행정기관의 장은 제1항에 따른 정비지침에 따라 그 기관의 규제정비 계획을 수립하여 위원회에 제출하여야 한다.
③ 위원회는 제2항에 따른 중앙행정기관별 규제정비 계획을 종합하여 정부의 규제정비 종합계획을 수립하고, 국무회의의 심의를 거쳐 대통령에게 보고한 후 그 내용을 공표하여야 한다.
④ 규제정비 종합계획의 수립·공표의 방법 및 절차는 대통령령으로 정한다.

제21조 【규제정비 종합계획의 시행】 ① 중앙행정기관의 장은 제20조에 따라 수립·공표된 정부의 규제정비 종합계획에 따라 소관 기존규제를 정비하고 그 결과를 대통령령으로 정하는 바에 따라 위원회에 제출하여야 한다.
② 중앙행정기관의 장은 제20조 제1항 후단에 따라 위원회가 정비의 기한을 정하여 통보한 특정한 기존규제에 대하여는 그 기한까지 정비를 끝내고 그 결과를 위원회에 통보하여야 한다. 다만, 위원회가 정한 기한까지 정비를 끝내지 못한 경우에는 지체 없이 그 사유를 구체적으로 밝혀 위원회에 그 기존규제의 정비 계획을 제출하고, 정비를 끝낸 후 그 결과를 통보하여야 한다.

제22조 【조직 정비 등】 ① 위원회는 기존규제가 정비된 경우 정부의 조직과 예산을 관장하는 관계 중앙행정기관의 장에게 이를 통보하여야 한다.
② 제1항에 따라 통보를 받은 관계 중앙행정기관의 장은 기존규제의 정비에 따른 정부의 조직 또는 예산의 합리화 방안을 마련하여야 한다.

1. 신산업 규제정비 기본계획의 수립 및 시행

위원회는 신산업을 육성하고 촉진하기 위하여 신산업 분야의 규제정비에 관한 기본계획을 3년마다 수립·시행하여야 한다. 중앙행정기관의 장은 기본계획에 따라 연도별 시행계획을 규제정비 계획에 반영하여야 한다.

2. 규제정비 종합계획

(1) 규제정비 종합계획의 수립

① 위원회는 매년 정비지침을 작성하고 중앙행정기관의 장에게 통보하여야 한다.
② 중앙행정기관의 장은 정비지침에 따라 그 기관의 규제정비 계획을 수립하여 위원회에 제출하여야 한다.
③ 위원회는 중앙행정기관별 규제정비 계획을 종합하여 정부의 규제정비 종합계획을 수립한다.

(2) 규제정비 종합계획의 시행

중앙행정기관의 장은 규제정비 종합계획에 따라 소관 기존규제를 정비하고 그 결과를 위원회에 제출하여야 한다.

(3) 조직 정비 등

위원회는 기존규제가 정비된 경우 정부의 조직과 예산을 관장하는 관계 중앙행정기관의 장에게 이를 통보하여야 한다.

Chapter 04 규제개혁위원회

[제7회]

규제개혁위원회의 설치, 기능 및 조사·의견청취 등에 관하여 설명하시오. (20점)

[제10회]

규제의 원칙을 설명하고 규제개혁위원회의 심의·조정 사항을 기술하시오. (20점)

제23조【설치】 정부의 규제정책을 심의·조정하고 규제의 심사·정비 등에 관한 사항을 종합적으로 추진하기 위하여 대통령 소속으로 규제개혁위원회를 둔다.

제24조【기능】 ① 위원회는 다음 각 호의 사항을 심의·조정한다.
 1. 규제정책의 기본방향과 규제제도의 연구·발전에 관한 사항
 2. 규제의 신설·강화 등에 대한 심사에 관한 사항
 3. 기존규제의 심사, 신산업 규제정비 기본계획 및 규제정비 종합계획의 수립·시행에 관한 사항
 4. 규제의 등록·공표에 관한 사항
 5. 규제 개선에 관한 의견 수렴 및 처리에 관한 사항
 6. 각급 행정기관의 규제 개선 실태에 대한 점검·평가에 관한 사항
 7. 그 밖에 위원장이 위원회의 심의·조정이 필요하다고 인정하는 사항
② 위원회는 규제 특례 위원회에 의견을 제출하거나, 필요한 경우 권고할 수 있다. 이 경우 권고를 받은 규제 특례 위원회는 권고사항에 대한 처리결과를 위원회에 제출하여야 한다.

제25조【구성 등】 ① 위원회는 위원장 2명을 포함한 20명 이상 25명 이하의 위원으로 구성한다.
② 위원장은 국무총리와 학식과 경험이 풍부한 사람 중에서 대통령이 위촉하는 사람이 된다.
③ 위원은 학식과 경험이 풍부한 사람 중에서 대통령이 위촉하는 사람과 대통령령으로 정하는 공무원이 된다. 이 경우 공무원이 아닌 위원이 전체 위원의 과반수가 되어야 한다.
④ 위원회에 간사 1명을 두되, 공무원이 아닌 위원 중에서 국무총리가 아닌 위원장이 지명하는 사람이 된다.
⑤ 위원 중 공무원이 아닌 위원의 임기는 2년으로 하되, 한 차례만 연임할 수 있다.
⑥ 위원장 모두가 부득이한 사유로 직무를 수행할 수 없을 때에는 국무총리가 지명한 위원이 그 직무를 대행한다.

제26조【의결 정족수】 위원회의 회의는 재적위원 과반수의 출석으로 개의하고, 재적위원 과반수의 찬성으로 의결한다.

제26조의2 【회의록의 작성·공개】 ① 위원회는 회의 일시, 장소, 참석자, 안건, 토의 내용 및 의결 사항 등을 기록한 회의록을 작성·보존하여야 한다.
② 회의록은 공개한다. 다만, 위원장이 공익보호나 그 밖의 사유로 필요하다고 인정하는 때에는 위원회의 의결로 공개하지 아니할 수 있다.

제27조 【위원의 신분보장】 위원은 다음 각 호의 어느 하나에 해당하는 경우를 제외하고는 본인의 의사와 관계없이 면직되거나 해촉(解囑)되지 아니한다.
1. 금고 이상의 형을 선고받은 경우
2. 장기간의 심신쇠약으로 직무를 수행할 수 없게 된 경우

제28조 【분과위원회】 ① 위원회의 업무를 효율적으로 수행하기 위하여 위원회에 분야별로 분과위원회를 둘 수 있다.
② 분과위원회가 위원회로부터 위임받은 사항에 관하여 심의·의결한 것은 위원회가 심의·의결한 것으로 본다.

제29조 【전문위원 등】 위원회에는 업무에 관한 전문적인 조사·연구 업무를 담당할 전문위원과 조사요원을 둘 수 있다.

제30조 【조사 및 의견청취 등】 ① 위원회는 제24조에 따른 기능을 수행할 때 필요하다고 인정하면 다음 각 호의 조치를 할 수 있다.
1. 관계 행정기관에 대한 설명 또는 자료·서류 등의 제출 요구
2. 이해관계인·참고인 또는 관계 공무원의 출석 및 의견진술 요구
3. 관계 행정기관 등에 대한 현지조사
② 관계 행정기관의 장은 규제의 심사 등과 관련하여 소속 공무원이나 관계 전문가를 위원회에 출석시켜 의견을 진술하게 하거나 필요한 자료를 제출할 수 있다.

제31조 【위원회의 사무처리 등】 ① 위원회의 사무처리를 위하여 전문성을 갖춘 사무기구를 둔다.
② 위원회의 전문적인 심사사항을 지원하기 위하여 전문 연구기관을 지정할 수 있다.

제32조 【벌칙 적용 시의 공무원 의제】 위원회의 위원 중 공무원이 아닌 위원·전문위원 및 조사요원은 「형법」이나 그 밖의 법률에 따른 벌칙을 적용할 때에는 공무원으로 본다.

제33조 【조직 및 운영】 이 법에서 정한 것 외에 위원회의 조직·운영 등에 필요한 사항은 대통령령으로 정한다.

01 설치

정부의 규제정책을 심의·조정하고 규제의 심사·정비 등에 관한 사항을 종합적으로 추진하기 위하여 대통령 소속으로 규제개혁위원회를 둔다.

02 기능

1. 심의·조정 사항

(1) 규제정책의 기본방향과 규제제도의 연구·발전에 관한 사항

(2) 규제의 신설·강화 등에 대한 심사에 관한 사항

(3) 기존규제의 심사, 신산업 규제정비 기본계획 및 규제정비 종합계획의 수립·시행에 관한 사항

(4) 규제의 등록·공표에 관한 사항

(5) 규제 개선에 관한 의견 수렴 및 처리에 관한 사항

(6) 각급 행정기관의 규제 개선 실태에 대한 점검·평가에 관한 사항

2. 의견제출 및 권고

위원회는 규제 특례 위원회에 의견을 제출하거나, 필요한 경우 권고할 수 있다. 이 경우 권고를 받은 규제 특례 위원회는 권고사항에 대한 처리결과를 위원회에 제출하여야 한다.

03 회의록의 작성·공개

위원회는 회의 일시, 장소, 참석자, 안건, 토의 내용 및 의결 사항 등을 기록한 회의록을 작성·보존하여야 한다. 작성한 회의록은 공개를 원칙으로 한다.

04 의결 정족수

위원회의 회의는 재적위원 과반수의 출석으로 개의하고, 재적위원 과반수의 찬성으로 의결한다.

05 규제 개선 점검·평가

1. 위원회는 각급 행정기관의 규제제도의 운영 실태와 개선사항을 확인·점검하여야 하며, 그 확인·점검 결과를 평가하여 국무회의와 대통령에게 보고하여야 한다.

2. 위원회는 규제 개선에 소극적이거나 이행 상태가 불량하다고 판단되는 경우 대통령에게 그 시정에 필요한 조치를 건의할 수 있다.

Chapter 05 보칙

제34조【규제 개선 점검·평가】① 위원회는 효과적인 규제 개선을 위하여 각급 행정기관의 규제제도의 운영 실태와 개선사항을 확인·점검하여야 한다.
② 위원회는 제1항에 따른 확인·점검 결과를 평가하여 국무회의와 대통령에게 보고하여야 한다.
③ 위원회는 제1항과 제2항에 따른 확인·점검 및 평가를 객관적으로 하기 위하여 관련 전문기관 등에 제도·기반연구 또는 여론조사를 의뢰할 수 있다.
④ 위원회는 제1항과 제2항에 따른 확인·점검 및 평가 결과 규제 개선에 소극적이거나 이행 상태가 불량하다고 판단되는 경우 대통령에게 그 시정에 필요한 조치를 건의할 수 있다.

제35조【규제개혁 백서】위원회는 매년 정부의 주요 규제개혁 추진상황에 관한 백서(白書)를 발간하여 국민에게 공표하여야 한다.

제36조【행정지원 등】국무조정실장은 규제 관련 제도를 연구하고 위원회의 운영에 필요한 지원을 하여야 한다.

제37조【공무원의 책임 등】① 공무원이 규제 개선 업무를 능동적으로 추진함에 따라 발생한 결과에 대하여 그 공무원의 행위에 고의나 중대한 과실이 없는 경우에는 불리한 처분이나 부당한 대우를 받지 아니한다.
② 중앙행정기관의 장은 규제 개선 업무 추진에 뚜렷한 공로가 있는 공무원은 포상하고, 인사상 우대조치 등을 하여야 한다.

Chapter 01 개인정보 일반론
Chapter 02 정보주체의 권리 보장
Chapter 03 개인정보 보호위원회
Chapter 04 개인정보의 처리 – 개인정보의 수집, 이용, 제공 등
Chapter 05 개인정보의 처리 – 개인정보의 처리 제한
Chapter 06 가명정보의 처리
Chapter 07 개인정보의 국외 이전
Chapter 08 개인정보의 안전한 관리
Chapter 09 개인정보 분쟁조정위원회
Chapter 10 개인정보 단체소송

행정사
이상기/이준희 행정절차론

PART

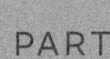

06

개인정보 보호법

Chapter 01 개인정보 일반론

01 총칙

제1조【목적】 이 법은 개인정보의 처리 및 보호에 관한 사항을 정함으로써 개인의 자유와 권리를 보호하고, 나아가 개인의 존엄과 가치를 구현함을 목적으로 한다.

제5조【국가 등의 책무】 ① 국가와 지방자치단체는 개인정보의 목적 외 수집, 오용·남용 및 무분별한 감시·추적 등에 따른 폐해를 방지하여 인간의 존엄과 개인의 사생활 보호를 도모하기 위한 시책을 강구하여야 한다.
② 국가와 지방자치단체는 제4조에 따른 정보주체의 권리를 보호하기 위하여 법령의 개선 등 필요한 시책을 마련하여야 한다.
③ 국가와 지방자치단체는 만 14세 미만 아동이 개인정보 처리가 미치는 영향과 정보주체의 권리 등을 명확하게 알 수 있도록 만 14세 미만 아동의 개인정보 보호에 필요한 시책을 마련하여야 한다.
④ 국가와 지방자치단체는 개인정보의 처리에 관한 불합리한 사회적 관행을 개선하기 위하여 개인정보처리자의 자율적인 개인정보 보호활동을 존중하고 촉진·지원하여야 한다.
⑤ 국가와 지방자치단체는 개인정보의 처리에 관한 법령 또는 조례를 적용할 때에는 정보주체의 권리가 보장될 수 있도록 개인정보 보호 원칙에 맞게 적용하여야 한다.

제6조【다른 법률과의 관계】 ① 개인정보의 처리 및 보호에 관하여 다른 법률에 특별한 규정이 있는 경우를 제외하고는 이 법에서 정하는 바에 따른다.
② 개인정보의 처리 및 보호에 관한 다른 법률을 제정하거나 개정하는 경우에는 이 법의 목적과 원칙에 맞도록 하여야 한다.

02 개인정보 보호 원칙

> [제9회]
> 개인정보자기결정권의 의미와 개인정보 보호 원칙에 관하여 설명하시오. (20점)

제3조【개인정보 보호 원칙】 ① 개인정보처리자는 개인정보의 처리 목적을 명확하게 하여야 하고 그 목적에 필요한 범위에서 최소한의 개인정보만을 적법하고 정당하게 수집하여야 한다.
② 개인정보처리자는 개인정보의 처리 목적에 필요한 범위에서 적합하게 개인정보를 처리하여야 하며, 그 목적 외의 용도로 활용하여서는 아니 된다.
③ 개인정보처리자는 개인정보의 처리 목적에 필요한 범위에서 개인정보의 정확성, 완전성 및 최신성이 보장되도록 하여야 한다.
④ 개인정보처리자는 개인정보의 처리 방법 및 종류 등에 따라 정보주체의 권리가 침해받을 가능성과 그 위험 정도를 고려하여 개인정보를 안전하게 관리하여야 한다.
⑤ 개인정보처리자는 제30조에 따른 개인정보 처리방침 등 개인정보의 처리에 관한 사항을 공개하여야 하며, 열람청구권 등 정보주체의 권리를 보장하여야 한다.
⑥ 개인정보처리자는 정보주체의 사생활 침해를 최소화하는 방법으로 개인정보를 처리하여야 한다.
⑦ 개인정보처리자는 개인정보를 익명 또는 가명으로 처리하여도 개인정보 수집목적을 달성할 수 있는 경우 익명처리가 가능한 경우에는 익명에 의하여, 익명처리로 목적을 달성할 수 없는 경우에는 가명에 의하여 처리될 수 있도록 하여야 한다.
⑧ 개인정보처리자는 이 법 및 관계 법령에서 규정하고 있는 책임과 의무를 준수하고 실천함으로써 정보주체의 신뢰를 얻기 위하여 노력하여야 한다.

1. 투명성과 비례의 원칙

개인정보 처리자는 개인정보의 처리 목적을 명확하게 하여야 하고 그 목적에 필요한 범위에서 최소한의 정보만을 적법하고 정당하게 수집하여야 한다.

2. 목적 범위 내 사용원칙

개인정보의 처리 목적에 필요한 범위에서 적합하게 개인정보를 처리하여야 하며, 그 목적 외의 용도로 활용하여서는 아니 된다.

3. 정확성의 원칙

개인정보의 처리 목적에 필요한 범위에서 개인정보의 정확성 및 완전성을 보장하여야 한다.

4. 안전관리의 원칙

정보주체의 권리가 침해받을 가능성과 그 위험 정도를 고려하여 개인정보를 안전하게 관리하여야 한다.

5. 정보처리공개의 원칙

개인정보의 처리에 관한 사항을 공개하여야 하며, 열람청구권 등 정보주체의 권리를 보장하여야 한다.

6. 사생활 침해 금지

사생활 침해를 최소화하는 방법으로 개인정보를 처리하여야 한다.

7. 익명 및 가명 처리

개인정보처리자는 개인정보를 익명 또는 가명으로 처리하여도 개인정보 수집목적을 달성할 수 있는 경우 익명처리가 가능한 경우에는 익명에 의하여, 익명처리로 목적을 달성할 수 없는 경우에는 가명에 의하여 처리될 수 있도록 하여야 한다.

8. 개인정보처리자의 책임과 의무

개인정보처리자는 「개인정보 보호법」 및 관계 법령에서 규정하고 있는 책임과 의무를 준수하고 실천함으로써 정보주체의 신뢰를 얻기 위하여 노력하여야 한다.

03 개인정보의 개념과 정보주체의 권리

[제2회]
정보주체의 권리에 대하여 설명하시오. (20점)

[제7회]
개인정보의 개념 및 개인정보처리자의 손해배상책임에 관하여 설명하시오. (20점)

[제9회]
개인정보자기결정권의 의미와 개인정보 보호 원칙에 관하여 설명하시오. (20점)

제2조【정의】이 법에서 사용하는 용어의 뜻은 다음과 같다.
1. "개인정보"란 살아 있는 개인에 관한 정보로서 다음 각 목의 어느 하나에 해당하는 정보를 말한다.
   가. 성명, 주민등록번호 및 영상 등을 통하여 개인을 알아볼 수 있는 정보
   나. 해당 정보만으로는 특정 개인을 알아볼 수 없더라도 다른 정보와 쉽게 결합하여 알아볼 수 있는 정보. 이 경우 쉽게 결합할 수 있는지 여부는 다른 정보의 입수 가능성 등 개인을 알아보는 데 소요되는 시간, 비용, 기술 등을 합리적으로 고려하여야 한다.
   다. 가목 또는 나목을 제1호의2에 따라 가명처리함으로써 원래의 상태로 복원하기 위한 추가 정보의 사용·결합 없이는 특정 개인을 알아볼 수 없는 정보(이하 "가명정보"라 한다)
1의2. "가명처리"란 개인정보의 일부를 삭제하거나 일부 또는 전부를 대체하는 등의 방법으로 추가 정보가 없이는 특정 개인을 알아볼 수 없도록 처리하는 것을 말한다.

제4조【정보주체의 권리】정보주체는 자신의 개인정보 처리와 관련하여 다음 각 호의 권리를 가진다.
1. 개인정보의 처리에 관한 정보를 제공받을 권리
2. 개인정보의 처리에 관한 동의 여부, 동의 범위 등을 선택하고 결정할 권리
3. 개인정보의 처리 여부를 확인하고 개인정보에 대한 열람(사본의 발급을 포함한다. 이하 같다) 및 전송을 요구할 권리
4. 개인정보의 처리 정지, 정정·삭제 및 파기를 요구할 권리
5. 개인정보의 처리로 인하여 발생한 피해를 신속하고 공정한 절차에 따라 구제받을 권리
6. 완전히 자동화된 개인정보 처리에 따른 결정을 거부하거나 그에 대한 설명 등을 요구할 권리

1. 개인정보 개념

살아 있는 개인에 관한 정보로서 다음에 해당하는 정보를 말한다.

(1) 성명, 주민등록번호 및 영상 등을 통하여 개인을 알아볼 수 있는 정보

(2) 해당 정보만으로는 특정 개인을 알아볼 수 없더라도 다른 정보와 쉽게 결합하여 알아볼 수 있는 정보

(3) 살아 있는 개인에 관한 정보를 가명처리함으로써 원래의 상태로 복원하기 위한 추가 정보의 사용·결합 없이는 특정 개인을 알아볼 수 없는 정보(가명정보)

2. 개인정보 자기결정권

정보주체가 개인정보의 공개와 이용에 관하여 자율적으로 결정하고 관리할 수 있는 권리이다. 즉, 자신에 관한 정보가 언제 누구에게 어느 범위까지 알려지고 또 이용되도록 할 것인지를 정보주체가 스스로 결정할 수 있는 권리이다. 개인정보 자기결정권은 「헌법」 제17조 사생활의 비밀과 자유를 침해받지 않을 권리를 바탕으로 보장하고 있다.

3. 정보주체의 권리

(1) 개인정보의 처리에 관한 정보를 제공받을 권리

(2) 개인정보의 처리에 관한 동의 여부, 동의 범위 등을 선택하고 결정할 권리

(3) 개인정보의 처리 여부를 확인하고 개인정보에 대하여 열람 및 전송을 요구할 권리

(4) 개인정보의 처리 정지, 정정·삭제 및 파기를 요구할 권리

(5) 개인정보의 처리로 인하여 발생한 피해를 신속하고 공정한 절차에 따라 구제받을 권리

(6) 완전히 자동화된 개인정보 처리에 따른 결정을 거부하거나 그에 대한 설명 등을 요구할 권리

Chapter 02 정보주체의 권리 보장

01 개인정보의 열람 및 처리정지

제35조【개인정보의 열람】 ① 정보주체는 개인정보처리자가 처리하는 자신의 개인정보에 대한 열람을 해당 개인정보처리자에게 요구할 수 있다.
② 제1항에도 불구하고 정보주체가 자신의 개인정보에 대한 열람을 공공기관에 요구하고자 할 때에는 공공기관에 직접 열람을 요구하거나 대통령령으로 정하는 바에 따라 보호위원회를 통하여 열람을 요구할 수 있다.
③ 개인정보처리자는 제1항 및 제2항에 따른 열람을 요구받았을 때에는 대통령령으로 정하는 기간 내에 정보주체가 해당 개인정보를 열람할 수 있도록 하여야 한다. 이 경우 해당 기간 내에 열람할 수 없는 정당한 사유가 있을 때에는 정보주체에게 그 사유를 알리고 열람을 연기할 수 있으며, 그 사유가 소멸하면 지체 없이 열람하게 하여야 한다.
④ 개인정보처리자는 다음 각 호의 어느 하나에 해당하는 경우에는 정보주체에게 그 사유를 알리고 열람을 제한하거나 거절할 수 있다.
1. 법률에 따라 열람이 금지되거나 제한되는 경우
2. 다른 사람의 생명·신체를 해할 우려가 있거나 다른 사람의 재산과 그 밖의 이익을 부당하게 침해할 우려가 있는 경우
3. 공공기관이 다음 각 목의 어느 하나에 해당하는 업무를 수행할 때 중대한 지장을 초래하는 경우
   가. 조세의 부과·징수 또는 환급에 관한 업무
   나. 「초·중등교육법」 및 「고등교육법」에 따른 각급 학교, 「평생교육법」에 따른 평생교육시설, 그 밖의 다른 법률에 따라 설치된 고등교육기관에서의 성적 평가 또는 입학자 선발에 관한 업무
   다. 학력·기능 및 채용에 관한 시험, 자격 심사에 관한 업무
   라. 보상금·급부금 산정 등에 대하여 진행 중인 평가 또는 판단에 관한 업무
   마. 다른 법률에 따라 진행 중인 감사 및 조사에 관한 업무
⑤ 제1항부터 제4항까지의 규정에 따른 열람 요구, 열람 제한, 통지 등의 방법 및 절차에 관하여 필요한 사항은 대통령령으로 정한다.

제37조【개인정보의 처리정지 등】 ① 정보주체는 개인정보처리자에 대하여 자신의 개인정보 처리의 정지를 요구하거나 개인정보 처리에 대한 동의를 철회할 수 있다. 이 경우 공공기관에 대해서는 제32조에 따라 등록 대상이 되는 개인정보파일 중 자신의 개인정보에 대한 처리의 정지를 요구하거나 개인정보 처리에 대한 동의를 철회할 수 있다.
② 개인정보처리자는 제1항에 따른 처리정지 요구를 받았을 때에는 지체 없이 정보주체의 요구에 따라 개인정보 처리의 전부를 정지하거나 일부를 정지하여야 한다. 다만, 다음 각 호의 어느 하나에 해당하는 경우에는 정보주체의 처리정지 요구를 거절할 수 있다.
1. 법률에 특별한 규정이 있거나 법령상 의무를 준수하기 위하여 불가피한 경우
2. 다른 사람의 생명·신체를 해할 우려가 있거나 다른 사람의 재산과 그 밖의 이익을 부당하게 침해할 우려가 있는 경우
3. 공공기관이 개인정보를 처리하지 아니하면 다른 법률에서 정하는 소관 업무를 수행할 수 없는 경우
4. 개인정보를 처리하지 아니하면 정보주체와 약정한 서비스를 제공하지 못하는 등 계약의 이행이 곤란한 경우로서 정보주체가 그 계약의 해지 의사를 명확하게 밝히지 아니한 경우
③ 개인정보처리자는 정보주체가 제1항에 따라 동의를 철회한 때에는 지체 없이 수집된 개인정보를 복구·재생할 수 없도록 파기하는 등 필요한 조치를 하여야 한다. 다만, 제2항 각 호의 어느 하나에 해당하는 경우에는 동의 철회에 따른 조치를 하지 아니할 수 있다.
④ 개인정보처리자는 제2항 단서에 따라 처리정지 요구를 거절하거나 제3항 단서에 따라 동의 철회에 따른 조치를 하지 아니하였을 때에는 정보주체에게 지체 없이 그 사유를 알려야 한다.
⑤ 개인정보처리자는 정보주체의 요구에 따라 처리가 정지된 개인정보에 대하여 지체 없이 해당 개인정보의 파기 등 필요한 조치를 하여야 한다.
⑥ 제1항부터 제5항까지의 규정에 따른 처리정지의 요구, 동의 철회, 처리정지의 거절, 통지 등의 방법 및 절차에 필요한 사항은 대통령령으로 정한다.

제38조【권리행사의 방법 및 절차】 ① 정보주체는 제35조에 따른 열람, 제35조의2에 따른 전송, 제36조에 따른 정정·삭제, 제37조에 따른 처리정지 및 동의 철회, 제37조의2에 따른 거부·설명 등의 요구(이하 "열람등요구"라 한다)를 문서 등 대통령령으로 정하는 방법·절차에 따라 대리인에게 하게 할 수 있다.
② 만 14세 미만 아동의 법정대리인은 개인정보처리자에게 그 아동의 개인정보 열람등요구를 할 수 있다.
③ 개인정보처리자는 열람등요구를 하는 자에게 대통령령으로 정하는 바에 따라 수수료와 우송료(사본의 우송을 청구하는 경우에 한한다)를 청구할 수 있다. 다만, 제35조의2 제2항에 따른 전송 요구의 경우에는 전송을 위해 추가로 필요한 설비 등을 함께 고려하여 수수료를 산정할 수 있다.
④ 개인정보처리자는 정보주체가 열람등요구를 할 수 있는 구체적인 방법과 절차를 마련하고, 이를 정보주체가 알 수 있도록 공개하여야 한다. 이 경우 열람등요구의 방법과 절차는 해당 개인정보의 수집 방법과 절차보다 어렵지 아니하도록 하여야 한다.
⑤ 개인정보처리자는 정보주체가 열람등요구에 대한 거절 등 조치에 대하여 불복이 있는 경우 이의를 제기할 수 있도록 필요한 절차를 마련하고 안내하여야 한다.

1. 개인정보의 열람

(1) 열람 청구

정보주체는 개인정보처리자(공공기관인 경우 공공기관 또는 보호위원회)에게 열람을 요구할 수 있다.

(2) **열람 제한 및 거절 사유**

개인정보처리자는 ① 법률에 따라 열람이 금지되거나 제한되는 경우, ② 다른 사람의 생명, 신체 또는 재산 등을 부당하게 침해할 우려가 있는 경우, ③ 공공기관이 업무를 수행할 때 중대한 지장을 초래하는 경우에는 정보주체에게 그 사유를 알리고 열람을 제한하거나 거절할 수 있다.

2. 개인정보의 처리정지 등

(1) **처리정지 요구**

정보주체는 개인정보처리자에 대하여 자신의 개인정보 처리의 정지를 요구하거나 개인정보 처리에 대한 동의를 철회할 수 있다.

(2) **처리정지 요구 거절 사유**

① 법률에 특별한 규정이 있거나 법령상 의무를 준수하기 위하여 불가피한 경우
② 다른 사람의 생명·신체를 해할 우려가 있거나 재산 등을 부당하게 침해할 우려가 있는 경우
③ 공공기관이 다른 법률에서 정하는 소관 업무를 수행할 수 없는 경우
④ 개인정보를 처리하지 아니하면 계약의 이행이 곤란한 경우로서 정보주체가 그 계약의 해지 의사를 명확하게 밝히지 아니한 경우

(3) **요구에 따른 조치**

개인정보처리자는 정보주체가 개인정보의 처리 정지를 요구하거나 동의를 철회한 때에는 지체 없이 수집된 개인정보의 파기 등 필요한 조치를 하여야 한다.

3. 권리행사의 방법 및 절차

(1) 정보주체는 권리행사를 대리인에게 하게 할 수 있다.

(2) 만 14세 미만 아동의 법정대리인은 개인정보처리자에게 그 아동의 개인정보 열람등요구를 할 수 있다.

(3) 개인정보처리자는 권리행사의 구체적인 방법과 절차를 공개하여야 한다. 이는 수집 방법과 절차보다 어렵지 아니하도록 하여야 한다.

(4) 개인정보처리자는 정보주체의 조치에 대하여 불복이 있는 경우 이의를 제기할 수 있도록 필요한 절차를 마련하고 안내하여야 한다.

02 개인정보의 정정·삭제

제36조【개인정보의 정정·삭제】 ① 제35조에 따라 자신의 개인정보를 열람한 정보주체는 개인정보처리자에게 그 개인정보의 정정 또는 삭제를 요구할 수 있다. 다만, 다른 법령에서 그 개인정보가 수집 대상으로 명시되어 있는 경우에는 그 삭제를 요구할 수 없다.
② 개인정보처리자는 제1항에 따른 정보주체의 요구를 받았을 때에는 개인정보의 정정 또는 삭제에 관하여 다른 법령에 특별한 절차가 규정되어 있는 경우를 제외하고는 지체 없이 그 개인정보를 조사하여 정보주체의 요구에 따라 정정·삭제 등 필요한 조치를 한 후 그 결과를 정보주체에게 알려야 한다.
③ 개인정보처리자가 제2항에 따라 개인정보를 삭제할 때에는 복구 또는 재생되지 아니하도록 조치하여야 한다.
④ 개인정보처리자는 정보주체의 요구가 제1항 단서에 해당될 때에는 지체 없이 그 내용을 정보주체에게 알려야 한다.
⑤ 개인정보처리자는 제2항에 따른 조사를 할 때 필요하면 해당 정보주체에게 정정·삭제 요구사항의 확인에 필요한 증거자료를 제출하게 할 수 있다.
⑥ 제1항·제2항 및 제4항에 따른 정정 또는 삭제 요구, 통지 방법 및 절차 등에 필요한 사항은 대통령령으로 정한다.

03 개인정보의 전송

제35조의2【개인정보의 전송 요구】 ① 정보주체는 개인정보 처리 능력 등을 고려하여 대통령령으로 정하는 기준에 해당하는 개인정보처리자에 대하여 다음 각 호의 요건을 모두 충족하는 개인정보를 자신에게로 전송할 것을 요구할 수 있다.
1. 정보주체가 전송을 요구하는 개인정보가 정보주체 본인에 관한 개인정보로서 다음 각 목의 어느 하나에 해당하는 정보일 것
   가. 제15조 제1항 제1호, 제23조 제1항 제1호 또는 제24조 제1항 제1호에 따른 동의를 받아 처리되는 개인정보
   나. 제15조 제1항 제4호에 따라 체결한 계약을 이행하거나 계약을 체결하는 과정에서 정보주체의 요청에 따른 조치를 이행하기 위하여 처리되는 개인정보
   다. 제15조 제1항 제2호·제3호, 제23조 제1항 제2호 또는 제24조 제1항 제2호에 따라 처리되는 개인정보 중 정보주체의 이익이나 공익적 목적을 위하여 관계 중앙행정기관의 장의 요청에 따라 보호위원회가 심의·의결하여 전송 요구의 대상으로 지정한 개인정보
2. 전송을 요구하는 개인정보가 개인정보처리자가 수집한 개인정보를 기초로 분석·가공하여 별도로 생성한 정보가 아닐 것
3. 전송을 요구하는 개인정보가 컴퓨터 등 정보처리장치로 처리되는 개인정보일 것

② 정보주체는 매출액, 개인정보의 보유 규모, 개인정보 처리 능력, 산업별 특성 등을 고려하여 대통령령으로 정하는 기준에 해당하는 개인정보처리자에 대하여 제1항에 따른 전송 요구 대상인 개인정보를 기술적으로 허용되는 합리적인 범위에서 다음 각 호의 자에게 전송할 것을 요구할 수 있다.
1. 제35조의3 제1항에 따른 개인정보관리 전문기관
2. 제29조에 따른 안전조치의무를 이행하고 대통령령으로 정하는 시설 및 기술 기준을 충족하는 자
③ 개인정보처리자는 제1항 및 제2항에 따른 전송 요구를 받은 경우에는 시간, 비용, 기술적으로 허용되는 합리적인 범위에서 해당 정보를 컴퓨터 등 정보처리장치로 처리 가능한 형태로 전송하여야 한다.
④ 제1항 및 제2항에 따른 전송 요구를 받은 개인정보처리자는 다음 각 호의 어느 하나에 해당하는 법률의 관련 규정에도 불구하고 정보주체에 관한 개인정보를 전송하여야 한다.
1. 「국세기본법」 제81조의13
2. 「지방세기본법」 제86조
3. 그 밖에 제1호 및 제2호와 유사한 규정으로서 대통령령으로 정하는 법률의 규정
⑤ 정보주체는 제1항 및 제2항에 따른 전송 요구를 철회할 수 있다.
⑥ 개인정보처리자는 정보주체의 본인 여부가 확인되지 아니하는 경우 등 대통령령으로 정하는 경우에는 제1항 및 제2항에 따른 전송 요구를 거절하거나 전송을 중단할 수 있다.
⑦ 정보주체는 제1항 및 제2항에 따른 전송 요구로 인하여 타인의 권리나 정당한 이익을 침해하여서는 아니 된다.
⑧ 제1항부터 제7항까지에서 규정한 사항 외에 전송 요구의 대상이 되는 정보의 범위, 전송 요구의 방법, 전송의 기한 및 방법, 전송 요구 철회의 방법, 전송 요구의 거절 및 전송 중단의 방법 등 필요한 사항은 대통령령으로 정한다.

제35조의3【개인정보관리 전문기관】 ① 다음 각 호의 업무를 수행하려는 자는 보호위원회 또는 관계 중앙행정기관의 장으로부터 개인정보관리 전문기관의 지정을 받아야 한다.
1. 제35조의2에 따른 개인정보의 전송 요구권 행사 지원
2. 정보주체의 권리행사를 지원하기 위한 개인정보 전송시스템의 구축 및 표준화
3. 정보주체의 권리행사를 지원하기 위한 개인정보의 관리·분석
4. 그 밖에 정보주체의 권리행사를 효과적으로 지원하기 위하여 대통령령으로 정하는 업무
② 제1항에 따른 개인정보관리 전문기관의 지정요건은 다음 각 호와 같다.
1. 개인정보를 전송·관리·분석할 수 있는 기술수준 및 전문성을 갖추었을 것
2. 개인정보를 안전하게 관리할 수 있는 안전성 확보조치 수준을 갖추었을 것
3. 개인정보관리 전문기관의 안정적인 운영에 필요한 재정능력을 갖추었을 것
③ 개인정보관리 전문기관은 다음 각 호의 어느 하나에 해당하는 행위를 하여서는 아니 된다.
1. 정보주체에게 개인정보의 전송 요구를 강요하거나 부당하게 유도하는 행위
2. 그 밖에 개인정보를 침해하거나 정보주체의 권리를 제한할 우려가 있는 행위로서 대통령령으로 정하는 행위
④ 보호위원회 및 관계 중앙행정기관의 장은 개인정보관리 전문기관이 다음 각 호의 어느 하나에 해당하는 경우에는 개인정보관리 전문기관의 지정을 취소할 수 있다. 다만, 제1호에 해당하는 경우에는 지정을 취소하여야 한다.
1. 거짓이나 부정한 방법으로 지정을 받은 경우
2. 제2항에 따른 지정요건을 갖추지 못하게 된 경우
⑤ 보호위원회 및 관계 중앙행정기관의 장은 제4항에 따라 지정을 취소하는 경우에는 「행정절차법」에 따른 청문을 실시하여야 한다.

⑥ 보호위원회 및 관계 중앙행정기관의 장은 개인정보관리 전문기관에 대하여 업무 수행에 필요한 지원을 할 수 있다.
⑦ 개인정보관리 전문기관은 정보주체의 요구에 따라 제1항 각 호의 업무를 수행하는 경우 정보주체로부터 그 업무 수행에 필요한 비용을 받을 수 있다.
⑧ 제1항에 따른 개인정보관리 전문기관의 지정 절차, 제2항에 따른 지정요건의 세부기준, 제4항에 따른 지정취소의 절차 등에 필요한 사항은 대통령령으로 정한다.

제35조의4【개인정보 전송 관리 및 지원】 ① 보호위원회는 제35조의2 제1항 및 제2항에 따른 개인정보처리자 및 제35조의3 제1항에 따른 개인정보관리 전문기관 현황, 활용내역 및 관리실태 등을 체계적으로 관리·감독하여야 한다.
② 보호위원회는 개인정보가 안전하고 효율적으로 전송될 수 있도록 다음 각 호의 사항을 포함한 개인정보 전송 지원 플랫폼을 구축·운영할 수 있다.
1. 개인정보관리 전문기관 현황 및 전송 가능한 개인정보 항목 목록
2. 정보주체의 개인정보 전송 요구·철회 내역
3. 개인정보의 전송 이력 관리 등 지원 기능
4. 그 밖에 개인정보 전송을 위하여 필요한 사항

③ 보호위원회는 제2항에 따른 개인정보 전송지원 플랫폼의 효율적 운영을 위하여 개인정보관리 전문기관에서 구축·운영하고 있는 전송 시스템을 상호 연계하거나 통합할 수 있다. 이 경우 관계 중앙행정기관의 장 및 해당 개인정보관리 전문기관과 사전에 협의하여야 한다.
④ 제1항부터 제3항까지의 규정에 따른 관리·감독과 개인정보 전송지원 플랫폼의 구축 및 운영에 필요한 사항은 대통령령으로 정한다.

1. 개인정보의 전송 요구

(1) 전송 요구

정보주체는 개인정보처리자에게 개인정보를 자신 또는 개인정보관리 전문기관 등에게로 전송할 것을 요구할 수 있다.

(2) 정보전송자의 전송정보

① 보건의료정보전송자(질병관리청, 건강보험심사평가원, 상급종합병원 등)의 보건의료정보
② 통신정보전송자(이동통신서비스 제공자 등)의 통신정보
③ 에너지정보전송자(전기판매사업자, 도시가스사업자 등)의 에너지정보

(3) 전송 요구하는 정보의 요건

① 정보주체가 전송을 요구하는 개인정보가 정보주체 본인에 관한 개인정보일 것
② 개인정보처리자가 분석·가공하여 별도로 생성한 정보가 아닐 것
③ 컴퓨터 등 정보처리장치로 처리되는 개인정보일 것

(4) 전송 요구의 철회
정보주체는 전송 요구를 철회할 수 있다.

(5) 전송 요구의 제한
정보주체는 전송 요구로 인하여 타인의 권리나 정당한 이익을 침해하여서는 아니 된다.

(6) 개인정보처리자의 거절 또는 전송 중단
개인정보처리자는 정보주체의 본인 여부가 확인되지 아니하는 경우 등에는 전송 요구를 거절하거나 전송을 중단할 수 있다.

(7) 고유식별정보의 처리
정보전송자는 개인정보의 전송 요구에 관한 사무를 수행하기 위하여 불가피한 경우 고유식별정보가 포함된 자료를 처리(본인 여부 확인을 하는 경우로 한정)할 수 있다.

2. 개인정보관리 전문기관

(1) 성립
① **개인정보관리 전문기관의 지정**
개인정보관리 전문기관은 보호위원회 또는 관계 중앙행정기관의 장으로부터 지정을 받아야 한다.
② **지정 요건**
㉠ 개인정보를 전송·관리·분석할 수 있는 기술수준 및 전문성을 갖추었을 것
㉡ 개인정보를 안전하게 관리할 수 있는 안전성 확보조치 수준을 갖추었을 것
㉢ 개인정보관리 전문기관의 안정적인 운영에 필요한 재정능력을 갖추었을 것

(2) 수행 업무
① 개인정보의 전송 요구권 행사 지원
② 정보주체의 권리행사를 지원하기 위한 개인정보 전송시스템의 구축 및 표준화
③ 정보주체의 권리행사를 지원하기 위한 개인정보의 관리·분석
④ 그 밖에 정보주체의 권리행사를 효과적으로 지원하기 위한 업무

(3) 금지 행위
① 정보주체에게 개인정보의 전송 요구를 강요하거나 부당하게 유도하는 행위
② 그 밖에 개인정보를 침해하거나 정보주체의 권리를 제한할 우려가 있는 행위

(4) **지정 취소**
① **취소 사유**
보호위원회 및 관계 중앙행정기관의 장은 개인정보관리 전문기관이 지정요건을 갖추지 못하게 된 경우에는 개인정보관리 전문기관의 지정을 취소할 수 있다. 거짓이나 부정한 방법으로 지정을 받은 경우에는 지정을 취소하여야 한다.
② **청문**
보호위원회 및 관계 중앙행정기관의 장은 지정을 취소하는 경우에는 「행정절차법」에 따른 청문을 실시하여야 한다.

3. 개인정보 전송 관리 및 지원

(1) **보호위원회의 관리·감독**
보호위원회는 개인정보의 전송을 요구하는 개인정보처리자 및 개인정보관리 전문기관을 체계적으로 관리·감독하여야 한다.

(2) **개인정보 전송 지원 플랫폼**
보호위원회는 개인정보가 안전하고 효율적으로 전송될 수 있도록 개인정보 전송 지원 플랫폼을 구축·운영할 수 있다.

(3) **전송지원 플랫폼과 전송 시스템의 연계**
보호위원회는 관계 중앙행정기관의 장 및 해당 개인정보관리 전문기관과의 사전 협의를 거쳐 개인정보 전송지원 플랫폼과 개인정보관리 전문기관의 전송 시스템을 상호 연계하거나 통합할 수 있다.

04 자동화된 결정에 대한 정보주체의 권리 등

제37조의2 【자동화된 결정에 대한 정보주체의 권리 등】 ① 정보주체는 완전히 자동화된 시스템(인공지능 기술을 적용한 시스템을 포함한다)으로 개인정보를 처리하여 이루어지는 결정(「행정기본법」제20조에 따른 행정청의 자동적 처분은 제외하며, 이하 이 조에서 "자동화된 결정"이라 한다)이 자신의 권리 또는 의무에 중대한 영향을 미치는 경우에는 해당 개인정보처리자에 대하여 해당 결정을 거부할 수 있는 권리를 가진다. 다만, 자동화된 결정이 제15조 제1항 제1호·제2호 및 제4호에 따라 이루어지는 경우에는 그러하지 아니하다.
② 정보주체는 개인정보처리자가 자동화된 결정을 한 경우에는 그 결정에 대하여 설명 등을 요구할 수 있다.
③ 개인정보처리자는 제1항 또는 제2항에 따라 정보주체가 자동화된 결정을 거부하거나 이에 대한 설명 등을 요구한 경우에는 정당한 사유가 없는 한 자동화된 결정을 적용하지 아니하거나 인적 개입에 의한 재처리·설명 등 필요한 조치를 하여야 한다.
④ 개인정보처리자는 자동화된 결정의 기준과 절차, 개인정보가 처리되는 방식 등을 정보주체가 쉽게 확인할 수 있도록 공개하여야 한다.
⑤ 제1항부터 제4항까지에서 규정한 사항 외에 자동화된 결정의 거부·설명 등을 요구하는 절차 및 방법, 거부·설명 등의 요구에 따른 필요한 조치, 자동화된 결정의 기준·절차 및 개인정보가 처리되는 방식의 공개 등에 필요한 사항은 대통령령으로 정한다.

05 손해배상청구

> 제7회
>
> 개인정보의 개념 및 개인정보처리자의 손해배상책임에 관하여 설명하시오. (20점)

제39조 【손해배상책임】 ① 정보주체는 개인정보처리자가 이 법을 위반한 행위로 손해를 입으면 개인정보처리자에게 손해배상을 청구할 수 있다. 이 경우 그 개인정보처리자는 고의 또는 과실이 없음을 입증하지 아니하면 책임을 면할 수 없다.
② 삭제
③ 개인정보처리자의 고의 또는 중대한 과실로 인하여 개인정보가 분실·도난·유출·위조·변조 또는 훼손된 경우로서 정보주체에게 손해가 발생한 때에는 법원은 그 손해액의 5배를 넘지 아니하는 범위에서 손해배상액을 정할 수 있다. 다만, 개인정보처리자가 고의 또는 중대한 과실이 없음을 증명한 경우에는 그러하지 아니하다.
④ 법원은 제3항의 배상액을 정할 때에는 다음 각 호의 사항을 고려하여야 한다.
1. 고의 또는 손해 발생의 우려를 인식한 정도
2. 위반행위로 인하여 입은 피해 규모
3. 위법행위로 인하여 개인정보처리자가 취득한 경제적 이익

4. 위반행위에 따른 벌금 및 과징금
5. 위반행위의 기간·횟수 등
6. 개인정보처리자의 재산상태
7. 개인정보처리자가 정보주체의 개인정보 분실·도난·유출 후 해당 개인정보를 회수하기 위하여 노력한 정도
8. 개인정보처리자가 정보주체의 피해구제를 위하여 노력한 정도

제39조의2 【법정손해배상의 청구】 ① 제39조 제1항에도 불구하고 정보주체는 개인정보처리자의 고의 또는 과실로 인하여 개인정보가 분실·도난·유출·위조·변조 또는 훼손된 경우에는 300만 원 이하의 범위에서 상당한 금액을 손해액으로 하여 배상을 청구할 수 있다. 이 경우 해당 개인정보처리자는 고의 또는 과실이 없음을 입증하지 아니하면 책임을 면할 수 없다.
② 법원은 제1항에 따른 청구가 있는 경우에 변론 전체의 취지와 증거조사의 결과를 고려하여 제1항의 범위에서 상당한 손해액을 인정할 수 있다.
③ 제39조에 따라 손해배상을 청구한 정보주체는 사실심(事實審)의 변론이 종결되기 전까지 그 청구를 제1항에 따른 청구로 변경할 수 있다.

제39조의7 【손해배상의 보장】 ① 개인정보처리자로서 매출액, 개인정보의 보유 규모 등을 고려하여 대통령령으로 정하는 기준에 해당하는 자는 제39조 및 제39조의2에 따른 손해배상책임의 이행을 위하여 보험 또는 공제에 가입하거나 준비금을 적립하는 등 필요한 조치를 하여야 한다.
② 제1항에도 불구하고 다음 각 호의 어느 하나에 해당하는 자는 제1항에 따른 조치를 하지 아니할 수 있다.
1. 대통령령으로 정하는 공공기관, 비영리법인 및 단체
2. 「소상공인기본법」 제2조 제1항에 따른 소상공인으로서 대통령령으로 정하는 자에게 개인정보 처리를 위탁한 자
3. 다른 법률에 따라 제39조 및 제39조의2에 따른 손해배상책임의 이행을 보장하는 보험 또는 공제에 가입하거나 준비금을 적립한 개인정보처리자
③ 제1항 및 제2항에 따른 개인정보처리자의 손해배상책임 이행 기준 등에 필요한 사항은 대통령령으로 정한다.

1. 손해배상책임

(1) 일반적 손해배상

정보주체는 개인정보처리자의 위법한 행위로 손해를 입으면 개인정보처리자에게 손해배상을 청구할 수 있다. 이 경우 그 개인정보처리자는 고의 또는 과실이 없음을 입증하지 아니하면 책임을 면할 수 없다.

(2) 징벌적 손해배상

개인정보처리자의 고의 또는 중대한 과실로 인하여 개인정보가 분실·도난·유출·위조·변조 또는 훼손된 경우로서 정보주체에게 손해가 발생한 때에는 법원은 그 손해액의 5배를 넘지 아니하는 범위에서 손해배상액을 정할 수 있다. 다만, 개인정보처리자가 고의 또는 중대한 과실이 없음을 증명한 경우에는 그러하지 아니하다.

2. 법정손해배상

(1) 청구

정보주체는 개인정보처리자의 고의 또는 과실로 인하여 개인정보가 분실·도난·유출·위조·변조 또는 훼손된 경우에는 300만 원 이하의 범위에서 상당한 금액을 손해액으로 하여 배상을 청구할 수 있다. 이 경우 해당 개인정보처리자는 고의 또는 과실이 없음을 입증하지 아니하면 책임을 면할 수 없다.

(2) 청구의 변경

손해배상을 청구한 정보주체는 사실심의 변론이 종결되기 전까지 그 청구를 법정손해배상청구로 변경할 수 있다.

3. 손해배상의 보장

(1) 보장 조치

손해배상책임의 이행을 위하여 보험 또는 공제에 가입하거나 준비금을 적립하는 등 필요한 조치를 하여야 한다.

(2) 의무 대상자의 요건

① 전년도의 매출액 등이 10억 원 이상일 것
② 전년도 말 기준 직전 3개월간 그 개인정보가 저장·관리되고 있는 정보주체의 수가 일일 평균 1만 명 이상일 것

(3) 보장 조치의 면제 대상자

공공기관, 비영리법인 및 단체 또는 소상공인 등은 손해배상의 보장 조치를 하지 아니할 수 있다.

06 손해배상청구소송 절차

제39조의3 【자료의 제출】 ① 법원은 이 법을 위반한 행위로 인한 손해배상청구소송에서 당사자의 신청에 따라 상대방 당사자에게 해당 손해의 증명 또는 손해액의 산정에 필요한 자료의 제출을 명할 수 있다. 다만, 제출명령을 받은 자가 그 자료의 제출을 거부할 정당한 이유가 있으면 그러하지 아니하다.
② 법원은 제1항에 따른 제출명령을 받은 자가 그 자료의 제출을 거부할 정당한 이유가 있다고 주장하는 경우에는 그 주장의 당부(當否)를 판단하기 위하여 자료의 제시를 명할 수 있다. 이 경우 법원은 그 자료를 다른 사람이 보게 하여서는 아니 된다.
③ 제1항에 따라 제출되어야 할 자료가 「부정경쟁방지 및 영업비밀보호에 관한 법률」 제2조 제2호에 따른 영업비밀(이하 "영업비밀"이라 한다)에 해당하나 손해의 증명 또는 손해액의 산정에 반드시 필요한 경우에는 제1항 단서에 따른 정당한 이유로 보지 아니한다. 이 경우 법원은 제출명령의 목적 내에서 열람할 수 있는 범위 또는 열람할 수 있는 사람을 지정하여야 한다.
④ 법원은 제1항에 따른 제출명령을 받은 자가 정당한 이유 없이 그 명령에 따르지 아니한 경우에는 자료의 기재에 대한 신청인의 주장을 진실한 것으로 인정할 수 있다.
⑤ 법원은 제4항에 해당하는 경우 신청인이 자료의 기재에 관하여 구체적으로 주장하기에 현저히 곤란한 사정이 있고 자료로 증명할 사실을 다른 증거로 증명하는 것을 기대하기도 어려운 경우에는 신청인이 자료의 기재로 증명하려는 사실에 관한 주장을 진실한 것으로 인정할 수 있다.

제39조의4 【비밀유지명령】 ① 법원은 이 법을 위반한 행위로 인한 손해배상청구소송에서 당사자의 신청에 따른 결정으로 다음 각 호의 자에게 그 당사자가 보유한 영업비밀을 해당 소송의 계속적인 수행 외의 목적으로 사용하거나 그 영업비밀에 관계된 이 항에 따른 명령을 받은 자 외의 자에게 공개하지 아니할 것을 명할 수 있다. 다만, 그 신청 시점까지 다음 각 호의 자가 준비서면의 열람이나 증거조사 외의 방법으로 그 영업비밀을 이미 취득하고 있는 경우에는 그러하지 아니하다.
1. 다른 당사자(법인인 경우에는 그 대표자를 말한다)
2. 당사자를 위하여 해당 소송을 대리하는 자
3. 그 밖에 해당 소송으로 영업비밀을 알게 된 자
② 제1항에 따른 명령(이하 "비밀유지명령"이라 한다)을 신청하는 자는 다음 각 호의 사유를 모두 소명하여야 한다.
1. 이미 제출하였거나 제출하여야 할 준비서면, 이미 조사하였거나 조사하여야 할 증거 또는 제39조의3 제1항에 따라 제출하였거나 제출하여야 할 자료에 영업비밀이 포함되어 있다는 것
2. 제1호의 영업비밀이 해당 소송 수행 외의 목적으로 사용되거나 공개되면 당사자의 영업에 지장을 줄 우려가 있어 이를 방지하기 위하여 영업비밀의 사용 또는 공개를 제한할 필요가 있다는 것
③ 비밀유지명령의 신청은 다음 각 호의 사항을 적은 서면으로 하여야 한다.
1. 비밀유지명령을 받을 자
2. 비밀유지명령의 대상이 될 영업비밀을 특정하기에 충분한 사실
3. 제2항 각 호의 사유에 해당하는 사실
④ 법원은 비밀유지명령이 결정된 경우에는 그 결정서를 비밀유지명령을 받을 자에게 송달하여야 한다.
⑤ 비밀유지명령은 제4항의 결정서가 비밀유지명령을 받을 자에게 송달된 때부터 효력이 발생한다.
⑥ 비밀유지명령의 신청을 기각하거나 각하한 재판에 대해서는 즉시항고를 할 수 있다.

제39조의5 【비밀유지명령의 취소】 ① 비밀유지명령을 신청한 자 또는 비밀유지명령을 받은 자는 제39조의4 제2항 각 호의 사유에 부합하지 아니하는 사실이나 사정이 있는 경우 소송기록을 보관하고 있는 법원(소송기록을 보관하고 있는 법원이 없는 경우에는 비밀유지명령을 내린 법원을 말한다)에 비밀유지명령의 취소를 신청할 수 있다.
② 법원은 비밀유지명령의 취소신청에 대한 재판이 있는 경우에는 그 결정서를 그 신청을 한 자 및 상대방에게 송달하여야 한다.
③ 비밀유지명령의 취소신청에 대한 재판에 대해서는 즉시항고를 할 수 있다.
④ 비밀유지명령을 취소하는 재판은 확정되어야 효력이 발생한다.
⑤ 비밀유지명령을 취소하는 재판을 한 법원은 비밀유지명령의 취소신청을 한 자 또는 상대방 외에 해당 영업비밀에 관한 비밀유지명령을 받은 자가 있는 경우에는 그 자에게 즉시 비밀유지명령의 취소 재판을 한 사실을 알려야 한다.

제39조의6 【소송기록 열람 등의 청구 통지 등】 ① 비밀유지명령이 내려진 소송(모든 비밀유지명령이 취소된 소송은 제외한다)에 관한 소송기록에 대하여 「민사소송법」 제163조 제1항에 따라 열람 등의 신청인을 당사자로 제한하는 결정이 있었던 경우로서 당사자가 같은 항에서 규정하는 비밀 기재부분의 열람 등의 청구를 하였으나 그 청구 절차를 해당 소송에서 비밀유지명령을 받지 아니한 자가 밟은 경우에는 법원서기관, 법원사무관, 법원주사 또는 법원주사보(이하 이 조에서 "법원사무관등"이라 한다)는 같은 항의 신청을 한 당사자(그 열람 등의 청구를 한 자는 제외한다. 이하 제3항에서 같다)에게 그 청구 직후에 그 열람 등의 청구가 있었다는 사실을 알려야 한다.
② 법원사무관등은 제1항의 청구가 있었던 날부터 2주일이 지날 때까지(그 청구 절차를 밟은 자에 대한 비밀유지명령 신청이 그 기간 내에 이루어진 경우에는 그 신청에 대한 재판이 확정되는 시점까지를 말한다) 그 청구 절차를 밟은 자에게 제1항의 비밀 기재부분의 열람 등을 하게 하여서는 아니 된다.
③ 제2항은 제1항의 열람 등의 청구를 한 자에게 제1항의 비밀 기재부분의 열람 등을 하게 하는 것에 대하여 「민사소송법」 제163조 제1항의 신청을 한 당사자 모두가 동의하는 경우에는 적용되지 아니한다.

1. 자료의 제출

(1) 법원은 손해배상청구소송에서 당사자의 신청에 따라 상대방 당사자에게 해당 손해의 증명 또는 손해액의 산정에 필요한 자료의 제출을 명할 수 있다.

(2) 법원은 제출명령을 받은 자가 그 자료의 제출을 거부할 정당한 이유가 있다고 주장하는 경우에는 그 주장의 당부를 판단하기 위하여 자료의 제시를 명할 수 있다.

(3) 제출되어야 할 자료가 영업비밀에 해당하나 손해의 증명 또는 손해액의 산정에 반드시 필요한 경우에는 그 자료의 제출을 거부할 정당한 이유로 보지 아니한다.

(4) 법원은 제출명령을 받은 자가 정당한 이유 없이 그 명령에 따르지 아니한 경우에는 자료의 기재에 대한 신청인의 주장과 신청인이 자료의 기재로 증명하려는 사실에 관한 주장을 진실한 것으로 인정할 수 있다.

2. 비밀유지명령

당사자가 사유를 소명하여 비밀유지명령을 법원에 신청하면, 그 법원은 해당 소송으로 영업비밀을 알게 된 자에게 비밀유지를 명할 수 있다.

3. 소송기록 열람 등의 청구 통지 등

(1) 비밀유지명령이 내려진 소송에 관한 소송기록에 대하여 열람 등의 신청인을 당사자로 제한하는 결정이 있었던 경우로서 당사자가 비밀 기재부분의 열람 등의 청구를 하였으나 그 청구 절차를 해당 소송에서 비밀유지명령을 받지 아니한 자가 밟은 경우에는 법원사무관등은 신청을 한 당사자(그 열람 등의 청구를 한 자는 제외)에게 그 청구 직후에 그 열람 등의 청구가 있었다는 사실을 알려야 한다.

(2) 법원사무관등은 열람 등의 청구가 있었던 날부터 2주일이 지날 때까지 그 청구 절차를 밟은 자에게 비밀 기재부분의 열람 등을 하게 하여서는 아니 된다.

Chapter 03 개인정보 보호위원회

01 개인정보 보호위원회의 설치 및 구성, 소관 사무, 심의·의결 사항

제7조【개인정보 보호위원회】 ① 개인정보 보호에 관한 사무를 독립적으로 수행하기 위하여 국무총리 소속으로 개인정보 보호위원회(이하 "보호위원회"라 한다)를 둔다.
② 보호위원회는 「정부조직법」 제2조에 따른 중앙행정기관으로 본다. 다만, 다음 각 호의 사항에 대하여는 「정부조직법」 제18조를 적용하지 아니한다.
1. 제7조의8 제3호 및 제4호의 사무
2. 제7조의9 제1항의 심의·의결 사항 중 제1호에 해당하는 사항

제7조의2【보호위원회의 구성 등】 ① 보호위원회는 상임위원 2명(위원장 1명, 부위원장 1명)을 포함한 9명의 위원으로 구성한다.
② 보호위원회의 위원은 개인정보 보호에 관한 경력과 전문지식이 풍부한 다음 각 호의 사람 중에서 위원장과 부위원장은 국무총리의 제청으로, 그 외 위원 중 2명은 위원장의 제청으로, 2명은 대통령이 소속되거나 소속되었던 정당의 교섭단체 추천으로, 3명은 그 외의 교섭단체 추천으로 대통령이 임명 또는 위촉한다.
1. 개인정보 보호 업무를 담당하는 3급 이상 공무원(고위공무원단에 속하는 공무원을 포함한다)의 직에 있거나 있었던 사람
2. 판사·검사·변호사의 직에 10년 이상 있거나 있었던 사람
3. 공공기관 또는 단체(개인정보처리자로 구성된 단체를 포함한다)에 3년 이상 임원으로 재직하였거나 이들 기관 또는 단체로부터 추천받은 사람으로서 개인정보 보호 업무를 3년 이상 담당하였던 사람
4. 개인정보 관련 분야에 전문지식이 있고 「고등교육법」 제2조 제1호에 따른 학교에서 부교수 이상으로 5년 이상 재직하고 있거나 재직하였던 사람
③ 위원장과 부위원장은 정무직 공무원으로 임명한다.
④ 위원장, 부위원장, 제7조의13에 따른 사무처의 장은 「정부조직법」 제10조에도 불구하고 정부위원이 된다.

제7조의3【위원장】 ① 위원장은 보호위원회를 대표하고, 보호위원회의 회의를 주재하며, 소관 사무를 총괄한다.
② 위원장이 부득이한 사유로 직무를 수행할 수 없을 때에는 부위원장이 그 직무를 대행하고, 위원장·부위원장이 모두 부득이한 사유로 직무를 수행할 수 없을 때에는 위원회가 미리 정하는 위원이 위원장의 직무를 대행한다.
③ 위원장은 국회에 출석하여 보호위원회의 소관 사무에 관하여 의견을 진술할 수 있으며, 국회에서 요구하면 출석하여 보고하거나 답변하여야 한다.
④ 위원장은 국무회의에 출석하여 발언할 수 있으며, 그 소관 사무에 관하여 국무총리에게 의안 제출을 건의할 수 있다.

제7조의4【위원의 임기】 ① 위원의 임기는 3년으로 하되, 한 차례만 연임할 수 있다.
② 위원이 궐위된 때에는 지체 없이 새로운 위원을 임명 또는 위촉하여야 한다. 이 경우 후임으로 임명 또는 위촉된 위원의 임기는 새로이 개시된다.

제7조의5【위원의 신분보장】 ① 위원은 다음 각 호의 어느 하나에 해당하는 경우를 제외하고는 그 의사에 반하여 면직 또는 해촉되지 아니한다.
1. 장기간 심신장애로 인하여 직무를 수행할 수 없게 된 경우
2. 제7조의7의 결격사유에 해당하는 경우
3. 이 법 또는 그 밖의 다른 법률에 따른 직무상의 의무를 위반한 경우
② 위원은 법률과 양심에 따라 독립적으로 직무를 수행한다.

제7조의6【겸직금지 등】 ① 위원은 재직 중 다음 각 호의 직(職)을 겸하거나 직무와 관련된 영리업무에 종사하여서는 아니 된다.
1. 국회의원 또는 지방의회의원
2. 국가공무원 또는 지방공무원
3. 그 밖에 대통령령으로 정하는 직
② 제1항에 따른 영리업무에 관한 사항은 대통령령으로 정한다.
③ 위원은 정치활동에 관여할 수 없다.

제7조의7【결격사유】 ① 다음 각 호의 어느 하나에 해당하는 사람은 위원이 될 수 없다.
1. 대한민국 국민이 아닌 사람
2. 「국가공무원법」 제33조 각 호의 어느 하나에 해당하는 사람
3. 「정당법」 제22조에 따른 당원
② 위원이 제1항 각 호의 어느 하나에 해당하게 된 때에는 그 직에서 당연 퇴직한다. 다만, 「국가공무원법」 제33조 제2호는 파산선고를 받은 사람으로서 「채무자 회생 및 파산에 관한 법률」에 따라 신청기한 내에 면책신청을 하지 아니하였거나 면책불허가 결정 또는 면책 취소가 확정된 경우만 해당하고, 같은 법 제33조 제5호는 「형법」 제129조부터 제132조까지, 「성폭력범죄의 처벌 등에 관한 특례법」 제2조, 「아동·청소년의 성보호에 관한 법률」 제2조 제2호 및 직무와 관련하여 「형법」 제355조 또는 제356조에 규정된 죄를 범한 사람으로서 금고 이상의 형의 선고유예를 받은 경우만 해당한다.

제7조의8【보호위원회의 소관 사무】 보호위원회는 다음 각 호의 소관 사무를 수행한다.
1. 개인정보의 보호와 관련된 법령의 개선에 관한 사항
2. 개인정보 보호와 관련된 정책·제도·계획 수립·집행에 관한 사항
3. 정보주체의 권리침해에 대한 조사 및 이에 따른 처분에 관한 사항
4. 개인정보의 처리와 관련한 고충처리·권리 구제 및 개인정보에 관한 분쟁의 조정
5. 개인정보 보호를 위한 국제기구 및 외국의 개인정보 보호기구와의 교류·협력
6. 개인정보 보호에 관한 법령·정책·제도·실태 등의 조사·연구, 교육 및 홍보에 관한 사항
7. 개인정보 보호에 관한 기술개발의 지원·보급, 기술의 표준화 및 전문인력의 양성에 관한 사항
8. 이 법 및 다른 법령에 따라 보호위원회의 사무로 규정된 사항

제7조의9 【보호위원회의 심의·의결 사항 등】 ① 보호위원회는 다음 각 호의 사항을 심의·의결한다.
  1. 제8조의2에 따른 개인정보 침해요인 평가에 관한 사항
  2. 제9조에 따른 기본계획 및 제10조에 따른 시행계획에 관한 사항
  3. 개인정보 보호와 관련된 정책, 제도 및 법령의 개선에 관한 사항
  4. 개인정보의 처리에 관한 공공기관 간의 의견조정에 관한 사항
  5. 개인정보 보호에 관한 법령의 해석·운용에 관한 사항
  6. 제18조 제2항 제5호에 따른 개인정보의 이용·제공에 관한 사항
  6의2. 제28조의9에 따른 개인정보의 국외 이전 중지 명령에 관한 사항
  7. 제33조 제4항에 따른 영향평가 결과에 관한 사항
  8. 제64조의2에 따른 과징금 부과에 관한 사항
  9. 제61조에 따른 의견제시 및 개선권고에 관한 사항
  9의2. 제63조의2 제2항에 따른 시정권고에 관한 사항
  10. 제64조에 따른 시정조치 등에 관한 사항
  11. 제65조에 따른 고발 및 징계권고에 관한 사항
  12. 제66조에 따른 처리결과의 공표 및 공표명령에 관한 사항
  13. 제75조에 따른 과태료 부과에 관한 사항
  14. 소관 법령 및 보호위원회 규칙의 제정·개정 및 폐지에 관한 사항
  15. 개인정보 보호와 관련하여 보호위원회의 위원장 또는 위원 2명 이상이 회의에 부치는 사항
  16. 그 밖에 이 법 또는 다른 법령에 따라 보호위원회가 심의·의결하는 사항
② 보호위원회는 제1항 각 호의 사항을 심의·의결하기 위하여 필요한 경우 다음 각 호의 조치를 할 수 있다.
  1. 관계 공무원, 개인정보 보호에 관한 전문 지식이 있는 사람이나 시민사회단체 및 관련 사업자로부터의 의견청취
  2. 관계 기관 등에 대한 자료제출이나 사실조회 요구
③ 제2항 제2호에 따른 요구를 받은 관계 기관 등은 특별한 사정이 없으면 이에 따라야 한다.
④ 보호위원회는 제1항 제3호의 사항을 심의·의결한 경우에는 관계 기관에 그 개선을 권고할 수 있다.
⑤ 보호위원회는 제4항에 따른 권고 내용의 이행 여부를 점검할 수 있다.

제7조의10 【회의】 ① 보호위원회의 회의는 위원장이 필요하다고 인정하거나 재적위원 4분의 1 이상의 요구가 있는 경우에 위원장이 소집한다.
② 위원장 또는 2명 이상의 위원은 보호위원회에 의안을 제의할 수 있다.
③ 보호위원회의 회의는 재적위원 과반수의 출석으로 개의하고, 출석위원 과반수의 찬성으로 의결한다.

제7조의11 【위원의 제척·기피·회피】 ① 위원은 다음 각 호의 어느 하나에 해당하는 경우에는 심의·의결에서 제척된다.
  1. 위원 또는 그 배우자나 배우자였던 자가 해당 사안의 당사자가 되거나 그 사건에 관하여 공동의 권리자 또는 의무자의 관계에 있는 경우
  2. 위원이 해당 사안의 당사자와 친족이거나 친족이었던 경우
  3. 위원이 해당 사안에 관하여 증언, 감정, 법률자문을 한 경우
  4. 위원이 해당 사안에 관하여 당사자의 대리인으로서 관여하거나 관여하였던 경우
  5. 위원이나 위원이 속한 공공기관·법인 또는 단체 등이 조언 등 지원을 하고 있는 자와 이해관계가 있는 경우

② 위원에게 심의·의결의 공정을 기대하기 어려운 사정이 있는 경우 당사자는 기피 신청을 할 수 있고, 보호위원회는 의결로 이를 결정한다.
③ 위원이 제1항 또는 제2항의 사유가 있는 경우에는 해당 사안에 대하여 회피할 수 있다.

제7조의12【소위원회】 ① 보호위원회는 효율적인 업무 수행을 위하여 개인정보 침해 정도가 경미하거나 유사·반복되는 사항 등을 심의·의결할 소위원회를 둘 수 있다.
② 소위원회는 3명의 위원으로 구성한다.
③ 소위원회가 제1항에 따라 심의·의결한 것은 보호위원회가 심의·의결한 것으로 본다.
④ 소위원회의 회의는 구성위원 전원의 출석과 출석위원 전원의 찬성으로 의결한다.

제7조의13【사무처】 보호위원회의 사무를 처리하기 위하여 보호위원회에 사무처를 두며, 이 법에 규정된 것 외에 보호위원회의 조직에 관한 사항은 대통령령으로 정한다.

제7조의14【운영 등】 이 법과 다른 법령에 규정된 것 외에 보호위원회의 운영 등에 필요한 사항은 보호위원회의 규칙으로 정한다.

제8조의2【개인정보 침해요인 평가】 ① 중앙행정기관의 장은 소관 법령의 제정 또는 개정을 통하여 개인정보 처리를 수반하는 정책이나 제도를 도입·변경하는 경우에는 보호위원회에 개인정보 침해요인 평가를 요청하여야 한다.
② 보호위원회가 제1항에 따른 요청을 받은 때에는 해당 법령의 개인정보 침해요인을 분석·검토하여 그 법령의 소관기관의 장에게 그 개선을 위하여 필요한 사항을 권고할 수 있다.
③ 제1항에 따른 개인정보 침해요인 평가의 절차와 방법에 관하여 필요한 사항은 대통령령으로 정한다.

제9조【기본계획】 ① 보호위원회는 개인정보의 보호와 정보주체의 권익 보장을 위하여 3년마다 개인정보 보호 기본계획(이하 "기본계획"이라 한다)을 관계 중앙행정기관의 장과 협의하여 수립한다.
② 기본계획에는 다음 각 호의 사항이 포함되어야 한다.
1. 개인정보 보호의 기본목표와 추진방향
2. 개인정보 보호와 관련된 제도 및 법령의 개선
3. 개인정보 침해 방지를 위한 대책
4. 개인정보 보호 자율규제의 활성화
5. 개인정보 보호 교육·홍보의 활성화
6. 개인정보 보호를 위한 전문인력의 양성
7. 그 밖에 개인정보 보호를 위하여 필요한 사항
③ 국회, 법원, 헌법재판소, 중앙선거관리위원회는 해당 기관(그 소속 기관을 포함한다)의 개인정보 보호를 위한 기본계획을 수립·시행할 수 있다.

제10조【시행계획】 ① 중앙행정기관의 장은 기본계획에 따라 매년 개인정보 보호를 위한 시행계획을 작성하여 보호위원회에 제출하고, 보호위원회의 심의·의결을 거쳐 시행하여야 한다.
② 시행계획의 수립·시행에 필요한 사항은 대통령령으로 정한다.

제11조【자료제출 요구 등】 ① 보호위원회는 기본계획을 효율적으로 수립하기 위하여 개인정보처리자, 관계 중앙행정기관의 장, 지방자치단체의 장 및 관계 기관·단체 등에 개인정보처리자의 법규 준수 현황과 개인정보 관리 실태 등에 관한 자료의 제출이나 의견의 진술 등을 요구할 수 있다.
② 보호위원회는 개인정보 보호 정책 추진, 성과평가 등을 위하여 필요한 경우 개인정보처리자, 관계 중앙행정기관의 장, 지방자치단체의 장 및 관계 기관·단체 등을 대상으로 개인정보관리 수준 및 실태파악 등을 위한 조사를 실시할 수 있다.

③ 중앙행정기관의 장은 시행계획을 효율적으로 수립·추진하기 위하여 소관 분야의 개인정보처리자에게 제1항에 따른 자료제출 등을 요구할 수 있다.
④ 제1항부터 제3항까지에 따른 자료제출 등을 요구받은 자는 특별한 사정이 없으면 이에 따라야 한다.
⑤ 제1항부터 제3항까지에 따른 자료제출 등의 범위와 방법 등 필요한 사항은 대통령령으로 정한다.

제11조의2 【개인정보 보호수준 평가】 ① 보호위원회는 공공기관 중 중앙행정기관 및 그 소속기관, 지방자치단체, 그 밖에 대통령령으로 정하는 기관을 대상으로 매년 개인정보 보호 정책·업무의 수행 및 이 법에 따른 의무의 준수 여부 등을 평가(이하 "개인정보 보호수준 평가"라 한다)하여야 한다.
② 보호위원회는 개인정보 보호수준 평가에 필요한 경우 해당 공공기관의 장에게 관련 자료를 제출하게 할 수 있다.
③ 보호위원회는 개인정보 보호수준 평가의 결과를 인터넷 홈페이지 등을 통하여 공개할 수 있다.
④ 보호위원회는 개인정보 보호수준 평가의 결과에 따라 우수기관 및 그 소속 직원에 대하여 포상할 수 있고, 개인정보 보호를 위하여 필요하다고 인정하면 해당 공공기관의 장에게 개선을 권고할 수 있다. 이 경우 권고를 받은 공공기관의 장은 이를 이행하기 위하여 성실하게 노력하여야 하며, 그 조치 결과를 보호위원회에 알려야 한다.
⑤ 그 밖에 개인정보 보호수준 평가의 기준·방법·절차 및 제2항에 따른 자료 제출의 범위 등에 필요한 사항은 대통령령으로 정한다.

제12조 【개인정보 보호지침】 ① 보호위원회는 개인정보의 처리에 관한 기준, 개인정보 침해의 유형 및 예방조치 등에 관한 표준 개인정보 보호지침(이하 "표준지침"이라 한다)을 정하여 개인정보처리자에게 그 준수를 권장할 수 있다.
② 중앙행정기관의 장은 표준지침에 따라 소관 분야의 개인정보 처리와 관련한 개인정보 보호지침을 정하여 개인정보처리자에게 그 준수를 권장할 수 있다.
③ 국회, 법원, 헌법재판소 및 중앙선거관리위원회는 해당 기관(그 소속 기관을 포함한다)의 개인정보 보호지침을 정하여 시행할 수 있다.

제13조 【자율규제의 촉진 및 지원】 보호위원회는 개인정보처리자의 자율적인 개인정보 보호활동을 촉진하고 지원하기 위하여 다음 각 호의 필요한 시책을 마련하여야 한다.
1. 개인정보 보호에 관한 교육·홍보
2. 개인정보 보호와 관련된 기관·단체의 육성 및 지원
3. 개인정보 보호 인증마크의 도입·시행 지원
4. 개인정보처리자의 자율적인 규약의 제정·시행 지원
5. 그 밖에 개인정보처리자의 자율적 개인정보 보호활동을 지원하기 위하여 필요한 사항

제13조의2 【개인정보 보호의 날】 ① 개인정보의 보호 및 처리의 중요성을 국민에게 알리기 위하여 매년 9월 30일을 개인정보 보호의 날로 지정한다.
② 국가와 지방자치단체는 개인정보 보호의 날이 포함된 주간에 개인정보 보호 문화 확산을 위한 각종 행사를 실시할 수 있다.

제14조 【국제협력】 ① 정부는 국제적 환경에서의 개인정보 보호 수준을 향상시키기 위하여 필요한 시책을 마련하여야 한다.
② 정부는 개인정보 국외 이전으로 인하여 정보주체의 권리가 침해되지 아니하도록 관련 시책을 마련하여야 한다.

1. 설치 및 구성

(1) 설치
개인정보 보호에 관한 사무를 독립적으로 수행하기 위하여 국무총리 소속으로 개인정보 보호위원회를 둔다. 보호위원회는 「정부조직법」에 따른 중앙행정기관으로 본다.

(2) 구성
① 보호위원회는 상임위원 2명(위원장 1명, 부위원장 1명)을 포함한 9명의 위원으로 구성한다.
② 보호위원회의 위원은 개인정보 보호에 관한 경력과 전문지식이 풍부한 사람 중에서 위원장과 부위원장은 국무총리의 제청으로, 그 외 위원 중 2명은 위원장의 제청으로, 2명은 대통령이 소속되거나 소속되었던 정당의 교섭단체 추천으로, 3명은 그 외의 교섭단체 추천으로 대통령이 임명 또는 위촉한다.

2. 소관 사무

(1) 개인정보의 보호와 관련된 법령의 개선

(2) 개인정보 보호와 관련된 정책·제도·계획 수립·집행

(3) 정보주체의 권리침해에 대한 조사 및 이에 따른 처분

(4) 개인정보의 처리와 관련한 고충처리·권리 구제 및 분쟁 조정

(5) 개인정보 보호를 위한 국제기구 등 과의 교류·협력

(6) 개인정보 보호에 관한 법령·정책 등의 조사·연구

(7) 개인정보 보호에 관한 기술개발의 지원·보급, 기술의 표준화 및 전문인력의 양성

3. 심의·의결 사항

(1) 고발 및 징계권고에 관한 사항

(2) 시정조치 등에 관한 사항

(3) 처리결과의 공표 및 공표명령에 관한 사항

(4) 과징금·과태료 부과에 관한 사항

(5) 개인정보 보호에 관한 법령의 해석·운용에 관한 사항

(6) 개인정보의 처리에 관한 공공기관 간의 의견조정에 관한 사항

(7) 영향평가 결과에 관한 사항

⑻ 기본계획 및 시행계획에 관한 사항

⑼ 개인정보 침해요인 평가에 관한 사항

⑽ 개인정보의 국외 이전 중지 명령에 관한 사항

⑾ 시정권고에 관한 사항

⑿ 개인정보의 이용·제공에 관한 사항

⒀ 개인정보 보호와 관련된 정책, 제도 및 법령의 개선에 관한 사항

⒁ 소관 법령 및 보호위원회 규칙의 제정·개정 및 폐지에 관한 사항

4. 개인정보 침해요인 평가

중앙행정기관의 장은 소관 법령의 제정 또는 개정을 통하여 개인정보 처리를 수반하는 정책이나 제도를 도입·변경하는 경우에는 보호위원회에 개인정보 침해요인 평가를 요청하여야 한다.

5. 개인정보 보호지침

보호위원회는 표준 개인정보 보호지침을 정하여 개인정보처리자에게 준수를 권장할 수 있다.

6. 기본계획 및 시행계획

(1) **기본계획**

보호위원회는 개인정보의 보호와 정보주체의 권익 보장을 위하여 3년마다 기본계획을 관계 중앙행정기관의 장과 협의하여 수립한다.

(2) **시행계획**

중앙행정기관의 장은 기본계획에 따라 매년 시행계획을 작성하여 보호위원회에 제출하고, 보호위원회의 심의·의결을 거쳐 시행하여야 한다.

7. 개인정보 보호수준 평가

보호위원회는 공공기관을 대상으로 매년 개인정보 보호 정책·업무 수행실적 및 개선 정도, 개인정보 관리체계의 적정성 등을 평가하여야 한다. 이러한 평가 결과는 인터넷 홈페이지 등을 통하여 공개할 수 있다.

02 개인정보 보호위원회의 권한

제61조【의견제시 및 개선권고】 ① 보호위원회는 개인정보 보호에 영향을 미치는 내용이 포함된 법령이나 조례에 대하여 필요하다고 인정하면 심의·의결을 거쳐 관계 기관에 의견을 제시할 수 있다.
② 보호위원회는 개인정보 보호를 위하여 필요하다고 인정하면 개인정보처리자에게 개인정보 처리 실태의 개선을 권고할 수 있다. 이 경우 권고를 받은 개인정보처리자는 이를 이행하기 위하여 성실하게 노력하여야 하며, 그 조치 결과를 보호위원회에 알려야 한다.
③ 관계 중앙행정기관의 장은 개인정보 보호를 위하여 필요하다고 인정하면 소관 법률에 따라 개인정보처리자에게 개인정보 처리 실태의 개선을 권고할 수 있다. 이 경우 권고를 받은 개인정보처리자는 이를 이행하기 위하여 성실하게 노력하여야 하며, 그 조치 결과를 관계 중앙행정기관의 장에게 알려야 한다.
④ 중앙행정기관, 지방자치단체, 국회, 법원, 헌법재판소, 중앙선거관리위원회는 그 소속 기관 및 소관 공공기관에 대하여 개인정보 보호에 관한 의견을 제시하거나 지도·점검을 할 수 있다.

제62조【침해 사실의 신고 등】 ① 개인정보처리자가 개인정보를 처리할 때 개인정보에 관한 권리 또는 이익을 침해받은 사람은 보호위원회에 그 침해 사실을 신고할 수 있다.
② 보호위원회는 제1항에 따른 신고의 접수·처리 등에 관한 업무를 효율적으로 수행하기 위하여 대통령령으로 정하는 바에 따라 전문기관을 지정할 수 있다. 이 경우 전문기관은 개인정보침해 신고센터(이하 "신고센터"라 한다)를 설치·운영하여야 한다.
③ 신고센터는 다음 각 호의 업무를 수행한다.
1. 개인정보 처리와 관련한 신고의 접수·상담
2. 사실의 조사·확인 및 관계자의 의견청취
3. 제1호 및 제2호에 따른 업무에 딸린 업무
④ 보호위원회는 제3항 제2호의 사실 조사·확인 등의 업무를 효율적으로 하기 위하여 필요하면 「국가공무원법」 제32조의4에 따라 소속 공무원을 제2항에 따른 전문기관에 파견할 수 있다.

제63조【자료제출 요구 및 검사】 ① 보호위원회는 다음 각 호의 어느 하나에 해당하는 경우에는 개인정보처리자에게 관계 물품·서류 등 자료를 제출하게 할 수 있다.
1. 이 법을 위반하는 사항을 발견하거나 혐의가 있음을 알게 된 경우
2. 이 법 위반에 대한 신고를 받거나 민원이 접수된 경우
3. 그 밖에 정보주체의 개인정보 보호를 위하여 필요한 경우로서 대통령령으로 정하는 경우
② 보호위원회는 개인정보처리자가 제1항에 따른 자료를 제출하지 아니하거나 이 법을 위반한 사실이 있다고 인정되면 소속 공무원으로 하여금 개인정보처리자 및 해당 법 위반사실과 관련한 관계인의 사무소나 사업장에 출입하여 업무 상황, 장부 또는 서류 등을 검사하게 할 수 있다. 이 경우 검사를 하는 공무원은 그 권한을 나타내는 증표를 지니고 이를 관계인에게 내보여야 한다.
③ 보호위원회는 이 법 등 개인정보 보호와 관련된 법규의 위반행위로 인하여 중대한 개인정보 침해사고가 발생한 경우 신속하고 효과적인 대응을 위하여 다음 각 호의 어느 하나에 해당하는 관계 기관의 장에게 협조를 요청할 수 있다.
1. 중앙행정기관
2. 지방자치단체
3. 그 밖에 법령 또는 자치법규에 따라 행정권한을 가지고 있거나 위임 또는 위탁받은 공공기관
④ 제3항에 따라 협조를 요청받은 관계 기관의 장은 특별한 사정이 없으면 이에 따라야 한다.

⑤ 제1항 및 제2항에 따른 자료제출 요구, 검사 절차 및 방법 등에 관하여 필요한 사항은 보호위원회가 정하여 고시할 수 있다.
⑥ 보호위원회는 제1항 및 제2항에 따라 제출받거나 수집한 서류·자료 등을 이 법에 따른 경우를 제외하고는 제3자에게 제공하거나 일반에 공개해서는 아니 된다.
⑦ 보호위원회는 정보통신망을 통하여 자료의 제출 등을 받은 경우나 수집한 자료 등을 전자화한 경우에는 개인정보·영업비밀 등이 유출되지 아니하도록 제도적·기술적 보완조치를 하여야 한다.

제63조의2【사전 실태점검】 ① 보호위원회는 제63조 제1항 각 호에 해당하지 아니하는 경우로서 개인정보 침해사고 발생의 위험성이 높고 개인정보 보호의 취약점을 사전에 점검할 필요성이 인정되는 개인정보처리자에 대하여 개인정보 보호실태를 점검할 수 있다.
② 보호위원회는 제1항에 따른 실태점검을 실시하여 이 법을 위반하는 사항을 발견한 경우 해당 개인정보처리자에 대하여 시정방안을 정하여 이에 따를 것을 권고할 수 있다.
③ 제2항에 따른 시정권고를 받은 개인정보처리자는 이를 통보받은 날부터 10일 이내에 해당 권고를 수락하는지 여부에 관하여 보호위원회에 통지하여야 하며, 그 이행 결과를 보호위원회가 고시로 정하는 바에 따라 보호위원회에 알려야 한다.
④ 제2항에 따른 시정권고를 받은 자가 해당 권고를 수락한 때에는 제64조 제1항에 따른 시정조치 명령(중앙행정기관, 지방자치단체, 국회, 법원, 헌법재판소, 중앙선거관리위원회의 경우에는 제64조 제3항에 따른 권고를 말한다)을 받은 것으로 본다.
⑤ 보호위원회는 제2항에 따른 시정권고를 받은 자가 해당 권고를 수락하지 아니하거나 이행하지 아니한 경우 제63조 제2항에 따른 검사를 할 수 있다.
⑥ 보호위원회는 관계 중앙행정기관의 장과 합동으로 제1항에 따른 개인정보 보호실태를 점검할 수 있다.

제64조【시정조치 등】 ① 보호위원회는 이 법을 위반한 자(중앙행정기관, 지방자치단체, 국회, 법원, 헌법재판소, 중앙선거관리위원회는 제외한다)에 대하여 다음 각 호에 해당하는 조치를 명할 수 있다.
1. 개인정보 침해행위의 중지
2. 개인정보 처리의 일시적인 정지
3. 그 밖에 개인정보의 보호 및 침해 방지를 위하여 필요한 조치
② 지방자치단체, 국회, 법원, 헌법재판소, 중앙선거관리위원회는 그 소속 기관 및 소관 공공기관이 이 법을 위반하였을 때에는 제1항 각 호에 해당하는 조치를 명할 수 있다.
③ 보호위원회는 중앙행정기관, 지방자치단체, 국회, 법원, 헌법재판소, 중앙선거관리위원회가 이 법을 위반하였을 때에는 해당 기관의 장에게 제1항 각 호에 해당하는 조치를 하도록 권고할 수 있다. 이 경우 권고를 받은 기관은 특별한 사유가 없으면 이를 존중하여야 한다.

제64조의2【과징금의 부과】 ① 보호위원회는 다음 각 호의 어느 하나에 해당하는 경우에는 해당 개인정보처리자에게 전체 매출액의 100분의 3을 초과하지 아니하는 범위에서 과징금을 부과할 수 있다. 다만, 매출액이 없거나 매출액의 산정이 곤란한 경우로서 대통령령으로 정하는 경우에는 20억 원을 초과하지 아니하는 범위에서 과징금을 부과할 수 있다.
1. 제15조 제1항, 제17조 제1항, 제18조 제1항·제2항(제26조 제8항에 따라 준용되는 경우를 포함한다) 또는 제19조를 위반하여 개인정보를 처리한 경우
2. 제22조의2 제1항(제26조 제8항에 따라 준용되는 경우를 포함한다)을 위반하여 법정대리인의 동의를 받지 아니하고 만 14세 미만인 아동의 개인정보를 처리한 경우
3. 제23조 제1항 제1호(제26조 제8항에 따라 준용되는 경우를 포함한다)를 위반하여 정보주체의 동의를 받지 아니하고 민감정보를 처리한 경우

4. 제24조 제1항·제24조의2 제1항(제26조 제8항에 따라 준용되는 경우를 포함한다)을 위반하여 고유식별정보 또는 주민등록번호를 처리한 경우
5. 제26조 제4항에 따른 관리·감독 또는 교육을 소홀히 하여 수탁자가 이 법의 규정을 위반한 경우
6. 제28조의5 제1항(제26조 제8항에 따라 준용되는 경우를 포함한다)을 위반하여 특정 개인을 알아보기 위한 목적으로 정보를 처리한 경우
7. 제28조의8 제1항(제26조 제8항 및 제28조의11에 따라 준용되는 경우를 포함한다)을 위반하여 개인정보를 국외로 이전한 경우
8. 제28조의9 제1항(제26조 제8항 및 제28조의11에 따라 준용되는 경우를 포함한다)을 위반하여 국외 이전 중지 명령을 따르지 아니한 경우
9. 개인정보처리자가 처리하는 개인정보가 분실·도난·유출·위조·변조·훼손된 경우. 다만, 개인정보가 분실·도난·유출·위조·변조·훼손되지 아니하도록 개인정보처리자가 제29조(제26조 제8항에 따라 준용되는 경우를 포함한다)에 따른 안전성 확보에 필요한 조치를 다한 경우에는 그러하지 아니하다.

② 보호위원회는 제1항에 따른 과징금을 부과하려는 경우 전체 매출액에서 위반행위와 관련이 없는 매출액을 제외한 매출액을 기준으로 과징금을 산정한다.

③ 보호위원회는 제1항에 따른 과징금을 부과하려는 경우 개인정보처리자가 정당한 사유 없이 매출액 산정자료의 제출을 거부하거나 거짓의 자료를 제출한 경우에는 해당 개인정보처리자의 전체 매출액을 기준으로 산정하되 해당 개인정보처리자 및 비슷한 규모의 개인정보처리자의 개인정보 보유 규모, 재무제표 등 회계자료, 상품·용역의 가격 등 영업현황 자료에 근거하여 매출액을 추정할 수 있다.

④ 보호위원회는 제1항에 따른 과징금을 부과하는 경우에는 위반행위에 상응하는 비례성과 침해 예방에 대한 효과성이 확보될 수 있도록 다음 각 호의 사항을 고려하여야 한다.
1. 위반행위의 내용 및 정도
2. 위반행위의 기간 및 횟수
3. 위반행위로 인하여 취득한 이익의 규모
4. 암호화 등 안전성 확보 조치 이행 노력
5. 개인정보가 분실·도난·유출·위조·변조·훼손된 경우 위반행위와의 관련성 및 분실·도난·유출·위조·변조·훼손의 규모
6. 위반행위로 인한 피해의 회복 및 피해 확산 방지 조치의 이행 여부
7. 개인정보처리자의 업무 형태 및 규모
8. 개인정보처리자가 처리하는 개인정보의 유형과 정보주체에게 미치는 영향
9. 위반행위로 인한 정보주체의 피해 규모
10. 개인정보 보호 인증, 자율적인 보호 활동 등 개인정보 보호를 위한 노력
11. 보호위원회와의 협조 등 위반행위를 시정하기 위한 조치 여부

⑤ 보호위원회는 다음 각 호의 어느 하나에 해당하는 사유가 있는 경우에는 과징금을 부과하지 아니할 수 있다.
1. 지급불능·지급정지 또는 자본잠식 등의 사유로 객관적으로 과징금을 낼 능력이 없다고 인정되는 경우
2. 본인의 행위가 위법하지 아니한 것으로 잘못 인식할 만한 정당한 사유가 있는 경우
3. 위반행위의 내용·정도가 경미하거나 산정된 과징금이 소액인 경우
4. 그 밖에 정보주체에게 피해가 발생하지 아니하였거나 경미한 경우로서 대통령령으로 정하는 사유가 있는 경우

⑥ 제1항에 따른 과징금은 제2항부터 제5항까지를 고려하여 산정하되, 구체적인 산정기준과 산정절차는 대통령령으로 정한다.
⑦ 보호위원회는 제1항에 따른 과징금을 내야 할 자가 납부기한까지 이를 내지 아니하면 납부기한의 다음 날부터 내지 아니한 과징금의 연 100분의 6에 해당하는 가산금을 징수한다. 이 경우 가산금을 징수하는 기간은 60개월을 초과하지 못한다.
⑧ 보호위원회는 제1항에 따른 과징금을 내야 할 자가 납부기한까지 내지 아니한 경우에는 기간을 정하여 독촉하고, 독촉으로 지정한 기간 내에 과징금과 제7항에 따른 가산금을 내지 아니하면 국세강제징수의 예에 따라 징수한다.
⑨ 보호위원회는 법원의 판결 등의 사유로 제1항에 따라 부과된 과징금을 환급하는 경우에는 과징금을 낸 날부터 환급하는 날까지의 기간에 대하여 금융회사 등의 예금이자율 등을 고려하여 대통령령으로 정하는 이자율을 적용하여 계산한 환급가산금을 지급하여야 한다.
⑩ 보호위원회는 제9항에도 불구하고 법원의 판결에 따라 과징금 부과처분이 취소되어 그 판결이유에 따라 새로운 과징금을 부과하는 경우에는 당초 납부한 과징금에서 새로 부과하기로 결정한 과징금을 공제한 나머지 금액에 대해서만 환급가산금을 계산하여 지급한다.

제65조【고발 및 징계권고】 ① 보호위원회는 개인정보처리자에게 이 법 등 개인정보 보호와 관련된 법규의 위반에 따른 범죄혐의가 있다고 인정될 만한 상당한 이유가 있을 때에는 관할 수사기관에 그 내용을 고발할 수 있다.
② 보호위원회는 이 법 등 개인정보 보호와 관련된 법규의 위반행위가 있다고 인정될 만한 상당한 이유가 있을 때에는 책임이 있는 자(대표자 및 책임있는 임원을 포함한다)를 징계할 것을 해당 개인정보처리자에게 권고할 수 있다. 이 경우 권고를 받은 사람은 이를 존중하여야 하며 그 결과를 보호위원회에 통보하여야 한다.
③ 관계 중앙행정기관의 장은 소관 법률에 따라 개인정보처리자에 대하여 제1항에 따른 고발을 하거나 소속 기관·단체 등의 장에게 제2항에 따른 징계권고를 할 수 있다. 이 경우 제2항에 따른 권고를 받은 사람은 이를 존중하여야 하며 그 결과를 관계 중앙행정기관의 장에게 통보하여야 한다.

제66조【결과의 공표】 ① 보호위원회는 제61조에 따른 개선권고, 제64조에 따른 시정조치 명령, 제64조의2에 따른 과징금의 부과, 제65조에 따른 고발 또는 징계권고 및 제75조에 따른 과태료 부과의 내용 및 결과에 대하여 공표할 수 있다.
② 보호위원회는 제61조에 따른 개선권고, 제64조에 따른 시정조치 명령, 제64조의2에 따른 과징금의 부과, 제65조에 따른 고발 또는 징계권고 및 제75조에 따른 과태료 부과처분 등을 한 경우에는 처분 등을 받은 자에게 해당 처분 등을 받았다는 사실을 공표할 것을 명할 수 있다.
③ 제1항 및 제2항에 따른 개선권고 사실 등의 공표 및 공표명령의 방법, 기준 및 절차 등은 대통령령으로 정한다.

1. 의견제시 및 개선권고

(1) 의견제시
보호위원회는 개인정보 보호에 영향을 미치는 내용이 포함된 법령이나 조례에 대하여 관계 기관에 의견을 제시할 수 있다.

(2) 개선권고
관계 중앙행정기관의 장은 개인정보처리자에게 개인정보 처리 실태의 개선을 권고할 수 있다.

2. 자료제출 요구 및 검사

(1) 자료제출
보호위원회는 ① 「개인정보 보호법」을 위반하는 사항을 발견하거나 혐의가 있음을 알게 된 경우, ② 「개인정보 보호법」 위반에 대한 신고를 받거나 민원이 접수된 경우에는 개인정보처리자에게 관계 자료를 제출하게 할 수 있다.

(2) 검사
보호위원회는 개인정보처리자가 자료를 제출하지 아니하거나 「개인정보 보호법」을 위반한 사실이 인정되면 현장조사를 할 수 있다.

3. 사전 실태점검
보호위원회는 개인정보 침해사고 발생의 위험성이 높고 개인정보 보호의 취약점을 사전에 점검할 필요성이 인정되는 개인정보처리자에 대하여 개인정보 보호실태를 점검할 수 있다.

4. 시정조치
보호위원회는 ① 침해행위의 중지, ② 처리의 일시 정지 등의 조치를 명할 수 있다.

5. 과징금

(1) 과징금 부과
보호위원회는 「개인정보 보호법」의 일정 규정을 위반한 경우에는 해당 개인정보처리자에게 전체 매출액의 100분의 3을 초과하지 아니하는 범위에서 과징금을 부과할 수 있다. 다만, 매출액이 없거나 매출액의 산정이 곤란한 경우에는 20억 원을 초과하지 아니하는 범위에서 과징금을 부과할 수 있다.

(2) **과징금 산정 기준**

① **원칙**
보호위원회는 전체 매출액에서 위반행위와 관련이 없는 매출액을 제외한 매출액을 기준으로 과징금을 산정한다.

② **추정**
보호위원회는 개인정보처리자가 정당한 사유 없이 매출액 산정자료의 제출을 거부하거나 거짓의 자료를 제출한 경우에는 해당 개인정보처리자의 전체 매출액을 기준으로 산정하되 해당 개인정보처리자 및 비슷한 규모의 개인정보처리자의 영업현황 자료에 근거하여 매출액을 추정할 수 있다.

6. 고발 및 징계권고

보호위원회는 범죄혐의가 있을 때에는 수사기관에 고발할 수 있다. 또한 책임자의 징계를 해당 개인정보처리자에게 권고할 수 있다.

7. 결과의 공표

보호위원회는 개선권고, 시정조치 명령, 과징금의 부과, 고발 또는 징계권고 및 과태료 부과의 내용 및 결과에 대하여 공표할 수 있다.

Chapter 04 개인정보의 처리 – 개인정보의 수집, 이용, 제공 등

01 개인정보 수집 · 이용

제2조【정의】 이 법에서 사용하는 용어의 뜻은 다음과 같다.
2. "처리"란 개인정보의 수집, 생성, 연계, 연동, 기록, 저장, 보유, 가공, 편집, 검색, 출력, 정정(訂正), 복구, 이용, 제공, 공개, 파기(破棄), 그 밖에 이와 유사한 행위를 말한다.
3. "정보주체"란 처리되는 정보에 의하여 알아볼 수 있는 사람으로서 그 정보의 주체가 되는 사람을 말한다.
4. "개인정보파일"이란 개인정보를 쉽게 검색할 수 있도록 일정한 규칙에 따라 체계적으로 배열하거나 구성한 개인정보의 집합물(集合物)을 말한다.
5. "개인정보처리자"란 업무를 목적으로 개인정보파일을 운용하기 위하여 스스로 또는 다른 사람을 통하여 개인정보를 처리하는 공공기관, 법인, 단체 및 개인 등을 말한다.
6. "공공기관"이란 다음 각 목의 기관을 말한다.
   가. 국회, 법원, 헌법재판소, 중앙선거관리위원회의 행정사무를 처리하는 기관, 중앙행정기관(대통령 소속 기관과 국무총리 소속 기관을 포함한다) 및 그 소속 기관, 지방자치단체
   나. 그 밖의 국가기관 및 공공단체 중 대통령령으로 정하는 기관

제15조【개인정보의 수집 · 이용】 ① 개인정보처리자는 다음 각 호의 어느 하나에 해당하는 경우에는 개인정보를 수집할 수 있으며 그 수집 목적의 범위에서 이용할 수 있다.
1. 정보주체의 동의를 받은 경우
2. 법률에 특별한 규정이 있거나 법령상 의무를 준수하기 위하여 불가피한 경우
3. 공공기관이 법령등에서 정하는 소관 업무의 수행을 위하여 불가피한 경우
4. 정보주체와 체결한 계약을 이행하거나 계약을 체결하는 과정에서 정보주체의 요청에 따른 조치를 이행하기 위하여 필요한 경우
5. 명백히 정보주체 또는 제3자의 급박한 생명, 신체, 재산의 이익을 위하여 필요하다고 인정되는 경우
6. 개인정보처리자의 정당한 이익을 달성하기 위하여 필요한 경우로서 명백하게 정보주체의 권리보다 우선하는 경우. 이 경우 개인정보처리자의 정당한 이익과 상당한 관련이 있고 합리적인 범위를 초과하지 아니하는 경우에 한한다.
7. 공중위생 등 공공의 안전과 안녕을 위하여 긴급히 필요한 경우
② 개인정보처리자는 제1항 제1호에 따른 동의를 받을 때에는 다음 각 호의 사항을 정보주체에게 알려야 한다. 다음 각 호의 어느 하나의 사항을 변경하는 경우에도 이를 알리고 동의를 받아야 한다.
1. 개인정보의 수집 · 이용 목적
2. 수집하려는 개인정보의 항목
3. 개인정보의 보유 및 이용 기간
4. 동의를 거부할 권리가 있다는 사실 및 동의 거부에 따른 불이익이 있는 경우에는 그 불이익의 내용

③ 개인정보처리자는 당초 수집 목적과 합리적으로 관련된 범위에서 정보주체에게 불이익이 발생하는지 여부, 암호화 등 안전성 확보에 필요한 조치를 하였는지 여부 등을 고려하여 대통령령으로 정하는 바에 따라 정보주체의 동의 없이 개인정보를 이용할 수 있다.

제16조【개인정보의 수집 제한】 ① 개인정보처리자는 제15조 제1항 각 호의 어느 하나에 해당하여 개인정보를 수집하는 경우에는 그 목적에 필요한 최소한의 개인정보를 수집하여야 한다. 이 경우 최소한의 개인정보 수집이라는 입증책임은 개인정보처리자가 부담한다.
② 개인정보처리자는 정보주체의 동의를 받아 개인정보를 수집하는 경우 필요한 최소한의 정보 외의 개인정보 수집에는 동의하지 아니할 수 있다는 사실을 구체적으로 알리고 개인정보를 수집하여야 한다.
③ 개인정보처리자는 정보주체가 필요한 최소한의 정보 외의 개인정보 수집에 동의하지 아니한다는 이유로 정보주체에게 재화 또는 서비스의 제공을 거부하여서는 아니 된다.

1. 개인정보의 수집 · 이용

(1) 대상
① 정보주체의 동의를 받은 경우
② 법률에 특별한 규정이 있거나 법령상 의무를 준수하기 위하여 불가피한 경우
③ 공공기관이 법령등에서 정하는 소관 업무의 수행을 위하여 불가피한 경우
④ 정보주체와 체결한 계약을 이행하거나 계약을 체결하는 과정에서 정보주체의 요청에 따른 조치를 이행하기 위하여 필요한 경우
⑤ 명백히 정보주체 또는 제3자의 급박한 생명, 신체, 재산의 이익을 위하여 필요
⑥ 개인정보처리자의 정당한 이익을 달성하기 위하여 필요한 경우로서 명백하게 정보주체의 권리보다 우선하는 경우. 이 경우 개인정보처리자의 정당한 이익과 상당한 관련이 있고 합리적인 범위를 초과하지 아니하는 경우에 한한다.
⑦ 공중위생 등 공공의 안전과 안녕을 위하여 긴급히 필요한 경우

(2) 동의시 통지 사항
① 개인정보의 수집 · 이용 목적
② 수집하려는 개인정보의 항목
③ 개인정보의 보유 및 이용 기간
④ 동의를 거부할 권리 및 동의 거부에 따른 불이익의 내용

(3) 정보주체의 동의 없이 개인정보 이용
개인정보처리자는 수집 목적과 합리적으로 관련된 범위에서 불이익 발생 여부, 안전성 확보에 필요한 조치 여부 등을 고려하여 정보주체의 동의 없이 개인정보를 이용할 수 있다.

2. 개인정보의 수집 제한

(1) 목적에 필요한 최소한의 개인정보를 수집하여야 한다.

(2) 필요한 최소한의 정보 외의 개인정보 수집에는 동의하지 아니할 수 있다는 사실을 구체적으로 알려야 한다.

(3) 개인정보처리자는 정보주체가 필요한 최소한의 정보 외의 개인정보 수집에 동의하지 아니한다는 이유로 정보주체에게 재화 또는 서비스의 제공을 거부하여서는 아니 된다.

02 개인정보의 제공, 목적 외 이용·제공

[제13회]

개인정보처리자의 개인정보의 목적외 이용·제공 제한에 대하여 설명하시오. (20점)

제17조【개인정보의 제공】 ① 개인정보처리자는 다음 각 호의 어느 하나에 해당되는 경우에는 정보주체의 개인정보를 제3자에게 제공(공유를 포함한다. 이하 같다)할 수 있다.
  1. 정보주체의 동의를 받은 경우
  2. 제15조 제1항 제2호, 제3호 및 제5호부터 제7호까지에 따라 개인정보를 수집한 목적 범위에서 개인정보를 제공하는 경우
② 개인정보처리자는 제1항 제1호에 따른 동의를 받을 때에는 다음 각 호의 사항을 정보주체에게 알려야 한다. 다음 각 호의 어느 하나의 사항을 변경하는 경우에도 이를 알리고 동의를 받아야 한다.
  1. 개인정보를 제공받는 자
  2. 개인정보를 제공받는 자의 개인정보 이용 목적
  3. 제공하는 개인정보의 항목
  4. 개인정보를 제공받는 자의 개인정보 보유 및 이용 기간
  5. 동의를 거부할 권리가 있다는 사실 및 동의 거부에 따른 불이익이 있는 경우에는 그 불이익의 내용
③ 삭제
④ 개인정보처리자는 당초 수집 목적과 합리적으로 관련된 범위에서 정보주체에게 불이익이 발생하는지 여부, 암호화 등 안전성 확보에 필요한 조치를 하였는지 여부 등을 고려하여 대통령령으로 정하는 바에 따라 정보주체의 동의 없이 개인정보를 제공할 수 있다.

제18조【개인정보의 목적 외 이용·제공 제한】 ① 개인정보처리자는 개인정보를 제15조 제1항에 따른 범위를 초과하여 이용하거나 제17조 제1항 및 제28조의8 제1항에 따른 범위를 초과하여 제3자에게 제공하여서는 아니 된다.
② 제1항에도 불구하고 개인정보처리자는 다음 각 호의 어느 하나에 해당하는 경우에는 정보주체 또는 제3자의 이익을 부당하게 침해할 우려가 있을 때를 제외하고는 개인정보를 목적 외의 용도로 이용하거나 이를 제3자에게 제공할 수 있다. 다만, 제5호부터 제9호까지에 따른 경우는 공공기관의 경우로 한정한다.

1. 정보주체로부터 별도의 동의를 받은 경우
2. 다른 법률에 특별한 규정이 있는 경우
3. 명백히 정보주체 또는 제3자의 급박한 생명, 신체, 재산의 이익을 위하여 필요하다고 인정되는 경우
4. 삭제
5. 개인정보를 목적 외의 용도로 이용하거나 이를 제3자에게 제공하지 아니하면 다른 법률에서 정하는 소관 업무를 수행할 수 없는 경우로서 보호위원회의 심의·의결을 거친 경우
6. 조약, 그 밖의 국제협정의 이행을 위하여 외국정부 또는 국제기구에 제공하기 위하여 필요한 경우
7. 범죄의 수사와 공소의 제기 및 유지를 위하여 필요한 경우
8. 법원의 재판업무 수행을 위하여 필요한 경우
9. 형(刑) 및 감호, 보호처분의 집행을 위하여 필요한 경우
10. 공중위생 등 공공의 안전과 안녕을 위하여 긴급히 필요한 경우

③ 개인정보처리자는 제2항 제1호에 따른 동의를 받을 때에는 다음 각 호의 사항을 정보주체에게 알려야 한다. 다음 각 호의 어느 하나의 사항을 변경하는 경우에도 이를 알리고 동의를 받아야 한다.
1. 개인정보를 제공받는 자
2. 개인정보의 이용 목적(제공 시에는 제공받는 자의 이용 목적을 말한다)
3. 이용 또는 제공하는 개인정보의 항목
4. 개인정보의 보유 및 이용 기간(제공 시에는 제공받는 자의 보유 및 이용 기간을 말한다)
5. 동의를 거부할 권리가 있다는 사실 및 동의 거부에 따른 불이익이 있는 경우에는 그 불이익의 내용

④ 공공기관은 제2항 제2호부터 제6호까지, 제8호부터 제10호까지에 따라 개인정보를 목적 외의 용도로 이용하거나 이를 제3자에게 제공하는 경우에는 그 이용 또는 제공의 법적 근거, 목적 및 범위 등에 관하여 필요한 사항을 보호위원회가 고시로 정하는 바에 따라 관보 또는 인터넷 홈페이지 등에 게재하여야 한다.

⑤ 개인정보처리자는 제2항 각 호의 어느 하나의 경우에 해당하여 개인정보를 목적 외의 용도로 제3자에게 제공하는 경우에는 개인정보를 제공받는 자에게 이용 목적, 이용 방법, 그 밖에 필요한 사항에 대하여 제한을 하거나, 개인정보의 안전성 확보를 위하여 필요한 조치를 마련하도록 요청하여야 한다. 이 경우 요청을 받은 자는 개인정보의 안전성 확보를 위하여 필요한 조치를 하여야 한다.

제19조【개인정보를 제공받은 자의 이용·제공 제한】 개인정보처리자로부터 개인정보를 제공받은 자는 다음 각 호의 어느 하나에 해당하는 경우를 제외하고는 개인정보를 제공받은 목적 외의 용도로 이용하거나 이를 제3자에게 제공하여서는 아니 된다.
1. 정보주체로부터 별도의 동의를 받은 경우
2. 다른 법률에 특별한 규정이 있는 경우

1. 개인정보의 제공

(1) 원칙

개인정보처리자는 개인정보를 제공하여서는 아니 된다.

(2) 예외

① 정보주체의 동의를 받은 경우
② 개인정보를 수집한 목적 범위에서 개인정보를 제공하는 경우

2. 개인정보의 목적 외 이용·제공 제한

(1) 원칙
개인정보처리자는 개인정보를 목적 외 이용·제공하여서는 아니 된다.

(2) 예외(④부터 ⑧까지의 경우는 공공기관의 경우로 한정)
① 정보주체로부터 별도의 동의를 받은 경우
② 다른 법률에 특별한 규정이 있는 경우
③ 명백히 급박한 생명, 신체, 재산의 이익을 위하여 필요
④ 소관 업무를 수행할 수 없는 경우로서 보호위원회의 심의·의결을 거친 경우
⑤ 조약, 국제협정의 이행
⑥ 범죄의 수사와 공소의 제기 및 유지
⑦ 법원의 재판업무 수행
⑧ 형 및 감호, 보호처분의 집행
⑨ 공중위생 등 공공의 안전과 안녕을 위하여 긴급히 필요한 경우

(3) 동의 시 통지사항
① 개인정보를 제공받는 자
② 개인정보의 이용 목적
③ 이용 또는 제공하는 개인정보의 항목
④ 개인정보의 보유 및 이용 기간
⑤ 동의를 거부할 권리 및 동의 거부에 따른 불이익의 내용

(4) 공공기관의 공개 의무
공공기관은 목적 외 이용·제공 시 보호위원회가 고시로 정하는 바에 따라 관보 또는 인터넷 홈페이지 등에 게재하여야 한다.

03 수집 출처 통지

> 제20조 【정보주체 이외로부터 수집한 개인정보의 수집 출처 등 통지】 ① 개인정보처리자가 정보주체 이외로부터 수집한 개인정보를 처리하는 때에는 정보주체의 요구가 있으면 즉시 다음 각 호의 모든 사항을 정보주체에게 알려야 한다.
> 1. 개인정보의 수집 출처
> 2. 개인정보의 처리 목적
> 3. 제37조에 따른 개인정보 처리의 정지를 요구하거나 동의를 철회할 권리가 있다는 사실
> ② 제1항에도 불구하고 처리하는 개인정보의 종류·규모, 종업원 수 및 매출액 규모 등을 고려하여 대통령령으로 정하는 기준에 해당하는 개인정보처리자가 제17조 제1항 제1호에 따라 정보주체 이외로부터 개인정보를 수집하여 처리하는 때에는 제1항 각 호의 모든 사항을 정보주체에게 알려야 한다. 다만, 개인정보처리자가 수집한 정보에 연락처 등 정보주체에게 알릴 수 있는 개인정보가 포함되지 아니한 경우에는 그러하지 아니하다.
> ③ 제2항 본문에 따라 알리는 경우 정보주체에게 알리는 시기·방법 및 절차 등 필요한 사항은 대통령령으로 정한다.
> ④ 제1항과 제2항 본문은 다음 각 호의 어느 하나에 해당하는 경우에는 적용하지 아니한다. 다만, 이 법에 따른 정보주체의 권리보다 명백히 우선하는 경우에 한한다.
> 1. 통지를 요구하는 대상이 되는 개인정보가 제32조 제2항 각 호의 어느 하나에 해당하는 개인정보파일에 포함되어 있는 경우
> 2. 통지로 인하여 다른 사람의 생명·신체를 해할 우려가 있거나 다른 사람의 재산과 그 밖의 이익을 부당하게 침해할 우려가 있는 경우
>
> 제20조의2 【개인정보 이용·제공 내역의 통지】 ① 대통령령으로 정하는 기준에 해당하는 개인정보처리자는 이 법에 따라 수집한 개인정보의 이용·제공 내역이나 이용·제공 내역을 확인할 수 있는 정보시스템에 접속하는 방법을 주기적으로 정보주체에게 통지하여야 한다. 다만, 연락처 등 정보주체에게 통지할 수 있는 개인정보를 수집·보유하지 아니한 경우에는 통지하지 아니할 수 있다.
> ② 제1항에 따른 통지의 대상이 되는 정보주체의 범위, 통지 대상 정보, 통지 주기 및 방법 등에 필요한 사항은 대통령령으로 정한다.

1. 통지사항

개인정보처리자가 정보주체 이외로부터 수집한 개인정보를 처리하는 때에는 정보주체의 요구가 있으면 즉시 ① 개인정보의 수집 출처, ② 개인정보의 처리 목적, ③ 개인정보 처리의 정지를 요구하거나 동의를 철회할 권리가 있다는 사실에 해당하는 모든 사항을 정보주체에게 알려야 한다.

2. 의무적 통지

(1) 대상

① 5만 명 이상의 민감정보 또는 고유식별정보, ② 100만 명 이상의 개인정보에 해당하는 개인정보를 수집하여 처리하는 개인정보처리자는 정보주체에게 통지사항을 알려야 한다.

(2) 통지방법

개인정보처리자는 정보주체가 쉽게 알 수 있는 방법으로 개인정보를 제공받은 날부터 3개월 이내에 정보주체에게 알려야 한다. 정보주체의 동의를 받은 범위에서 연 2회 이상 주기적으로 개인정보를 제공받아 처리하는 경우에는 그 동의를 받은 날부터 기산하여 연 1회 이상 정보주체에게 알려야 한다.

3. 통지의 예외

(1) 통지를 요구하는 대상이 되는 개인정보가 ① 국가의 중대한 이익, ② 범죄 수사, 공소 제기 및 유지, 형 집행, ③ 조세나 관세의 범칙행위 조사, ④ 일회적으로 운영되는 파일 등 지속적으로 관리할 필요성이 낮다고 인정되는 개인정보파일, ⑤ 다른 법령에 따라 비밀로 분류된 개인정보파일에 해당하는 경우

(2) 다른 사람의 생명·신체·재산을 부당하게 침해할 우려가 있는 경우

4. 개인정보 이용·제공 내역의 통지

① 5만 명 이상의 민감정보 또는 고유식별정보, ② 100만 명 이상의 개인정보에 해당하는 개인정보를 수집하여 처리하는 개인정보처리자는 수집한 개인정보의 이용·제공 내역이나 이용·제공 내역을 확인할 수 있는 정보시스템에 접속하는 방법을 주기적으로 정보주체에게 통지하여야 한다.

04 개인정보의 파기

제21조【개인정보의 파기】 ① 개인정보처리자는 보유기간의 경과, 개인정보의 처리 목적 달성, 가명정보의 처리 기간 경과 등 그 개인정보가 불필요하게 되었을 때에는 지체 없이 그 개인정보를 파기하여야 한다. 다만, 다른 법령에 따라 보존하여야 하는 경우에는 그러하지 아니하다.
② 개인정보처리자가 제1항에 따라 개인정보를 파기할 때에는 복구 또는 재생되지 아니하도록 조치하여야 한다.
③ 개인정보처리자가 제1항 단서에 따라 개인정보를 파기하지 아니하고 보존하여야 하는 경우에는 해당 개인정보 또는 개인정보파일을 다른 개인정보와 분리하여서 저장·관리하여야 한다.
④ 개인정보의 파기방법 및 절차 등에 필요한 사항은 대통령령으로 정한다.

05 동의를 받는 방법

제22조【동의를 받는 방법】 ① 개인정보처리자는 이 법에 따른 개인정보의 처리에 대하여 정보주체(제22조의2 제1항에 따른 법정대리인을 포함한다. 이하 이 조에서 같다)의 동의를 받을 때에는 각각의 동의 사항을 구분하여 정보주체가 이를 명확하게 인지할 수 있도록 알리고 동의를 받아야 한다. 이 경우 다음 각 호의 경우에는 동의 사항을 구분하여 각각 동의를 받아야 한다.
1. 제15조 제1항 제1호에 따라 동의를 받는 경우
2. 제17조 제1항 제1호에 따라 동의를 받는 경우
3. 제18조 제2항 제1호에 따라 동의를 받는 경우
4. 제19조 제1호에 따라 동의를 받는 경우
5. 제23조 제1항 제1호에 따라 동의를 받는 경우
6. 제24조 제1항 제1호에 따라 동의를 받는 경우
7. 재화나 서비스를 홍보하거나 판매를 권유하기 위하여 개인정보의 처리에 대한 동의를 받으려는 경우
8. 그 밖에 정보주체를 보호하기 위하여 동의 사항을 구분하여 동의를 받아야 할 필요가 있는 경우로서 대통령령으로 정하는 경우
② 개인정보처리자는 제1항의 동의를 서면(「전자문서 및 전자거래 기본법」 제2조 제1호에 따른 전자문서를 포함한다)으로 받을 때에는 개인정보의 수집·이용 목적, 수집·이용하려는 개인정보의 항목 등 대통령령으로 정하는 중요한 내용을 보호위원회가 고시로 정하는 방법에 따라 명확히 표시하여 알아보기 쉽게 하여야 한다.
③ 개인정보처리자는 정보주체의 동의 없이 처리할 수 있는 개인정보에 대해서는 그 항목과 처리의 법적 근거를 정보주체의 동의를 받아 처리하는 개인정보와 구분하여 제30조 제2항에 따라 공개하거나 전자우편 등 대통령령으로 정하는 방법에 따라 정보주체에게 알려야 한다. 이 경우 동의 없이 처리할 수 있는 개인정보라는 입증책임은 개인정보처리자가 부담한다.
④ 삭제
⑤ 개인정보처리자는 정보주체가 선택적으로 동의할 수 있는 사항을 동의하지 아니하거나 제1항 제3호 및 제7호에 따른 동의를 하지 아니한다는 이유로 정보주체에게 재화 또는 서비스의 제공을 거부하여서는 아니 된다.

> ⑥ 삭제
> ⑦ 제1항부터 제5항까지에서 규정한 사항 외에 정보주체의 동의를 받는 세부적인 방법에 관하여 필요한 사항은 개인정보의 수집매체 등을 고려하여 대통령령으로 정한다.
>
> **제22조의2【아동의 개인정보 보호】** ① 개인정보처리자는 만 14세 미만 아동의 개인정보를 처리하기 위하여 이 법에 따른 동의를 받아야 할 때에는 그 법정대리인의 동의를 받아야 하며, 법정대리인이 동의하였는지를 확인하여야 한다.
> ② 제1항에도 불구하고 법정대리인의 동의를 받기 위하여 필요한 최소한의 정보로서 대통령령으로 정하는 정보는 법정대리인의 동의 없이 해당 아동으로부터 직접 수집할 수 있다.
> ③ 개인정보처리자는 만 14세 미만의 아동에게 개인정보 처리와 관련한 사항의 고지 등을 할 때에는 이해하기 쉬운 양식과 명확하고 알기 쉬운 언어를 사용하여야 한다.
> ④ 제1항부터 제3항까지에서 규정한 사항 외에 동의 및 동의 확인 방법 등에 필요한 사항은 대통령령으로 정한다.

1. 동의 사항을 각각 구분하여 동의

개인정보처리자는 개인정보의 ① 수집·이용, ② 제공, ③ 목적 외의 이용·제공, ④ 민감정보·고유식별정보 처리, ⑤ 홍보하거나 판매 권유에 해당하는 경우 각각의 동의 사항을 구분하여 각각 동의를 받아야 한다.

2. 서면 동의를 받는 경우

개인정보처리자는 동의를 서면으로 받을 때에는 ① 재화나 서비스의 홍보 또는 판매 등을 위하여 해당 개인정보를 이용하여 정보주체에게 연락할 수 있다는 사실, ② 처리하려는 개인정보의 항목 중 민감정보 또는 고유식별정보가 포함되어 있다는 사실 등을 명확히 표시하여 알아보기 쉽게 하여야 한다.

3. 동의 없이 처리할 수 있는 개인정보

개인정보처리자는 정보주체의 동의 없이 처리할 수 있는 개인정보에 대해서는 그 항목과 법적 근거를 공개하거나 정보주체에게 알려야 한다. 이 경우 입증책임은 개인정보처리자가 부담한다.

4. 불이익 금지

개인정보처리자는 선택적으로 동의할 수 있는 사항을 정보주체가 동의를 하지 아니한다는 이유로 정보주체에게 재화 또는 서비스의 제공을 거부할 수 없다.

5. 아동의 개인정보 보호

(1) 만 14세 미만 아동의 개인정보 처리는 그 법정대리인의 동의를 받아야 한다.

(2) 법정대리인의 동의를 받기 위하여 필요한 최소한의 정보는 법정대리인의 동의 없이 해당 아동으로부터 직접 수집할 수 있다.

(3) 개인정보처리자는 만 14세 미만의 아동에게는 쉬운 양식과 알기 쉬운 언어를 사용하여야 한다.

개인정보의 처리 – 개인정보의 처리 제한

01 민감정보의 처리 제한

> 제23조 【민감정보의 처리 제한】 ① 개인정보처리자는 사상·신념, 노동조합·정당의 가입·탈퇴, 정치적 견해, 건강, 성생활 등에 관한 정보, 그 밖에 정보주체의 사생활을 현저히 침해할 우려가 있는 개인정보로서 대통령령으로 정하는 정보(이하 "민감정보"라 한다)를 처리하여서는 아니 된다. 다만, 다음 각 호의 어느 하나에 해당하는 경우에는 그러하지 아니하다.
> 1. 정보주체에게 제15조 제2항 각 호 또는 제17조 제2항 각 호의 사항을 알리고 다른 개인정보의 처리에 대한 동의와 별도로 동의를 받은 경우
> 2. 법령에서 민감정보의 처리를 요구하거나 허용하는 경우
> ② 개인정보처리자가 제1항 각 호에 따라 민감정보를 처리하는 경우에는 그 민감정보가 분실·도난·유출·위조·변조 또는 훼손되지 아니하도록 제29조에 따른 안전성 확보에 필요한 조치를 하여야 한다.
> ③ 개인정보처리자는 재화 또는 서비스를 제공하는 과정에서 공개되는 정보에 정보주체의 민감정보가 포함됨으로써 사생활 침해의 위험성이 있다고 판단하는 때에는 재화 또는 서비스의 제공 전에 민감정보의 공개 가능성 및 비공개를 선택하는 방법을 정보주체가 알아보기 쉽게 알려야 한다.

1. 원칙

사상·신념, 정치적 견해 등 정보주체의 사생활을 현저히 침해할 우려가 있는 민감정보를 처리하여서는 아니 된다.

2. 예외

(1) 정보주체의 별도 동의

(2) 법령에서 허용

3. 안전성 확보 조치

민감정보 처리 시에는 안전성 확보에 필요한 조치를 하여야 한다.

4. 공개 가능성 및 비공개 선택 방법의 고지

개인정보처리자는 재화 또는 서비스를 제공하는 과정에서 공개되는 정보에 정보주체의 민감정보가 포함됨으로써 사생활 침해의 위험성이 있다고 판단하는 때에는 재화 또는 서비스의 제공 전에 민감정보의 공개 가능성 및 비공개를 선택하는 방법을 정보주체가 알아보기 쉽게 알려야 한다.

02 고유식별정보

제24조【고유식별정보의 처리 제한】① 개인정보처리자는 다음 각 호의 경우를 제외하고는 법령에 따라 개인을 고유하게 구별하기 위하여 부여된 식별정보로서 대통령령으로 정하는 정보(이하 "고유식별정보"라 한다)를 처리할 수 없다.
  1. 정보주체에게 제15조 제2항 각 호 또는 제17조 제2항 각 호의 사항을 알리고 다른 개인정보의 처리에 대한 동의와 별도로 동의를 받은 경우
  2. 법령에서 구체적으로 고유식별정보의 처리를 요구하거나 허용하는 경우
② 삭제
③ 개인정보처리자가 제1항 각 호에 따라 고유식별정보를 처리하는 경우에는 그 고유식별정보가 분실·도난·유출·위조·변조 또는 훼손되지 아니하도록 대통령령으로 정하는 바에 따라 암호화 등 안전성 확보에 필요한 조치를 하여야 한다.
④ 보호위원회는 처리하는 개인정보의 종류·규모, 종업원 수 및 매출액 규모 등을 고려하여 대통령령으로 정하는 기준에 해당하는 개인정보처리자가 제3항에 따라 안전성 확보에 필요한 조치를 하였는지에 관하여 대통령령으로 정하는 바에 따라 정기적으로 조사하여야 한다.
⑤ 보호위원회는 대통령령으로 정하는 전문기관으로 하여금 제4항에 따른 조사를 수행하게 할 수 있다.

제24조의2【주민등록번호 처리의 제한】① 제24조 제1항에도 불구하고 개인정보처리자는 다음 각 호의 어느 하나에 해당하는 경우를 제외하고는 주민등록번호를 처리할 수 없다.
  1. 법률·대통령령·국회규칙·대법원규칙·헌법재판소규칙·중앙선거관리위원회규칙 및 감사원규칙에서 구체적으로 주민등록번호의 처리를 요구하거나 허용한 경우
  2. 정보주체 또는 제3자의 급박한 생명, 신체, 재산의 이익을 위하여 명백히 필요하다고 인정되는 경우
  3. 제1호 및 제2호에 준하여 주민등록번호 처리가 불가피한 경우로서 보호위원회가 고시로 정하는 경우
② 개인정보처리자는 제24조 제3항에도 불구하고 주민등록번호가 분실·도난·유출·위조·변조 또는 훼손되지 아니하도록 암호화 조치를 통하여 안전하게 보관하여야 한다. 이 경우 암호화 적용 대상 및 대상별 적용 시기 등에 관하여 필요한 사항은 개인정보의 처리 규모와 유출 시 영향 등을 고려하여 대통령령으로 정한다.
③ 개인정보처리자는 제1항 각 호에 따라 주민등록번호를 처리하는 경우에도 정보주체가 인터넷 홈페이지를 통하여 회원으로 가입하는 단계에서는 주민등록번호를 사용하지 아니하고도 회원으로 가입할 수 있는 방법을 제공하여야 한다.
④ 보호위원회는 개인정보처리자가 제3항에 따른 방법을 제공할 수 있도록 관계 법령의 정비, 계획의 수립, 필요한 시설 및 시스템의 구축 등 제반 조치를 마련·지원할 수 있다.

1. 원칙

고유식별정보를 처리하여서는 아니 된다.

2. 예외

(1) 정보주체의 별도 동의

(2) 법령에서 허용

3. 안전성 확보 조치

고유식별정보 처리 시에는 안전성 확보에 필요한 조치를 하여야 한다.

4. 정기조사

(1) **대상 및 시기**

보호위원회는 ① 1만명 이상의 정보주체에 관하여 고유식별정보를 처리하는 공공기관, ② 보호위원회가 정기조사가 필요하다고 인정하는 공공기관, 그리고 ③ 공공기관 외의 자로서 5만명 이상의 정보주체에 관하여 고유식별정보를 처리하는 자에 해당하는 개인정보처리자가 안전성 확보에 필요한 조치를 하였는지에 관하여 3년마다 1회 이상 정기적으로 조사하여야 한다.

(2) **예외**

개인정보 보호수준 평가를 받은 경우 또는 개인정보 보호 인증을 받은 경우와 같이 고유식별정보의 안전성 확보 조치에 대한 점검이 이루어진 경우에는 정기조사를 실시한 것으로 본다.

(3) **수행 기관**

보호위원회는 한국인터넷진흥원 등이 정기조사를 수행하게 할 수 있다.

5. 주민등록번호 처리의 제한

(1) **원칙**

주민등록번호를 처리하여서는 아니 된다.

(2) **예외**

① 법률·대통령령·국회규칙·대법원규칙·헌법재판소규칙·중앙선거관리위원회규칙 및 감사원규칙에서 구체적으로 주민등록번호의 처리를 요구하거나 허용한 경우

② 정보주체 또는 제3자의 급박한 생명, 신체, 재산의 이익을 위하여 명백히 필요하다고 인정되는 경우
③ 주민등록번호 처리가 불가피한 경우로서 보호위원회가 고시로 정하는 경우

(3) **대체 수단 제공**

개인정보처리자는 홈페이지에서 주민등록번호를 사용하지 아니하고도 회원으로 가입할 수 있는 방법을 제공하여야 한다.

03 영상정보처리기기의 설치·운영

제3회

영상정보처리기기 설치·운영에 관하여 논하시오. (40점)

제2조【정의】이 법에서 사용하는 용어의 뜻은 다음과 같다.
7. "고정형 영상정보처리기기"란 일정한 공간에 설치되어 지속적 또는 주기적으로 사람 또는 사물의 영상 등을 촬영하거나 이를 유·무선망을 통하여 전송하는 장치로서 대통령령으로 정하는 장치를 말한다.
7의2. "이동형 영상정보처리기기"란 사람이 신체에 착용 또는 휴대하거나 이동 가능한 물체에 부착 또는 거치(据置)하여 사람 또는 사물의 영상 등을 촬영하거나 이를 유·무선망을 통하여 전송하는 장치로서 대통령령으로 정하는 장치를 말한다.

제25조【고정형 영상정보처리기기의 설치·운영 제한】① 누구든지 다음 각 호의 경우를 제외하고는 공개된 장소에 고정형 영상정보처리기기를 설치·운영하여서는 아니 된다.
1. 법령에서 구체적으로 허용하고 있는 경우
2. 범죄의 예방 및 수사를 위하여 필요한 경우
3. 시설의 안전 및 관리, 화재 예방을 위하여 정당한 권한을 가진 자가 설치·운영하는 경우
4. 교통단속을 위하여 정당한 권한을 가진 자가 설치·운영하는 경우
5. 교통정보의 수집·분석 및 제공을 위하여 정당한 권한을 가진 자가 설치·운영하는 경우
6. 촬영된 영상정보를 저장하지 아니하는 경우로서 대통령령으로 정하는 경우
② 누구든지 불특정 다수가 이용하는 목욕실, 화장실, 발한실(發汗室), 탈의실 등 개인의 사생활을 현저히 침해할 우려가 있는 장소의 내부를 볼 수 있도록 고정형 영상정보처리기기를 설치·운영하여서는 아니 된다. 다만, 교도소, 정신보건 시설 등 법령에 근거하여 사람을 구금하거나 보호하는 시설로서 대통령령으로 정하는 시설에 대하여는 그러하지 아니하다.
③ 제1항 각 호에 따라 고정형 영상정보처리기기를 설치·운영하려는 공공기관의 장과 제2항 단서에 따라 고정형 영상정보처리기기를 설치·운영하려는 자는 공청회·설명회의 개최 등 대통령령으로 정하는 절차를 거쳐 관계 전문가 및 이해관계인의 의견을 수렴하여야 한다.

④ 제1항 각 호에 따라 고정형 영상정보처리기기를 설치·운영하는 자(이하 "고정형영상정보처리기기운영자"라 한다)는 정보주체가 쉽게 인식할 수 있도록 다음 각 호의 사항이 포함된 안내판을 설치하는 등 필요한 조치를 하여야 한다. 다만, 「군사기지 및 군사시설 보호법」 제2조 제2호에 따른 군사시설, 「통합방위법」 제2조 제13호에 따른 국가중요시설, 그 밖에 대통령령으로 정하는 시설의 경우에는 그러하지 아니하다.
1. 설치 목적 및 장소
2. 촬영 범위 및 시간
3. 관리책임자의 연락처
4. 그 밖에 대통령령으로 정하는 사항

⑤ 고정형영상정보처리기기운영자는 고정형 영상정보처리기기의 설치 목적과 다른 목적으로 고정형 영상정보처리기기를 임의로 조작하거나 다른 곳을 비춰서는 아니 되며, 녹음기능은 사용할 수 없다.

⑥ 고정형영상정보처리기기운영자는 개인정보가 분실·도난·유출·위조·변조 또는 훼손되지 아니하도록 제29조에 따라 안전성 확보에 필요한 조치를 하여야 한다.

⑦ 고정형영상정보처리기기운영자는 대통령령으로 정하는 바에 따라 고정형 영상정보처리기기 운영·관리 방침을 마련하여야 한다. 다만, 제30조에 따른 개인정보 처리방침을 정할 때 고정형 영상정보처리기기 운영·관리에 관한 사항을 포함시킨 경우에는 고정형 영상정보처리기기 운영·관리 방침을 마련하지 아니할 수 있다.

⑧ 고정형영상정보처리기기운영자는 고정형 영상정보처리기기의 설치·운영에 관한 사무를 위탁할 수 있다. 다만, 공공기관이 고정형 영상정보처리기기 설치·운영에 관한 사무를 위탁하는 경우에는 대통령령으로 정하는 절차 및 요건에 따라야 한다.

제25조의2【이동형 영상정보처리기기의 운영 제한】 ① 업무를 목적으로 이동형 영상정보처리기기를 운영하려는 자는 다음 각 호의 경우를 제외하고는 공개된 장소에서 이동형 영상정보처리기기로 사람 또는 그 사람과 관련된 사물의 영상(개인정보에 해당하는 경우로 한정한다. 이하 같다)을 촬영하여서는 아니 된다.
1. 제15조 제1항 각 호의 어느 하나에 해당하는 경우
2. 촬영 사실을 명확히 표시하여 정보주체가 촬영 사실을 알 수 있도록 하였음에도 불구하고 촬영 거부 의사를 밝히지 아니한 경우. 이 경우 정보주체의 권리를 부당하게 침해할 우려가 없고 합리적인 범위를 초과하지 아니하는 경우로 한정한다.
3. 그 밖에 제1호 및 제2호에 준하는 경우로서 대통령령으로 정하는 경우

② 누구든지 불특정 다수가 이용하는 목욕실, 화장실, 발한실, 탈의실 등 개인의 사생활을 현저히 침해할 우려가 있는 장소의 내부를 볼 수 있는 곳에서 이동형 영상정보처리기기로 사람 또는 그 사람과 관련된 사물의 영상을 촬영하여서는 아니 된다. 다만, 인명의 구조·구급 등을 위하여 필요한 경우로서 대통령령으로 정하는 경우에는 그러하지 아니하다.

③ 제1항 각 호에 해당하여 이동형 영상정보처리기기로 사람 또는 그 사람과 관련된 사물의 영상을 촬영하는 경우에는 불빛, 소리, 안내판 등 대통령령으로 정하는 바에 따라 촬영 사실을 표시하고 알려야 한다.

④ 제1항부터 제3항까지에서 규정한 사항 외에 이동형 영상정보처리기기의 운영에 관하여는 제25조 제6항부터 제8항까지의 규정을 준용한다.

1. 영상정보처리기기의 종류

(1) 고정형 영상정보처리기기
일정한 공간에 지속적으로 설치되어 사람 또는 사물의 영상 등을 촬영하거나 이를 유·무선망을 통하여 전송하는 장치를 의미한다.

(2) 이동형 영상정보처리기기
사람이 신체에 착용 또는 휴대하거나 이동 가능한 물체에 부착 또는 거치하여 사람 또는 사물의 영상 등을 촬영하거나 이를 유·무선망을 통하여 전송하는 장치를 말한다.

2. 고정형 영상정보처리기기

(1) 설치·운영 원칙
공개된 장소에 고정형 영상정보 기기를 설치·운영하여서는 아니 된다.

(2) 설치·운영이 가능한 경우
① 법령에서 구체적으로 허용하고 있는 경우
② 범죄의 예방 및 수사를 위하여 필요한 경우
③ 정당한 권한을 가진 자가 시설의 안전 및 관리, 화재 예방을 위하여 설치·운영하는 경우
④ 정당한 권한을 가진 자가 교통단속 또는 교통정보의 수집 등을 위하여 설치·운영하는 경우

(3) 설치·운영의 제한
① 불특정 다수가 이용하는 목욕실, 화장실 등 개인의 사생활을 현저히 침해할 우려가 있는 장소에는 고정형 영상정보처리기기를 설치·운영하여서는 아니 된다.
② 임의로 조작하거나 다른 곳을 비춰서는 아니 되며, 녹음기능은 사용할 수 없다.

(4) 설치·운영 절차
① 공청회·설명회 개최 등 관계 전문가 및 이해관계인의 의견을 수렴해야 한다.
② 정보주체가 쉽게 인식할 수 있도록 ㉠ 설치 목적 및 장소, ㉡ 촬영 범위 및 시간, ㉢ 관리책임자의 연락처 등이 포함된 안내판을 설치하여야 한다.
③ 영상정보처리기기운영자는 안전성 확보를 위한 조치와 운영·관리방침을 마련해야 한다. 또한, 고정형 영상정보처리기기의 설치·운영에 관한 사무를 위탁할 수 있다.

3. 이동형 영상정보처리기기

(1) 운영 원칙
업무를 목적으로 공개된 장소에서 이동형 영상정보처리기기로 사람 또는 그 사람과 관련된 사물의 영상(개인정보에 해당하는 경우로 한정)을 촬영하여서는 아니 된다.

(2) 운영이 가능한 경우
개인정보를 수집·이용할 수 있는 경우이거나 촬영 사실을 명확히 표시하여 정보주체가 촬영 사실을 알 수 있도록 하였음에도 불구하고 촬영 거부 의사를 밝히지 아니한 경우에는 촬영이 가능하다. 촬영하는 경우에는 불빛, 소리, 안내판 등으로 촬영 사실을 표시하고 알려야 한다.

(3) 운영의 제한
누구든지 불특정 다수가 이용하는 목욕실, 화장실, 발한실, 탈의실 등 개인의 사생활을 현저히 침해할 우려가 있는 장소의 내부를 볼 수 있는 곳에서 이동형 영상정보처리기기로 사람 또는 그 사람과 관련된 사물의 영상을 촬영하여서는 아니 된다. 다만, 인명의 구조·구급 등을 위하여 필요한 경우에는 그러하지 아니하다.

(4) 운영 절차
영상정보처리기기운영자는 안전성 확보를 위한 조치와 운영·관리방침을 마련해야 한다. 또한, 고정형 영상정보처리기기의 설치·운영에 관한 사무를 위탁할 수 있다.

04 업무위탁, 영업양도 등

제26조【업무위탁에 따른 개인정보의 처리 제한】 ① 개인정보처리자가 제3자에게 개인정보의 처리 업무를 위탁하는 경우에는 다음 각 호의 내용이 포함된 문서로 하여야 한다.
1. 위탁업무 수행 목적 외 개인정보의 처리 금지에 관한 사항
2. 개인정보의 기술적·관리적 보호조치에 관한 사항
3. 그 밖에 개인정보의 안전한 관리를 위하여 대통령령으로 정한 사항

② 제1항에 따라 개인정보의 처리 업무를 위탁하는 개인정보처리자(이하 "위탁자"라 한다)는 위탁하는 업무의 내용과 개인정보 처리 업무를 위탁받아 처리하는 자(개인정보 처리 업무를 위탁받아 처리하는 자로부터 위탁받은 업무를 다시 위탁받은 제3자를 포함하며, 이하 "수탁자"라 한다)를 정보주체가 언제든지 쉽게 확인할 수 있도록 대통령령으로 정하는 방법에 따라 공개하여야 한다.

③ 위탁자가 재화 또는 서비스를 홍보하거나 판매를 권유하는 업무를 위탁하는 경우에는 대통령령으로 정하는 방법에 따라 위탁하는 업무의 내용과 수탁자를 정보주체에게 알려야 한다. 위탁하는 업무의 내용이나 수탁자가 변경된 경우에도 또한 같다.

④ 위탁자는 업무 위탁으로 인하여 정보주체의 개인정보가 분실·도난·유출·위조·변조 또는 훼손되지 아니하도록 수탁자를 교육하고, 처리 현황 점검 등 대통령령으로 정하는 바에 따라 수탁자가 개인정보를 안전하게 처리하는지를 감독하여야 한다.

⑤ 수탁자는 개인정보처리자로부터 위탁받은 해당 업무 범위를 초과하여 개인정보를 이용하거나 제3자에게 제공하여서는 아니 된다.

⑥ 수탁자는 위탁받은 개인정보의 처리 업무를 제3자에게 다시 위탁하려는 경우에는 위탁자의 동의를 받아야 한다.

⑦ 수탁자가 위탁받은 업무와 관련하여 개인정보를 처리하는 과정에서 이 법을 위반하여 발생한 손해배상책임에 대하여는 수탁자를 개인정보처리자의 소속 직원으로 본다.

⑧ 수탁자에 관하여는 제15조부터 제18조까지, 제21조, 제22조, 제22조의2, 제23조, 제24조, 제24조의2, 제25조, 제25조의2, 제27조, 제28조, 제28조의2부터 제28조의5까지, 제28조의7부터 제28조의11까지, 제29조, 제30조, 제30조의2, 제31조, 제33조, 제34조, 제34조의2, 제35조, 제35조의2, 제36조, 제37조, 제37조의2, 제38조, 제59조, 제63조, 제63조의2 및 제64조의2를 준용한다. 이 경우 "개인정보처리자"는 "수탁자"로 본다.

제27조【영업양도 등에 따른 개인정보의 이전 제한】 ① 개인정보처리자는 영업의 전부 또는 일부의 양도·합병 등으로 개인정보를 다른 사람에게 이전하는 경우에는 미리 다음 각 호의 사항을 대통령령으로 정하는 방법에 따라 해당 정보주체에게 알려야 한다.
1. 개인정보를 이전하려는 사실
2. 개인정보를 이전받는 자(이하 "영업양수자등"이라 한다)의 성명(법인의 경우에는 법인의 명칭을 말한다), 주소, 전화번호 및 그 밖의 연락처
3. 정보주체가 개인정보의 이전을 원하지 아니하는 경우 조치할 수 있는 방법 및 절차

② 영업양수자등은 개인정보를 이전받았을 때에는 지체 없이 그 사실을 대통령령으로 정하는 방법에 따라 정보주체에게 알려야 한다. 다만, 개인정보처리자가 제1항에 따라 그 이전 사실을 이미 알린 경우에는 그러하지 아니하다.

③ 영업양수자등은 영업의 양도·합병 등으로 개인정보를 이전받은 경우에는 이전 당시의 본래 목적으로만 개인정보를 이용하거나 제3자에게 제공할 수 있다. 이 경우 영업양수자등은 개인정보처리자로 본다.

> **제28조【개인정보취급자에 대한 감독】** ① 개인정보처리자는 개인정보를 처리함에 있어서 개인정보가 안전하게 관리될 수 있도록 임직원, 파견근로자, 시간제근로자 등 개인정보처리자의 지휘·감독을 받아 개인정보를 처리하는 자(이하 "개인정보취급자"라 한다)의 범위를 최소한으로 제한하고, 개인정보취급자에 대하여 적절한 관리·감독을 하여야 한다.
> ② 개인정보처리자는 개인정보의 적정한 취급을 보장하기 위하여 개인정보취급자에게 정기적으로 필요한 교육을 실시하여야 한다.

1. 업무위탁에 따른 개인정보의 처리 제한

(1) 문서 작성

제3자에게 개인정보 업무를 위탁하는 경우에는 ① 목적 외 개인정보의 처리 금지, ② 개인정보의 보호조치 등의 내용이 포함된 문서로 하여야 한다.

(2) 공개

개인정보의 처리 업무를 위탁하는 개인정보처리자는 위탁하는 업무의 내용과 수탁자를 정보주체가 언제든지 쉽게 확인할 수 있도록 공개하여야 한다.

(3) 위탁자의 책임

수탁자가 위탁받은 업무와 관련하여 개인정보를 처리하는 과정에서 「개인정보 보호법」을 위반하여 발생한 손해배상책임에 대하여는 수탁자를 개인정보처리자의 소속 직원으로 본다.

2. 영업양도 등에 따른 개인정보의 처리 제한

(1) 양도인의 사전 고지 의무

개인정보처리자는 영업양도 등으로 개인정보를 다른 사람에게 이전하는 경우에는 미리 해당 정보주체에게 알려야 한다.

(2) 양수인의 고지 의무

영업양수자등은 개인정보를 이전받았을 때에는 지체 없이 그 사실을 정보주체에게 알려야 한다. 다만, 영업양도자등이 그 이전 사실을 이미 알린 경우에는 그러하지 아니하다.

(3) 처리 제한

영업양수자등은 개인정보를 이전받은 경우에는 이전 당시의 본래 목적으로만 개인정보를 이용하거나 제3자에게 제공할 수 있다.

Chapter 06 가명정보의 처리

제2조【정의】 이 법에서 사용하는 용어의 뜻은 다음과 같다.
1. "개인정보"란 살아 있는 개인에 관한 정보로서 다음 각 목의 어느 하나에 해당하는 정보를 말한다.
   가. 성명, 주민등록번호 및 영상 등을 통하여 개인을 알아볼 수 있는 정보
   나. 해당 정보만으로는 특정 개인을 알아볼 수 없더라도 다른 정보와 쉽게 결합하여 알아볼 수 있는 정보. 이 경우 쉽게 결합할 수 있는지 여부는 다른 정보의 입수 가능성 등 개인을 알아보는 데 소요되는 시간, 비용, 기술 등을 합리적으로 고려하여야 한다.
   다. 가목 또는 나목을 제1호의2에 따라 가명처리함으로써 원래의 상태로 복원하기 위한 추가 정보의 사용·결합 없이는 특정 개인을 알아볼 수 없는 정보(이하 "가명정보"라 한다)
1의2. "가명처리"란 개인정보의 일부를 삭제하거나 일부 또는 전부를 대체하는 등의 방법으로 추가 정보가 없이는 특정 개인을 알아볼 수 없도록 처리하는 것을 말한다.
2. "처리"란 개인정보의 수집, 생성, 연계, 연동, 기록, 저장, 보유, 가공, 편집, 검색, 출력, 정정(訂正), 복구, 이용, 제공, 공개, 파기(破棄), 그 밖에 이와 유사한 행위를 말한다.
8. "과학적 연구"란 기술의 개발과 실증, 기초연구, 응용연구 및 민간 투자 연구 등 과학적 방법을 적용하는 연구를 말한다.

제28조의2【가명정보의 처리 등】 ① 개인정보처리자는 통계작성, 과학적 연구, 공익적 기록보존 등을 위하여 정보주체의 동의 없이 가명정보를 처리할 수 있다.
② 개인정보처리자는 제1항에 따라 가명정보를 제3자에게 제공하는 경우에는 특정 개인을 알아보기 위하여 사용될 수 있는 정보를 포함해서는 아니 된다.

제28조의3【가명정보의 결합 제한】 ① 제28조의2에도 불구하고 통계작성, 과학적 연구, 공익적 기록보존 등을 위한 서로 다른 개인정보처리자 간의 가명정보의 결합은 보호위원회 또는 관계 중앙행정기관의 장이 지정하는 전문기관이 수행한다.
② 결합을 수행한 기관 외부로 결합된 정보를 반출하려는 개인정보처리자는 가명정보 또는 제58조의2에 해당하는 정보로 처리한 뒤 전문기관의 장의 승인을 받아야 한다.
③ 제1항에 따른 결합 절차와 방법, 전문기관의 지정과 지정 취소 기준·절차, 관리·감독, 제2항에 따른 반출 및 승인 기준·절차 등 필요한 사항은 대통령령으로 정한다.

제28조의4【가명정보에 대한 안전조치의무 등】 ① 개인정보처리자는 제28조의2 또는 제28조의3에 따라 가명정보를 처리하는 경우에는 원래의 상태로 복원하기 위한 추가 정보를 별도로 분리하여 보관·관리하는 등 해당 정보가 분실·도난·유출·위조·변조 또는 훼손되지 않도록 대통령령으로 정하는 바에 따라 안전성 확보에 필요한 기술적·관리적 및 물리적 조치를 하여야 한다.
② 개인정보처리자는 제28조의2 또는 제28조의3에 따라 가명정보를 처리하는 경우 처리 목적 등을 고려하여 가명정보의 처리 기간을 별도로 정할 수 있다.

③ 개인정보처리자는 제28조의2 또는 제28조의3에 따라 가명정보를 처리하고자 하는 경우에는 가명정보의 처리 목적, 제3자 제공 시 제공받는 자, 가명정보의 처리 기간(제2항에 따라 처리 기간을 별도로 정한 경우에 한한다) 등 가명정보의 처리 내용을 관리하기 위하여 대통령령으로 정하는 사항에 대한 관련 기록을 작성하여 보관하여야 하며, 가명정보를 파기한 경우에는 파기한 날부터 3년 이상 보관하여야 한다.

제28조의5【가명정보 처리 시 금지의무 등】① 제28조의2 또는 제28조의3에 따라 가명정보를 처리하는 자는 특정 개인을 알아보기 위한 목적으로 가명정보를 처리해서는 아니 된다.

② 개인정보처리자는 제28조의2 또는 제28조의3에 따라 가명정보를 처리하는 과정에서 특정 개인을 알아볼 수 있는 정보가 생성된 경우에는 즉시 해당 정보의 처리를 중지하고, 지체 없이 회수·파기하여야 한다.

제28조의6 삭제

제28조의7【적용범위】제28조의2 또는 제28조의3에 따라 처리된 가명정보는 제20조, 제20조의2, 제27조, 제34조 제1항, 제35조, 제35조의2, 제36조 및 제37조를 적용하지 아니한다.

01 의의

1. 가명정보

살아 있는 개인에 관한 정보를 가명처리함으로써 추가 정보의 사용·결합 없이는 특정 개인을 알아볼 수 없는 정보를 의미한다.

2. 가명처리

개인정보의 일부를 삭제하거나 일부 또는 전부를 대체하는 등의 방법으로 추가 정보가 없이는 특정 개인을 알아볼 수 없도록 처리하는 것을 말한다.

02 가명정보의 처리 등

1. 동의 없이 처리할 수 있는 경우

개인정보처리자는 통계작성, 과학적 연구, 공익적 기록보존 등을 위하여 정보주체의 동의 없이 가명정보를 처리할 수 있다.

2. 가명정보의 제공

가명정보를 제3자에게 제공하는 경우에는 특정 개인을 알아보기 위하여 사용될 수 있는 정보를 포함해서는 아니 된다.

03 가명정보의 결합 제한

1. 결합 기관

가명정보 처리를 위한 가명정보의 결합은 보호위원회 또는 관계 중앙행정기관의 장이 지정하는 전문기관이 수행한다.

2. 결합한 정보의 반출

결합을 수행한 기관 외부로 결합된 정보를 반출하려는 개인정보처리자는 더 이상 개인을 알아볼 수 없는 정보에 해당하는 정보로 처리한 뒤 전문기관의 장의 승인을 받아야 한다.

04 가명정보에 대한 안전조치의무 등

1. 안전성 확보

가명정보를 처리하는 경우에는 원래의 상태로 복원하기 위한 추가 정보를 별도로 분리하여 보관·관리하는 등 안전성 확보에 필요한 조치를 하여야 한다.

2. 처리 기간

개인정보처리자는 가명정보의 처리 기간을 별도로 정할 수 있다.

3. 가명정보의 처리 시 기록 작성

개인정보처리자는 가명정보를 처리하고자 하는 경우에는 관련 기록을 작성하여 보관하여야 하며, 가명정보를 파기한 경우에는 파기한 날부터 3년 이상 보관하여야 한다.

05 금지의무

1. 가명정보를 처리하는 자는 특정 개인을 알아보기 위한 목적으로 가명정보를 처리해서는 아니 된다.
2. 개인정보처리자는 가명정보를 처리하는 과정에서 특정 개인을 알아볼 수 있는 정보가 생성된 경우에는 즉시 해당 정보의 처리를 중지하고, 지체 없이 회수·파기하여야 한다.

06 적용범위

가명정보는 제20조(정보주체 이외로부터 수집한 개인정보의 수집 출처 등 통지), 제20조의2(개인정보 이용·제공 내역의 통지), 제27조(영업양도 등에 따른 개인정보의 이전 제한), 제34조 제1항(개인정보 유출 등의 통지), 제35조(개인정보의 열람), 제35조의2(개인정보의 전송 요구), 제36조(개인정보의 정정·삭제) 및 제37조(개인정보의 처리정지 등)를 적용하지 아니한다.

Chapter 07 개인정보의 국외 이전

제28조의8 【개인정보의 국외 이전】 ① 개인정보처리자는 개인정보를 국외로 제공(조회되는 경우를 포함한다)·처리위탁·보관(이하 이 절에서 "이전"이라 한다)하여서는 아니 된다. 다만, 다음 각 호의 어느 하나에 해당하는 경우에는 개인정보를 국외로 이전할 수 있다.
1. 정보주체로부터 국외 이전에 관한 별도의 동의를 받은 경우
2. 법률, 대한민국을 당사자로 하는 조약 또는 그 밖의 국제협정에 개인정보의 국외 이전에 관한 특별한 규정이 있는 경우
3. 정보주체와의 계약의 체결 및 이행을 위하여 개인정보의 처리위탁·보관이 필요한 경우로서 다음 각 목의 어느 하나에 해당하는 경우
   가. 제2항 각 호의 사항을 제30조에 따른 개인정보 처리방침에 공개한 경우
   나. 전자우편 등 대통령령으로 정하는 방법에 따라 제2항 각 호의 사항을 정보주체에게 알린 경우
4. 개인정보를 이전받는 자가 제32조의2에 따른 개인정보 보호 인증 등 보호위원회가 정하여 고시하는 인증을 받은 경우로서 다음 각 목의 조치를 모두 한 경우
   가. 개인정보 보호에 필요한 안전조치 및 정보주체 권리보장에 필요한 조치
   나. 인증받은 사항을 개인정보가 이전되는 국가에서 이행하기 위하여 필요한 조치
5. 개인정보가 이전되는 국가 또는 국제기구의 개인정보 보호체계, 정보주체 권리보장 범위, 피해구제 절차 등이 이 법에 따른 개인정보 보호 수준과 실질적으로 동등한 수준을 갖추었다고 보호위원회가 인정하는 경우

② 개인정보처리자는 제1항 제1호에 따른 동의를 받을 때에는 미리 다음 각 호의 사항을 정보주체에게 알려야 한다.
1. 이전되는 개인정보 항목
2. 개인정보가 이전되는 국가, 시기 및 방법
3. 개인정보를 이전받는 자의 성명(법인인 경우에는 그 명칭과 연락처를 말한다)
4. 개인정보를 이전받는 자의 개인정보 이용목적 및 보유·이용 기간
5. 개인정보의 이전을 거부하는 방법, 절차 및 거부의 효과

③ 개인정보처리자는 제2항 각 호의 어느 하나에 해당하는 사항을 변경하는 경우에는 정보주체에게 알리고 동의를 받아야 한다.

④ 개인정보처리자는 제1항 각 호 외의 부분 단서에 따라 개인정보를 국외로 이전하는 경우 국외 이전과 관련한 이 법의 다른 규정, 제17조부터 제19조까지의 규정 및 제5장의 규정을 준수하여야 하고, 대통령령으로 정하는 보호조치를 하여야 한다.

⑤ 개인정보처리자는 이 법을 위반하는 사항을 내용으로 하는 개인정보의 국외 이전에 관한 계약을 체결하여서는 아니 된다.

⑥ 제1항부터 제5항까지에서 규정한 사항 외에 개인정보 국외 이전의 기준 및 절차 등에 필요한 사항은 대통령령으로 정한다.

제28조의9 【개인정보의 국외 이전 중지 명령】 ① 보호위원회는 개인정보의 국외 이전이 계속되고 있거나 추가적인 국외 이전이 예상되는 경우로서 다음 각 호의 어느 하나에 해당하는 경우에는 개인정보처리자에게 개인정보의 국외 이전을 중지할 것을 명할 수 있다.
1. 제28조의8 제1항, 제4항 또는 제5항을 위반한 경우
2. 개인정보를 이전받는 자나 개인정보가 이전되는 국가 또는 국제기구가 이 법에 따른 개인정보 보호 수준에 비하여 개인정보를 적정하게 보호하지 아니하여 정보주체에게 피해가 발생하거나 발생할 우려가 현저한 경우

② 개인정보처리자는 제1항에 따른 국외 이전 중지 명령을 받은 경우에는 명령을 받은 날부터 7일 이내에 보호위원회에 이의를 제기할 수 있다.
③ 제1항에 따른 개인정보 국외 이전 중지 명령의 기준, 제2항에 따른 불복 절차 등에 필요한 사항은 대통령령으로 정한다.

제28조의10 【상호주의】 제28조의8에도 불구하고 개인정보의 국외 이전을 제한하는 국가의 개인정보처리자에 대해서는 해당 국가의 수준에 상응하는 제한을 할 수 있다. 다만, 조약 또는 그 밖의 국제협정의 이행에 필요한 경우에는 그러하지 아니하다.

제28조의11 【준용규정】 제28조의8 제1항 각 호 외의 부분 단서에 따라 개인정보를 이전받은 자가 해당 개인정보를 제3국으로 이전하는 경우에 관하여는 제28조의8 및 제28조의9를 준용한다. 이 경우 "개인정보처리자"는 "개인정보를 이전받은 자"로, "개인정보를 이전받는 자"는 "제3국에서 개인정보를 이전받는 자"로 본다.

01 개인정보의 국외 이전

1. 원칙

개인정보처리자는 개인정보를 국외로 이전하여서는 아니 된다.

2. 예외(국외로 이전할 수 있는 경우)

(1) 정보주체로부터 국외 이전에 관한 별도의 동의를 받은 경우

(2) 법률, 조약·국제협정에 특별한 규정이 있는 경우

(3) 계약의 체결 및 이행을 위하여 필요한 경우로서 ① 개인정보 처리방침을 공개하거나 ② 전자우편 등의 방법으로 정보주체에게 알린 경우

(4) 보호위원회가 정한 인증을 받은 경우로서 ① 개인정보 보호에 필요한 안전조치 및 정보주체 권리보장에 필요한 조치와 ② 인증받은 사항을 개인정보가 이전되는 국가에서 이행하기 위하여 필요한 조치를 모두 한 경우

(5) 개인정보가 이전되는 국가 또는 국제기구가 「개인정보 보호법」에 따른 개인정보 보호 수준과 실질적으로 동등한 수준을 갖추었다고 보호위원회가 인정하는 경우

3. 정보주체의 재동의

동의 시 통지사항을 변경하는 경우에는 정보주체에게 알리고 동의를 받아야 한다.

4. 개인정보처리자의 국외 이전 시의 의무

(1) 개인정보처리자는 「개인정보 보호법」상 규정을 준수하여야 하고, 개인정보의 안전성 확보 조치 등의 보호조치를 하여야 한다.

(2) 「개인정보 보호법」을 위반하는 사항을 내용으로 하는 개인정보의 국외 이전에 관한 계약을 체결하여서는 아니 된다.

02 개인정보의 국외 이전 중지 명령

1. 중지 명령 사유

(1) 개인정보를 국외로 이전할 수 있는 경우 외의 사유로 이전하는 경우

(2) 개인정보처리자는 「개인정보 보호법」상 준수 규정이나 보호조치 의무를 위반한 경우

(3) 개인정보처리자가 「개인정보 보호법」을 위반하는 개인정보의 국외 이전에 관한 계약을 체결한 경우

(4) 개인정보를 이전받는 자나 개인정보가 이전되는 국가 또는 국제기구로부터 정보주체에게 피해가 발생하거나 발생할 우려가 현저한 경우

2. 이의 제기

국외 이전 중지 명령을 받은 날부터 7일 이내에 보호위원회에 이의를 제기할 수 있다.

03 상호주의

개인정보의 국외 이전을 제한하는 국가의 개인정보처리자에 대해서는 해당 국가의 수준에 상응하는 제한을 할 수 있다. 다만, 조약 또는 그 밖의 국제협정의 이행에 필요한 경우에는 그러하지 아니하다.

Chapter 08 개인정보의 안전한 관리

01 안전 조치를 위한 제도

제29조【안전조치의무】 개인정보처리자는 개인정보가 분실·도난·유출·위조·변조 또는 훼손되지 아니하도록 내부 관리계획 수립, 접속기록 보관 등 대통령령으로 정하는 바에 따라 안전성 확보에 필요한 기술적·관리적 및 물리적 조치를 하여야 한다.

제30조【개인정보 처리방침의 수립 및 공개】 ① 개인정보처리자는 다음 각 호의 사항이 포함된 개인정보의 처리방침(이하 "개인정보 처리방침"이라 한다)을 정하여야 한다. 이 경우 공공기관은 제32조에 따라 등록대상이 되는 개인정보파일에 대하여 개인정보 처리방침을 정한다.
1. 개인정보의 처리 목적
2. 개인정보의 처리 및 보유 기간
3. 개인정보의 제3자 제공에 관한 사항(해당되는 경우에만 정한다)
3의2. 개인정보의 파기절차 및 파기방법(제21조 제1항 단서에 따라 개인정보를 보존하여야 하는 경우에는 그 보존근거와 보존하는 개인정보 항목을 포함한다)
3의3. 제23조 제3항에 따른 민감정보의 공개 가능성 및 비공개를 선택하는 방법(해당되는 경우에만 정한다)
4. 개인정보처리의 위탁에 관한 사항(해당되는 경우에만 정한다)
4의2. 제28조의2 및 제28조의3에 따른 가명정보의 처리 등에 관한 사항(해당되는 경우에만 정한다)
5. 정보주체와 법정대리인의 권리·의무 및 그 행사방법에 관한 사항
6. 제31조에 따른 개인정보 보호책임자의 성명 또는 개인정보 보호업무 및 관련 고충사항을 처리하는 부서의 명칭과 전화번호 등 연락처
7. 인터넷 접속정보파일 등 개인정보를 자동으로 수집하는 장치의 설치·운영 및 그 거부에 관한 사항(해당하는 경우에만 정한다)
8. 그 밖에 개인정보의 처리에 관하여 대통령령으로 정한 사항
② 개인정보처리자가 개인정보 처리방침을 수립하거나 변경하는 경우에는 정보주체가 쉽게 확인할 수 있도록 대통령령으로 정하는 방법에 따라 공개하여야 한다.
③ 개인정보 처리방침의 내용과 개인정보처리자와 정보주체 간에 체결한 계약의 내용이 다른 경우에는 정보주체에게 유리한 것을 적용한다.
④ 보호위원회는 개인정보 처리방침의 작성지침을 정하여 개인정보처리자에게 그 준수를 권장할 수 있다.

제30조의2 【개인정보 처리방침의 평가 및 개선권고】 ① 보호위원회는 개인정보 처리방침에 관하여 다음 각 호의 사항을 평가하고, 평가 결과 개선이 필요하다고 인정하는 경우에는 개인정보처리자에게 제61조 제2항에 따라 개선을 권고할 수 있다.
1. 이 법에 따라 개인정보 처리방침에 포함하여야 할 사항을 적정하게 정하고 있는지 여부
2. 개인정보 처리방침을 알기 쉽게 작성하였는지 여부
3. 개인정보 처리방침을 정보주체가 쉽게 확인할 수 있는 방법으로 공개하고 있는지 여부
② 개인정보 처리방침의 평가 대상, 기준 및 절차 등에 필요한 사항은 대통령령으로 정한다.

제31조 【개인정보 보호책임자의 지정 등】 ① 개인정보처리자는 개인정보의 처리에 관한 업무를 총괄해서 책임질 개인정보 보호책임자를 지정하여야 한다. 다만, 종업원 수, 매출액 등이 대통령령으로 정하는 기준에 해당하는 개인정보처리자의 경우에는 지정하지 아니할 수 있다.
② 제1항 단서에 따라 개인정보 보호책임자를 지정하지 아니하는 경우에는 개인정보처리자의 사업주 또는 대표자가 개인정보 보호책임자가 된다.
③ 개인정보 보호책임자는 다음 각 호의 업무를 수행한다.
1. 개인정보 보호 계획의 수립 및 시행
2. 개인정보 처리 실태 및 관행의 정기적인 조사 및 개선
3. 개인정보 처리와 관련한 불만의 처리 및 피해 구제
4. 개인정보 유출 및 오용·남용 방지를 위한 내부통제시스템의 구축
5. 개인정보 보호 교육 계획의 수립 및 시행
6. 개인정보파일의 보호 및 관리·감독
7. 그 밖에 개인정보의 적절한 처리를 위하여 대통령령으로 정한 업무
④ 개인정보 보호책임자는 제3항 각 호의 업무를 수행함에 있어서 필요한 경우 개인정보의 처리 현황, 처리 체계 등에 대하여 수시로 조사하거나 관계 당사자로부터 보고를 받을 수 있다.
⑤ 개인정보 보호책임자는 개인정보 보호와 관련하여 이 법 및 다른 관계 법령의 위반사실을 알게 된 경우에는 즉시 개선조치를 하여야 하며, 필요하면 소속 기관 또는 단체의 장에게 개선조치를 보고하여야 한다.
⑥ 개인정보처리자는 개인정보 보호책임자가 제3항 각 호의 업무를 수행함에 있어서 정당한 이유 없이 불이익을 주거나 받게 하여서는 아니 되며, 개인정보 보호책임자가 업무를 독립적으로 수행할 수 있도록 보장하여야 한다.
⑦ 개인정보처리자는 개인정보의 안전한 처리 및 보호, 정보의 교류, 그 밖에 대통령령으로 정하는 공동의 사업을 수행하기 위하여 제1항에 따른 개인정보 보호책임자를 구성원으로 하는 개인정보 보호책임자 협의회를 구성·운영할 수 있다.
⑧ 보호위원회는 제7항에 따른 개인정보 보호책임자 협의회의 활동에 필요한 지원을 할 수 있다.
⑨ 제1항에 따른 개인정보 보호책임자의 자격요건, 제3항에 따른 업무 및 제6항에 따른 독립성 보장 등에 필요한 사항은 매출액, 개인정보의 보유 규모 등을 고려하여 대통령령으로 정한다.

제31조의2 【국내대리인의 지정】 ① 국내에 주소 또는 영업소가 없는 개인정보처리자로서 매출액, 개인정보의 보유 규모 등을 고려하여 대통령령으로 정하는 자는 다음 각 호의 사항을 대리하는 자(이하 "국내대리인"이라 한다)를 지정하여야 한다. 이 경우 국내대리인의 지정은 문서로 하여야 한다.
1. 제31조 제3항 제3호에 따른 개인정보 처리와 관련한 불만의 처리 및 피해 구제 업무
2. 제34조 제1항 및 제3항에 따른 개인정보 유출 등의 통지 및 신고
3. 제63조 제1항에 따른 물품·서류 등 자료의 제출

② 국내대리인은 국내에 주소 또는 영업소가 있어야 한다. 이 경우 다음 각 호의 어느 하나에 해당하는 법인이 있는 개인정보처리자는 그 법인 중에서 국내대리인을 지정하여야 한다.
1. 해당 개인정보처리자가 설립한 국내 법인
2. 해당 개인정보처리자가 임원 구성, 사업 운영 등에 지배적인 영향력을 행사하는 국내 법인으로서 대통령령으로 정하는 법인
③ 제1항에 따라 국내대리인을 지정한 개인정보처리자는 국내대리인이 업무를 충실히 수행하도록 대통령령으로 정하는 바에 따라 교육하고 업무현황을 점검하는 등의 관리·감독을 하여야 한다.
④ 개인정보처리자는 제1항에 따라 국내대리인을 지정하는 경우에는 다음 각 호의 사항을 개인정보 처리방침에 포함하여야 한다.
1. 국내대리인의 성명(법인의 경우에는 그 명칭 및 대표자의 성명을 말한다)
2. 국내대리인의 주소(법인의 경우에는 영업소의 소재지를 말한다), 전화번호 및 전자우편 주소
⑤ 국내대리인이 제1항 각 호와 관련하여 이 법을 위반한 경우에는 개인정보처리자가 그 행위를 한 것으로 본다.

제32조【개인정보파일의 등록 및 공개】 ① 공공기관의 장이 개인정보파일을 운용하는 경우에는 다음 각 호의 사항을 보호위원회에 등록하여야 한다. 등록한 사항이 변경된 경우에도 또한 같다.
1. 개인정보파일의 명칭
2. 개인정보파일의 운영 근거 및 목적
3. 개인정보파일에 기록되는 개인정보의 항목
4. 개인정보의 처리방법
5. 개인정보의 보유기간
6. 개인정보를 통상적 또는 반복적으로 제공하는 경우에는 그 제공받는 자
7. 그 밖에 대통령령으로 정하는 사항
② 다음 각 호의 어느 하나에 해당하는 개인정보파일에 대하여는 제1항을 적용하지 아니한다.
1. 국가 안전, 외교상 비밀, 그 밖에 국가의 중대한 이익에 관한 사항을 기록한 개인정보파일
2. 범죄의 수사, 공소의 제기 및 유지, 형 및 감호의 집행, 교정처분, 보호처분, 보안관찰처분과 출입국관리에 관한 사항을 기록한 개인정보파일
3. 「조세범처벌법」에 따른 범칙행위 조사 및 「관세법」에 따른 범칙행위 조사에 관한 사항을 기록한 개인정보파일
4. 일회적으로 운영되는 파일 등 지속적으로 관리할 필요성이 낮다고 인정되어 대통령령으로 정하는 개인정보파일
5. 다른 법령에 따라 비밀로 분류된 개인정보파일
③ 보호위원회는 필요하면 제1항에 따른 개인정보파일의 등록여부와 그 내용을 검토하여 해당 공공기관의 장에게 개선을 권고할 수 있다.
④ 보호위원회는 정보주체의 권리 보장 등을 위하여 필요한 경우 제1항에 따른 개인정보파일의 등록 현황을 누구든지 쉽게 열람할 수 있도록 공개할 수 있다.
⑤ 제1항에 따른 등록과 제4항에 따른 공개의 방법, 범위 및 절차에 관하여 필요한 사항은 대통령령으로 정한다.
⑥ 국회, 법원, 헌법재판소, 중앙선거관리위원회(그 소속 기관을 포함한다)의 개인정보파일 등록 및 공개에 관하여는 국회규칙, 대법원규칙, 헌법재판소규칙 및 중앙선거관리위원회규칙으로 정한다.

제32조의2 【개인정보 보호 인증】 ① 보호위원회는 개인정보처리자의 개인정보 처리 및 보호와 관련한 일련의 조치가 이 법에 부합하는지 등에 관하여 인증할 수 있다.
② 제1항에 따른 인증의 유효기간은 3년으로 한다.
③ 보호위원회는 다음 각 호의 어느 하나에 해당하는 경우에는 대통령령으로 정하는 바에 따라 제1항에 따른 인증을 취소할 수 있다. 다만, 제1호에 해당하는 경우에는 취소하여야 한다.
1. 거짓이나 그 밖의 부정한 방법으로 개인정보 보호 인증을 받은 경우
2. 제4항에 따른 사후관리를 거부 또는 방해한 경우
3. 제8항에 따른 인증기준에 미달하게 된 경우
4. 개인정보 보호 관련 법령을 위반하고 그 위반사유가 중대한 경우
④ 보호위원회는 개인정보 보호 인증의 실효성 유지를 위하여 연 1회 이상 사후관리를 실시하여야 한다.
⑤ 보호위원회는 대통령령으로 정하는 전문기관으로 하여금 제1항에 따른 인증, 제3항에 따른 인증 취소, 제4항에 따른 사후관리 및 제7항에 따른 인증 심사원 관리 업무를 수행하게 할 수 있다.
⑥ 제1항에 따른 인증을 받은 자는 대통령령으로 정하는 바에 따라 인증의 내용을 표시하거나 홍보할 수 있다.
⑦ 제1항에 따른 인증을 위하여 필요한 심사를 수행할 심사원의 자격 및 자격 취소 요건 등에 관하여는 전문성과 경력 및 그 밖에 필요한 사항을 고려하여 대통령령으로 정한다.
⑧ 그 밖에 개인정보 관리체계, 정보주체 권리보장, 안전성 확보조치가 이 법에 부합하는지 여부 등 제1항에 따른 인증의 기준·방법·절차 등 필요한 사항은 대통령령으로 정한다.

1. 안전조치의무

개인정보처리자는 개인정보가 침해되지 아니하도록 안전성 확보에 필요한 조치를 하여야 한다.

2. 개인정보 처리방침

(1) 개인정보의 처리방침의 수립 및 공개

개인정보처리자는 ① 개인정보의 처리 목적과 기간, ② 제3자 제공, ③ 민감정보의 공개 가능성 및 비공개를 선택하는 방법, ④ 개인정보 보호책임자 등을 포함한 개인정보 처리방침을 수립하고 이를 공개하여야 한다.

(2) 개인정보 처리방침 적용

개인정보 처리방침의 내용과 개인정보처리자와 정보주체 간에 체결한 계약의 내용이 다른 경우에는 정보주체에게 유리한 것을 적용한다.

(3) 보호위원회의 평가

보호위원회는 개인정보 처리방침을 평가하고, 필요한 경우에는 개인정보처리자에게 개선을 권고할 수 있다.

3. 개인정보 보호책임자의 지정

(1) 원칙
개인정보처리자는 개인정보의 처리에 관한 업무를 총괄해서 책임질 개인정보 보호책임자를 지정하여야 한다.

(2) 예외
소상공인의 경우에는 사업주 또는 대표자가 개인정보 보호책임자의 업무를 수행하고, 별도의 개인정보 보호책임자를 지정하지 아니할 수 있다.

(3) 개인정보 보호책임자의 자격
연간 매출액 등이 1,500억 원 이상인 자로서 5만 명 이상의 정보주체에 관하여 민감정보를 처리하는 개인정보처리자와 100만 명 이상의 정보주체에 관하여 개인정보를 처리하는 자는 4년 이상의 개인정보 보호 경력 등이 있는 사람을 개인정보 보호책임자로 지정해야 한다.

4. 국내대리인 지정

(1) 국내에 주소 또는 영업소가 없는 개인정보처리자는 국내에 주소 또는 영업소가 있는 국내대리인을 문서로 지정하여야 한다.

(2) 지정된 국내대리인은 개인정보 보호책임자의 업무를 수행한다.

(3) 국내대리인이 업무와 관련하여 개인정보보호법을 위반한 경우에는 개인정보처리자가 그 행위를 한 것으로 본다.

5. 개인정보파일의 등록 및 공개

(1) 공공기관의 장은 개인정보파일 운용 시 보호위원회에 등록해야 한다.

(2) 보호위원회는 개인정보파일의 등록 현황을 누구든지 쉽게 열람할 수 있도록 공개할 수 있다.

6. 개인정보 보호 인증

(1) 인증
보호위원회는 개인정보처리자의 일련의 조치가 「개인정보 보호법」에 부합하는지 등에 관하여 인증할 수 있다. 인증의 유효기간은 3년으로 한다.

(2) 혜택
인증을 받은 자는 인증의 내용을 표시하거나 홍보할 수 있다.

02 영향평가

제33조【개인정보 영향평가】 ① 공공기관의 장은 대통령령으로 정하는 기준에 해당하는 개인정보파일의 운용으로 인하여 정보주체의 개인정보 침해가 우려되는 경우에는 그 위험요인의 분석과 개선 사항 도출을 위한 평가(이하 "영향평가"라 한다)를 하고 그 결과를 보호위원회에 제출하여야 한다.
② 보호위원회는 대통령령으로 정하는 인력·설비 및 그 밖에 필요한 요건을 갖춘 자를 영향평가를 수행하는 기관(이하 "평가기관"이라 한다)으로 지정할 수 있으며, 공공기관의 장은 영향평가를 평가기관에 의뢰하여야 한다.
③ 영향평가를 하는 경우에는 다음 각 호의 사항을 고려하여야 한다.
1. 처리하는 개인정보의 수
2. 개인정보의 제3자 제공 여부
3. 정보주체의 권리를 해할 가능성 및 그 위험 정도
4. 그 밖에 대통령령으로 정한 사항

④ 보호위원회는 제1항에 따라 제출받은 영향평가 결과에 대하여 의견을 제시할 수 있다.
⑤ 공공기관의 장은 제1항에 따라 영향평가를 한 개인정보파일을 제32조 제1항에 따라 등록할 때에는 영향평가 결과를 함께 첨부하여야 한다.
⑥ 보호위원회는 영향평가의 활성화를 위하여 관계 전문가의 육성, 영향평가 기준의 개발·보급 등 필요한 조치를 마련하여야 한다.
⑦ 보호위원회는 제2항에 따라 지정된 평가기관이 다음 각 호의 어느 하나에 해당하는 경우에는 평가기관의 지정을 취소할 수 있다. 다만, 제1호 또는 제2호에 해당하는 경우에는 평가기관의 지정을 취소하여야 한다.
1. 거짓이나 그 밖의 부정한 방법으로 지정을 받은 경우
2. 지정된 평가기관 스스로 지정취소를 원하거나 폐업한 경우
3. 제2항에 따른 지정요건을 충족하지 못하게 된 경우
4. 고의 또는 중대한 과실로 영향평가업무를 부실하게 수행하여 그 업무를 적정하게 수행할 수 없다고 인정되는 경우
5. 그 밖에 대통령령으로 정하는 사유에 해당하는 경우

⑧ 보호위원회는 제7항에 따라 지정을 취소하는 경우에는 「행정절차법」에 따른 청문을 실시하여야 한다.
⑨ 제1항에 따른 영향평가의 기준·방법·절차 등에 관하여 필요한 사항은 대통령령으로 정한다.
⑩ 국회, 법원, 헌법재판소, 중앙선거관리위원회(그 소속 기관을 포함한다)의 영향평가에 관한 사항은 국회규칙, 대법원규칙, 헌법재판소규칙 및 중앙선거관리위원회규칙으로 정하는 바에 따른다.
⑪ 공공기관 외의 개인정보처리자는 개인정보파일 운용으로 인하여 정보주체의 개인정보 침해가 우려되는 경우에는 영향평가를 하기 위하여 적극 노력하여야 한다.

1. 의의

개인정보파일의 운용으로 인하여 개인정보 침해가 우려되는 경우, 공공기관의 장은 위험요인의 분석과 개선 사항 도출을 위한 평가를 하여야 한다.

2. 절차

(1) 보호위원회가 지정한 평가기관에 영향평가를 의뢰하여야 한다.

(2) 공공기관의 장이 개인정보파일을 등록할 때에는 영향평가 결과를 함께 첨부하여 보호위원회에 제출하여야 한다.

(3) 보호위원회는 영향평가 결과에 대하여 의견을 제시할 수 있다.

3. 고려사항

(1) 처리하는 개인정보의 수

(2) 개인정보의 제3자 제공 여부

(3) 정보주체의 권리를 해할 가능성 및 그 위험 정도

4. 일반 개인정보처리자의 노력 의무

공공기관 외의 개인정보처리자도 영향평가를 하기 위하여 적극 노력하여야 한다.

03 개인정보 유출

[제4회]

2만 명 이상의 회원정보가 유출된 경우 개인정보처리자가 취하여야 할 조치를 설명하시오. (20점)

> **제34조【개인정보 유출 등의 통지·신고】** ① 개인정보처리자는 개인정보가 분실·도난·유출(이하 이 조에서 "유출등"이라 한다)되었음을 알게 되었을 때에는 지체 없이 해당 정보주체에게 다음 각 호의 사항을 알려야 한다. 다만, 정보주체의 연락처를 알 수 없는 경우 등 정당한 사유가 있는 경우에는 대통령령으로 정하는 바에 따라 통지를 갈음하는 조치를 취할 수 있다.
> 1. 유출등이 된 개인정보의 항목
> 2. 유출등이 된 시점과 그 경위
> 3. 유출등으로 인하여 발생할 수 있는 피해를 최소화하기 위하여 정보주체가 할 수 있는 방법 등에 관한 정보
> 4. 개인정보처리자의 대응조치 및 피해 구제절차
> 5. 정보주체에게 피해가 발생한 경우 신고 등을 접수할 수 있는 담당부서 및 연락처
>
> ② 개인정보처리자는 개인정보가 유출등이 된 경우 그 피해를 최소화하기 위한 대책을 마련하고 필요한 조치를 하여야 한다.
> ③ 개인정보처리자는 개인정보의 유출등이 있음을 알게 되었을 때에는 개인정보의 유형, 유출등의 경로 및 규모 등을 고려하여 대통령령으로 정하는 바에 따라 제1항 각 호의 사항을 지체 없이 보호위원회 또는 대통령령으로 정하는 전문기관에 신고하여야 한다. 이 경우 보호위원회 또는 대통령령으로 정하는 전문기관은 피해 확산방지, 피해 복구 등을 위한 기술을 지원할 수 있다.
> ④ 제1항에 따른 유출등의 통지 및 제3항에 따른 유출등의 신고의 시기, 방법, 절차 등에 필요한 사항은 대통령령으로 정한다.
>
> **제34조의2【노출된 개인정보의 삭제·차단】** ① 개인정보처리자는 고유식별정보, 계좌정보, 신용카드정보 등 개인정보가 정보통신망을 통하여 공중(公衆)에 노출되지 아니하도록 하여야 한다.
> ② 개인정보처리자는 공중에 노출된 개인정보에 대하여 보호위원회 또는 대통령령으로 지정한 전문기관의 요청이 있는 경우에는 해당 정보를 삭제하거나 차단하는 등 필요한 조치를 하여야 한다.

1. 통지

개인정보가 유출등이 된 경우 개인정보처리자는 ① 개인정보의 항목, ② 시점과 그 경위, ③ 피해를 최소화하기 위한 정보, ④ 개인정보처리자의 대응조치 및 피해 구제절차, ⑤ 피해 등을 접수할 수 있는 담당부서 및 연락처에 해당하는 사항을 해당 정보주체에게 지체 없이 알려야 한다.

2. 구제조치

개인정보처리자는 개인정보가 유출등이 된 경우 그 피해를 최소화하기 위한 대책을 마련하고 필요한 조치를 하여야 한다.

3. 신고

개인정보처리자는 ① 1천 명 이상의 정보주체에 관한 개인정보가 유출등이 된 경우, ② 민감정보 또는 고유식별정보가 유출등이 된 경우, ③ 개인정보처리시스템 또는 개인정보취급자가 개인정보 처리에 이용하는 정보기기에 대한 외부로부터의 불법적인 접근에 의해 개인정보가 유출등이 된 경우에 해당한다면, 72시간 이내에 보호위원회 또는 한국인터넷진흥원에 신고하여야 한다.

4. 노출된 개인정보의 삭제·차단

개인정보처리자는 공중에 노출된 개인정보에 대하여 보호위원회 또는 한국인터넷진흥원의 요청이 있는 경우에는 해당 정보를 삭제하거나 차단하는 등 필요한 조치를 하여야 한다.

Chapter 09 개인정보 분쟁조정위원회

01 분쟁조정

제40조 【설치 및 구성】 ① 개인정보에 관한 분쟁의 조정(調停)을 위하여 개인정보 분쟁조정위원회(이하 "분쟁조정위원회"라 한다)를 둔다.
② 분쟁조정위원회는 위원장 1명을 포함한 30명 이내의 위원으로 구성하며, 위원은 당연직위원과 위촉위원으로 구성한다.
③ 위촉위원은 다음 각 호의 어느 하나에 해당하는 사람 중에서 보호위원회 위원장이 위촉하고, 대통령령으로 정하는 국가기관 소속 공무원은 당연직위원이 된다.
1. 개인정보 보호업무를 관장하는 중앙행정기관의 고위공무원단에 속하는 공무원으로 재직하였던 사람 또는 이에 상당하는 공공부문 및 관련 단체의 직에 재직하고 있거나 재직하였던 사람으로서 개인정보 보호업무의 경험이 있는 사람
2. 대학이나 공인된 연구기관에서 부교수 이상 또는 이에 상당하는 직에 재직하고 있거나 재직하였던 사람
3. 판사·검사 또는 변호사로 재직하고 있거나 재직하였던 사람
4. 개인정보 보호와 관련된 시민사회단체 또는 소비자단체로부터 추천을 받은 사람
5. 개인정보처리자로 구성된 사업자단체의 임원으로 재직하고 있거나 재직하였던 사람

④ 위원장은 위원 중에서 공무원이 아닌 사람으로 보호위원회 위원장이 위촉한다.
⑤ 위원장과 위촉위원의 임기는 2년으로 하되, 1차에 한하여 연임할 수 있다.
⑥ 분쟁조정위원회는 분쟁조정 업무를 효율적으로 수행하기 위하여 필요하면 대통령령으로 정하는 바에 따라 조정사건의 분야별로 5명 이내의 위원으로 구성되는 조정부를 둘 수 있다. 이 경우 조정부가 분쟁조정위원회에서 위임받아 의결한 사항은 분쟁조정위원회에서 의결한 것으로 본다.
⑦ 분쟁조정위원회 또는 조정부는 재적위원 과반수의 출석으로 개의하며 출석위원 과반수의 찬성으로 의결한다.
⑧ 보호위원회는 분쟁조정 접수, 사실 확인 등 분쟁조정에 필요한 사무를 처리할 수 있다.
⑨ 이 법에서 정한 사항 외에 분쟁조정위원회 운영에 필요한 사항은 대통령령으로 정한다.

제41조 【위원의 신분보장】 위원은 자격정지 이상의 형을 선고받거나 심신상의 장애로 직무를 수행할 수 없는 경우를 제외하고는 그의 의사에 반하여 면직되거나 해촉되지 아니한다.

제42조【위원의 제척·기피·회피】 ① 분쟁조정위원회의 위원은 다음 각 호의 어느 하나에 해당하는 경우에는 제43조 제1항에 따라 분쟁조정위원회에 신청된 분쟁조정사건(이하 이 조에서 "사건"이라 한다)의 심의·의결에서 제척(除斥)된다.
1. 위원 또는 그 배우자나 배우자였던 자가 그 사건의 당사자가 되거나 그 사건에 관하여 공동의 권리자 또는 의무자의 관계에 있는 경우
2. 위원이 그 사건의 당사자와 친족이거나 친족이었던 경우
3. 위원이 그 사건에 관하여 증언, 감정, 법률자문을 한 경우
4. 위원이 그 사건에 관하여 당사자의 대리인으로서 관여하거나 관여하였던 경우

② 당사자는 위원에게 공정한 심의·의결을 기대하기 어려운 사정이 있으면 위원장에게 기피신청을 할 수 있다. 이 경우 위원장은 기피신청에 대하여 분쟁조정위원회의 의결을 거치지 아니하고 결정한다.
③ 위원이 제1항 또는 제2항의 사유에 해당하는 경우에는 스스로 그 사건의 심의·의결에서 회피할 수 있다.

제43조【조정의 신청 등】 ① 개인정보와 관련한 분쟁의 조정을 원하는 자는 분쟁조정위원회에 분쟁조정을 신청할 수 있다.
② 분쟁조정위원회는 당사자 일방으로부터 분쟁조정 신청을 받았을 때에는 그 신청내용을 상대방에게 알려야 한다.
③ 개인정보처리자가 제2항에 따른 분쟁조정의 통지를 받은 경우에는 특별한 사유가 없으면 분쟁조정에 응하여야 한다.

제44조【처리기간】 ① 분쟁조정위원회는 제43조 제1항에 따른 분쟁조정 신청을 받은 날부터 60일 이내에 이를 심사하여 조정안을 작성하여야 한다. 다만, 부득이한 사정이 있는 경우에는 분쟁조정위원회의 의결로 처리기간을 연장할 수 있다.
② 분쟁조정위원회는 제1항 단서에 따라 처리기간을 연장한 경우에는 기간연장의 사유와 그 밖의 기간연장에 관한 사항을 신청인에게 알려야 한다.

제45조【자료의 요청 및 사실조사 등】 ① 분쟁조정위원회는 제43조 제1항에 따라 분쟁조정 신청을 받았을 때에는 해당 분쟁의 조정을 위하여 필요한 자료를 분쟁당사자에게 요청할 수 있다. 이 경우 분쟁당사자는 정당한 사유가 없으면 요청에 따라야 한다.
② 분쟁조정위원회는 분쟁의 조정을 위하여 사실 확인이 필요한 경우에는 분쟁조정위원회의 위원 또는 대통령령으로 정하는 사무기구의 소속 공무원으로 하여금 사건과 관련된 장소에 출입하여 관련 자료를 조사하거나 열람하게 할 수 있다. 이 경우 분쟁당사자는 해당 조사·열람을 거부할 정당한 사유가 있을 때에는 그 사유를 소명하고 조사·열람에 따르지 아니할 수 있다.
③ 제2항에 따른 조사·열람을 하는 위원 또는 공무원은 그 권한을 표시하는 증표를 지니고 이를 관계인에게 내보여야 한다.
④ 분쟁조정위원회는 분쟁의 조정을 위하여 필요하다고 인정하면 관계 기관 등에 자료 또는 의견의 제출 등 필요한 협조를 요청할 수 있다.
⑤ 분쟁조정위원회는 필요하다고 인정하면 분쟁당사자나 참고인을 위원회에 출석하도록 하여 그 의견을 들을 수 있다.

제45조의2【진술의 원용 제한】 조정절차에서의 의견과 진술은 소송(해당 조정에 대한 준재심은 제외한다)에서 원용(援用)하지 못한다.

제46조【조정 전 합의 권고】 분쟁조정위원회는 제43조 제1항에 따라 분쟁조정 신청을 받았을 때에는 당사자에게 그 내용을 제시하고 조정 전 합의를 권고할 수 있다.

제47조【분쟁의 조정】① 분쟁조정위원회는 다음 각 호의 어느 하나의 사항을 포함하여 조정안을 작성할 수 있다.
1. 조사 대상 침해행위의 중지
2. 원상회복, 손해배상, 그 밖에 필요한 구제조치
3. 같거나 비슷한 침해의 재발을 방지하기 위하여 필요한 조치
② 분쟁조정위원회는 제1항에 따라 조정안을 작성하면 지체 없이 각 당사자에게 제시하여야 한다.
③ 제2항에 따라 조정안을 제시받은 당사자가 제시받은 날부터 15일 이내에 수락 여부를 알리지 아니하면 조정을 수락한 것으로 본다.
④ 당사자가 조정내용을 수락한 경우(제3항에 따라 수락한 것으로 보는 경우를 포함한다) 분쟁조정위원회는 조정서를 작성하고, 분쟁조정위원회의 위원장과 각 당사자가 기명날인 또는 서명을 한 후 조정서 정본을 지체 없이 각 당사자 또는 그 대리인에게 송달하여야 한다. 다만, 제3항에 따라 수락한 것으로 보는 경우에는 각 당사자의 기명날인 및 서명을 생략할 수 있다.
⑤ 제4항에 따른 조정의 내용은 재판상 화해와 동일한 효력을 갖는다.

제48조【조정의 거부 및 중지】① 분쟁조정위원회는 분쟁의 성질상 분쟁조정위원회에서 조정하는 것이 적합하지 아니하다고 인정하거나 부정한 목적으로 조정이 신청되었다고 인정하는 경우에는 그 조정을 거부할 수 있다. 이 경우 조정거부의 사유 등을 신청인에게 알려야 한다.
② 분쟁조정위원회는 신청된 조정사건에 대한 처리절차를 진행하던 중에 한 쪽 당사자가 소를 제기하면 그 조정의 처리를 중지하고 이를 당사자에게 알려야 한다.

제50조【조정절차 등】① 제43조부터 제49조까지의 규정에서 정한 것 외에 분쟁의 조정방법, 조정절차 및 조정업무의 처리 등에 필요한 사항은 대통령령으로 정한다.
② 분쟁조정위원회의 운영 및 분쟁조정 절차에 관하여 이 법에서 규정하지 아니한 사항에 대하여는 「민사조정법」을 준용한다.

제50조의2【개선의견의 통보】분쟁조정위원회는 소관 업무 수행과 관련하여 개인정보 보호 및 정보주체의 권리 보호를 위한 개선의견을 보호위원회 및 관계 중앙행정기관의 장에게 통보할 수 있다.

1. 조정의 신청

분쟁조정위원회는 당사자 일방으로부터 분쟁조정 신청을 받았을 때에는 그 신청내용을 상대방에게 알려야 한다. 개인정보처리자가 분쟁조정의 통지를 받은 경우에는 특별한 사유가 없으면 분쟁조정에 응하여야 한다.

2. 처리기간

분쟁조정위원회는 분쟁조정 신청을 받은 날부터 60일 이내에 조정안을 작성하여야 한다.

3. 자료의 요청 및 사실조사 등

분쟁조정위원회는 분쟁의 조정을 위하여 자료를 요청하고 사실조사를 실시할 수 있다.

4. 진술의 원용 제한

조정절차에서의 의견과 진술은 소송에서 원용하지 못한다.

5. 조정 전 합의 권고

분쟁조정위원회는 당사자에게 그 내용을 제시하고 조정 전 합의를 권고할 수 있다.

6. 분쟁의 조정

(1) 조정안 작성

분쟁조정위원회는 ① 침해행위의 중지, ② 구제조치, ③ 재발 방지 대책을 포함하여 분쟁조정 신청을 받은 날부터 60일 이내에 조정안을 작성하여야 한다.

(2) 조정안의 수락 간주

조정안을 제시받은 당사자가 제시받은 날부터 15일 이내에 수락 여부를 알리지 아니하면 조정을 수락한 것으로 본다.

(3) 수락한 조정의 내용

당사자가 조정내용을 수락한 경우 조정의 내용은 재판상 화해와 동일한 효력을 갖는다.

7. 조정의 거부 및 중지

(1) 조정의 거부

분쟁조정위원회는 분쟁의 성질상 조정이 적합하지 않거나 부정한 목적으로 신청된 경우에는 그 조정을 거부할 수 있다.

(2) 조정의 중지

분쟁조정위원회는 신청된 조정사건의 진행 중에 한쪽 당사자가 소를 제기하면 그 조정을 중지한다.

02 집단분쟁조정

[제12회]

집단분쟁조정의 실시요건과 처리절차에 관하여 설명하시오. (20점)

제49조【집단분쟁조정】 ① 국가 및 지방자치단체, 개인정보 보호단체 및 기관, 정보주체, 개인정보처리자는 정보주체의 피해 또는 권리침해가 다수의 정보주체에게 같거나 비슷한 유형으로 발생하는 경우로서 대통령령으로 정하는 사건에 대하여는 분쟁조정위원회에 일괄적인 분쟁조정(이하 "집단분쟁조정"이라 한다)을 의뢰 또는 신청할 수 있다.
② 제1항에 따라 집단분쟁조정을 의뢰받거나 신청받은 분쟁조정위원회는 그 의결로써 제3항부터 제7항까지의 규정에 따른 집단분쟁조정의 절차를 개시할 수 있다. 이 경우 분쟁조정위원회는 대통령령으로 정하는 기간 동안 그 절차의 개시를 공고하여야 한다.
③ 분쟁조정위원회는 집단분쟁조정의 당사자가 아닌 정보주체 또는 개인정보처리자로부터 그 분쟁조정의 당사자에 추가로 포함될 수 있도록 하는 신청을 받을 수 있다.
④ 분쟁조정위원회는 그 의결로써 제1항 및 제3항에 따른 집단분쟁조정의 당사자 중에서 공동의 이익을 대표하기에 가장 적합한 1인 또는 수인을 대표당사자로 선임할 수 있다.
⑤ 분쟁조정위원회는 개인정보처리자가 분쟁조정위원회의 집단분쟁조정의 내용을 수락한 경우에는 집단분쟁조정의 당사자가 아닌 자로서 피해를 입은 정보주체에 대한 보상계획서를 작성하여 분쟁조정위원회에 제출하도록 권고할 수 있다.
⑥ 제48조 제2항에도 불구하고 분쟁조정위원회는 집단분쟁조정의 당사자인 다수의 정보주체 중 일부의 정보주체가 법원에 소를 제기한 경우에는 그 절차를 중지하지 아니하고, 소를 제기한 일부의 정보주체를 그 절차에서 제외한다.
⑦ 집단분쟁조정의 기간은 제2항에 따른 공고가 종료된 날의 다음 날부터 60일 이내로 한다. 다만, 부득이한 사정이 있는 경우에는 분쟁조정위원회의 의결로 처리기간을 연장할 수 있다.
⑧ 집단분쟁조정의 절차 등에 관하여 필요한 사항은 대통령령으로 정한다.

1. 집단분쟁조정의 실시

국가 및 지방자치단체, 개인정보 보호단체 및 기관, 정보주체, 개인정보처리자는 정보주체의 피해 또는 권리침해가 다수의 정보주체에게 같거나 비슷한 유형으로 발생하는 경우로서 50명 이상의 정보주체(이미 구제가 끝났거나 구제절차가 진행되고 있는 정보주체는 제외)가 피해를 입은 경우에는 집단분쟁조정을 의뢰 또는 신청할 수 있다.

2. 처리절차

(1) 개시 공고

분쟁조정위원회는 집단분쟁조정 절차의 개시를 공고하여야 하며, 집단분쟁조정의 당사자가 아닌 정보주체 또는 개인정보처리자로부터 그 분쟁조정의 당사자에 추가로 포함될 수 있도록 하는 신청을 받을 수 있다.

(2) 처리기간

분쟁조정위원회는 공고가 종료된 날의 다음 날부터 60일 이내로 한다. 다만, 부득이한 사정이 있는 경우에는 분쟁조정위원회의 의결로 처리기간을 연장할 수 있다.

(3) 대표자 선정

분쟁조정위원회는 집단분쟁조정의 당사자 중에서 공동의 이익을 대표하기에 가장 적합한 1인 또는 수인을 대표당사자를 선임할 수 있다.

(4) 보상계획서 제출 권고

분쟁조정위원회는 개인정보처리자가 집단분쟁조정의 내용을 수락한 경우에는 당사자가 아닌 자로서 피해를 입은 정보주체에 대한 보상계획서를 제출하도록 권고할 수 있다.

(5) 조정절차에서의 제외

분쟁조정위원회는 집단분쟁조정의 당사자인 다수의 정보주체 중 일부의 정보주체가 법원에 소를 제기한 경우에는 그 절차를 중지하지 아니하고, 소를 제기한 일부의 정보주체를 그 절차에서 제외한다.

Chapter 10 개인정보 단체소송

제51조【단체소송의 대상 등】다음 각 호의 어느 하나에 해당하는 단체는 개인정보처리자가 제49조에 따른 집단분쟁조정을 거부하거나 집단분쟁조정의 결과를 수락하지 아니한 경우에는 법원에 권리침해 행위의 금지·중지를 구하는 소송(이하 "단체소송"이라 한다)을 제기할 수 있다.
1. 「소비자기본법」제29조에 따라 공정거래위원회에 등록한 소비자단체로서 다음 각 목의 요건을 모두 갖춘 단체
   가. 정관에 따라 상시적으로 정보주체의 권익증진을 주된 목적으로 하는 단체일 것
   나. 단체의 정회원수가 1천 명 이상일 것
   다. 「소비자기본법」제29조에 따른 등록 후 3년이 경과하였을 것
2. 「비영리민간단체 지원법」제2조에 따른 비영리민간단체로서 다음 각 목의 요건을 모두 갖춘 단체
   가. 법률상 또는 사실상 동일한 침해를 입은 100명 이상의 정보주체로부터 단체소송의 제기를 요청받을 것
   나. 정관에 개인정보 보호를 단체의 목적으로 명시한 후 최근 3년 이상 이를 위한 활동실적이 있을 것
   다. 단체의 상시 구성원수가 5천 명 이상일 것
   라. 중앙행정기관에 등록되어 있을 것

제52조【전속관할】① 단체소송의 소는 피고의 주된 사무소 또는 영업소가 있는 곳, 주된 사무소나 영업소가 없는 경우에는 주된 업무담당자의 주소가 있는 곳의 지방법원 본원 합의부의 관할에 전속한다.
② 제1항을 외국사업자에 적용하는 경우 대한민국에 있는 이들의 주된 사무소·영업소 또는 업무담당자의 주소에 따라 정한다.

제53조【소송대리인의 선임】단체소송의 원고는 변호사를 소송대리인으로 선임하여야 한다.

제54조【소송허가신청】① 단체소송을 제기하는 단체는 소장과 함께 다음 각 호의 사항을 기재한 소송허가신청서를 법원에 제출하여야 한다.
1. 원고 및 그 소송대리인
2. 피고
3. 정보주체의 침해된 권리의 내용
② 제1항에 따른 소송허가신청서에는 다음 각 호의 자료를 첨부하여야 한다.
1. 소제기단체가 제51조 각 호의 어느 하나에 해당하는 요건을 갖추고 있음을 소명하는 자료
2. 개인정보처리자가 조정을 거부하였거나 조정결과를 수락하지 아니하였음을 증명하는 서류

제55조【소송허가요건 등】① 법원은 다음 각 호의 요건을 모두 갖춘 경우에 한하여 결정으로 단체소송을 허가한다.
1. 개인정보처리자가 분쟁조정위원회의 조정을 거부하거나 조정결과를 수락하지 아니하였을 것
2. 제54조에 따른 소송허가신청서의 기재사항에 흠결이 없을 것
② 단체소송을 허가하거나 불허가하는 결정에 대하여는 즉시항고할 수 있다.

> 제56조 【확정판결의 효력】 원고의 청구를 기각하는 판결이 확정된 경우 이와 동일한 사안에 관하여는 제51조에 따른 다른 단체는 단체소송을 제기할 수 없다. 다만, 다음 각 호의 어느 하나에 해당하는 경우에는 그러하지 아니하다.
> 1. 판결이 확정된 후 그 사안과 관련하여 국가·지방자치단체 또는 국가·지방자치단체가 설립한 기관에 의하여 새로운 증거가 나타난 경우
> 2. 기각판결이 원고의 고의로 인한 것임이 밝혀진 경우
>
> 제57조 【「민사소송법」의 적용 등】 ① 단체소송에 관하여 이 법에 특별한 규정이 없는 경우에는 「민사소송법」을 적용한다.
> ② 제55조에 따른 단체소송의 허가결정이 있는 경우에는 「민사집행법」 제4편에 따른 보전처분을 할 수 있다.
> ③ 단체소송의 절차에 관하여 필요한 사항은 대법원규칙으로 정한다.

01 단체소송대상

개인정보처리자가 집단분쟁조정을 거부하거나 집단분쟁조정의 결과를 수락하지 아니한 경우 법원에 단체소송을 제기할 수 있다.

02 관할

피고의 주된 사무소 등의 지방법원 본원 합의부의 관할에 전속한다.

03 단체소송 주체의 요건

1. 소비자단체

(1) 정관에 따라 상시적으로 정보주체의 권익증진을 주된 목적으로 하는 단체일 것

(2) 단체의 정회원수가 1천 명 이상일 것

(3) 공정거래위원회에 등록한 소비자단체로서 등록 후 3년이 경과하였을 것

2. 비영리민간단체

(1) 법률상 또는 사실상 동일한 침해를 입은 100명 이상의 정보주체로부터 단체소송의 제기를 요청받을 것

(2) 정관에 개인정보 보호를 단체의 목적으로 명시한 후 최근 3년 이상 이를 위한 활동실적이 있을 것

(3) 단체의 상시 구성원수가 5천 명 이상일 것

(4) 비영리민간단체로서 중앙행정기관에 등록되어 있을 것

04 법원의 허가

법원은 소송 요건을 모두 갖춘 경우에 한하여 결정으로 단체소송을 허가한다.

05 확정판결의 효력

청구를 기각하는 판결이 확정된 경우 이와 동일한 사안에 관하여 다른 단체는 원칙적으로 단체소송을 제기 할 수 없다. 다만, 판결이 확정된 후 그 사안과 관련하여 국가·지방자치단체 또는 국가·지방자치단체가 설립한 기관에 의하여 새로운 증거가 나타난 경우 또는 기각판결이 원고의 고의로 인한 것임이 밝혀진 경우에는 단체소송을 제기 할 수 있다.

Chapter 01 주민등록법상 대상자와 주민등록표 작성·재작성

Chapter 02 주민등록번호

Chapter 03 등록의 신고

Chapter 04 주민등록증

Chapter 05 주민등록표의 열람 또는 등·초본의 교부

PART

07

주민등록법

Chapter 01 주민등록법상 대상자와 주민등록표 작성·재작성

제1조【목적】이 법은 지방자치단체의 주민을 등록하게 함으로써 주민의 거주관계 등 인구의 동태(動態)를 항상 명확하게 파악하여 주민생활의 편익을 증진시키고 행정사무를 적정하게 처리하도록 하는 것을 목적으로 한다.

제2조【사무의 관장】① 주민등록에 관한 사무는 특별자치시장·특별자치도지사·시장·군수 또는 자치구의 구청장(이하 "시장·군수 또는 구청장"이라 한다)이 관장(管掌)한다.
② 시장·군수 또는 구청장은 제1항에 따른 해당 권한의 일부를 그 지방자치단체의 조례로 정하는 바에 따라 「제주특별자치도 설치 및 국제자유도시 조성을 위한 특별법」 제11조에 따른 행정시장이나 그 관할 구역 내의 자치구가 아닌 구의 구청장·읍·면·동장 또는 출장소장에게 위임할 수 있다.

제3조【감독 등】① 주민등록에 관한 사무의 지도·감독은 행정안전부장관이 한다.
② 행정안전부장관은 대통령령으로 정하는 바에 따라 그 권한의 일부를 특별시장·광역시장·특별자치시장·도지사 또는 특별자치도지사에게 위임할 수 있다.

제4조【수수료와 과태료 등의 귀속】이 법의 규정에 따라 수납하는 수수료·사용료 및 과태료는 특별시·광역시·특별자치시·도·특별자치도 또는 시·군·자치구의 수입으로 한다.

제5조【경비의 부담】① 주민등록에 관한 사무에 필요한 경비는 해당 특별자치시·특별자치도·시·군·자치구의 부담으로 한다.
② 제24조 제1항에 따른 주민등록증의 발급에 드는 경비는 해당 특별자치시·특별자치도·시·군·자치구와 국가가 대통령령으로 정하는 기준에 따라 분담한다.

제6조【대상자】① 시장·군수 또는 구청장은 30일 이상 거주할 목적으로 그 관할 구역에 주소나 거소(이하 "거주자"라 한다)를 가진 다음 각 호의 사람(이하 "주민"이라 한다)을 이 법의 규정에 따라 등록하여야 한다. 다만, 외국인은 예외로 한다.
1. 거주자: 거주지가 분명한 사람(제3호의 재외국민은 제외한다)
2. 거주불명자: 제20조 제6항에 따라 거주불명으로 등록된 사람
3. 재외국민: 「재외동포의 출입국과 법적 지위에 관한 법률」 제2조 제1호에 따른 국민으로서 「해외이주법」 제12조에 따른 영주귀국의 신고를 하지 아니한 사람 중 다음 각 목의 어느 하나의 경우
  가. 주민등록이 말소되었던 사람이 귀국 후 재등록 신고를 하는 경우
  나. 주민등록이 없었던 사람이 귀국 후 최초로 주민등록 신고를 하는 경우
② 제1항의 등록에서 영내(營內)에 기거하는 군인은 그가 속한 세대의 거주지에서 본인이나 세대주의 신고에 따라 등록하여야 한다.
③ 삭제

제7조【주민등록표 등의 작성】 ① 시장·군수 또는 구청장은 주민등록사항을 기록하기 위하여 전자정보시스템(이하 "주민등록정보시스템"이라 한다)으로 개인별 및 세대별 주민등록표(이하 "주민등록표"라 한다)와 세대별 주민등록표 색인부를 작성하고 기록·관리·보존하여야 한다.
② 개인별 주민등록표는 개인에 관한 기록을 종합적으로 기록·관리하며 세대별(世帶別) 주민등록표는 그 세대에 관한 기록을 통합하여 기록·관리한다.
③ 삭제
④ 주민등록표와 세대별 주민등록표 색인부의 서식 및 기록·관리·보존방법 등에 필요한 사항은 대통령령으로 정한다.

제22조【주민등록표의 재작성】 ① 시장·군수 또는 구청장은 다음 각 호의 어느 하나에 해당하면 종전 주민등록에 관한 여러 신청서 등에 따라 주민등록표를 다시 작성하고 신고의무자의 확인을 받아야 한다. 다만, 주민등록에 관한 여러 신청서 등에 따라 다시 작성할 수 없으면 주민등록표를 다시 작성한다는 뜻을 신고의무자에게 알리거나 공고하고 그 신고의무자의 신고에 따라 이를 작성하여야 하며, 제2호의 경우에는 세대별 주민등록표에 한정하여 작성한다.
1. 재해·재난 등으로 주민등록표가 멸실되거나 손상되어 복구가 불가능한 때
2. 세대주가 변경된 때
② 제1항 제1호의 경우에는 다시 작성한 주민등록표에 그 사유를 기록하여야 하고, 같은 항 제2호에 따라 변경되기 이전의 주민등록표는 보존·관리하여야 하며, 그 보존·관리에 필요한 사항은 대통령령으로 정한다.

01 대상자

1. 시장·군수 또는 구청장은 30일 이상 거주할 목적으로 그 관할 구역에 거주지를 가진 주민을 거주자·거주불명자·재외국민으로 등록하여야 한다. 다만, 외국인은 예외로 한다.

2. 영내에 기거하는 군인은 그가 속한 세대의 거주지에서 본인이나 세대주의 신고에 따라 등록하여야 한다.

02 주민등록표 등의 작성

시장·군수 또는 구청장은 주민등록정보시스템으로 개인별 및 세대별 주민등록표와 세대별 주민등록표 색인부를 작성하고 기록·관리·보존하여야 한다.

03 주민등록표의 재작성

1. 시장·군수 또는 구청장은 ① 재해·재난 등으로 주민등록표가 멸실되거나 손상되어 복구가 불가능한 때, ② 세대주가 변경된 때에 해당하면 주민등록표를 다시 작성하고 신고의무자의 확인을 받아야 한다.

2. 세대주가 변경된 때에는 세대별 주민등록표에 한정하여 작성한다.

3. 주민등록표가 멸실되거나 손상되어 복구가 불가능한 때에는 주민등록표에 그 사유를 기록하여야 하고, 세대주가 변경된 때에는 이전의 주민등록표는 보존·관리하여야 한다.

Chapter 02 주민등록번호

01 주민등록번호의 부여와 정정

제11회

주민등록번호의 '정정사유'와 '변경사유'에 관하여 설명하시오. (20점)

제7조의2 【주민등록번호의 부여】 ① 시장·군수 또는 구청장은 주민에게 개인별로 고유한 등록번호(이하 "주민등록번호"라 한다)를 부여하여야 한다.
② 제1항에 따른 주민등록번호의 부여 방법은 대통령령으로 정한다.

제7조의3 【주민등록번호의 정정】 ① 주민등록이 되어 있는 거주지(이하 "주민등록지"라 한다)의 시장·군수 또는 구청장은 다음 각 호의 어느 하나에 해당하는 사유가 발생하면 주민등록번호를 부여한 시장·군수 또는 구청장(이하 "번호부여지의 시장·군수 또는 구청장"이라 한다)에게 주민등록번호의 정정을 요구하여야 한다. 다만, 주민등록지의 시장·군수 또는 구청장이 번호부여지의 시장·군수 또는 구청장인 경우에는 직접 주민등록번호를 정정하여야 한다.
1. 제14조 제2항 및 제3항에 따른 등록 사항의 정정으로 인하여 주민등록번호를 정정하여야 하는 경우
2. 주민으로부터 주민등록번호의 오류를 이유로 정정신청을 받은 경우
3. 주민등록번호에 오류가 있음을 발견한 경우
② 번호부여지의 시장·군수 또는 구청장은 제1항에 따른 주민등록번호 정정의 요구를 받으면 지체 없이 이를 정정하고, 그 정정사항을 주민등록지의 시장·군수 또는 구청장에게 알려야 한다. 다만, 주민등록번호에 오류가 있음을 발견하지 못하였거나 주민등록번호 부여 사실을 확인하지 못하면 그 사유를 적어 주민등록지의 시장·군수 또는 구청장에게 알려야 한다.
③ 그 밖에 주민등록번호의 정정에 따른 주민등록표의 정정과 주민등록증의 재발급 등에 필요한 사항은 대통령령으로 정한다.

1. 주민등록번호의 부여

시장·군수 또는 구청장은 주민에게 주민등록번호를 부여하여야 한다.

2. 주민등록번호 정정

(1) 정정 요구

주민등록지의 시장·군수 또는 구청장은 정정 사유가 발생하면 주민등록번호를 부여한 시장·군수 또는 구청장에게 주민등록번호의 정정을 요구하여야 한다.

(2) 정정 사유

① 등록 사항의 정정으로 인하여 주민등록번호를 정정하여야 하는 경우
② 주민등록번호의 오류를 이유로 정정신청을 받은 경우
③ 주민등록번호에 오류가 있음을 발견한 경우

02 주민등록번호의 변경

[제11회]
주민등록번호의 '정정사유'와 '변경사유'에 관하여 설명하시오. (20점)

제7조의4 【주민등록번호의 변경】 ① 다음 각 호의 어느 하나에 해당하는 사람은 대통령령으로 정하는 바에 따라 이를 입증할 수 있는 자료를 갖추어 주민등록지 또는 거주지의 시장·군수 또는 구청장에게 주민등록번호의 변경을 신청할 수 있다. 다만, 신청인의 주민등록지가 아닌 거주지의 시장·군수 또는 구청장이 주민등록번호의 변경 신청을 받은 경우 이를 지체 없이 주민등록지의 시장·군수 또는 구청장에게 이송하고 그 사실을 신청인에게 통지하여야 한다.
1. 유출된 주민등록번호로 인하여 생명·신체에 위해(危害)를 입거나 입을 우려가 있다고 인정되는 사람
2. 유출된 주민등록번호로 인하여 재산에 피해를 입거나 입을 우려가 있다고 인정되는 사람
3. 다음 각 목의 어느 하나에 해당하는 사람으로서 유출된 주민등록번호로 인하여 피해를 입거나 입을 우려가 있다고 인정되는 사람
   가. 「아동·청소년의 성보호에 관한 법률」 제2조 제6호에 따른 피해아동·청소년
   나. 「성폭력방지 및 피해자보호 등에 관한 법률」 제2조 제3호에 따른 성폭력피해자
   다. 「성매매알선 등 행위의 처벌에 관한 법률」 제2조 제1항 제4호에 따른 성매매피해자
   라. 「가정폭력범죄의 처벌 등에 관한 특례법」 제2조 제5호에 따른 피해자
4. 그 밖에 제1호부터 제3호까지의 규정에 준하는 사람으로서 대통령령으로 정하는 사람
② 제1항 및 제4항에 따른 신청 또는 이의신청을 받은 주민등록지의 시장·군수 또는 구청장은 제7조의5에 따른 주민등록번호변경위원회에 주민등록번호 변경 여부에 관한 결정을 청구하여야 한다.

③ 주민등록지의 시장·군수 또는 구청장은 제7조의5에 따른 주민등록번호변경위원회로부터 주민등록번호의 변경 결정을 통보받은 경우에는 제1항에 따른 신청인의 주민등록번호를 지체 없이 변경하고 이를 신청인에게 통지하여야 한다.
④ 주민등록지의 시장·군수 또는 구청장은 제7조의5에 따른 주민등록번호변경위원회로부터 주민등록번호의 변경 결정 이외의 결정을 통보받은 경우에는 그 사실과 사유를 그 신청인에게 통지하여야 하며, 이의가 있는 신청인은 그 통지를 받은 날부터 30일 이내에 그 주민등록지의 시장·군수 또는 구청장에게 이의신청을 할 수 있다.
⑤ 제1항, 제3항 및 제4항에 따른 신청, 통지 및 이의신청은 서면 또는 행정안전부장관이 정하는 정보시스템을 이용하여 할 수 있다.
⑥ 제1항부터 제4항까지에서 규정한 사항 외에 주민등록번호의 변경 신청, 변경 결정 청구, 변경 통보, 이의신청 등에 필요한 사항은 대통령령으로 정한다.

제7조의5【주민등록번호변경위원회】 ① 주민등록번호의 변경에 관한 사항을 심사·의결하기 위하여 행정안전부에 주민등록번호변경위원회(이하 "변경위원회"라 한다)를 둔다.
② 변경위원회는 그 권한에 속하는 업무를 독립하여 수행한다.
③ 변경위원회는 제7조의4 제2항에 따른 청구를 받은 날부터 90일 이내에 심사·의결을 완료하고 그 결과(변경 결정 외의 결정을 한 경우에는 그 사유를 포함한다)를 해당 주민등록지의 시장·군수 또는 구청장에게 통보하여야 한다. 다만, 이 기간 안에 심사·의결을 완료하기 어려운 경우에 변경위원회는 그 의결로 30일의 범위에서 그 기간을 연장할 수 있다.
④ 변경위원회는 제3항에도 불구하고 제7조의4 제1항 각 호의 어느 하나에 해당하는 사람이 유출된 주민등록번호로 인하여 생명·신체에 위해를 입거나 위해의 발생이 긴박하여 변경 청구의 중대성·시급성이 인정되는 경우에는 대통령령으로 정하는 바에 따라 제7조의4 제2항에 따른 청구를 받은 날부터 45일 이내에 심사·의결을 완료하고 그 결과(변경 결정 외의 결정을 한 경우에는 그 사유를 포함한다)를 해당 주민등록지의 시장·군수 또는 구청장에게 통보하여야 한다. 다만, 이 기간 안에 심사·의결을 완료하기 어려운 경우 변경위원회는 그 의결로 30일의 범위에서 그 기간을 연장할 수 있다.
⑤ 변경위원회는 제7조의4 제2항에 따른 청구를 심사한 결과 다음 각 호의 어느 하나에 해당하는 사유가 있는 경우에는 청구를 받아들이지 아니하는 결정 등을 할 수 있다.
1. 범죄경력을 은폐하거나 법령상의 의무를 회피할 목적이 있는 경우
2. 수사나 재판을 방해할 목적이 있는 경우
3. 선량한 풍속 기타 사회질서에 위반되는 경우
4. 그 밖에 대통령령으로 정하는 경우
⑥ 변경위원회는 위원장 1명을 포함하여 11명 이내의 위원으로 구성하며, 그 중 1명은 상임위원으로 한다.
⑦ 위원은 다음 각 호의 어느 하나에 해당하는 사람 중에서 행정안전부장관이 임명하거나 위촉한다. 이 경우 공무원이 아닌 위원의 수는 위원장과 상임위원을 포함한 위원 수의 2분의 1 이상이어야 한다.
1. 행정안전부 및 관계 행정기관 소속 공무원
2. 판사, 검사, 변호사 또는 의사의 직에 5년 이상 재직한 사람
3. 금융 관련 업무에 5년 이상 종사한 사람
4. 개인정보 보호 업무 또는 주민등록 업무에 관하여 전문적 학식과 경험이 풍부한 사람
⑧ 위원장은 위원 중에서 공무원이 아닌 사람으로 행정안전부장관이 위촉한다.
⑨ 위원장과 위원의 임기는 2년으로 하되, 한 차례만 연임할 수 있다. 다만, 제7항 제1호에 따라 임명된 공무원인 위원은 그 직에 재직하는 동안 재임한다.

> ⑩ 변경위원회는 심사를 위하여 필요하다고 인정하면 다음 각 호의 행위를 의결할 수 있다.
> 1. 전과조회, 신용정보조회 등 대통령령으로 정하는 방법으로 행하는 사실조사
> 2. 신청인 또는 관계 공무원 등의 출석 요구
> 3. 신청인 또는 관계 기관 등에 대한 자료의 제출 요구
> ⑪ 변경위원회의 회의는 재적위원 과반수의 출석으로 개의(開議)하고, 출석위원 과반수의 찬성으로 의결한다.
> ⑫ 변경위원회의 사무를 지원하기 위하여 변경위원회에 사무국을 둔다.
> ⑬ 변경위원회와 제12항에 따른 사무국의 구성 및 운영 등에 필요한 사항은 대통령령으로 정한다.

1. 변경신청 사유

(1) 유출된 주민등록번호로 인하여 생명·신체·재산에 피해를 입거나 입을 우려가 있다고 인정되는 사람

(2) 「아동·청소년의 성보호에 관한 법률」에 따른 피해아동·청소년, 성폭력피해자, 성매매피해자, 가정폭력범죄의 피해자 등에 해당하는 사람으로서 유출된 주민등록번호로 인하여 피해를 입거나 입을 우려가 있다고 인정되는 사람

2. 변경신청

(1) 신청 상대방

변경신청은 입증자료를 첨부하여 주민등록지 또는 거주지의 시장·군수 또는 구청장에게 주민등록번호의 변경을 신청할 수 있다. 입증자료를 거짓으로 제출한 사람에게는 1천만 원 이하의 과태료를 부과한다.

(2) 심사 청구

신청을 받은 주민등록지의 시장·군수 또는 구청장은 주민등록번호변경위원회에 변경 여부에 관한 결정을 청구하여야 한다.

3. 주민등록번호변경위원회 변경심사

(1) 심사 기간

변경위원회는 청구를 받은 날부터 90일 이내에 심사·의결을 완료하고 그 결과를 통보하여야 한다. 다만, 30일의 범위에서 그 기간을 연장할 수 있다.

(2) 긴급한 경우의 심사 기간

유출된 주민등록번호로 인하여 생명·신체에 위해를 입거나 위해의 발생이 긴박하여 변경청구의 중대성·시급성이 인정되는 경우에는 청구를 받은 날부터 45일 이내에 심사·의결을 완료하고 그 결과를 해당 주민등록지의 시장·군수 또는 구청장에게 통보하여야 한다. 다만, 이 기간 안에 심사·의결을 완료하기 어려운 경우 변경위원회는 그 의결로 30일의 범위에서 그 기간을 연장할 수 있다.

(3) 변경 거부 사유

① 범죄경력을 은폐하거나 법령상의 의무를 회피할 목적이 있는 경우
② 수사나 재판을 방해할 목적이 있는 경우
③ 선량한 풍속 기타 사회질서에 위반되는 경우에 해당하는 사유가 있는 경우

4. 이의신청

주민등록번호의 변경 결정 이외의 결정을 통보받은 경우, 신청인은 30일 이내에 서면 또는 행정안전부장관이 정하는 정보시스템을 이용하여 이의신청을 할 수 있다.

Chapter 03 등록의 신고

01 주민등록 신고

제8조 【등록의 신고주의 원칙】 주민의 등록 또는 그 등록사항의 정정 또는 말소는 주민의 신고에 따라 한다. 다만, 이 법에 특별한 규정이 있으면 예외로 한다.

제9조 【정리】 개인별 주민등록표는 주민등록번호순으로, 세대별 주민등록표는 세대주의 주민등록번호순으로 각각 정리하며, 이에 관한 구체적인 사항은 행정안전부장관이 정한다.

제10조 【신고사항】 ① 주민(재외국민은 제외한다)은 다음 각 호의 사항을 해당 거주지를 관할하는 시장·군수 또는 구청장에게 신고하여야 한다.
1. 성명
2. 성별
3. 생년월일
4. 세대주와의 관계
5. 합숙하는 곳은 관리책임자
6. 「가족관계의 등록 등에 관한 법률」 제10조 제1항에 따른 등록기준지(이하 "등록기준지"라 한다)
7. 주소
8. 가족관계등록이 되어 있지 아니한 자 또는 가족관계등록의 여부가 분명하지 아니한 자는 그 사유
9. 대한민국의 국적을 가지지 아니한 자는 그 국적명이나 국적의 유무
10. 거주지를 이동하는 경우에는 전입 전의 주소 또는 전입지와 해당 연월일
11. 삭제

② 누구든지 제1항의 신고를 이중으로 할 수 없다.

제10조의2 【재외국민의 신고】 ① 재외국민이 국내에 30일 이상 거주할 목적으로 입국하는 때에는 다음 각 호의 사항을 해당 거주지를 관할하는 시장·군수 또는 구청장에게 신고하여야 한다.
1. 제10조 제1항 각 호의 사항
2. 영주 또는 거주하는 국가나 지역의 명칭과 체류자격의 종류

② 누구든지 제1항의 신고를 이중으로 할 수 없다.
③ 그 밖에 제1항의 신고에 필요한 사항은 대통령령으로 정한다.

제10조의3 【해외체류에 관한 신고】 ① 이 법에 따라 주민등록을 한 거주자 또는 제20조 제6항에 따라 거주불명으로 등록된 사람(이하 "거주불명자"라 한다)이 90일 이상 해외에 체류할 목적으로 출국하려는 경우(제19조 제1항에 따라 국외이주신고를 하여야 하는 사람은 제외한다)에는 출국 후에 그가 속할 세대의 거주지를 제10조 제1항 제7호에 따른 주소로 미리 신고할 수 있다. 다만, 출국 후 어느 세대에도 속하지 아니하게 되는 사람은 신고 당시 거주지를 관할하는 읍·면사무소 또는 동 주민센터의 주소를 행정상 관리주소로 신고할 수 있다.

② 제1항 본문에 따른 신고는 신고할 주소지를 관할하는 시장·군수 또는 구청장에게 하고, 제1항 단서에 따른 신고는 신고 당시 거주지를 관할하는 시장·군수 또는 구청장에게 한다.
③ 제2항의 시장·군수 또는 구청장은 제1항에 따른 신고를 하고 출국한 사람(이하 "해외체류자"라 한다)의 주민등록을 구분하여 등록·관리할 수 있다.
④ 제1항부터 제3항까지에 따른 신고의 방법, 첨부서류, 해외체류자의 구분 등록·관리 등에 관한 구체적인 사항은 대통령령으로 정한다.

제11조【신고의무자】 ① 제10조에 따른 신고는 세대주가 신고사유가 발생한 날부터 14일 이내에 하여야 한다. 다만, 세대주가 신고할 수 없으면 그를 대신하여 다음 각 호의 어느 하나에 해당하는 자가 할 수 있다.
1. 세대를 관리하는 자
2. 본인
3. 세대주의 위임을 받은 자로서 다음 각 목의 어느 하나에 해당하는 자
   가. 세대주의 배우자
   나. 세대주의 직계혈족
   다. 세대주의 배우자의 직계혈족
   라. 세대주의 직계혈족의 배우자
② 제10조의2에 따른 신고는 재외국민 본인이 하여야 한다. 다만, 재외국민 본인이 신고할 수 없으면 그를 대신하여 다음 각 호의 어느 하나에 해당하는 사람이 할 수 있다.
1. 재외국민이 거주하는 세대의 세대주
2. 재외국민 본인의 위임을 받은 사람으로서 다음 각 목의 어느 하나에 해당하는 사람
   가. 재외국민 본인의 배우자
   나. 재외국민 본인의 직계혈족
   다. 재외국민 본인의 배우자의 직계혈족
   라. 재외국민 본인의 직계혈족의 배우자
③ 제1항 단서 및 제2항에 따른 신고의 방법 및 신고 내용의 확인 등에 관한 구체적인 사항은 대통령령으로 정한다.

제12조【합숙하는 곳에서의 신고의무자】 ① 기숙사, 「노인복지법」 제34조 제1항 제1호에 따른 노인요양시설, 「노숙인 등의 복지 및 자립지원에 관한 법률」 제16조 제1항 제4호에 따른 노숙인요양시설, 「아동복지법」 제52조 제1항 제1호에 따른 아동양육시설 등 여러 사람이 동거하는 숙소에 거주하는 주민은 신고사유가 발생한 날부터 14일 이내에 그 숙소의 관리자가 신고하여야 한다. 다만, 관리자가 신고할 수 없으면 본인이 하여야 한다.
② 제1항 단서에 따른 본인의 신고 방법 등에 관한 사항은 대통령령으로 정한다.

제13조【정정신고】 ① 제11조와 제12조에 따른 신고의무자는 그 신고사항에 변동이 있으면 변동이 있는 날부터 14일 이내에 그 정정신고(訂正申告)를 하여야 한다.
② 제1항에 따른 정정신고의 방법 및 정정신고에 따른 정정 방법에 관한 사항은 대통령령으로 정한다.

제18조【신고의 방법 등】 ① 이 법에 따른 신고는 구술이나 서면으로 한다.
② 신고에 관한 서류 등의 보존기간은 대통령령으로 정한다.

> **제19조【국외이주신고 등】** ① 이 법에 따라 주민등록을 한 거주자 또는 거주불명자가 대한민국 외에 거주지를 정하려는 때에는 그의 현 거주지를 관할하는 시장·군수 또는 구청장에게 미리 신고하여야 한다. 이 경우 「해외이주법」 제6조에 따른 해외이주신고로 전단의 신고를 갈음할 수 있다.
> ② 제10조의2 제1항에 따라 신고한 재외국민이 국외에 30일 이상 거주할 목적으로 출국하려는 때에는 그의 현 거주지를 관할하는 시장·군수 또는 구청장에게 미리 신고하여야 한다. 이 경우 「재외국민등록법」 제2조에 따른 등록으로 전단의 신고를 갈음할 수 있다
> ③ 시장·군수 또는 구청장은 제1항 및 제2항에 따라 신고한 사람의 거주지를 관할하는 읍·면사무소 또는 동 주민센터의 주소를 행정상 관리주소로 지정하여야 한다.
> ④ 시장·군수 또는 구청장은 주민등록된 거주자 또는 거주불명자가 「해외이주법」 제6조에 따라 해외이주신고를 하고 출국하거나, 같은 법 제4조 제3호의 현지이주를 한 경우에는 이 법 제6조 제1항 제3호의 재외국민으로 구분하여 등록·관리하여야 한다.
> ⑤ 제1항부터 제4항까지에 따른 국외이주신고, 재외국민의 출국신고, 행정상 관리주소의 지정, 재외국민 구분 등록·관리 등에 관한 구체적인 사항은 대통령령으로 정한다.
>
> **제19조의2【출입국자료 등 자료의 제공 요청】** ① 시장·군수 또는 구청장 및 행정안전부장관은 재외국민 및 제10조의3 제1항에 따른 신고자의 거주사실 등을 명확하게 파악하기 위하여 필요한 경우에는 법무부장관에게 출입국자료 및 국내거소신고자료 제공을 요청할 수 있으며, 재외동포청장에게 해외이주신고자료 및 재외국민등록자료 제공을 요청할 수 있다. 이 경우 법무부장관 및 재외동포청장은 특별한 사유가 없으면 이에 따라야 한다.
> ② 법무부장관 및 재외동포청장은 국내거소신고자 관리 또는 재외국민등록 등을 위하여 필요한 경우에는 시장·군수 또는 구청장 및 행정안전부장관에게 재외국민의 주민등록자료 제공을 요청할 수 있다. 이 경우 시장·군수 또는 구청장 및 행정안전부장관은 특별한 사유가 없으면 이에 따라야 한다.
> ③ 제1항 및 제2항에 따른 자료의 제공에 대하여는 그 사용료와 수수료 등을 면제한다.

1. 신고주의 원칙

주민의 등록은 주민의 신고에 따르며, 이중으로 신고할 수 없다.

2. 신고의무자

(1) 원칙

세대주가 신고사유가 발생한 날부터 14일 이내에 하여야 한다. 다만, 세대주가 신고할 수 없으면 세대를 관리하는 자 또는 본인 등이 할 수 있다.

(2) 재외국민의 신고

재외국민이 국내에 30일 이상 거주할 목적으로 입국하는 때에는 재외국민 본인이 하여야 한다.

(3) 합숙하는 곳에서의 신고의무자

신고사유가 발생한 날부터 14일 이내에 그 숙소의 관리자가 신고하여야 한다.

3. 해외체류에 관한 신고

90일 이상 해외에 체류할 목적으로 출국하려는 경우 출국 후에 그가 속할 세대의 거주지를 주소로 미리 신고 할 수 있다. 신고는 신고할 주소지를 관할하는 시장·군수 또는 구청장에게 한다.

4. 정정신고

신고사항에 변동이 있으면 변동이 있는 날부터 14일 이내 그 정정신고를 하여야 한다.

5. 국외이주신고 등

주민등록을 한 거주자 또는 거주불명자가 대한민국 외에 거주지를 정하려는 때 또는 재외국민 신고를 한 재외국민이 국외에 30일 이상 거주할 목적으로 출국하려는 때에는 그의 현 거주지를 관할하는 시장·군수 또는 구청장에게 미리 신고하여야 한다.

02 전입신고(거주지의 이동)

> 제16조【거주지의 이동】① 하나의 세대에 속하는 자의 전원 또는 그 일부가 거주지를 이동하면 제11조나 제12조에 따른 신고의무자가 신거주지에 전입한 날부터 14일 이내에 신거주지의 시장·군수 또는 구청장에게 전입신고(轉入申告)를 하여야 한다.
> ② 신거주지의 시장·군수 또는 구청장은 제1항에 따른 전입신고를 받으면 지체 없이 전 거주지의 시장·군수 또는 구청장에게 전입신고 사항을 알리고 주민등록정보시스템을 이용하여 주민등록표와 관련 공부(公簿)의 이송(移送)을 요청하여야 한다.
> ③ 제2항에 따른 이송요청을 받은 전 거주지의 시장·군수 또는 구청장은 전출대상자(轉出對象者)가 세대원 전원이거나 세대주를 포함한 세대의 일부 전출인 경우에는 주민등록표와 관련 공부를, 세대주를 제외한 세대의 일부의 전출인 경우에는 전출자의 개인별 주민등록표와 관련 공부를 지체 없이 정리하여 신거주지의 시장·군수 또는 구청장에게 주민등록정보시스템을 이용하여 이송하여야 한다.
> ④ 신거주지의 시장·군수 또는 구청장은 제3항에 따라 주민등록표와 관련 공부가 이송되어 오면 제1항에 따른 전입신고서와 대조·확인한 후 지체 없이 주민등록표와 관련 공부를 정리 또는 작성하여야 한다.
> ⑤ 전입신고에 관한 절차와 전입신고사항의 통보방법 등은 대통령령으로 정한다.
>
> 제16조의2【전입신고 사실의 통보】① 시장·군수 또는 구청장은 관할 구역에 거주지를 가진 세대주나 거주지에 있는 건물 또는 시설의 소유자 또는 임대인의 신청이 있는 경우에는 제16조 제1항에 따라 그 거주지를 신거주지로 하는 전입신고를 받을 때마다 전입신고가 있었다는 사실을 그 세대주, 소유자 또는 임대인에게 통보할 수 있다.
> ② 제1항에 따른 전입신고 사실의 통보 신청 및 통보 방법에 필요한 사항은 행정안전부령으로 정한다.

1. 신고의무자의 신고

신거주지에 전입한 날부터 14일 이내에 신거주지의 시장·군수 또는 구청장에게 신고하여야 한다.

2. 관련 공부 이송 요청

신거주지의 시장·군수 또는 구청장은 전입신고를 받으면 지체 없이 전 거주지의 시장·군수 또는 구청장에게 전입신고 사항을 알리고 주민등록정보시스템을 이용하여 주민등록표와 관련 공부의 이송을 요청하여야 한다.

3. 이송

이송요청을 받은 전 거주지의 시장·군수 또는 구청장은 전출대상자가 세대원 전원이거나 세대주를 포함한 세대의 일부 전출인 경우에는 주민등록표와 관련 공부를, 세대주를 제외한 세대의 일부의 전출인 경우에는 전출자의 개인별 주민등록표와 관련 공부를 지체 없이 정리하여 신거주지의 시장·군수 또는 구청장에게 주민등록정보시스템을 이용하여 이송하여야 한다.

4. 주민등록표 정리

신거주지의 시장·군수 또는 구청장은 주민등록표와 관련 공부가 이송되어 오면 전입신고서와 대조·확인한 후 지체 없이 주민등록표와 관련 공부를 정리 또는 작성하여야 한다.

5. 전입신고 사실의 통보

시장·군수 또는 구청장은 관할 구역에 거주지를 가진 세대주나 거주지에 있는 건물 또는 시설의 소유자 또는 임대인의 신청이 있는 경우에는 그 거주지를 신거주지로 하는 전입신고를 받을 때마다 전입신고가 있었다는 사실을 그 세대주, 소유자 또는 임대인에게 통보할 수 있다.

> **판례**
>
> **전입신고의 심사 대상(2008두10997)**
> 전입신고를 받은 시장·군수 또는 구청장의 심사 대상은 전입신고자가 30일 이상 생활의 근거로 거주할 목적으로 거주지를 옮기는지 여부만으로 제한된다고 보아야 한다. 따라서 전입신고자가 거주의 목적 이외에 다른 이해관계에 관한 의도를 가지고 있는지 여부, 무허가 건축물의 관리, 전입신고를 수리함으로써 당해 지방자치단체에 미치는 영향 등과 같은 사유는 「주민등록법」이 아닌 다른 법률에 의하여 규율되어야 하고, 주민등록전입신고의 수리 여부를 심사하는 단계에서는 고려 대상이 될 수 없다.

03 주민등록신고와 다른 법령에 따른 신고와의 관계

제14조【가족관계등록신고 등에 따른 주민등록의 정리】① 이 법에 따른 신고사항과 「가족관계의 등록 등에 관한 법률」에 따른 신고사항이 같으면 「가족관계의 등록 등에 관한 법률」에 따른 신고로써 이 법에 따른 신고를 갈음한다.
② 주민등록지의 시장·군수 또는 구청장은 제1항에 따라 이 법에 따른 신고에 갈음되는 「가족관계의 등록 등에 관한 법률」에 따른 신고를 받으면 그에 따라 주민등록을 하거나 등록사항을 정정 또는 말소하여야 한다.
③ 신고대상자의 「가족관계의 등록 등에 관한 법률」 제4조 및 제4조의2에 따른 신고지(이하 "가족관계등록 신고지"라 한다)와 주민등록지가 다를 경우에 가족관계등록 신고지의 시장·구청장 또는 읍·면장(같은 법 제4조의2 제1항에 따른 가족관계등록관을 포함한다. 이하 같다)이 같은 법에 따른 신고를 받아 가족관계등록부의 기록사항을 변경하면 지체 없이 그 신고사항을 주민등록지의 시장·군수 또는 구청장에게 통보하여야 하며, 그 통보를 받은 주민등록지의 시장·군수 또는 구청장은 이에 따라 주민등록을 하거나 등록사항을 정정 또는 말소하여야 한다.
④ 제1항에 따라 「가족관계의 등록 등에 관한 법률」에 따른 신고로써 이 법에 따른 신고에 갈음되는 신고사항은 대통령령으로 정한다.

제15조【주민등록과 가족관계등록과의 관련】① 등록기준지와 주민등록지가 다른 경우에 주민등록지의 시장·군수 또는 구청장이 「가족관계의 등록 등에 관한 법률」 제9조 제2항에 따른 가족관계등록부의 기록사항과 같은 내용의 주민등록을 하였거나 등록사항을 정정 또는 말소하면 그 내용을 대통령령으로 정하는 바에 따라 등록기준지(제14조 제3항에 따른 경우에는 가족관계등록 신고지를 말한다)의 시장·구청장 또는 읍·면장에게 알려야 한다.
② 제1항에 따른 통보를 받은 시장·구청장 또는 읍·면장은 통보받은 사항 중 가족관계등록부의 기록사항과 다른 사항에 대하여는 지체 없이 그 내용을 주민등록지의 시장·군수 또는 구청장에게 알려야 한다.

제15조의2【가족관계등록 전산정보의 제공 요청】시장·군수 또는 구청장은 제14조 제1항에 따라 이 법에 따른 신고를 갈음하는 「가족관계의 등록 등에 관한 법률」에 따른 신고사항의 변경 여부 등을 확인하기 위하여 필요한 경우에는 법원행정처장에게 같은 법 제11조에 따른 등록전산정보자료의 제공을 요청할 수 있다. 이 경우 법원행정처장은 특별한 사유가 없으면 이에 따라야 한다.

제17조【다른 법령에 따른 신고와의 관계】주민의 거주지 이동에 따른 주민등록의 전입신고가 있으면 「병역법」, 「민방위기본법」, 「인감증명법」, 「국민기초생활 보장법」, 「국민건강보험법」 및 「장애인복지법」에 따른 거주지 이동의 전출신고와 전입신고를 한 것으로 본다.

1. 「가족관계의 등록 등에 관한 법률」과의 관계

「주민등록법」에 따른 신고사항과 「가족관계의 등록 등에 관한 법률」에 따른 신고사항이 같으면 「가족관계의 등록 등에 관한 법률」에 따른 신고로써 주민등록법상 주민등록신고를 갈음한다.

2. 가족관계등록신고 등에 따른 주민등록표의 정리

(1) 신고지와 주민등록지가 같은 경우

주민등록지의 시장·군수 또는 구청장은 「가족관계의 등록 등에 관한 법률」에 따른 신고를 받으면 주민등록표를 정리하여야 한다.

(2) 신고지와 주민등록지가 다른 경우

가족관계등록 신고지의 시장·구청장 또는 읍·면장이 「가족관계의 등록 등에 관한 법률」에 따른 신고를 받아 가족관계등록부의 기록사항을 변경하면 지체 없이 그 신고사항을 주민등록지의 시장·군수 또는 구청장에게 통보하여야 하며, 그 통보를 받은 주민등록지의 시장·군수 또는 구청장은 이에 따라 주민등록표를 정리하여야 한다.

3. 주민등록과 가족관계등록과의 관련

(1) 등록기준지와 주민등록지가 다른 경우에 주민등록지의 시장·군수 또는 구청장이 가족관계등록부의 기록사항과 같은 내용의 주민등록표를 정리하면 그 내용을 등록기준지의 시장·구청장 또는 읍·면장에게 알려야 한다.

(2) 통보를 받은 시장·구청장 또는 읍·면장은 통보받은 사항 중 가족관계등록부의 기록사항과 다른 사항에 대하여는 지체 없이 그 내용을 주민등록지의 시장·군수 또는 구청장에게 알려야 한다.

4. 다른 법령에 따른 신고와의 관계

주민의 거주지 이동에 따른 주민등록의 전입신고가 있으면 「병역법」,「민방위기본법」,「인감증명법」,「국민기초생활 보장법」,「국민건강보험법」 및 「장애인복지법」에 따른 거주지 이동의 전출신고와 전입신고를 한 것으로 본다.

04 사실조사와 직권조치

제20조【사실조사와 직권조치】 ① 시장·군수 또는 구청장은 신고의무자가 다음 각 호의 어느 하나에 해당하면 그 사실을 조사할 수 있다.
1. 제10조 및 제10조의2에 규정된 사항을 이 법에 규정된 기간 내에 신고하지 아니한 때
2. 제10조 및 제10조의2에 규정된 사항을 부실하게 신고한 때
3. 제10조 및 제10조의2에 규정된 사항의 신고된 내용이 사실과 다르다고 인정할 만한 상당한 이유가 있는 때

② 시장·군수 또는 구청장은 제1항에 따른 사실조사 등을 통하여 신고의무자가 신고할 사항을 신고하지 아니하였거나 신고된 내용이 사실과 다른 것을 확인하면 일정한 기간을 정하여 신고의무자에게 사실대로 신고할 것을 최고(催告)하여야 한다. 제15조 제2항에 따라 통보를 받은 때에도 또한 같다.
③ 시장·군수 또는 구청장은 신고의무자에게 최고할 수 없으면 대통령령으로 정하는 바에 따라 일정한 기간을 정하여 신고할 것을 공고하여야 한다.
④ 제2항에 따른 최고 또는 제3항에 따른 공고를 할 때에는 정하여진 기간에 신고하지 아니하면 시장·군수 또는 구청장이 주민등록을 하거나 등록사항을 정정 또는 말소할 수 있다는 내용을 포함하여야 한다.
⑤ 시장·군수 또는 구청장은 신고의무자가 제2항 또는 제3항에 따라 정하여진 기간에 신고하지 아니하면 제1항에 따른 사실조사, 공부상의 근거 또는 통장·이장의 확인에 따라 주민등록을 하거나 등록사항을 정정 또는 말소하여야 한다.
⑥ 시장·군수 또는 구청장은 신고의무자가 제5항에 따른 확인 결과, 거주사실이 불분명하다고 인정되는 경우에는 그 신고의무자가 마지막으로 신고한 주소를 행정상 관리주소로 하여 거주불명 등록을 하여야 한다. 다만, 시장·군수 또는 구청장은 거주불명 등록 후 1년이 지나고 제3항에 따른 공고를 2회 이상 하여도 거주불명자가 정당한 거주지에 등록하지 아니한 경우에는 읍·면사무소 또는 동 주민센터의 주소를 행정상 관리주소로 할 수 있다.
⑦ 시장·군수 또는 구청장은 제5항 또는 제6항에 따라 공부상의 근거 또는 통장·이장의 확인을 받는 방법으로 직권조치를 한 경우에는 14일 이내에 그 사실을 신고의무자에게 알려야 하고, 알릴 수 없으면 대통령령으로 정하는 바에 따라 공고하여야 한다.
⑧ 관계 공무원은 제1항에 따른 조사를 할 때에, 그 권한을 나타내는 증표를 지니고 이를 관계인에게 내보여야 한다.

제20조의2【거주불명자에 대한 사실조사와 직권조치】 ① 시장·군수 또는 구청장은 거주불명자 관리를 위하여 대통령령으로 정하는 바에 따라 거주불명자의 거주사실 등에 대한 사실조사를 실시하여야 한다. 이 경우 거주불명자에 대한 최고 및 공고에 관하여는 제20조 제2항 및 제3항을 준용한다.
② 시장·군수 또는 구청장은 제1항에 따른 사실조사, 공부상의 근거 또는 통장·이장의 확인에 따라 다음 각 호의 어느 하나에 해당하는 조치를 하여야 한다.
1. 거주자 또는 재외국민으로의 등록
2. 등록사항의 말소(사망 사실을 확인한 경우 또는 그 밖에 거주불명자의 주민등록을 유지할 필요가 없다고 인정되는 경우로서 대통령령으로 정하는 경우로 한정한다)
3. 거주불명 등록의 유지

③ 시장·군수 또는 구청장은 제2항 제1호 및 제2호에 따라 직권조치를 한 경우에는 14일 이내에 그 사실을 신고의무자에게 알려야 하고, 알릴 수 없으면 대통령령으로 정하는 바에 따라 공고하여야 한다.

> **제20조의3 【사실조사와 직권조치 관련 자료의 제공】** ① 시장·군수 또는 구청장 및 행정안전부장관은 관계 국가기관, 지방자치단체 및 공공기관의 장에게 제20조 및 제20조의2에 따른 사실조사와 직권조치를 위하여 필요한 자료 제공을 요청할 수 있다. 이 경우 자료 제공을 요청받은 국가기관, 지방자치단체 및 공공기관의 장은 특별한 사유가 없으면 이에 따라야 한다.
> ② 제1항에 따라 시장·군수 또는 구청장 및 행정안전부장관이 자료 제공을 요청할 수 있는 국가기관, 지방자치단체 및 공공기관과 요청 자료의 구체적인 범위는 대통령령으로 정한다.
>
> **제21조 【이의신청 등】** ① 시장·군수 또는 구청장으로부터 제20조 제5항·제6항 또는 제20조의2 제2항 제1호·제2호에 따른 주민등록 또는 등록사항의 정정이나 말소 또는 거주불명 등록의 처분을 받은 자가 그 처분에 대하여 이의가 있으면 그 처분일이나 제20조 제7항 또는 제20조의2 제3항에 따른 통지를 받거나 공고된 날부터 30일 이내에 서면으로 해당 시장·군수 또는 구청장에게 이의를 신청할 수 있다.
> ② 시장·군수 또는 구청장이 제1항에 따른 이의신청을 받으면 그 신청을 받은 날부터 10일 이내에 심사·결정하여 그 결과를 지체 없이 신청인에게 알려야 하며, 그 요구가 정당하다고 결정되면 그에 따라 주민등록을 하거나 등록사항을 정정 또는 말소하여야 한다.
> ③ 시장·군수 또는 구청장이 이의신청을 각하 또는 기각하는 결정을 하면 제2항에 따른 결과통지서에 행정심판이나 행정소송을 제기할 수 있다는 취지를 함께 적어 신청인에게 알려야 한다.

1. 사실조사

(1) 사실조사 인정 사유

① 신고 사항을 14일 이내에 신고하지 아니한 때
② 신고 사항을 부실하게 신고한 때
③ 신고 사항의 신고된 내용이 사실과 다르다고 인정할 만한 상당한 이유가 있는 때

(2) 최고 또는 공고

사실조사 등을 통하여 신고의무자가 신고할 사항을 신고하지 아니하였거나 신고된 내용이 사실과 다른 것을 확인하면 일정한 기간을 정하여 신고의무자에게 사실대로 신고할 것을 최고 또는 공고하여야 한다. 최고 또는 공고에는 정하여진 기간에 신고하지 아니하면 직권조치를 할 수 있음을 알려야 한다.

2. 직권조치

(1) 주민등록 또는 등록사항 정정·말소

시장·군수 또는 구청장은 신고의무자가 정하여진 기간에 신고하지 아니하면 주민등록을 하거나 등록사항을 정정 또는 말소하여야 한다.

(2) 거주불명 등록

거주사실이 불분명한 경우에는 그 신고의무자가 마지막으로 신고한 주소를 행정상 관리주소로 하여 거주불명 등록을 하여야 한다.

3. 거주불명자에 대한 사실조사와 직권조치

시장·군수 또는 구청장은 거주불명자 관리를 위하여 거주불명자의 거주사실 등에 대한 사실조사를 실시하여야 하며, 직권조치를 한 경우에는 14일 이내에 그 사실을 신고의무자에게 최고 또는 공고하여야 한다.

4. 이의신청

직권조치 처분에 대하여 이의가 있으면 그 처분일 또는 통지를 받거나 공고된 날부터 30일 이내에 서면으로 이의를 신청할 수 있다.

Chapter 04 주민등록증

[제3회]

주민등록증의 재발급에 관하여 설명하시오. (20점)

제23조 【주민등록자의 지위 등】 ① 다른 법률에 특별한 규정이 없으면 이 법에 따른 주민등록지를 공법(公法) 관계에서의 주소로 한다.
② 제1항에 따라 주민등록지를 공법 관계에서의 주소로 하는 경우에 신고의무자가 신거주지에 전입신고를 하면 신거주지에서의 주민등록이 전입신고일에 된 것으로 본다.

제24조 【주민등록증의 발급 등】 ① 시장·군수 또는 구청장은 관할 구역에 주민등록이 된 자 중 17세 이상인 자에 대하여 주민등록증을 발급한다. 다만, 「장애인복지법」 제2조 제2항에 따른 장애인 중 시각장애인이 신청하는 경우 시각장애인용 점자 주민등록증을 발급할 수 있다.
② 주민등록증에는 성명, 사진, 주민등록번호, 주소, 지문(指紋), 발행일, 주민등록기관을 수록한다.
③ 시장·군수 또는 구청장은 재외국민에게 발급하는 주민등록증에는 재외국민임을 추가로 표시하여야 한다.
④ 제1항에 따라 주민등록증을 발급받을 나이가 된 사람(재외국민 및 해외체류자는 제외한다)은 대통령령으로 정하는 바에 따라 시장·군수 또는 구청장에게 주민등록증의 발급을 신청하여야 한다. 이 경우 시장·군수 또는 구청장은 대통령령으로 정하는 기간 내에 발급신청을 하지 아니한 사람(재외국민 및 해외체류자는 제외한다)에게 발급신청을 할 것을 최고할 수 있다.
⑤ 주민등록증을 발급받지 아니한 17세 이상의 재외국민 또는 해외체류자가 국내에 30일 이상 거주할 목적으로 입국하는 때에는 대통령령으로 정하는 바에 따라 시장·군수 또는 구청장에게 주민등록증의 발급을 신청하여야 한다.
⑥ 행정안전부장관은 필요하다고 인정되면 시장·군수 또는 구청장에게 주민등록증을 일제히 갱신하거나 검인(檢印)하게 할 수 있다.
⑦ 주민등록증 및 그 발급신청서의 서식과 발급절차는 대통령령으로 정한다.
⑧ 주민등록증을 발급할 때에는 제27조에 따른 경우 외에는 수수료를 징수하지 못하며, 주민등록증의 발급을 이유로 조세나 그 밖의 어떠한 명목의 공과금(公課金)도 징수하여서는 아니 된다.

제24조의2 【모바일 주민등록증】 ① 시장·군수 또는 구청장은 제24조 제1항에 따라 주민등록증을 발급받은 사람이 주민등록증과 효력이 동일한 모바일 주민등록증(「전기통신사업법」 제2조 제20호에 따른 이동통신단말장치에 암호화된 형태로 설치된 주민등록증을 말한다. 이하 같다)의 발급을 신청하는 경우에는 대통령령으로 정하는 바에 따라 이를 발급할 수 있다. 이 경우 모바일 주민등록증의 기재사항 및 표시방법에 관하여는 제24조 제2항 및 제3항을 준용한다.

② 제1항에 따라 모바일 주민등록증을 발급받은 사람이 다음 각 호의 어느 하나에 해당하는 경우에는 대통령령으로 정하는 바에 따라 시장·군수 또는 구청장에게 모바일 주민등록증의 재발급을 신청할 수 있다. 다만, 제1호부터 제3호까지의 어느 하나에 해당하는 경우에는 재발급을 신청하여야 한다.
1. 제7조의3에 따라 주민등록번호가 정정되어 주민등록증을 재발급받은 경우
2. 제24조 제2항에 따른 주민등록증의 기재사항 중 주소 외의 사항이 변경되어 주민등록증을 재발급받은 경우
3. 제27조 제1항 제2호에 따라 주민등록증을 재발급받은 경우
4. 모바일 주민등록증이 설치된 이동통신단말장치의 분실이나 훼손으로 모바일 주민등록증의 사용이 불가능한 경우
5. 그 밖에 모바일 주민등록증의 재발급이 필요하다고 인정되는 경우로서 대통령령으로 정하는 경우
③ 시장·군수 또는 구청장은 모바일 주민등록증을 발급하거나 재발급하는 경우 수수료를 징수하지 못하며, 모바일 주민등록증의 발급을 이유로 조세나 그 밖의 어떠한 명목의 공과금도 징수하여서는 아니 된다.

제25조【주민등록증 등의 확인】 ① 국가기관, 지방자치단체, 공공단체, 사회단체, 기업체 등에서 해당 업무를 수행할 때에 다음 각 호의 어느 하나에 해당하는 경우로서 17세 이상의 자에 대하여 성명·사진·주민등록번호 또는 주소를 확인할 필요가 있으면 증빙서류를 붙이지 아니하고 주민등록증 또는 모바일 주민등록증(이하 "주민등록증등"이라 한다)으로 확인하여야 한다. 다만, 대통령령으로 정한 경우에는 그러하지 아니하다.
1. 민원서류나 그 밖의 서류를 접수할 때
2. 특정인에게 자격을 인정하는 증서를 발급할 때
3. 그 밖에 신분을 확인하기 위하여 필요할 때
② 행정안전부장관은 주민등록정보시스템을 이용하여 주민등록확인서비스(휴대전화 등 정보통신기기로 제1항 본문에 따른 성명·사진·주민등록번호 또는 주소를 확인할 수 있는 서비스를 말한다. 이하 같다)를 제공할 수 있다.
③ 주민등록확인서비스를 이용하여 성명·사진·주민등록번호 또는 주소를 확인한 경우 제1항에 따라 주민등록증등으로 성명·사진·주민등록번호 또는 주소를 확인한 것으로 본다.
④ 주민등록확인서비스의 신청 등에 필요한 사항은 대통령령으로 정한다.

제26조【주민등록증등의 제시요구】 ① 사법경찰관리(司法警察官吏)가 범인을 체포하는 등 그 직무를 수행할 때에 17세 이상인 주민의 신원이나 거주 관계를 확인할 필요가 있으면 주민등록증등의 제시를 요구할 수 있다. 이 경우 사법경찰관리는 주민등록증등을 제시하지 아니하는 자로서 신원을 증명하는 증표나 그 밖의 방법에 따라 신원이나 거주 관계가 확인되지 아니하는 자에게는 범죄의 혐의가 있다고 인정되는 상당한 이유가 있을 때에 한정하여 인근 관계 관서에서 신원이나 거주 관계를 밝힐 것을 요구할 수 있다.
② 사법경찰관리는 제1항에 따라 신원 등을 확인할 때 친절과 예의를 지켜야 하며, 정복근무 중인 경우 외에는 미리 신원을 표시하는 증표를 지니고 이를 관계인에게 내보여야 한다.

제27조【주민등록증의 재발급】 ① 주민등록증을 발급받은 후 다음 각 호의 어느 하나에 해당하는 사유로 재발급을 받으려는 자는 대통령령으로 정하는 바에 따라 시장·군수 또는 구청장에게 그 사실을 신고하고 재발급을 신청하여야 한다.
1. 주민등록증의 분실이나 훼손
2. 성명, 생년월일 또는 성별의 변경
3. 그 밖에 대통령령으로 정하는 사유

② 주민등록 업무를 수행하는 공무원은 다음 각 호의 어느 하나에 해당하는 사유로 업무수행이 어려우면 대통령령으로 정하는 바에 따라 그 주민등록증을 회수하고, 본인이 시장·군수 또는 구청장에게 재발급 신청을 하도록 하여야 한다.
1. 주민등록증이 훼손되거나 그 밖의 사유로 그 내용을 알아보기 어려운 경우
2. 주민등록증의 주요 기재내용이 변경된 경우
③ 시장·군수 또는 구청장은 제1항에 따라 주민등록증을 재발급 신청하는 자에게 행정안전부령으로 정하는 수수료를 징수할 수 있다. 다만, 다음 각 호의 어느 하나에 해당하면 그러하지 아니하다.
1. 주민등록증 발급상의 잘못으로 인하여 재발급하는 경우
2. 그 밖에 행정안전부령으로 정하는 경우

제27조의2【중증장애인에 대한 주민등록증의 발급 및 재발급】① 시장·군수 또는 구청장은 신체적·정신적 장애 정도가 심하여 자립하기가 매우 곤란한 장애인(이하 이 조에서 "중증장애인"이라 한다)으로서 본인이 직접 주민등록증의 발급·재발급을 신청하기가 어렵다고 판단하는 경우에는 해당 중증장애인, 그 법정대리인 또는 대통령령으로 정하는 보호자의 신청에 따라 관계 공무원으로 하여금 해당 중증장애인을 직접 방문하게 하여 주민등록증을 발급·재발급(발급의 경우는 관할구역에 주민등록이 된 중증장애인에 한정한다)할 수 있다.
② 중증장애인을 위한 주민등록증의 발급 및 재발급 신청 기준·방법 및 절차, 관계 공무원의 방문 절차 등에 필요한 사항은 대통령령으로 정한다.

제28조【주민등록전산정보센터의 설치 등】① 행정안전부장관은 주민등록전산정보의 관리 및 주민등록증의 발급 등을 위하여 주민등록전산정보센터를 설치하고, 주민등록전산정보센터에서 시장·군수 또는 구청장의 요청에 따라 주민등록증을 대행하여 발급하게 할 수 있다.
② 행정안전부장관은 재해나 재난 등에 대비하기 위하여 주민등록전산정보 백업시스템을 구축한다.
③ 제1항에 따른 주민등록전산정보센터와 제2항에 따른 주민등록전산정보 백업시스템의 운영 등에 관한 사항은 대통령령으로 정한다.

01 주민등록지

주민등록지를 공법 관계에서의 주소로 하며, 신고의무자가 신거주지에 전입신고를 하면 신거주지에서의 주민등록이 전입신고일에 된 것으로 본다.

02 주민등록증의 발급

1. 시장·군수 또는 구청장은 17세 이상인 자에 대하여 주민등록증을 발급한다. 다만, 중증시각장애인이 신청하는 경우 시각장애인용 점자 주민등록증을 발급할 수 있다.

2. 주민등록증에는 성명, 사진, 주민등록번호, 주소, 지문, 발행일, 주민등록기관을 수록한다.

3. 주민등록증을 발급받을 나이가 된 사람은 시장·군수 또는 구청장에게 주민등록증의 발급을 신청하여야 한다. 이 경우 시장·군수 또는 구청장은 기간 내에 발급신청을 하지 아니한 사람에게 발급신청을 할 것을 최고할 수 있다.

03 주민등록증에 따른 확인

1. 국가기관 등에서 ① 민원서류 등을 접수할 때, ② 특정인에게 자격을 인정하는 증서를 발급할 때 등의 업무를 수행할 때에 17세 이상의 자에 대하여 성명·사진·주민등록번호 또는 주소를 확인할 필요가 있으면 증빙서류를 붙이지 아니하고 주민등록증 또는 모바일 주민등록증으로 확인하여야 한다.
2. 행정안전부장관은 주민등록정보시스템을 이용하여 주민등록확인서비스(휴대전화 등 정보통신기기로 성명·사진·주민등록번호 또는 주소를 확인할 수 있는 서비스)를 제공할 수 있다.
3. 주민등록확인서비스를 이용하여 성명·사진·주민등록번호 또는 주소를 확인한 경우 주민등록증 또는 모바일 주민등록증으로 성명·사진·주민등록번호 또는 주소를 확인한 것으로 본다.

04 주민등록증의 재발급

1. 주민등록증을 발급받은 후 ① 주민등록증의 분실이나 훼손, ② 성명, 생년월일 또는 성별의 변경 등에 해당하는 사유로 재발급을 받으려는 자는 시장·군수 또는 구청장에게 그 사실을 신고하고 재발급을 신청하여야 한다.
2. 주민등록 업무를 수행하는 공무원은 ① 주민등록증이 훼손되거나 그 밖의 사유로 그 내용을 알아보기 어려운 경우, ② 주민등록증의 주요 기재내용이 변경된 경우에 해당하는 사유로 업무수행이 어려우면 그 주민등록증을 회수하고, 본인이 시장·군수 또는 구청장에게 재발급신청을 하도록 하여야 한다.
3. 시장·군수 또는 구청장은 주민등록증을 재발급 신청하는 자에게 수수료를 징수할 수 있다.

05 중증장애인에 대한 주민등록증의 발급 및 재발급

시장·군수 또는 구청장은 중증장애인으로서 본인이 직접 주민등록증의 발급·재발급을 신청하기가 어렵다고 판단하는 경우에는 관계 공무원으로 하여금 해당 중증장애인을 직접 방문하게 하여 주민등록증을 발급·재발급할 수 있다.

06 모바일 주민등록증

1. 의의
모바일 주민등록증이란 이동통신단말장치에 암호화된 형태로 설치된 주민등록증을 말한다.

2. 신청 및 발급

(1) 신청

모바일 주민등록증을 발급 또는 재발급받으려는 사람은 시장·군수 또는 구청장에게 모바일 주민등록증 발급 또는 재발급 신청서를 제출하고 주민등록증을 제시해야 한다.

(2) 발급

신청을 받은 시장·군수 또는 구청장은 주민등록증과 효력이 동일한 모바일 주민등록증을 발급할 수 있다.

(3) 제한

모바일 주민등록증은 본인이 사용하고 있는 이동통신단말장치 중 1대에만 발급 또는 재발급 받을 수 있다.

3. 재발급 신청 사유

(1) 주민등록번호가 정정된 경우(의무)

(2) 주민등록증의 기재사항 중 주소 외의 사항 또는 성명, 생년월일, 성별이 변경된 경우(의무)

(3) 모바일 주민등록증이 설치된 이동통신단말장치의 분실이나 훼손

(4) 그 밖에 재발급이 필요하다고 인정되는 경우

4. 수수료등

시장·군수 또는 구청장은 모바일 주민등록증을 발급하거나 재발급하는 경우 수수료를 징수하지 못하며, 모바일 주민등록증의 발급을 이유로 조세나 그 밖의 어떠한 명목의 공과금도 징수하여서는 아니 된다.

5. 유효기간

모바일 주민등록증의 발급 또는 재발급에 필요한 정보를 암호화하기 위해 이동통신단말장치에 설치·사용하는 전자적 정보의 유효기간은 3년으로 한다.

Chapter 05 주민등록표의 열람 또는 등·초본의 교부

제29조【열람 또는 등·초본의 교부】 ① 주민등록표를 열람하거나 그 등본 또는 초본의 교부를 받으려는 자는 행정안전부령으로 정하는 수수료를 내고 시장·군수 또는 구청장(자치구가 아닌 구의 구청장을 포함한다)이나 읍·면·동장 또는 출장소장(이하 "열람 또는 등·초본교부기관의 장"이라 한다)에게 신청할 수 있다.
② 제1항에 따른 주민등록표의 열람이나 등·초본의 교부신청은 본인이나 세대원이 할 수 있다. 다만, 본인이나 세대원의 위임이 있거나 다음 각 호의 어느 하나에 해당하면 그러하지 아니하다.
1. 국가나 지방자치단체가 공무상 필요로 하는 경우
2. 관계 법령에 따른 소송·비송사건·경매목적 수행상 필요한 경우
3. 다른 법령에 주민등록자료를 요청할 수 있는 근거가 있는 경우
4. 다른 법령에서 본인이나 세대원이 아닌 자에게 등·초본의 제출을 의무화하고 있는 경우
5. 다음 각 목의 어느 하나에 해당하는 자가 신청하는 경우
    가. 세대주의 배우자
    나. 세대주의 직계혈족
    다. 세대주의 배우자의 직계혈족
    라. 세대주의 직계혈족의 배우자
    마. 세대원의 배우자(주민등록표 초본에 한정한다)
    바. 세대원의 직계혈족(주민등록표 초본에 한정한다)
6. 채권·채무관계 등 대통령령으로 정하는 정당한 이해관계가 있는 사람이 신청하는 경우(주민등록표 초본에 한정한다)
7. 그 밖에 공익상 필요하여 대통령령으로 정하는 경우
③ 제1항에 따른 주민등록표의 열람이나 등·초본의 교부는 주민등록정보시스템을 이용하여 열람하게 하거나 교부한다. 다만, 전자문서나 무인민원발급기(無人民願發給機)를 이용하는 경우에는 신청자 본인이나 세대원의 주민등록표 등·초본의 교부에 한정한다.
④ 삭제
⑤ 열람 또는 등·초본교부기관의 장은 본인이나 세대원이 아닌 자로부터 주민등록표의 열람 또는 등·초본의 교부신청을 받으면 그 열람 또는 등·초본의 교부가 개인의 사생활을 침해할 우려가 있거나 공익에 반한다고 판단되면 그 열람을 하지 못하게 하거나 등·초본을 발급하지 아니할 수 있다. 이 경우 그 사유를 신청인에게 서면으로 알려야 한다.
⑥ 「가정폭력범죄의 처벌 등에 관한 특례법」 제2조 제5호에 따른 피해자는 같은 법 제2조 제4호에 따른 가정폭력행위자가 본인과 주민등록지를 달리하는 경우 제2항 제5호에 해당하는 사람 중에서 대상자를 지정하여 대통령령으로 정하는 바에 따라 시장·군수 또는 구청장에게 본인과 세대원 및 직계존비속(이하 이 조에서 "가정폭력피해자등"이라 한다)의 주민등록표의 열람 또는 등·초본의 교부를 제한하도록 신청할 수 있다.

⑦ 열람 또는 등·초본교부기관의 장은 제6항의 제한신청이 있는 경우 그 제한대상자(이하 이 조에서 "제한대상자"라 한다)에게 가정폭력피해자등의 주민등록표 열람을 하지 못하게 하거나 등·초본을 교부하지 아니하는 제한조치를 할 수 있다. 이 경우 그 사유를 제한대상자에게 서면으로 알려야 한다.
⑧ 열람 또는 등·초본교부기관의 장은 제2항 제6호에도 불구하고 제한대상자가 가정폭력피해자등의 주민등록표 초본의 열람을 하지 못하게 하거나 교부하지 아니하는 제한조치를 할 수 있다. 이 경우 그 사유를 제한대상자에게 서면으로 알려야 한다.
⑨ 열람 또는 등·초본교부기관의 장은 다음 각 호의 어느 하나에 해당하는 사유가 있는 경우에는 행정안전부령으로 정하는 바에 따라 제한대상자에 대하여 주민등록표를 열람하게 하거나 등·초본을 교부할 수 있다.
1. 제6항에 따라 주민등록표의 열람 또는 등·초본의 교부 제한을 신청한 사람이 제한대상자에 대하여 제7항 및 제8항에 따른 제한조치를 하지 말 것을 시장·군수 또는 구청장에게 신청하는 경우
2. 그 밖에 대통령령으로 정하는 불가피한 사유가 있는 경우
⑩ 제2항에도 불구하고 이혼한 자와 같은 세대를 구성하지 아니한 그 직계비속이 이혼한 자의 주민등록표의 열람 또는 등·초본의 교부를 신청한 경우에는 열람 또는 등·초본교부기관의 장은 주민등록표 초본만을 열람하게 하거나 교부할 수 있다.
⑪ 제1항부터 제10항까지의 규정에 따른 주민등록표의 열람 또는 등·초본의 교부, 무인민원발급기에 따른 주민등록표 등·초본의 교부시의 본인확인방법, 무인민원발급기의 설치·운영 등에 필요한 사항은 대통령령으로 정한다.

제29조의2 【전입세대확인서의 열람 또는 교부】 ① 주민등록표 중 해당 건물 또는 시설의 소재지에 주민등록이 되어 있는 세대주와 주민등록표 상의 동거인(말소 또는 거주불명 등록된 사람을 포함한다)의 성명과 전입일자를 확인할 수 있는 서류(이하 "전입세대확인서"라 한다)를 열람하거나 교부받으려는 자는 행정안전부령으로 정하는 수수료를 내고 열람 또는 등·초본교부기관의 장에게 신청할 수 있다.
② 제1항에 따른 전입세대확인서의 열람 또는 교부 신청을 할 수 있는 자는 다음 각 호와 같다.
1. 해당 건물 또는 시설의 소유자 본인이나 그 세대원, 임차인 본인이나 그 세대원, 매매계약자 또는 임대차계약자 본인
2. 해당 건물 또는 시설의 소유자, 임차인, 매매계약자 또는 임대차계약자 본인의 위임을 받은 자
3. 다음 각 목의 어느 하나에 해당하는 경우로서 열람 또는 교부 신청을 하려는 자
  가. 제29조 제2항 제2호에 따라 경매참가자가 경매에 참가하려는 경우
  나. 「신용정보의 이용 및 보호에 관한 법률」 제2조 제5호 라목에 따른 신용조사회사 또는 「감정평가 및 감정평가사에 관한 법률」 제2조 제4호에 따른 감정평가법인등이 임차인의 실태 등을 확인하려는 경우
  다. 대통령령으로 정하는 금융회사 등이 담보주택의 근저당을 설정하려는 경우
  라. 법원의 현황조사명령서에 따라 집행관이 현황조사를 하려는 경우
  마. 제29조 제2항 제1호에 따라 국가 또는 지방자치단체가 공무상 필요로 하는 경우
③ 제1항에 따른 전입세대확인서의 열람 및 교부는 주민등록정보시스템을 통하여 한다.
④ 제1항에 따른 전입세대확인서의 열람 및 교부에 필요한 사항은 대통령령으로 정한다.

제30조【주민등록전산정보자료의 이용 등】 ① 주민등록표에 기록된 주민등록 사항에 관한 주민등록전산 정보자료(이하 "전산자료"라 한다)를 이용 또는 활용하려는 자는 관계 중앙행정기관의 장의 심사를 거쳐 행정안전부장관의 승인을 받아야 한다. 다만, 대통령령으로 정하는 경우에는 관계 중앙행정기관의 장의 심사를 필요로 하지 아니한다.
② 전산자료를 이용·활용하려는 자의 범위는 제29조 제2항에 따라 주민등록표의 열람 또는 등·초본의 교부를 신청할 수 있는 자로 하되, 전산자료의 형태로 제공하는 것이 적합한 경우에 한정한다.
③ 전산자료의 제공범위는 주민등록표의 자료로 하되, 제29조 제2항 제2호부터 제7호까지의 경우에는 주민등록표 등·초본의 자료에 한정한다.
④ 행정안전부장관은 제3항에 따라 전산자료를 제공하는 경우 자료의 이용·활용 목적을 고려하여 필요 최소한의 자료를 제공하여야 한다.
⑤ 제1항에 따른 전산자료를 이용·활용하는 자는 본래의 목적 외의 용도로 이용·활용하여서는 아니 된다.
⑥ 전산자료의 이용·활용에 필요한 사항은 대통령령으로 정하고, 전산자료의 사용료에 관한 사항은 행정안전부령으로 정한다.

제31조【주민등록표 보유기관 등의 의무】 ① 주민등록표 보유기관의 장은 주민등록표를 관리할 때에 주민등록표가 멸실, 도난, 유출 또는 손상되지 아니하도록 필요한 안전조치를 하여야 한다.
② 주민등록표의 관리자는 이 법의 규정에 따른 보유 또는 이용목적 외의 목적을 위하여 주민등록표를 이용한 전산처리를 하여서는 아니 된다.
③ 주민등록업무에 종사하거나 종사하였던 자 또는 그 밖의 자로서 직무상 주민등록사항을 알게 된 자는 다른 사람에게 이를 누설하여서는 아니 된다.

제32조【전산자료를 이용·활용하는 자에 대한 지도·감독】 ① 행정안전부장관은 필요하다고 인정하면 전산자료를 이용·활용하는 자에 대하여 그 보유 또는 관리 등에 관한 사항을 지도·감독할 수 있다.
② 제1항에 따른 지도·감독의 대상·절차 등에 필요한 사항은 대통령령으로 정한다.

제33조 삭제

제34조【주민등록 관련 민원신청 등의 전자문서 처리】 ① 주민등록표의 열람 또는 등·초본의 교부신청과 교부, 제21조 제1항에 따른 이의신청이나 그 밖에 주민등록과 관련된 제반 신고·신청 등은 전자문서로 할 수 있다.
② 제1항에 따른 전자문서를 이용할 경우 인증 방법(서명자의 실지명의를 확인할 수 있는 것을 말한다) 등에 관하여는 「전자서명법」의 규정을 준용한다.
③ 제1항에 따른 주민등록표의 등·초본 교부시 필요한 사항은 대통령령으로 정한다.

제35조【주민등록사항의 진위확인】 행정안전부장관은 다음 각 호의 어느 하나에 해당하면 주민등록사항의 진위를 확인하여 줄 수 있다.
1. 「공직선거법」에 따라 인터넷 언론사·정당 또는 후보자가 해당 인터넷 사이트의 게시판·대화방 등에 선거에 관한 의견게시를 하려는 자의 성명 및 주민등록번호의 진위 확인을 위하여 필요한 경우
2. 주민등록정보시스템에 따라 주민등록증등의 진위 확인이 필요한 경우
3. 제25조 제2항에 따른 주민등록확인서비스를 통하여 제공된 주민등록사항의 진위 확인이 필요한 경우

01 신청자

1. 원칙
주민등록표의 열람이나 등·초본의 교부신청은 본인이나 세대원이 할 수 있다.

2. 예외
(1) 본인이나 세대원의 위임이 있는 경우

(2) 국가나 지방자치단체가 공무상 필요로 하는 경우

(3) 소송·비송사건·경매목적 수행상 필요한 경우

(4) 다른 법령에 주민등록자료를 요청할 수 있는 근거가 있는 경우

(5) 다른 법령에서 본인이나 세대원이 아닌 자에게 등·초본의 제출을 의무화하고 있는 경우

(6) ① 세대주의 배우자, ② 세대주의 직계혈족, ③ 세대주의 배우자의 직계혈족, ④ 세대주의 직계혈족의 배우자, ⑤ 세대원의 배우자(초본), ⑥ 세대원의 직계혈족(초본)

(7) 채권·채무관계 등 정당한 이해관계가 있는 자가 신청하는 경우(초본)

02 열람 또는 등·초본 교부의 제한

1. 전자문서나 무인민원발급기를 이용하는 경우에는 신청자 본인이나 세대원의 주민등록표 등·초본의 교부에 한정한다.

2. 열람 또는 등·초본의 교부가 개인의 사생활을 침해할 우려가 있거나 공익에 반한다고 판단되면 그 열람을 하지 못하게 하거나 등·초본을 발급하지 아니할 수 있다.

3. 가정폭력피해자는 가정폭력행위자가 본인과 주민등록지를 달리하는 경우 대상자를 지정하여 가정폭력피해자등의 주민등록표의 열람 또는 등·초본의 교부를 제한하도록 신청할 수 있다.

4. 이혼한 자와 같은 세대를 구성하지 아니한 그 직계비속이 이혼한 자의 주민등록표의 열람 또는 등·초본의 교부를 신청한 경우에는 주민등록표 초본만을 열람하게 하거나 교부할 수 있다.

03 전입세대확인서의 열람 또는 교부

1. 열람 또는 교부 신청

주민등록표 중 해당 건물 또는 시설의 소재지에 주민등록이 되어 있는 세대주와 동거인(말소 또는 거주불명 등록된 사람을 포함)의 전입세대확인서 열람 또는 교부 신청을 할 수 있다. 전입세대확인서의 열람 및 교부는 주민등록정보시스템을 통하여 한다.

2. 전입세대확인서의 열람 또는 교부 신청을 할 수 있는 자

(1) 해당 건물 또는 시설의 소유자 본인이나 그 세대원, 임차인 본인이나 그 세대원, 매매계약자 또는 임대차계약자 본인

(2) 해당 건물 또는 시설의 소유자, 임차인, 매매계약자 또는 임대차계약자 본인의 위임을 받은 자

(3) **다음의 어느 하나에 해당하는 경우로서 열람 또는 교부 신청을 하려는 자**
① 경매참가자가 경매에 참가하려는 경우
② 신용조사회사 또는 감정평가법인 등이 임차인의 실태 등을 확인하려는 경우
③ 금융회사 등이 담보주택의 근저당을 설정하려는 경우
④ 법원의 현황조사명령서에 따라 집행관이 현황조사를 하려는 경우
⑤ 국가 또는 지방자치단체가 공무상 필요로 하는 경우

Chapter 01 총칙
Chapter 02 가족관계등록부의 작성과 등록사무의 처리
Chapter 03 등록부의 기록
Chapter 04 신고 - 통칙
Chapter 05 출생신고
Chapter 06 인지신고
Chapter 07 각종 신고
Chapter 08 등록부의 정정
Chapter 09 불복절차
Chapter 10 신고서류의 송부와 법원의 감독

행정사
이상기/이준희 행정절차론

PART

08

가족관계의 등록 등에 관한 법률

Chapter 01 총칙

제1조【목적】 이 법은 국민의 출생·혼인·사망 등 가족관계의 발생 및 변동사항에 관한 등록과 그 증명에 관한 사항을 규정함을 목적으로 한다.

제2조【관장】 가족관계의 발생 및 변동사항에 관한 등록과 그 증명에 관한 사무(이하 "등록사무"라 한다)는 대법원이 관장한다.

제3조【권한의 위임】 ① 대법원장은 등록사무의 처리에 관한 권한을 시·읍·면의 장(도농복합형태의 시에 있어서 동지역에 대하여는 시장, 읍·면지역에 대하여는 읍·면장으로 한다. 이하 같다)에게 위임한다.
② 특별시 및 광역시와 구를 둔 시에 있어서는 이 법 중 시, 시장 또는 시의 사무소라 함은 각각 구, 구청장 또는 구의 사무소를 말한다. 다만, 광역시에 있어서 군지역에 대하여는 읍·면, 읍·면의 장 또는 읍·면의 사무소를 말한다.
③ 대법원장은 등록사무의 감독에 관한 권한을 시·읍·면의 사무소 소재지를 관할하는 가정법원장에게 위임한다. 다만, 가정법원지원장은 가정법원장의 명을 받아 그 관할 구역 내의 등록사무를 감독한다.

제4조【등록사무처리】 제3조에 따른 등록사무는 가족관계의 발생 및 변동사항의 등록(이하 "등록"이라 한다)에 관한 신고 등을 접수하거나 수리한 신고지의 시·읍·면의 장이 처리한다.

제4조의2【재외국민 등록사무처리에 관한 특례】 ① 제3조 및 제4조에도 불구하고, 대법원장은 외국에 거주하거나 체류하는 대한민국 국민(이하 "재외국민"이라 한다)에 관한 등록사무를 법원서기관, 법원사무관, 법원주사 또는 법원주사보(이하 "가족관계등록관"이라 한다)로 하여금 처리하게 할 수 있다.
② 재외국민에 관한 등록사무의 처리 및 지원을 위하여 법원행정처에 재외국민 가족관계등록사무소를 두고, 그 구성, 운영 등 필요한 사항은 대법원규칙으로 정한다.
③ 재외국민 가족관계등록사무소 가족관계등록관의 등록사무처리에 관하여는 시·읍·면의 장의 등록사무처리에 관한 규정 중 제3조 제3항, 제5조, 제11조, 제14조, 제18조, 제22조, 제23조의3, 제29조, 제31조, 제38조부터 제43조까지, 제109조부터 제111조까지, 제114조부터 제116조까지를 준용한다.

제5조【직무의 제한】 ① 시·읍·면의 장은 등록에 관한 증명서 발급사무를 제외하고 자기 또는 자기와 4촌 이내의 친족에 관한 등록사건에 관하여는 그 직무를 행할 수 없다.
② 등록사건 처리에 관하여 시·읍·면의 장을 대리하는 사람도 제1항과 같다.

제6조【수수료 등의 귀속】 ① 이 법의 규정에 따라 납부하는 수수료 및 과태료는 등록사무를 처리하는 해당 지방자치단체의 수입으로 한다. 다만, 다음 각 호의 어느 하나에 해당하는 경우에는 그러하지 아니하다.
1. 제12조 제2항에 따라 전산정보중앙관리소 소속 공무원이 증명서를 발급하는 경우
1의2. 제4조의2에 따른 재외국민 가족관계등록사무소에 수수료를 납부하는 경우
2. 제120조 및 제123조에 따라 가정법원이 과태료를 부과하는 경우
3. 제124조 제3항에 따라 가정법원이 「비송사건절차법」에 따른 과태료 재판을 하는 경우
② 제1항의 수수료의 금액은 대법원규칙으로 정한다.

제7조【비용의 부담】 제3조에 따라 시·읍·면의 장에게 위임한 등록사무에 드는 비용은 국가가 부담한다.

제8조【대법원규칙】 이 법 시행에 관하여 필요한 사항은 대법원규칙으로 정한다.

Chapter 02 가족관계등록부의 작성과 등록사무의 처리

01 등록부의 작성과 등록

제9조【가족관계등록부의 작성 및 기록사항】 ① 가족관계등록부(이하 "등록부"라 한다)는 전산정보처리조직에 의하여 입력·처리된 가족관계 등록사항(이하 "등록사항"이라 한다)에 관한 전산정보자료를 제10조의 등록기준지에 따라 개인별로 구분하여 작성한다.
② 등록부에는 다음 사항을 기록하여야 한다.
1. 등록기준지
2. 성명·본·성별·출생연월일 및 주민등록번호
3. 출생·혼인·사망 등 가족관계의 발생 및 변동에 관한 사항
4. 가족으로 기록할 자가 대한민국 국민이 아닌 사람(이하 "외국인"이라 한다)인 경우에는 성명·성별·출생연월일·국적 및 외국인등록번호(외국인등록을 하지 아니한 외국인의 경우에는 대법원규칙으로 정하는 바에 따른 국내거소신고번호 등을 말한다. 이하 같다)
5. 그 밖에 가족관계에 관한 사항으로서 대법원규칙으로 정하는 사항

제10조【등록기준지의 결정】 ① 출생 또는 그 밖의 사유로 처음으로 등록을 하는 경우에는 등록기준지를 정하여 신고하여야 한다.
② 등록기준지는 대법원규칙으로 정하는 절차에 따라 변경할 수 있다.

제11조【전산정보처리조직에 의한 등록사무의 처리 등】 ①시·읍·면의 장은 등록사무를 전산정보처리조직에 의하여 처리하여야 한다.
② 본인이 사망하거나 실종선고·부재선고를 받은 때, 국적을 이탈하거나 상실한 때 또는 그 밖에 대법원규칙으로 정한 사유가 발생한 때에는 등록부를 폐쇄한다.
③ 등록부와 제2항에 따라 폐쇄한 등록부(이하 "폐쇄등록부"라 한다)는 법원행정처장이 보관·관리한다.
④ 법원행정처장은 등록부 또는 폐쇄등록부(이하 "등록부등"이라 한다)에 기록되어 있는 등록사항과 동일한 전산정보자료를 따로 작성하여 관리하여야 한다.
⑤ 등록부등의 전부 또는 일부가 손상되거나 손상될 염려가 있는 때에는 법원행정처장은 대법원규칙으로 정하는 바에 따라 등록부등의 복구 등 필요한 처분을 명할 수 있다.
⑥ 등록부등을 관리하는 사람 또는 등록사무를 처리하는 사람은 이 법이나 그 밖의 법에서 규정하는 사유가 아닌 다른 사유로 등록부등에 기록된 등록사항에 관한 전산정보자료(이하 "등록전산정보자료"라 한다)를 이용하거나 다른 사람(법인을 포함한다)에게 자료를 제공하여서는 아니 된다.

제12조【전산정보중앙관리소의 설치 등】① 등록부등의 보관과 관리, 전산정보처리조직에 의한 등록사무처리의 지원 및 등록전산정보자료의 효율적인 활용을 위하여 법원행정처에 전산정보중앙관리소(이하 "중앙관리소"라 한다)를 둔다. 이 경우 국적 관련 통보에 따른 등록사무처리에 관하여는 대법원규칙으로 정하는 바에 따라 법무부와 전산정보처리조직을 연계하여 운영한다.
② 법원행정처장은 필요한 경우 중앙관리소 소속 공무원으로 하여금 제15조에 규정된 증명서의 발급사무를 하게 할 수 있다.

제13조【등록전산정보자료의 이용 등】① 등록전산정보자료를 이용 또는 활용하고자 하는 사람은 관계 중앙행정기관의 장의 심사를 거쳐 법원행정처장의 승인을 받아야 한다. 다만, 중앙행정기관의 장이 등록전산정보자료를 이용하거나 활용하고자 하는 경우에는 법원행정처장과 협의하여야 한다.
② 제1항에 따라 등록전산정보자료를 이용 또는 활용하고자 하는 사람은 본래의 목적 외의 용도로 이용하거나 활용하여서는 아니 된다.
③ 제1항에 따른 등록전산정보자료의 이용 또는 활용과 그 사용료 등에 관하여 필요한 사항은 대법원규칙으로 정한다.

02 증명서의 교부 및 열람

제14조【증명서의 교부 등】① 본인 또는 배우자, 직계혈족(이하 "본인등"이라 한다)은 제15조에 규정된 등록부등의 기록사항에 관하여 발급할 수 있는 증명서(이하 "등록사항별 증명서"라 한다)의 교부를 청구할 수 있고, 본인등의 대리인이 청구하는 경우에는 본인등의 위임을 받아야 한다. 다만, 다음 각 호의 어느 하나에 해당하는 경우에는 본인등이 아닌 경우에도 교부를 신청할 수 있다.
1. 국가 또는 지방자치단체가 직무상 필요에 따라 문서로 신청하는 경우
2. 소송·비송·민사집행의 각 절차에서 필요한 경우
3. 다른 법령에서 본인등에 관한 증명서를 제출하도록 요구하는 경우
4. 그 밖에 대법원규칙으로 정하는 정당한 이해관계가 있는 사람이 신청하는 경우
② 제15조 제1항 제5호의 친양자입양관계증명서는 다음 각 호의 어느 하나에 해당하는 경우에 한하여 교부를 청구할 수 있다.
1. 친양자가 성년이 되어 신청하는 경우
2. 혼인당사자가 「민법」 제809조의 친족관계를 파악하고자 하는 경우
3. 법원의 사실조회촉탁이 있거나 수사기관이 수사상 필요에 따라 문서로 신청하는 경우
4. 그 밖에 대법원규칙으로 정하는 경우
③ 제1항 및 제2항에 따라 증명서의 교부를 청구하는 사람은 수수료를 납부하여야 하며, 증명서의 송부를 신청하는 경우에는 우송료를 따로 납부하여야 한다.
④ 시·읍·면의 장은 제1항 및 제2항의 청구가 등록부에 기록된 사람에 대한 사생활의 비밀을 침해하는 등 부당한 목적에 의한 것이 분명하다고 인정되는 때에는 증명서의 교부를 거부할 수 있다.
⑤ 등록사항별 증명서를 제출할 것을 요구하는 자는 사용목적에 필요한 최소한의 등록사항이 기록된 일반증명서 또는 특정증명서를 요구하여야 하며, 상세증명서를 요구하는 경우에는 그 이유를 설명하여야 한다. 제출받은 증명서를 사용목적 외의 용도로 사용하여서는 아니 된다.
⑥ 제1항부터 제5항까지의 규정은 폐쇄등록부에 관한 증명서 교부의 경우에도 준용한다.

⑦ 본인 또는 배우자, 부모, 자녀는 대법원규칙으로 정하는 바에 따라 등록부등의 기록사항의 전부 또는 일부에 대하여 전자적 방법에 의한 열람을 청구할 수 있다. 다만, 친양자입양관계증명서의 기록사항에 대하여는 친양자가 성년이 된 이후에만 청구할 수 있다.
⑧ 「가정폭력범죄의 처벌 등에 관한 특례법」 제2조 제5호에 따른 피해자(이하 "가정폭력피해자"라 한다) 또는 그 대리인은 가정폭력피해자의 배우자 또는 직계혈족을 지정(이하 "교부제한대상자"라 한다)하여 시·읍·면의 장에게 제1항 및 제2항에 따른 가정폭력피해자 본인의 등록사항별 증명서의 교부를 제한하거나 그 제한을 해지하도록 신청할 수 있다.
⑨ 시·읍·면의 장은 제8항에 따른 신청을 받은 때에는 제1항 및 제2항에도 불구하고 교부제한대상자 또는 그 대리인에게 가정폭력피해자 본인의 등록사항별 증명서를 교부하지 아니할 수 있다.
⑩ 제9항에 따른 교부제한대상자에게는 제7항에도 불구하고 가정폭력피해자 본인의 등록부등의 기록사항을 열람하게 하지 아니한다.
⑪ 제8항 및 제9항에 따른 신청·해지 절차, 제출 서류 등에 필요한 구체적인 사항은 대법원규칙으로 정한다.

제14조의2【인터넷에 의한 증명서 발급】 ① 등록사항별 증명서의 발급사무는 인터넷을 이용하여 처리할 수 있다.
② 제1항에 따른 발급은 본인 또는 배우자, 부모, 자녀가 신청할 수 있다.
③ 제1항 및 제2항에도 불구하고 제14조 제9항에 따른 교부제한대상자에게는 가정폭력피해자 본인의 등록사항별 증명서를 발급하지 아니한다.
④ 제1항에 따른 발급의 범위, 절차 및 방법 등 필요한 사항은 대법원규칙으로 정한다.

제14조의3【무인증명서발급기에 의한 증명서 발급】 ① 시·읍·면의 장은 신청인 스스로 입력하여 등록사항별 증명서를 발급받을 수 있는 장치를 이용하여 증명서의 발급사무를 처리할 수 있다.
② 제1항에 따른 발급은 본인에게만 할 수 있다.
③ 제1항에 따른 발급의 범위, 절차 및 방법 등 필요한 사항은 대법원규칙으로 정한다.

1. 증명서의 교부 청구권자

(1) 원칙

본인 또는 배우자, 직계혈족(본인등)과 그 대리인은 증명서의 교부를 청구할 수 있다.

(2) 예외

① 국가 또는 지방자치단체가 직무상 필요에 따라 문서로 신청하는 경우
② 대법원규칙으로 정하는 정당한 이해관계가 있는 사람이 신청하는 경우
③ 다른 법령에서 본인등에 관한 증명서를 제출하도록 요구하는 경우
④ 소송·비송·민사집행의 각 절차에서 필요한 경우

2. 친양자입양관계증명서의 청구권자

(1) 친양자가 성년이 되어 신청하는 경우

(2) 법원의 사실조회촉탁이 있거나 수사기관이 수사상 필요에 따라 문서로 신청하는 경우

(3) 혼인당사자가 친족관계를 파악하고자 하는 경우

3. 인터넷에 의한 증명서 발급

인터넷에 의한 증명서 발급은 본인 또는 배우자, 부모, 자녀가 신청할 수 있다.

4. 무인증명서발급기에 의한 증명서 발급

무인증명서발급기에 의한 증명서 발급은 본인만 할 수 있다.

5. 제한

(1) 증명서 교부 청구가 사생활의 비밀을 침해하는 등 부당한 목적에 의한 것이 분명하다고 인정되는 때에는 증명서의 교부를 거부할 수 있다.

(2) 등록사항별 증명서를 제출할 것을 요구하는 자는 사용목적에 필요한 최소한의 등록사항이 기록된 일반증명서 또는 특정증명서를 요구하여야 한다.

(3) 상세증명서를 요구하는 경우 그 이유를 설명하여야 한다.

(4) 제출받은 증명서를 사용목적 외의 용도로 사용하여서는 아니 된다.

(5) 가정폭력피해자는 교부제한대상자를 지정하여 시·읍·면의 장에게 가정폭력피해자 본인의 등록사항별 증명서의 교부를 제한하거나 그 제한을 해지하도록 신청할 수 있다.

(6) 신청을 받은 시·읍·면의 장은 교부제한대상자 또는 그 대리인에게 가정폭력피해자 본인의 등록사항별 증명서를 교부하지 아니할 수 있다.

6. 증명서의 열람 청구

(1) 본인 또는 배우자, 부모, 자녀는 등록부등의 기록사항의 전부 또는 일부에 대하여 전자적 방법에 의한 열람을 청구할 수 있다.

(2) 친양자입양관계증명서는 친양자가 성년이 된 이후에만 청구할 수 있다.

(3) 교부제한대상자에게는 가정폭력피해자 본인의 등록부등의 기록사항을 열람하게 하지 아니한다.

03 증명서의 종류

제15조【증명서의 종류 및 기록사항】 ① 등록부등의 기록사항은 다음 각 호의 증명서별로 제2항에 따른 일반증명서와 제3항에 따른 상세증명서로 발급한다. 다만, 외국인의 기록사항에 관하여는 성명·성별·출생연월일·국적 및 외국인등록번호를 기재하여 증명서를 발급하여야 한다.
② 제1항 각 호의 증명서에 대한 일반증명서의 기재사항은 다음 각 호와 같다.
1. 가족관계증명서
   가. 본인의 등록기준지·성명·성별·본·출생연월일 및 주민등록번호
   나. 부모의 성명·성별·본·출생연월일 및 주민등록번호(입양의 경우 양부모를 부모로 기록한다. 다만, 단독입양한 양부가 친생모와 혼인관계에 있는 때에는 양부와 친생모를, 단독입양한 양모가 친생부와 혼인관계에 있는 때에는 양모와 친생부를 각각 부모로 기록한다)
   다. 배우자, 생존한 현재의 혼인 중의 자녀의 성명·성별·본·출생연월일 및 주민등록번호
2. 기본증명서
   가. 본인의 등록기준지·성명·성별·본·출생연월일 및 주민등록번호
   나. 본인의 출생, 사망, 국적상실에 관한 사항
3. 혼인관계증명서
   가. 본인의 등록기준지·성명·성별·본·출생연월일 및 주민등록번호
   나. 배우자의 성명·성별·본·출생연월일 및 주민등록번호
   다. 현재의 혼인에 관한 사항
4. 입양관계증명서
   가. 본인의 등록기준지·성명·성별·본·출생연월일 및 주민등록번호
   나. 친생부모·양부모 또는 양자의 성명·성별·본·출생연월일 및 주민등록번호
   다. 현재의 입양에 관한 사항
5. 친양자입양관계증명서
   가. 본인의 등록기준지·성명·성별·본·출생연월일 및 주민등록번호
   나. 친생부모·양부모 또는 친양자의 성명·성별·본·출생연월일 및 주민등록번호
   다. 현재의 친양자 입양에 관한 사항
③ 제1항 각 호의 증명서에 대한 상세증명서의 기재사항은 제2항에 따른 일반증명서의 기재사항에 다음 각 호의 사항을 추가한 것으로 한다.
1. 가족관계증명서: 모든 자녀의 성명·성별·본·출생연월일 및 주민등록번호
2. 기본증명서: 국적취득 및 회복 등에 관한 사항
3. 혼인관계증명서: 혼인 및 이혼에 관한 사항
4. 입양관계증명서: 입양 및 파양에 관한 사항
5. 친양자입양관계증명서: 친양자 입양 및 파양에 관한 사항
④ 제1항에도 불구하고 같은 항 각 호의 증명서 중 대법원규칙으로 정하는 증명서에 대해서는 해당 증명서의 상세증명서 기재사항 중 신청인이 대법원규칙으로 정하는 바에 따라 선택한 사항을 기재한 특정증명서를 발급한다.
⑤ 제2항부터 제4항까지의 규정에 따른 일반증명서·상세증명서·특정증명서, 가족관계에 관한 그 밖의 증명서 및 가족관계 기록사항에 관하여 필요한 사항은 대법원규칙으로 정한다.

1. 일반 증명서의 기재사항

(1) 가족관계증명서

① 본인의 등록기준지·성명·성별·본·출생연월일 및 주민등록번호
② 부모의 성명·성별·본·출생연월일 및 주민등록번호
③ 배우자, 생존한 현재의 혼인 중의 자녀의 성명·성별·본·출생연월일 및 주민등록번호

(2) 기본증명서

① 본인의 등록기준지·성명·성별·본·출생연월일 및 주민등록번호
② 본인의 출생, 사망, 국적상실에 관한 사항

(3) 혼인관계증명서

① 본인의 등록기준지·성명·성별·본·출생연월일 및 주민등록번호
② 배우자의 성명·성별·본·출생연월일 및 주민등록번호
③ 현재의 혼인에 관한 사항

(4) 입양관계증명서

① 본인의 등록기준지·성명·성별·본·출생연월일 및 주민등록번호
② 친생부모·양부모 또는 양자의 성명·성별·본·출생연월일 및 주민등록번호
③ 현재의 입양에 관한 사항

(5) 친양자입양관계증명서

① 본인의 등록기준지·성명·성별·본·출생연월일 및 주민등록번호
② 친생부모·양부모·친양자의 성명·성별·본·출생연월일 및 주민등록번호
③ 현재의 친양자 입양에 관한 사항

2. 상세증명서의 기재사항

(1) 가족관계증명서

모든 자녀의 성명·성별·본·출생연월일 및 주민등록번호

(2) 기본증명서

국적취득 및 회복 등에 관한 사항

(3) 혼인관계증명서

혼인 및 이혼에 관한 사항

(4) **입양관계증명서**

입양 및 파양에 관한 사항

(5) **친양자입양관계증명서**

친양자 입양 및 파양에 관한 사항

3. 특정증명서의 기재사항

(1) **가족관계증명서에 대한 특정증명서의 기재사항**

① 본인의 성명·성별·출생연월일 및 주민등록번호
② 부모, 배우자 및 자녀 중 신청인이 선택한 사람의 성명·성별·출생연월일 및 주민등록번호(사람을 복수로 선택할 수 있다)
③ 본인의 등록기준지 (신청인이 기재사항으로 선택한 경우)
④ 본인 및 신청인이 선택한 사람의 본(신청인이 기재사항으로 선택한 경우)

(2) **기본증명서에 대한 특정증명서의 기재사항**

① 본인의 성명·성별·출생연월일 및 주민등록번호
② 다음 중 신청인이 선택한 어느 하나에 관한 사항
　㉠ 출생, 사망과 실종
　㉡ 인지와 친생자관계 정정
　㉢ 친권과 미성년후견(다만, 현재의 사항만을 선택할 수도 있다)
　㉣ 개명과 성·본 변경
　㉤ 국적의 취득과 상실
　㉥ 성별 등의 정정
③ 본인의 등록기준지(신청인이 기재사항으로 선택한 경우)
④ 본인의 본(신청인이 기재사항으로 선택한 경우)

(3) **혼인관계증명서에 대한 특정증명서의 기재사항**

① 본인의 성명·성별·출생연월일 및 주민등록번호
② 신청인이 선택한 과거의 혼인에 관한 사항
③ 본인의 등록기준지(신청인이 기재사항으로 선택한 경우)
④ 본인의 본(신청인이 기재사항으로 선택한 경우)

04 가정폭력피해자에 관한 기록사항의 공시 제한

> **제15조의2 【가정폭력피해자에 관한 기록사항의 공시 제한】** ① 가정폭력피해자 또는 그 대리인은 가정폭력피해자의 배우자 또는 직계혈족(배우자 또는 직계혈족이었던 사람을 포함한다)을 지정(이하 "공시제한대상자"라 한다)하여 시·읍·면의 장에게 등록부등 중 가정폭력피해자에 관한 기록사항을 가리도록 제한하거나 그 제한을 해지하도록 신청할 수 있다.
> ② 시·읍·면의 장은 제1항에 따른 신청을 받은 때에는 다음 각 호의 구분에 따른 사람에게 제14조 제1항 및 제2항에 따른 등록사항별 증명서를 교부하거나 제14조의3에 따른 등록사항별 증명서를 발급할 때 가정폭력피해자에 관한 기록사항을 가리고 교부하거나 발급할 수 있다. 다만, 제14조 제1항 각 호에 해당하여 등록사항별 증명서를 교부할 때에는 해당 사항을 가리지 아니하고 교부할 수 있다.
> 1. 공시제한대상자의 등록사항별 증명서: 공시제한대상자 본인등 또는 그 대리인
> 2. 공시제한대상자의 배우자 또는 직계혈족으로서 가정폭력피해자가 아닌 사람의 등록사항별 증명서: 공시제한대상자 또는 그 대리인
> ③ 제2항 각 호의 구분에 따른 사람에게 제14조 제7항에 따라 등록부등의 기록사항을 열람하게 하거나 제14조의2에 따라 등록사항별 증명서를 발급하는 경우에는 가정폭력피해자에 관한 기록사항을 가리고 열람하게 하거나 해당 사항을 가리고 발급한다.
> ④ 제1항부터 제3항까지의 규정에 따른 공시의 제한·해지 신청, 공시 제한 범위·방법 등에 필요한 구체적인 사항은 대법원규칙으로 정한다.

1. 신청

가정폭력피해자는 공시제한대상자를 지정하여 시·읍·면의 장에게 공시 제한을 신청할 수 있다.

2. 공시 제한

가정폭력피해자 본인 외의 가족에 대한 등록사항별 증명서를 열람 또는 교부하거나 발급하는 경우 피해자에 관한 기록사항을 가리도록 제한할 수 있다.

3. 공시 제한의 예외

(1) 국가 또는 지방자치단체가 직무상 필요에 따라 문서로 신청하는 경우

(2) 소송·비송·민사집행의 각 절차에서 필요한 경우

(3) 다른 법령에서 본인등에 관한 증명서를 제출하도록 요구하는 경우

(4) 대법원규칙으로 정하는 정당한 이해관계가 있는 사람이 신청하는 경우

Chapter 03 등록부의 기록

제16조【등록부의 기록절차】 등록부는 신고, 통보, 신청, 증서의 등본, 항해일지의 등본 또는 재판서에 의하여 기록한다.

제17조【등록부가 없는 사람】 가족관계등록이 되어 있지 아니한 사람에 대하여 등록사항을 기록하여야 할 때에는 새로 등록부를 작성한다.

제18조【등록부의 정정】 ① 등록부의 기록이 법률상 무효인 것이거나 그 기록에 착오 또는 누락이 있음을 안 때에는 시·읍·면의 장은 지체 없이 신고인 또는 신고사건의 본인에게 그 사실을 통지하여야 한다. 다만, 그 착오 또는 누락이 시·읍·면의 장의 잘못으로 인한 것인 때에는 그러하지 아니하다.
② 제1항 본문의 통지를 할 수 없을 때 또는 통지를 하였으나 정정신청을 하는 사람이 없는 때 또는 그 기록의 착오 또는 누락이 시·읍·면의 장의 잘못으로 인한 것인 때에는 시·읍·면의 장은 감독법원의 허가를 받아 직권으로 정정할 수 있다. 다만, 대법원규칙으로 정하는 경미한 사항인 경우에는 시·읍·면의 장이 직권으로 정정하고, 감독법원에 보고하여야 한다.
③ 국가 또는 지방자치단체의 공무원이 그 직무상 등록부의 기록에 착오 또는 누락이 있음을 안 때에는 지체 없이 신고사건의 본인의 등록기준지의 시·읍·면의 장에게 통지하여야 한다. 이 경우 통지를 받은 시·읍·면의 장은 제1항 및 제2항에 따라 처리한다.

제19조【등록부의 행정구역, 명칭 등의 변경】 ① 행정구역 또는 토지의 명칭이 변경된 때에는 등록부의 기록은 정정된 것으로 본다. 이 경우 시·읍·면의 장은 그 기록사항을 경정하여야 한다.
② 시·읍·면의 장은 지번의 변경이 있을 때에는 등록부의 기록을 경정하여야 한다.

Chapter 04 신고 - 통칙

제20조【신고의 장소】① 이 법에 따른 신고는 신고사건 본인의 등록기준지 또는 신고인의 주소지나 현재지에서 할 수 있다. 다만, 재외국민에 관한 신고는 재외국민 가족관계등록사무소에서도 할 수 있다.
② 외국인에 관한 신고는 그 거주지 또는 신고인의 주소지나 현재지에서 할 수 있다.

제21조【출생·사망의 동 경유 신고 등】① 시에 있어서 출생·사망의 신고는 그 신고의 장소가 신고사건 본인의 주민등록지 또는 주민등록을 할 지역과 같은 경우에는 신고사건 본인의 주민등록지 또는 주민등록을 할 지역을 관할하는 동을 거쳐 할 수 있다.
② 제1항의 경우 동장은 소속 시장을 대행하여 신고서를 수리하고, 동이 속하는 시의 장에게 신고서를 송부하며, 그 밖에 대법원규칙으로 정하는 등록사무를 처리한다.

제22조【신고 후 등록되어 있음이 판명된 때 등】등록되어 있는지가 분명하지 아니한 사람 또는 등록되어 있지 아니하거나 등록할 수 없는 사람에 관한 신고가 수리된 후 그 사람에 관하여 등록되어 있음이 판명된 때 또는 등록할 수 있게 된 때에는 신고인 또는 신고사건의 본인은 그 사실을 안 날부터 1개월 이내에 수리된 신고사건을 표시하여 처음 그 신고를 수리한 시·읍·면의 장에게 그 사실을 신고하여야 한다.

제23조【신고방법】① 신고는 서면이나 말로 할 수 있다.
② 신고로 인하여 효력이 발생하는 등록사건에 관하여 신고사건 본인이 시·읍·면에 출석하지 아니하는 경우에는 신고사건 본인의 주민등록증(모바일 주민등록증을 포함한다)·운전면허증·여권, 그 밖에 대법원규칙으로 정하는 신분증명서(이하 이 항에서 "신분증명서"라 한다)를 제시하거나 신고서에 신고사건 본인의 인감증명서를 첨부하여야 한다. 이 경우 본인의 신분증명서를 제시하지 아니하거나 본인의 인감증명서를 첨부하지 아니한 때에는 신고서를 수리하여서는 아니 된다.

제23조의2【전자문서를 이용한 신고】① 제23조에도 불구하고 대법원규칙으로 정하는 등록에 관한 신고는 전산정보처리조직을 이용하여 전자문서로 할 수 있다.
② 제1항에 따른 신고는 신고사건 본인의 등록기준지 시·읍·면의 장이 처리한다. 다만, 신고사건 본인의 등록기준지가 없는 경우에는 신고인의 주소지 시·읍·면의 장이 처리하고, 재외국민에 관한 신고인 경우에는 재외국민 가족관계등록사무소의 가족관계등록관이 처리하며, 외국인에 관한 신고인 경우에는 그 거주지 시·읍·면의 장이 처리한다.
③ 제2항에도 불구하고 제1항에 따른 신고는 신고 처리의 편의를 위하여 대법원규칙으로 정하는 바에 따라 다른 시·읍·면의 장이 처리할 수 있다.
④ 시에 있어서 제2항 및 제3항에 따른 신고 처리는 대법원규칙으로 정하는 바에 따라 동장이 소속 시장을 대행하여 할 수 있다.
⑤ 제1항에 따른 신고는 이 법 및 대법원규칙으로 정하는 정보가 전산정보처리조직에 저장된 때에 접수된 것으로 본다.
⑥ 제1항에 따른 신고의 불수리 통지는 제43조에도 불구하고 전산정보처리조직을 이용하여 전자문서로 할 수 있다.

제23조의3【첨부서류의 전자적 확인】 ① 시·읍·면의 장이 등록사무를 처리하는 전산정보처리조직을 통하여 첨부서류에 대한 정보를 확인할 수 있는 경우에는 그 확인으로 해당 서류의 첨부를 갈음한다.
② 제1항에 따라 확인이 가능한 첨부서류의 종류는 대법원규칙으로 정한다.

제24조【신고서 양식】 신고서 양식은 대법원예규로 정한다. 이 경우 가족관계에 관한 등록신고가 다른 법령으로 규정한 신고를 갈음하는 경우에 당해 신고서 양식을 정함에 있어서는 미리 관계부처의 장과 협의하여야 한다.

제25조【신고서 기재사항】 ① 신고서에는 다음 사항을 기재하고 신고인이 서명하거나 기명날인하여야 한다.
1. 신고사건
2. 신고연월일
3. 신고인의 출생연월일·주민등록번호·등록기준지 및 주소
4. 신고인과 신고사건의 본인이 다른 때에는 신고사건의 본인의 등록기준지·주소·성명·출생연월일 및 주민등록번호와 신고인의 자격

② 이 법에 따라 신고서류를 작성한 경우 그 신고서류에 주민등록번호를 기재한 때에는 출생연월일의 기재를 생략할 수 있다.

제26조【신고하여야 할 사람이 미성년자 또는 피성년후견인인 경우】 ① 신고하여야 할 사람이 미성년자 또는 피성년후견인인 경우에는 친권자, 미성년후견인 또는 성년후견인을 신고의무자로 한다. 다만, 미성년자 또는 피성년후견인 본인이 신고를 하여도 된다.
② 제1항 본문에 따라 친권자, 미성년후견인 또는 성년후견인이 신고하는 경우에는 신고서에 다음 각 호의 사항을 적어야 한다.
1. 신고하여야 할 미성년자 또는 피성년후견인의 성명·출생연월일·주민등록번호 및 등록기준지
2. 신고하여야 할 사람이 미성년자 또는 피성년후견인이라는 사실
3. 신고인이 친권자, 미성년후견인 또는 성년후견인이라는 사실

제27조【동의가 불필요한 미성년자 또는 피성년후견인의 신고】 ① 미성년자 또는 피성년후견인이 그 법정대리인의 동의 없이 할 수 있는 행위에 관하여는 미성년자 또는 피성년후견인이 신고하여야 한다.
② 피성년후견인이 신고하는 경우에는 신고서에 신고사건의 성질 및 효과를 이해할 능력이 있음을 증명할 수 있는 진단서를 첨부하여야 한다.

제28조【증인을 필요로 하는 신고】 증인을 필요로 하는 사건의 신고에 있어서는 증인은 신고서에 주민등록번호 및 주소를 기재하고 서명하거나 기명날인하여야 한다.

제29조【부존재 또는 부지의 사항】 신고서에 기재하여야 할 사항으로서 존재하지 아니하거나 알지 못하는 것이 있을 때에는 그 취지를 기재하여야 한다. 다만, 시·읍·면의 장은 법률상 기재하여야 할 사항으로서 특히 중요하다고 인정되는 사항을 기재하지 아니한 신고서는 수리하여서는 아니 된다.

제30조【법령 규정사항 이외의 기재사항】 신고서에는 이 법 또는 다른 법령으로 정하는 사항 외에 등록부에 기록하여야 할 사항을 더욱 분명하게 하기 위하여 필요한 사항이 있으면 이러한 사항도 기재하여야 한다.

제31조【말로 하는 신고 등】① 말로 신고하려 할 때에는 신고인은 시·읍·면의 사무소에 출석하여 신고서에 기재하여야 할 사항을 진술하여야 한다.
② 시·읍·면의 장은 신고인의 진술 및 신고연월일을 기록하여 신고인에게 읽어 들려주고 신고인으로 하여금 그 서면에 서명하거나 기명날인하게 하여야 한다.
③ 제1항 및 제2항의 경우에 신고인이 질병 또는 그 밖의 사고로 출석할 수 없는 때에는 대리인으로 하여금 신고하게 할 수 있다. 다만, 제55조, 제56조, 제61조, 제63조, 제71조 및 제74조의 신고는 그러하지 아니하다.

제32조【동의, 승낙 또는 허가를 요하는 사건의 신고】① 신고사건에서 부모 또는 다른 사람의 동의나 승낙이 필요한 경우에는 신고서에 그 동의나 승낙을 증명하는 서면을 첨부하여야 한다. 이 경우 동의나 승낙을 한 사람으로 하여금 신고서에 그 사유를 적고 서명 또는 기명날인하게 함으로써 그 서면의 첨부를 갈음할 수 있다.
② 신고사건, 신고인 또는 신고사항 등에 있어서 재판 또는 관공서의 허가를 요하는 사항이 있는 경우에는 신고서에 그 재판서 또는 허가서의 등본을 첨부하여야 한다.

제33조【신고서에 관한 준용규정】신고서에 관한 규정은 제31조 제2항 및 제32조 제1항의 서면에 준용한다.

제34조【외국에서 하는 신고】재외국민은 이 법에서 정하는 바에 따라 그 지역을 관할하는 대한민국재외공관(이하 "재외공관"이라 한다)의 장에게 신고하거나 신청을 할 수 있다.

제35조【외국의 방식에 따른 증서의 등본】① 재외국민이 그 나라의 방식에 따라 신고사건에 관한 증서를 작성한 경우에는 3개월 이내에 그 지역을 관할하는 재외공관의 장에게 그 증서의 등본을 제출하여야 한다.
② 대한민국의 국민이 있는 지역이 재외공관의 관할에 속하지 아니하는 경우에는 3개월 이내에 등록기준지의 시·읍·면의 장 또는 재외국민 가족관계등록사무소의 가족관계등록관에게 증서의 등본을 발송하여야 한다.

제36조【외국에서 수리한 서류의 송부】① 재외공관의 장은 제34조 및 제35조에 따라 서류를 수리한 때에는 1개월 이내에 외교부장관을 경유하여 재외국민 가족관계등록사무소의 가족관계등록관에게 송부하여야 한다.
② 제1항에 따른 서류의 송부는 대법원규칙으로 정하는 바에 따라 전산정보처리조직을 이용하여 할 수 있다. 이 경우 해당 서류 원본의 보존, 그 밖에 필요한 사항은 대법원규칙으로 정한다.

제37조【신고기간의 기산점】① 신고기간은 신고사건 발생일부터 기산한다.
② 재판의 확정일부터 기간을 기산하여야 할 경우에 재판이 송달 또는 교부 전에 확정된 때에는 그 송달 또는 교부된 날부터 기산한다.

제38조【신고의 최고】① 시·읍·면의 장은 신고를 게을리 한 사람을 안 때에는 상당한 기간을 정하여 신고의무자에 대하여 그 기간 내에 신고할 것을 최고(催告)하여야 한다.
② 신고의무자가 제1항의 기간 내에 신고를 하지 아니한 때에는 시·읍·면의 장은 다시 상당한 기간을 정하여 최고할 수 있다.
③ 제18조 제2항은 제2항의 최고를 할 수 없는 때 및 최고를 하여도 신고를 하지 아니한 때에, 같은 조 제3항은 국가 또는 지방자치단체의 공무원이 신고를 게을리 한 사람이 있음을 안 때에 준용한다.

제39조【신고의 추후 보완】시·읍·면의 장은 신고를 수리한 경우에 흠이 있어 등록부에 기록을 할 수 없을 때에는 신고인 또는 신고의무자로 하여금 보완하게 하여야 한다. 이 경우 제38조를 준용한다.

제40조【기간경과 후의 신고】 시·읍·면의 장은 신고기간이 경과한 후의 신고라도 수리하여야 한다.

제41조【사망 후에 도달한 신고】 ① 신고인의 생존 중에 우송한 신고서는 그 사망 후라도 시·읍·면의 장은 수리하여야 한다.
② 제1항에 따라 신고서가 수리된 때에는 신고인의 사망 시에 신고한 것으로 본다.

제42조【수리, 불수리증명서와 서류의 열람】 ① 신고인은 신고의 수리 또는 불수리의 증명서를 청구할 수 있다.
② 이해관계인은 시·읍·면의 장에게 신고서나 그 밖에 수리한 서류의 열람 또는 그 서류에 기재한 사항에 관하여 증명서를 청구할 수 있다.
③ 증명서를 청구할 때에는 수수료를 납부하여야 한다.
④ 이해관계인은 법원에 보관되어 있는 신고서류에 대한 열람을 청구할 수 있다.
⑤ 제2항 및 제4항의 이해관계인의 자격과 범위 등에 관하여는 제14조 제1항부터 제4항까지의 규정을 준용한다.

제43조【신고불수리의 통지】 시·읍·면의 장이 신고를 수리하지 아니한 때에는 그 사유를 지체 없이 신고인에게 서면으로 통지하여야 한다.

01 신고의 장소

신고사건 본인의 등록기준지 또는 신고인의 주소지나 현재지에서 할 수 있다.

02 방법

신고는 서면이나 말로 할 수 있다. 다만, 신고로 인하여 효력이 발생하는 등록사건은 본인이 출석하지 아니하는 경우에는 본인의 신분증명서를 제시하거나 인감증명서를 첨부하여야 한다. 이 경우 본인의 신분증명서를 제시하지 아니하거나 본인의 인감증명서를 첨부하지 아니한 때에는 신고서를 수리하여서는 아니 된다.

03 전자문서를 이용한 신고

출생신고, 성·본 등 창설신고, 개명신고, 가족관계 등록 창설신고, 104조·105조 등록부정정 신청은 전자문서로 할 수 있다.

04 대리인에 의한 신고

신고인이 질병 또는 그 밖의 사고로 출석할 수 없는 때에는 대리인으로 하여금 신고하게 할 수 있다. 다만, 태아의 인지, 입양, 파양, 혼인 및 이혼의 신고는 그러하지 아니하다.

05 제한능력자의 신고

신고하여야 할 사람이 미성년자 또는 피성년후견인인 때에는 친권자 또는 후견인을 신고의무자로 한다. 다만, 미성년자 또는 피성년후견인이 그 법정대리인의 동의 없이 할 수 있는 행위에 관하여는 미성년자 또는 피성년후견인이 신고하여야 한다.

06 신고기간

신고기간은 신고사건 발생일부터 기산한다. 이때 시·읍·면의 장은 신고기간이 경과한 후의 신고라도 수리하여야 한다.

Chapter 05 출생신고

제44조【출생신고의 기재사항】① 출생의 신고는 출생 후 1개월 이내에 하여야 한다.
② 신고서에는 다음 사항을 기재하여야 한다.
1. 자녀의 성명·본·성별 및 등록기준지
2. 자녀의 혼인 중 또는 혼인 외의 출생자의 구별
3. 출생의 연월일시 및 장소
4. 부모의 성명·본·등록기준지 및 주민등록번호(부 또는 모가 외국인인 때에는 그 성명·출생연월일·국적 및 외국인등록번호)
5. 「민법」 제781조 제1항 단서에 따른 협의가 있는 경우 그 사실
6. 자녀가 복수국적자(複數國籍者)인 경우 그 사실 및 취득한 외국 국적
③ 자녀의 이름에는 한글 또는 통상 사용되는 한자를 사용하여야 한다. 통상 사용되는 한자의 범위는 대법원규칙으로 정한다.
④ 출생신고서에는 의사나 조산사가 작성한 출생증명서를 첨부하여야 한다. 다만, 다음 각 호의 어느 하나에 해당하는 서면을 첨부하는 경우에는 그러하지 아니하다.
1. 분만에 직접 관여한 자가 모의 출산사실을 증명할 수 있는 자료 등을 첨부하여 작성한 출생사실을 증명하는 서면
2. 국내 또는 외국의 권한 있는 기관에서 발행한 출생사실을 증명하는 서면
3. 모의 출산사실을 증명할 수 있는 「119구조·구급에 관한 법률」 제22조에 따른 구조·구급활동상황일지
⑤ 제4항 단서에 따라 첨부하는 서면에 관한 구체적인 사항은 대법원규칙으로 정한다.

제44조의2【출생증명서가 없는 경우의 출생신고】① 제44조 제4항에 따른 출생증명서 또는 서면을 첨부할 수 없는 경우에는 가정법원의 출생확인을 받고 그 확인서를 받은 날부터 1개월 이내에 출생의 신고를 하여야 한다.
② 가정법원은 제1항의 출생확인을 위하여 필요한 경우에는 직권으로 사실을 조사할 수 있으며, 지방자치단체의 장, 국가경찰관서의 장 등 행정기관이나 그 밖에 상당하다고 인정되는 단체 또는 개인에게 필요한 사항을 보고하게 하거나 자료의 제출을 요청할 수 있다.
③ 가정법원의 출생확인 절차와 신고에 필요한 사항은 대법원규칙으로 정한다.

제44조의3 【출생사실의 통보】 ① 「의료법」 제3조에 따른 의료기관(이하 "의료기관"이라 한다)에 종사하는 의료인은 해당 의료기관에서 출생이 있는 경우 출생사실을 확인하기 위하여 다음 각 호의 사항(이하 "출생정보"라 한다)을 해당 의료기관에서 관리하는 출생자 모의 진료기록부 또는 조산기록부(전자적 형태로 바꾼 문서를 포함한다. 이하 같다)에 기재하여야 한다.
1. 출생자의 모에 관한 다음 각 목의 사항
   가. 성명
   나. 주민등록번호 또는 외국인등록번호(모가 외국인인 경우로 한정한다). 다만, 주민등록번호 또는 외국인등록번호를 확인할 수 없는 경우에는 「사회보장기본법」 제37조 제2항에 따른 사회보장정보시스템에서의 의료급여 자격관리를 위한 번호를 기재하여야 한다.
2. 출생자의 성별, 수(數) 및 출생 연월일시
3. 그 밖에 의료기관의 주소 등 출생사실을 확인하기 위하여 대법원규칙으로 정하는 사항

② 의료기관의 장은 출생일부터 14일 이내에 출생정보를 「국민건강보험법」 제62조에 따른 건강보험심사평가원(이하 "심사평가원"이라 한다)에 제출하여야 한다. 이 경우 보건복지부장관이 출생사실의 통보 및 관리를 목적으로 구축하여 심사평가원에 위탁 운영하는 전산정보시스템을 이용하여 제출하여야 한다.

③ 심사평가원은 제2항에 따라 출생정보를 제출받은 경우 출생자 모의 주소지를 관할하는 시·읍·면의 장(모의 주소지를 확인할 수 없는 경우에는 출생지를 관할하는 시·읍·면의 장을 말한다)에게 해당 출생정보를 포함한 출생사실을 지체 없이 통보하여야 한다. 이 경우 심사평가원은 「전자정부법」 제37조에 따른 행정정보 공동이용센터를 통하여 전자적인 방법으로 출생사실을 통보할 수 있다.

④ 그 밖에 출생정보를 포함한 출생사실의 통보, 제2항에 따른 전산정보시스템의 이용 방법 및 절차 등에 관하여 필요한 사항은 대법원규칙으로 정한다.

제44조의4 【출생신고의 확인·최고 및 직권 출생 기록】 ① 제44조의3 제3항에 따른 통보를 받은 시·읍·면의 장은 제44조 제1항에 따른 신고기간 내에 출생자에 대한 출생신고가 되었는지를 확인하여야 한다.

② 시·읍·면의 장은 제44조 제1항에 따른 신고기간이 지나도록 제44조의3 제3항에 따라 통보받은 출생자에 대한 출생신고가 되지 아니한 경우에는 즉시 제46조 제1항 및 제2항에 따른 신고의무자에게 7일 이내에 출생신고를 할 것을 최고하여야 한다.

③ 시·읍·면의 장은 다음 각 호의 어느 하나에 해당하는 경우 제44조의3 제3항에 따라 통보받은 자료를 첨부하여 감독법원의 허가를 받아 해당 출생자에 대하여 직권으로 등록부에 출생을 기록하여야 한다.
1. 제46조 제1항 및 제2항에 따른 신고의무자가 제2항의 최고기간 내에 출생신고를 하지 아니한 경우
2. 제46조 제1항 및 제2항에 따른 신고의무자를 특정할 수 없는 등의 이유로 제2항에 따라 신고의무자에게 최고할 수 없는 경우

④ 제1항부터 제3항까지에서 규정한 사항 외에 출생신고 확인, 출생신고 최고, 출생자의 성명·본 및 등록기준지의 결정 방법 등에 관하여 필요한 사항은 대법원규칙으로 정한다.

제44조의5 【자료제공의 요청】 시·읍·면의 장은 제44조의4에 따른 등록사무처리를 위하여 필요한 경우 대법원규칙으로 정하는 자료를 관계 기관의 장에게 요청할 수 있고, 해당 기관의 장은 특별한 사유가 없으면 요청에 따라야 한다. 다만, 「전자정부법」 제36조 제1항에 따른 행정정보 공동이용을 통하여 확인할 수 있는 사항은 예외로 한다.

제45조 【출생신고의 장소】 ① 출생의 신고는 출생지에서 할 수 있다.

② 기차나 그 밖의 교통기관 안에서 출생한 때에는 모가 교통기관에서 내린 곳, 항해일지가 비치되지 아니한 선박 안에서 출생한 때에는 그 선박이 최초로 입항한 곳에서 신고할 수 있다.

제46조【신고의무자】 ① 혼인 중 출생자의 출생의 신고는 부 또는 모가 하여야 한다.
② 혼인 외 출생자의 신고는 모가 하여야 한다.
③ 제1항 및 제2항에 따라 신고를 하여야 할 사람이 신고를 할 수 없는 경우에는 다음 각 호의 어느 하나에 해당하는 사람이 각 호의 순위에 따라 신고를 하여야 한다.
1. 동거하는 친족
2. 분만에 관여한 의사·조산사 또는 그 밖의 사람
④ 신고의무자가 제44조 제1항에 따른 기간 내에 신고를 하지 아니하여 자녀의 복리가 위태롭게 될 우려가 있는 경우에는 검사 또는 지방자치단체의 장이 출생의 신고를 할 수 있다.

제47조【친생부인의 소를 제기한 때】 친생부인의 소를 제기한 때에도 출생신고를 하여야 한다.

제48조【법원이 부를 정하는 때】 ①「민법」제845조에 따라 법원이 부(父)를 정하여야 할 때에는 출생의 신고는 모가 하여야 한다.
② 제46조 제3항은 제1항의 경우에 준용한다.

제49조【항해 중의 출생】 ① 항해 중에 출생이 있는 때에는 선장은 24시간 이내에 제44조 제2항에서 정한 사항을 항해일지에 기재하고 서명 또는 기명날인하여야 한다.
② 제1항의 절차를 밟은 후 선박이 대한민국의 항구에 도착하였을 때에는 선장은 지체 없이 출생에 관한 항해일지의 등본을 그 곳의 시·읍·면의 장 또는 재외국민 가족관계등록사무소의 가족관계등록관에게 발송하여야 한다.
③ 선박이 외국의 항구에 도착하였을 때에는 선장은 지체 없이 제2항의 등본을 그 지역을 관할하는 재외공관의 장에게 발송하고 재외공관의 장은 지체 없이 외교부장관을 경유하여 재외국민 가족관계등록사무소의 가족관계등록관에게 발송하여야 한다.
④ 제3항에 따른 서류의 송부는 대법원규칙으로 정하는 바에 따라 전산정보처리조직을 이용하여 할 수 있다. 이 경우 해당 서류 원본의 보존, 그 밖에 필요한 사항은 대법원규칙으로 정한다.

제50조【공공시설에서의 출생】 병원, 교도소, 그 밖의 시설에서 출생이 있었을 경우에 부모가 신고할 수 없는 때에는 당해 시설의 장 또는 관리인이 신고를 하여야 한다.

제51조【출생신고 전에 사망한 때】 출생의 신고 전에 자녀가 사망한 때에는 출생의 신고와 동시에 사망의 신고를 하여야 한다.

제52조【기아】 ① 기아(棄兒)를 발견한 사람 또는 기아발견의 통지를 받은 경찰공무원은 24시간 이내에 그 사실을 시·읍·면의 장에게 통보하여야 한다.
② 제1항의 통보를 받은 시·읍·면의 장은 소지품, 발견장소, 발견연월일시, 그 밖의 상황, 성별, 출생의 추정연월일을 조서에 기재하여야 한다. 이 경우 그 조서를 신고서로 본다.
③ 시·읍·면의 장은「민법」제781조 제4항에 따라 기아의 성과 본을 창설한 후 이름과 등록기준지를 정하여 등록부에 기록하여야 한다.

제53조【부모가 기아를 찾은 때】 ① 부 또는 모가 기아를 찾은 때에는 1개월 이내에 출생의 신고를 하고 등록부의 정정을 신청하여야 한다.
② 제1항의 경우에는 시·읍·면의 장이 확인하여야 한다.

제54조【기아가 사망한 때】 제52조 제1항 또는 제53조의 절차를 밟기 전에 기아가 사망하였을 때에는 사망의 신고와 동시에 그 절차를 밟아야 한다.

01 신고기간

출생의 신고는 출생 후 1개월 이내에 하여야 한다.

02 출생증명서

의사나 조산사가 작성한 출생증명서를 첨부하여야 한다. 출생증명서 또는 서면을 첨부할 수 없는 경우에는 가정법원의 출생확인을 받고 그 확인서를 받은 날부터 1개월 이내에 출생의 신고를 하여야 한다.

03 출생사실의 통보

1. 의료인은 해당 의료기관에서 출생이 있는 경우 출생사실을 확인하기 위하여 출생정보를 해당 의료기관에서 관리하는 출생자 모의 진료기록부 또는 조산기록부에 기재하여야 한다.
2. 의료기관의 장은 출생일부터 14일 이내에 출생정보를 심사평가원에 제출하여야 한다.
3. 심사평가원은 출생자 모의 주소지를 관할하는 시·읍·면의 장에게 해당 출생정보를 포함한 출생사실을 지체 없이 통보하여야 한다.

04 출생신고의 확인·최고 및 직권 출생 기록

1. 심사평가원의 통보를 받은 시·읍·면의 장은 신고기간 내에 출생자에 대한 출생신고가 되었는지를 확인하여야 한다.
2. 시·읍·면의 장은 신고기간이 지나도록 통보받은 출생자에 대한 출생신고가 되지 아니한 경우에는 즉시 신고의무자에게 7일 이내에 출생신고를 할 것을 최고하여야 한다.
3. 시·읍·면의 장은 ① 신고의무자가 최고기간 내에 출생신고를 하지 아니하거나 ② 신고의무자를 특정할 수 없는 등의 이유로 신고의무자에게 최고할 수 없는 경우에는 감독법원의 허가를 받아 해당 출생자에 대하여 직권으로 등록부에 출생을 기록하여야 한다.

05 출생신고의 장소

1. 출생의 신고는 출생지에서 할 수 있다.
2. 기차나 그 밖의 교통기관 안에서 출생한 때에는 모가 교통기관에서 내린 곳에서 신고할 수 있다.

06 신고의무자

1. 혼인 중 출생자의 출생의 신고는 부 또는 모가 하여야 한다.
2. 혼인 외 출생자의 신고는 모가 하여야 한다.
3. 「민법」에 따라 법원이 부를 정하여야 할 때에는 출생의 신고는 모가 하여야 한다.
4. 신고의무자가 신고 의무 기간 내에 신고를 하지 아니하여 자녀의 복리가 위태롭게 될 우려가 있는 경우에는 검사 또는 지방자치단체의 장이 출생의 신고를 할 수 있다.

Chapter 06 인지신고

제55조【인지신고의 기재사항】 ① 인지의 신고서에는 다음 사항을 기재하여야 한다.
1. 자녀의 성명·성별·출생연월일·주민등록번호 및 등록기준지(자가 외국인인 때에는 그 성명·성별·출생연월일·국적 및 외국인등록번호)
2. 사망한 자녀를 인지할 때에는 사망연월일, 그 직계비속의 성명·출생연월일·주민등록번호 및 등록기준지
3. 부가 인지할 때에는 모의 성명·등록기준지 및 주민등록번호
4. 인지 전의 자녀의 성과 본을 유지할 경우 그 취지와 내용
5. 「민법」 제909조 제4항 또는 제5항에 따라 친권자가 정하여진 때에는 그 취지와 내용

② 제1항 제4호 및 제5호의 경우에는 신고서에 그 내용을 증명하는 서면을 첨부하여야 한다. 다만, 가정법원의 성·본 계속사용허가심판 또는 친권자를 정하는 재판이 확정된 때에는 제58조를 준용한다.

제56조【태아의 인지】 태내에 있는 자녀를 인지할 때에는 신고서에 그 취지, 모의 성명 및 등록기준지를 기재하여야 한다.

제57조【친생자출생의 신고에 의한 인지】 ① 부가 혼인 외의 자녀에 대하여 친생자출생의 신고를 한 때에는 그 신고는 인지의 효력이 있다. 다만, 모가 특정됨에도 불구하고 부가 본문에 따른 신고를 함에 있어 모의 소재불명 또는 모가 정당한 사유 없이 출생신고에 필요한 서류 제출에 협조하지 아니하는 등의 장애가 있는 경우에는 부의 등록기준지 또는 주소지를 관할하는 가정법원의 확인을 받아 신고를 할 수 있다.
② 모의 성명·등록기준지 및 주민등록번호의 전부 또는 일부를 알 수 없어 모를 특정할 수 없는 경우 또는 모가 공적 서류·증명서·장부 등에 의하여 특정될 수 없는 경우에는 부의 등록기준지 또는 주소지를 관할하는 가정법원의 확인을 받아 제1항에 따른 신고를 할 수 있다.
③ 가정법원은 제1항 단서 및 제2항에 따른 확인을 위하여 필요한 사항을 직권으로 조사할 수 있고, 지방자치단체, 국가경찰관서 및 행정기관이나 그 밖의 단체 또는 개인에게 필요한 사항을 보고하게 하거나 자료의 제출을 요구할 수 있다.
④ 다음 각 호의 어느 하나에 해당하는 경우에는 신고의무자가 1개월 이내에 출생의 신고를 하고 등록부의 정정을 신청하여야 한다. 이 경우 시·읍·면의 장이 확인하여야 한다.
1. 출생자가 제3자로부터 「민법」 제844조의 친생자 추정을 받고 있음이 밝혀진 경우
2. 그 밖에 대법원규칙으로 정하는 사유에 해당하는 경우

⑤ 확인절차 및 신고에 필요한 사항은 대법원규칙으로 정한다.

제58조【재판에 의한 인지】 ① 인지의 재판이 확정된 경우에 소를 제기한 사람은 재판의 확정일부터 1개월 이내에 재판서의 등본 및 확정증명서를 첨부하여 그 취지를 신고하여야 한다.
② 제1항의 신고서에는 재판확정일을 기재하여야 한다.
③ 제1항의 경우에는 그 소의 상대방도 재판서의 등본 및 확정증명서를 첨부하여 인지의 재판이 확정된 취지를 신고할 수 있다. 이 경우 제2항을 준용한다.

> 제59조【유언에 의한 인지】유언에 의한 인지의 경우에는 유언집행자는 그 취임일부터 1개월 이내에 인지에 관한 유언서등본 또는 유언녹음을 기재한 서면을 첨부하여 제55조 또는 제56조에 따라 신고를 하여야 한다.
>
> 제60조【인지된 태아의 사산】인지된 태아가 사체로 분만된 경우에 출생의 신고의무자는 그 사실을 안 날부터 1개월 이내에 그 사실을 신고하여야 한다. 다만, 유언집행자가 제59조의 신고를 하였을 경우에는 유언집행자가 그 신고를 하여야 한다.

01 태아의 인지

태내에 있는 자녀를 인지할 때에는 신고서에 그 취지, 모의 성명 및 등록기준지를 기재하여야 한다.

02 친생자출생의 신고에 의한 인지

1. 부가 혼인 외의 자녀에 대하여 친생자출생의 신고를 한 때에는 그 신고는 인지의 효력이 있다.

2. 모가 특정됨에도 불구하고 모의 소재불명 또는 모가 정당한 사유 없이 출생신고에 필요한 서류 제출에 협조하지 아니하는 등의 장애가 있는 경우에는 부의 등록기준지 또는 주소지를 관할하는 가정법원의 확인을 받아 신고를 할 수 있다.

3. 모를 특정할 수 없는 경우에는 부의 등록기준지 또는 주소지를 관할하는 가정법원의 확인을 받아 친생자출생의 따른 신고를 할 수 있다.

03 재판에 의한 인지

인지의 재판이 확정된 경우에 소를 제기한 사람은 재판의 확정일부터 1개월 이내에 재판서의 등본 및 확정증명서를 첨부하여 그 취지를 신고하여야 한다.

04 유언에 의한 인지

유언에 의한 인지의 경우에는 유언집행자는 그 취임일부터 1개월 이내에 신고를 하여야 한다.

05 인지된 태아의 사산

인지된 태아가 사체로 분만된 경우에 출생의 신고의무자는 그 사실을 안 날부터 1개월 이내에 그 사실을 신고하여야 한다.

Chapter 07 각종 신고

01 입양

제61조 【입양신고의 기재사항】 입양의 신고서에는 다음 사항을 기재하여야 한다.
1. 당사자의 성명·본·출생연월일·주민등록번호·등록기준지(당사자가 외국인인 때에는 그 성명·출생연월일·국적 및 외국인등록번호) 및 양자의 성별
2. 양자의 친생부모의 성명·주민등록번호 및 등록기준지

제62조 【입양의 신고】 ① 양자가 13세 미만인 경우에는 「민법」 제869조 제2항에 따라 입양을 승낙한 법정대리인이 신고하여야 한다.
② 「민법」 제867조에 따라 미성년자를 입양하는 경우 또는 같은 법 제873조에 따라 피성년후견인이 입양을 하거나 양자가 되는 경우에는 가정법원의 허가서를 첨부하여야 한다.
③ 「민법」 제871조 제2항에 따라 부모의 동의를 갈음하는 심판이 있는 경우에는 가정법원의 심판서를 첨부하여야 한다.

02 파양

제63조 【파양신고의 기재사항】 파양의 신고서에는 다음 사항을 기재하여야 한다.
1. 당사자의 성명·본·출생연월일·주민등록번호 및 등록기준지(당사자가 외국인인 때에는 그 성명·출생연월일·국적 및 외국인등록번호)
2. 양자의 친생부모의 성명·등록기준지 및 주민등록번호

제65조 【준용규정】 ① 제63조는 입양취소의 신고에 준용한다.
② 제58조는 입양취소의 재판이 확정된 경우에 준용한다.

제66조 【준용규정】 제58조는 파양의 재판이 확정된 경우에 준용한다.

03 친양자의 입양 및 파양

제67조【친양자의 입양신고】 ① 「민법」 제908조의2에 따라 친양자를 입양하고자 하는 사람은 친양자 입양재판의 확정일부터 1개월 이내에 재판서의 등본 및 확정증명서를 첨부하여 제61조의 신고를 하여야 한다.
② 제1항의 신고서에는 재판확정일을 기재하여야 한다.

제68조【준용규정】 제58조는 친양자의 입양신고에 준용한다.

제69조【친양자의 파양신고】 ① 「민법」 제908조의5에 따라 친양자 파양의 재판이 확정된 경우 소를 제기한 사람은 재판의 확정일부터 1개월 이내에 재판서의 등본 및 확정증명서를 첨부하여 제63조의 신고를 하여야 한다.
② 제1항의 신고서에는 재판확정일을 기재하여야 한다.
③ 제1항의 경우에는 그 소의 상대방도 재판서의 등본 및 확정증명서를 첨부하여 친양자 파양의 재판이 확정된 취지를 신고할 수 있다. 이 경우 제2항을 준용한다.

제70조【준용규정】 제69조는 친양자의 입양취소의 재판이 확정된 경우에 준용한다.

04 혼인

제71조【혼인신고의 기재사항 등】 혼인의 신고서에는 다음 사항을 기재하여야 한다. 다만, 제3호의 경우에는 혼인당사자의 협의서를 첨부하여야 한다.
1. 당사자의 성명·본·출생연월일·주민등록번호 및 등록기준지(당사자가 외국인인 때에는 그 성명·출생연월일·국적 및 외국인등록번호)
2. 당사자의 부모와 양부모의 성명·등록기준지 및 주민등록번호
3. 「민법」 제781조 제1항 단서에 따른 협의가 있는 경우 그 사실
4. 「민법」 제809조 제1항에 따른 근친혼에 해당되지 아니한다는 사실

제72조【재판에 의한 혼인】 사실상 혼인관계 존재확인의 재판이 확정된 경우에는 소를 제기한 사람은 재판의 확정일부터 1개월 이내에 재판서의 등본 및 확정증명서를 첨부하여 제71조의 신고를 하여야 한다.

제73조【준용규정】 제58조는 혼인취소의 재판이 확정된 경우에 준용한다.

05 이혼

제74조【이혼신고의 기재사항】 이혼의 신고서에는 다음 사항을 기재하여야 한다.
1. 당사자의 성명·본·출생연월일·주민등록번호 및 등록기준지(당사자가 외국인인 때에는 그 성명·국적 및 외국인등록번호)
2. 당사자의 부모와 양부모의 성명·등록기준지 및 주민등록번호
3. 「민법」제909조 제4항 또는 제5항에 따라 친권자가 정하여진 때에는 그 내용

제75조【협의상 이혼의 확인】 ① 협의상 이혼을 하고자 하는 사람은 등록기준지 또는 주소지를 관할하는 가정법원의 확인을 받아 신고하여야 한다. 다만, 국내에 거주하지 아니하는 경우에 그 확인은 서울가정법원의 관할로 한다.
② 제1항의 신고는 협의상 이혼을 하고자 하는 사람이 가정법원으로부터 확인서등본을 교부 또는 송달받은 날부터 3개월 이내에 그 등본을 첨부하여 행하여야 한다.
③ 제2항의 기간이 경과한 때에는 그 가정법원의 확인은 효력을 상실한다.
④ 가정법원의 확인 절차와 신고에 관하여 필요한 사항은 대법원규칙으로 정한다.

제76조【간주규정】 협의이혼신고서에 가정법원의 이혼의사확인서등본을 첨부한 경우에는 「민법」제836조 제2항에서 정한 증인 2인의 연서가 있는 것으로 본다.

제77조【준용규정】 제74조는 혼인취소의 신고에 준용한다.

제78조【준용규정】 제58조는 이혼의 재판이 확정된 경우에 준용한다.

06 친권 및 미성년후견

제79조【친권자 지정 및 변경 신고 등】 ① 부모가 「민법」제909조 제4항에 따라 친권자를 정한 때에는 1개월 이내에 그 사실을 신고하여야 한다. 부모 중 일방이 신고하는 경우에는 그 사실을 증명하는 서면을 첨부하여야 한다.
② 다음 각 호의 재판이 확정된 경우에는 그 재판을 청구한 사람이나 그 재판으로 친권자 또는 그 임무를 대행할 사람으로 정하여진 사람이 그 내용을 신고하여야 한다. 이 경우 신고기간, 신고서의 첨부서류 등에 관하여는 제58조를 준용한다.
1. 「민법」제909조 제4항부터 제6항까지의 규정에 따라 친권자를 정하거나 변경하는 재판
2. 「민법」제909조의2(「민법」제927조의2 제1항에 따라 준용되는 경우를 포함한다), 제927조의2 제2항 및 제931조 제2항에 따라 친권자 또는 그 임무를 대행할 사람을 지정하거나 선임하는 재판
3. 「민법」제924조, 제924조의2 및 제926조에 따른 친권의 상실, 일시 정지, 일부 제한 및 그 회복에 관한 재판
4. 「민법」제925조, 제926조 및 제927조에 따른 법률행위의 대리권이나 재산관리권의 상실·사퇴 및 그 회복에 관한 재판

제80조 【미성년후견 개시신고의 기재사항】 ① 미성년후견 개시의 신고는 미성년후견인이 그 취임일부터 1개월 이내에 하여야 한다.
② 신고서에는 다음 각 호의 사항을 적어야 한다.
1. 미성년자와 미성년후견인의 성명·출생연월일·주민등록번호 및 등록기준지(당사자가 외국인인 때에는 그 성명·출생연월일·국적 및 외국인등록번호)
2. 미성년후견 개시의 원인 및 연월일
3. 미성년후견인이 취임한 연월일

제81조 【미성년후견인 경질신고 등】 ① 미성년후견인이 경질된 경우에는 후임자는 취임일부터 1개월 이내에 그 취지를 신고하여야 한다.
② 제1항의 신고에는 제80조 제2항을 준용한다.
③ 「민법」 제939조 또는 제940조에 따라 미성년후견인이 사임하거나 변경된 경우 신고인, 신고기간과 신고서의 첨부서류 등에 관하여는 제79조 제2항을 준용한다. 이 경우 "친권자 또는 그 임무를 대행할 사람으로 정하여진 사람"은 "선임된 미성년후견인"으로 본다.

제82조 【유언 또는 재판에 따른 미성년후견인의 선정】 ① 유언에 의하여 미성년후견인을 지정한 경우에는 지정에 관한 유언서 그 등본 또는 유언녹음을 기재한 서면을 신고서에 첨부하여야 한다.
② 미성년후견인 선임의 재판이 있는 경우에는 재판서의 등본을 신고서에 첨부하여야 한다.

제83조 【미성년후견 종료신고】 ① 미성년후견 종료의 신고는 미성년후견인이 1개월 이내에 하여야 한다. 다만, 미성년자가 성년이 되어 미성년후견이 종료된 경우에는 그러하지 아니하다.
② 신고서에는 다음 각 호의 사항을 적어야 한다.
1. 미성년자와 미성년후견인의 성명·등록기준지 및 주민등록번호(당사자가 외국인인 때에는 그 성명·국적 및 외국인등록번호)
2. 미성년후견 종료의 원인 및 연월일

제83조의2 【미성년후견감독 개시신고】 ① 미성년후견감독 개시의 신고는 미성년후견감독인이 그 취임일부터 1개월 이내에 하여야 한다.
② 신고서에는 다음 각 호의 사항을 적어야 한다.
1. 미성년후견감독인, 미성년후견인 및 미성년자의 성명·출생연월일·주민등록번호 및 등록기준지(당사자가 외국인인 때에는 그 성명·출생연월일·국적 및 외국인등록번호)
2. 미성년후견감독 개시의 원인 및 연월일
3. 미성년후견감독인이 취임한 연월일

제83조의3 【미성년후견감독인의 경질신고 등】 ① 미성년후견감독인이 경질된 경우에는 후임자는 취임일부터 1개월 이내에 그 취지를 신고하여야 한다.
② 제1항의 신고에 관하여는 제83조의2 제2항을 준용한다.
③ 「민법」 제940조의7에 따라 준용되는 같은 법 제939조 또는 제940조에 따라 미성년후견감독인이 사임하거나 변경된 경우 신고인, 신고기간과 신고서의 첨부서류 등에 관하여는 제79조 제2항을 준용한다. 이 경우 "친권자 또는 그 임무를 대행할 사람으로 정하여진 사람"은 "선임된 미성년후견감독인"으로 본다.

제83조의4 【유언 또는 재판에 따른 미성년후견감독인의 선정】 유언으로 미성년후견감독인을 지정한 경우 또는 미성년후견감독인 선임의 재판이 있는 경우에 신고서의 첨부서류에 관하여는 제82조를 준용한다.

제83조의5 【미성년후견감독 종료신고】 ① 미성년후견감독 종료의 신고는 미성년후견감독인이 1개월 이내에 하여야 한다. 다만, 미성년자가 성년이 되어 미성년후견감독이 종료된 경우에는 그러하지 아니하다.
② 신고서에는 다음 각 호의 사항을 적어야 한다.
1. 미성년후견감독인, 미성년후견인 및 미성년자의 성명·출생연월일·주민등록번호 및 등록기준지(당사자가 외국인인 경우에는 그 성명·출생연월일·국적 및 외국인등록번호)
2. 미성년후견감독 종료의 원인 및 연월일

07 사망과 실종

제84조 【사망신고와 그 기재사항】 ① 사망의 신고는 제85조에 규정한 사람이 사망의 사실을 안 날부터 1개월 이내에 진단서 또는 검안서를 첨부하여 하여야 한다.
② 신고서에는 다음 사항을 기재하여야 한다.
1. 사망자의 성명, 성별, 등록기준지 및 주민등록번호
2. 사망의 연월일시 및 장소
③ 부득이한 사유로 제2항의 신고서에 제1항의 진단서나 검안서를 첨부할 수 없는 때에는 사망의 사실을 증명할 만한 서면으로서 대법원규칙으로 정하는 서면을 첨부하여야 한다. 이 경우 제2항의 신고서에 진단서 또는 검안서를 첨부할 수 없는 사유를 기재하여야 한다.

제85조 【사망신고의무자】 ① 사망의 신고는 동거하는 친족이 하여야 한다.
② 친족·동거자 또는 사망장소를 관리하는 사람, 사망장소의 동장 또는 통·이장도 사망의 신고를 할 수 있다.

제86조 【사망신고의 장소】 사망의 신고는 사망지·매장지 또는 화장지에서 할 수 있다. 다만, 사망지가 분명하지 아니한 때에는 사체가 처음 발견된 곳에서, 기차나 그 밖의 교통기관 안에서 사망이 있었을 때에는 그 사체를 교통기관에서 내린 곳에서, 항해일지를 비치하지 아니한 선박 안에서 사망한 때에는 그 선박이 최초로 입항한 곳에서 할 수 있다.

제87조 【재난 등으로 인한 사망】 수해, 화재나 그 밖의 재난으로 인하여 사망한 사람이 있는 경우에는 이를 조사한 관공서는 지체 없이 사망지의 시·읍·면의 장에게 통보하여야 한다. 다만, 외국에서 사망한 때에는 사망자의 등록기준지의 시·읍·면의 장 또는 재외국민 가족관계등록사무소의 가족관계등록관에게 통보하여야 한다.

제88조 【사형, 재소 중 사망】 ① 사형의 집행이 있는 때에는 교도소장은 지체 없이 교도소 소재지의 시·읍·면의 장에게 사망의 통보를 하여야 한다.
② 제1항은 재소 중 사망한 사람의 사체를 찾아갈 사람이 없는 경우에 준용한다. 이 경우 통보서에 진단서 또는 검안서를 첨부하여야 한다.

제88조의2 【무연고자 등의 사망】 「장사 등에 관한 법률」 제12조에 따라 시장등이 무연고 사망자 등을 처리한 경우에는 지체 없이 사망지·매장지 또는 화장지의 시·읍·면의 장에게 통보하여야 한다.

제89조 【통보서의 기재사항】 제87조, 제88조 및 제88조의2에서 규정한 통보서에는 제84조 제2항에서 정한 사항을 기재하여야 한다.

제90조【등록불명자 등의 사망】① 사망자에 대하여 등록이 되어 있는지 여부가 분명하지 아니하거나 사망자를 인식할 수 없는 때에는 경찰공무원은 검시조서를 작성·첨부하여 지체 없이 사망지의 시·읍·면의 장에게 사망의 통보를 하여야 한다.
② 사망자가 등록이 되어 있음이 판명되었거나 사망자의 신원을 알 수 있게 된 때에는 경찰공무원은 지체 없이 사망지의 시·읍·면의 장에게 그 취지를 통보하여야 한다.
③ 제1항의 통보가 있은 후에 제85조에서 정한 사람이 사망자의 신원을 안 때에는 그 날부터 10일 이내에 사망의 신고를 하여야 한다.

제91조【준용규정】제49조 및 제50조는 사망의 신고에 준용한다.

제92조【실종선고의 신고】① 실종선고의 신고는 그 선고를 청구한 사람이 재판확정일부터 1개월 이내에 재판서의 등본 및 확정증명서를 첨부하여 하여야 한다.
② 실종선고의 신고서에는 다음 사항을 기재하여야 한다.
1. 실종자의 성명·성별·등록기준지 및 주민등록번호
2. 「민법」제27조에서 정한 기간의 만료일
③ 제58조는 실종선고취소의 재판이 확정된 경우에 그 재판을 청구한 사람에게 준용한다.

08 국적의 취득과 상실

제93조【인지 등에 따른 국적취득의 통보 등】① 법무부장관은 「국적법」제3조 제1항 또는 같은 법 제11조 제1항에 따라 대한민국의 국적을 취득한 사람이 있는 경우 지체 없이 국적을 취득한 사람이 정한 등록기준지의 시·읍·면의 장에게 대법원규칙으로 정하는 사항을 통보하여야 한다.
② 제1항의 통보를 받은 시·읍·면의 장은 국적을 취득한 사람의 등록부를 작성한다.

제94조【귀화허가의 통보 등】① 법무부장관은 「국적법」제4조에 따라 외국인을 대한민국 국민으로 귀화허가한 경우 지체 없이 귀화허가를 받은 사람이 정한 등록기준지의 시·읍·면의 장에게 대법원규칙으로 정하는 사항을 통보하여야 한다.
② 제1항의 통보를 받은 시·읍·면의 장은 귀화허가를 받은 사람의 등록부를 작성한다.

제95조【국적회복허가의 통보 등】① 법무부장관은 「국적법」제9조에 따라 대한민국의 국적회복을 허가한 경우 지체 없이 국적회복을 한 사람이 정한 등록기준지의 시·읍·면의 장에게 대법원규칙으로 정하는 사항을 통보하여야 한다.
② 제1항의 통보를 받은 시·읍·면의 장은 국적회복을 한 사람의 등록부를 작성한다. 다만, 국적회복을 한 사람의 등록부등이 있는 경우에는 등록부등에 기재된 등록기준지의 시·읍·면의 장에게 그 사항을 통보하여야 한다.

제96조【국적취득자의 성과 본의 창설 신고】① 외국의 성을 쓰는 국적취득자가 그 성을 쓰지 아니하고 새로이 성(姓)·본(本)을 정하고자 하는 경우에는 그 등록기준지·주소지 또는 등록기준지로 하고자 하는 곳을 관할하는 가정법원의 허가를 받고 그 등본을 받은 날부터 1개월 이내에 그 성과 본을 신고하여야 한다.

② 대한민국의 국적을 회복하거나 재취득하는 경우에는 종전에 사용하던 대한민국식 성명으로 국적회복신고 또는 국적재취득신고를 할 수 있다.
③ 제2항의 경우 신고서에는 종전에 사용하던 대한민국식 성명을 소명하여야 한다.
④ 신고서에는 다음 사항을 기재하여야 한다.
1. 종전의 성
2. 창설한 성·본
3. 허가의 연월일
⑤ 제4항의 신고서에는 제1항에 따른 허가의 등본을 첨부하여야 한다.
⑥ 제1항의 경우에 가정법원은 심리(審理)를 위하여 국가경찰관서의 장에게 성·본 창설허가 신청인의 범죄경력 조회를 요청할 수 있고, 그 요청을 받은 국가경찰관서의 장은 지체 없이 그 결과를 회보하여야 한다.

제97조【국적상실신고의 기재사항】 ① 국적상실의 신고는 배우자 또는 4촌 이내의 친족이 그 사실을 안 날부터 1개월 이내에 하여야 한다.
② 신고서에는 다음 각 호의 사항을 기재하여야 한다.
1. 국적상실자의 성명·주민등록번호 및 등록기준지
2. 국적상실의 원인 및 연월일
3. 새로 외국국적을 취득한 때에는 그 국적
③ 제2항의 신고서에는 국적상실을 증명하는 서면을 첨부하여야 한다.
④ 국적상실자 본인도 국적상실의 신고를 할 수 있다.

제98조【국적선택 등의 통보】 ① 법무부장관은 다음 각 호의 어느 하나에 해당하는 사유가 발생한 경우 그 사람의 등록기준지(등록기준지가 없는 경우에는 그 사람이 정한 등록기준지)의 시·읍·면의 장에게 대법원규칙으로 정하는 사항을 통보하여야 한다.
1. 「국적법」 제13조에 따라 복수국적자로부터 대한민국의 국적을 선택한다는 신고를 수리한 때
2. 「국적법」 제14조 제1항에 따라 국적이탈신고를 수리한 때
3. 「국적법」 제20조에 따라 대한민국 국민으로 판정한 때
② 대한민국 국민으로 판정받은 사람이 등록되어 있지 아니한 때에는 그 통보를 받은 시·읍·면의 장은 등록부를 작성한다.

09 개명 및 성(姓)·본(本) 변경

제99조【개명신고】 ① 개명하고자 하는 사람은 주소지(재외국민의 경우 등록기준지)를 관할하는 가정법원의 허가를 받고 그 허가서의 등본을 받은 날부터 1개월 이내에 신고를 하여야 한다.
② 신고서에는 다음 사항을 기재하여야 한다.
 1. 변경 전의 이름
 2. 변경한 이름
 3. 허가연월일
③ 제2항의 신고서에는 허가서의 등본을 첨부하여야 한다.
④ 제1항의 경우에 가정법원의 심리에 관하여는 제96조 제6항을 준용한다.

제100조【성·본 변경신고】 ①「민법」제781조 제6항에 따라 자녀의 성(姓)·본(本)을 변경하고자 하는 사람은 재판확정일부터 1개월 이내에 재판서의 등본 및 확정증명서를 첨부하여 신고하여야 한다.
② 신고서에는 다음 사항을 기재하여야 한다.
 1. 변경 전의 성·본
 2. 변경한 성·본
 3. 재판확정일

10 가족관계 등록 창설

제101조【가족관계 등록 창설신고】 ① 등록이 되어 있지 아니한 사람은 등록을 하려는 곳을 관할하는 가정법원의 허가를 받고 그 등본을 받은 날부터 1개월 이내에 가족관계 등록 창설(이하 "등록창설"이라 한다)의 신고를 하여야 한다.
② 신고서에는 제9조 제2항에 규정된 사항 외에 등록창설허가의 연월일을 기재하여야 한다.
③ 제2항의 신고서에는 등록창설허가의 등본을 첨부하여야 한다.
④ 제1항의 경우에 가정법원의 심리에 관하여는 제96조 제6항을 준용한다.

제102조【직계혈족에 의한 등록창설신고】 등록창설허가의 재판을 얻은 사람이 등록창설의 신고를 하지 아니한 때에는 배우자 또는 직계혈족이 할 수 있다.

제103조【판결에 의한 등록창설의 신고】 ① 확정판결에 의하여 등록창설의 신고를 하여야 할 경우에는 판결확정일부터 1개월 이내에 하여야 한다.
② 신고서에는 제9조 제2항에 규정된 사항 외에 판결확정일을 기재하여야 한다.
③ 제2항의 신고서에는 판결의 등본 및 확정증명서를 첨부하여야 한다.

등록부의 정정

> [제5회]
> 가족관계등록부에 기재된 출생연월일의 정정절차에 관하여 설명하시오. (20점)

> 제104조【위법한 가족관계 등록기록의 정정】① 등록부의 기록이 법률상 허가될 수 없는 것 또는 그 기재에 착오나 누락이 있다고 인정한 때에는 이해관계인은 사건 본인의 등록기준지를 관할하는 가정법원의 허가를 받아 등록부의 정정을 신청할 수 있다.
> ② 제1항의 경우에 가정법원의 심리에 관하여는 제96조 제6항을 준용한다.
>
> 제105조【무효인 행위의 가족관계등록기록의 정정】① 신고로 인하여 효력이 발생하는 행위에 관하여 등록부에 기록하였으나 그 행위가 무효임이 명백한 때에는 신고인 또는 신고사건의 본인은 사건 본인의 등록기준지를 관할하는 가정법원의 허가를 받아 등록부의 정정을 신청할 수 있다.
> ② 제1항의 경우에 가정법원의 심리에 관하여는 제96조 제6항을 준용한다.
>
> 제106조【정정신청의 의무】 제104조 및 제105조에 따라 허가의 재판이 있었을 때에는 재판서의 등본을 받은 날부터 1개월 이내에 그 등본을 첨부하여 등록부의 정정을 신청하여야 한다.
>
> 제107조【판결에 의한 등록부의 정정】 확정판결로 인하여 등록부를 정정하여야 할 때에는 소를 제기한 사람은 판결확정일부터 1개월 이내에 판결의 등본 및 그 확정증명서를 첨부하여 등록부의 정정을 신청하여야 한다.
>
> 제108조【준용규정】 제20조 제1항, 제22조, 제23조 제1항, 제23조의2, 제23조의3, 제25조부터 제27조까지, 제29조부터 제33조까지 및 제37조부터 제42조까지의 규정은 등록부의 정정신청에 준용한다.

01 등록부의 정정(제18조)

1. 통지

등록부의 기록이 법률상 무효인 것이거나 그 기록에 착오 또는 누락이 있음을 안 때에는 시·읍·면의 장은 지체 없이 신고인 또는 신고사건의 본인에게 그 사실을 통지하여야 한다.

2. 직권 정정

통지를 할 수 없을 때 또는 통지를 하였으나 정정신청을 하는 사람이 없는 때 또는 그 기록의 착오 또는 누락이 시·읍·면의 장의 잘못으로 인한 것인 때에는 시·읍·면의 장은 감독법원의 허가를 받아 직권으로 정정할 수 있다. 다만, 경미한 사항인 경우에는 시·읍·면의 장이 직권으로 정정하고, 감독법원에 보고하여야 한다.

02 위법한 가족관계 등록기록의 정정(제104조)

등록부의 기록이 법률상 허가될 수 없는 것 또는 그 기재에 착오나 누락이 있다고 인정한 때에는 이해관계인은 사건 본인의 등록기준지를 관할하는 가정법원의 허가를 받아 등록부의 정정을 신청할 수 있다.

03 무효인 행위의 가족관계등록기록의 정정(제105조)

신고로 인하여 효력이 발생하는 행위에 관하여 등록부에 기록하였으나 그 행위가 무효임이 명백한 때에는 신고인 또는 신고사건의 본인은 사건 본인의 등록기준지를 관할하는 가정법원의 허가를 받아 등록부의 정정을 신청할 수 있다.

04 의무

1. 허가의 재판이 있었을 때에는 재판서의 등본을 받은 날부터 1개월 이내에 그 등본을 첨부하여 등록부의 정정을 신청하여야 한다.
2. 확정판결로 인하여 등록부를 정정하여야 할 때에는 소를 제기한 사람은 판결확정일부터 1개월 이내에 판결의 등본 및 그 확정증명서를 첨부하여 등록부의 정정을 신청하여야 한다.

Chapter 09 불복절차

> **제109조【불복의 신청】** ① 등록사건에 관하여 이해관계인은 시·읍·면의 장의 위법 또는 부당한 처분에 대하여 관할 가정법원에 불복의 신청을 할 수 있다.
> ② 제1항의 신청을 받은 가정법원은 신청에 관한 서류를 시·읍·면의 장에게 송부하며 그 의견을 구할 수 있다.
>
> **제110조【불복신청에 대한 시·읍·면의 조치】** ① 시·읍·면의 장은 그 신청이 이유 있다고 인정하는 때에는 지체 없이 처분을 변경하고 그 취지를 법원과 신청인에게 통지하여야 한다.
> ② 신청이 이유 없다고 인정하는 때에는 의견을 붙여 지체 없이 그 서류를 법원에 반환하여야 한다.
>
> **제111조【불복신청에 대한 법원의 결정】** ① 가정법원은 신청이 이유 없는 때에는 각하하고 이유 있는 때에는 시·읍·면의 장에게 상당한 처분을 명하여야 한다.
> ② 신청의 각하 또는 처분을 명하는 재판은 결정으로써 하고, 시·읍·면의 장 및 신청인에게 송달하여야 한다.
>
> **제112조【항고】** 가정법원의 결정에 대하여는 법령을 위반한 재판이라는 이유로만 「비송사건절차법」에 따라 항고할 수 있다.
>
> **제113조【불복신청의 비용】** 불복신청의 비용에 관하여는 「비송사건절차법」의 규정을 준용한다.

01 신청

등록사건에 관하여 이해관계인은 시·읍·면의 장의 위법 또는 부당한 처분에 대하여 관할 가정법원에 불복의 신청을 할 수 있다.

02 절차

1. 신청을 받은 가정법원은 신청에 관한 서류를 시·읍·면의 장에게 송부하며 그 의견을 구할 수 있다.
2. 시·읍·면의 장은 그 신청이 이유 있다고 인정하는 때에는 지체 없이 처분을 변경하고 그 취지를 법원과 신청인에게 통지하여야 한다.
3. 신청이 이유 없다고 인정하는 때에는 의견을 붙여 지체 없이 그 서류를 법원에 반환하여야 한다.

03 법원의 결정

1. 가정법원은 신청이 이유 없는 때에는 각하하고 이유 있는 때에는 시·읍·면의 장에게 상당한 처분을 명하여야 한다.

2. 신청의 각하 또는 처분을 명하는 재판은 결정으로써 하고, 시·읍·면의 장 및 신청인에게 송달하여야 한다.

04 항고

가정법원의 결정에 대하여는 법령을 위반한 재판이라는 이유로만 「비송사건절차법」에 따라 항고할 수 있다.

Chapter 10 신고서류의 송부와 법원의 감독

제114조【신고서류 등의 송부】 시·읍·면의 장은 등록부에 기록할 수 없는 등록사건을 제외하고는 대법원규칙으로 정하는 바에 따라 등록부에 기록을 마친 신고서류 등을 관할 법원에 송부하여야 한다.

제115조【신고서류 등의 조사 및 시정지시】 ① 법원은 시·읍·면의 장으로부터 신고서류 등을 송부받은 때에는 지체 없이 등록부의 기록사항과 대조하고 조사하여야 한다.
② 법원은 제1항의 조사결과 그 신고서류 등에 위법·부당한 사실이 발견된 경우에는 시·읍·면의 장에 대하여 시정지시 등 필요한 처분을 명할 수 있다.
③ 신고서류조사 또는 시정지시 및 신고서류 보관절차에 관하여 필요한 사항은 대법원규칙으로 정한다.

제116조【각종 보고의 명령 등】 법원은 시·읍·면의 장에 대하여 등록사무에 관한 각종 보고를 명하는 등 감독상 필요한 조치를 취할 수 있다.

MEMO

행정사
이상기/이준희 행정절차론

부록

기출문제 모범답안

2013년 제1회 행정사 2차 기출문제
행정절차론 모범답안

∥문제 1∥ 행정청이 불이익처분을 하면서 공개적으로 당사자, 전문지식과 경험을 가진 사람, 그 밖의 일반인으로부터 의견을 수렴하고자 공청회를 개최하려고 한다. 「행정절차법」상의 공청회에 관하여 설명하시오. (40점)

◆ 모범답안 ◆

Ⅰ 의의

공청회란 행정청이 공개적인 토론을 통하여 어떠한 행정작용에 대하여 당사자등 전문지식과 경험을 가진 자, 기타 일반인으로부터 의견을 수렴하는 절차를 말한다.

Ⅱ 대상

1. 개최사유

행정청이 처분을 함에 있어서 ① 다른 법령등에서 공청회를 개최하도록 규정하고 있는 경우, ② 당해 처분의 영향이 광범위하여 널리 의견을 수렴할 필요가 있다고 행정청이 인정하는 경우, 그리고 ③ 국민생활에 큰 영향을 미치는 처분(국민 다수의 생명, 안전 및 건강에 큰 영향을 미치는 처분 또는 소음 및 악취 등 국민의 일상생활과 관계되는 환경에 큰 영향을 미치는 처분)으로써 30명 이상의 당사자등이 공청회 개최를 요구하는 경우에 공청회를 개최한다.

2. 생략사유

(1) 공공의 안전 또는 복리를 위하여 긴급히 처분을 할 필요가 있는 경우
(2) 법령등에서 요구된 자격이 없거나 없어지게 되면 반드시 일정한 처분을 하여야 하는 경우에 그 자격이 없거나 없어지게 된 사실이 법원의 재판 등에 의하여 객관적으로 증명된 때
(3) 당해 처분의 성질상 의견청취가 현저히 곤란하거나 명백히 불필요하다고 인정될 만한 상당한 이유가 있는 경우
(4) 당사자가 의견진술의 기회를 포기한다는 뜻을 명백히 표시한 경우

Ⅲ 절차

1. 공청회 개최의 알림

행정청은 공청회를 개최하려는 경우에는 공청회 개최 14일 전까지 당사자등에게 통지하고 관보, 공보, 인터넷 홈페이지 또는 일간신문 등에 공고하는 등의 방법으로 널리 알려야 한다. 다만, 공청회 개최를 알린 후 예정대로 개최하지 못하여 새로 일시 및 장소 등을 정한 경우에는 공청회 개최 7일 전까지 알려야 한다.

2. 주재자

행정청은 해당 공청회의 사안과 관련된 분야에 전문적 지식이 있거나 그 분야에 종사한 경험이 있는 사람 중에서 공청회의 주재자를 선정한다.

3. 발표자

공청회의 발표자는 발표를 신청한 사람 중에서 행정청이 선정한다. 다만, 발표를 신청한 사람이 없거나 공청회의 공정성을 확보하기 위하여 필요하다고 인정하는 경우에는 ① 해당 공청회의 사안과 관련된 당사자등, ② 해당 공청회의 사안과 관련된 분야에 전문적 지식이 있거나 그 분야에 종사한 경험이 있는 사람 중에서 지명하거나 위촉할 수 있다.

4. 공청회의 진행

(1) 공청회의 주재자는 공청회를 공정하게 진행하여야 하며, 공청회의 원활한 진행을 위하여 발표 내용을 제한할 수 있고, 질서유지를 위하여 발언 중지 및 퇴장 명령 등의 조치를 할 수 있다.

(2) 발표자는 공청회의 내용과 직접 관련된 사항에 대하여만 발표하여야 한다.

(3) 공청회의 주재자는 발표자의 발표가 끝난 후에는 발표자 상호간에 질의 및 답변을 할 수 있도록 하여야 하며, 방청인에게도 의견을 제시할 기회를 주어야 한다.

Ⅳ 온라인공청회

1. 의의

온라인공청회란 행정청이 전자적 방법으로 어떠한 행정작용에 대하여 당사자등 전문지식과 경험을 가진 자, 기타 일반인으로부터 공개적으로 의견을 수렴하는 공청회를 의미한다.

2. 방법 및 절차

(1) 행정청은 공청회와 병행하여서만 온라인공청회를 실시할 수 있다.

(2) ① 국민의 생명·신체·재산의 보호 등 국민의 안전 또는 권익보호 등의 이유로 공청회를 개최하기 어려운 경우, ② 공청회가 행정청이 책임질 수 없는 사유로 개최되지 못하거나 개최는 되었으나 정상적으로 진행되지 못하고 무산된 횟수가 3회 이상인 경우, ③ 행정청이 널리 의견을 수렴하기 위하여 온라인공청회를 단독으로 개최할 필요가 있다고 인정하는 경우(다만, 다른 법령등에서 공청회를 개최하도록 규정하고 있는 경우와 국민생활에 큰 영향을 미치는 처분으로서 30명 이상의 당사자등이 공청회 개최를 요구하는 경우에 해당하여 공청회를 실시하는 경우는 제외)에 해당하는 경우에는 온라인공청회를 단독으로 개최할 수 있다.

(3) 행정청은 온라인공청회를 실시하는 경우 의견제출 및 토론 참여가 가능하도록 적절한 전자적 처리능력을 갖춘 정보통신망을 구축·운영하여야 한다.

(4) 온라인공청회를 실시하는 경우에는 누구든지 정보통신망을 이용하여 의견을 제출하거나 제출된 의견 등에 대한 토론에 참여할 수 있다.

Ⅴ 공청회 및 온라인공청회 결과의 반영

행정청은 처분을 할 때에 공청회, 온라인공청회 및 정보통신망 등을 통하여 제시된 사실 및 의견이 상당한 이유가 있다고 인정하는 경우에는 이를 반영하여야 한다.

문제 2 「행정조사기본법」상 행정조사의 기본원칙에 관하여 설명하시오. (20점)

◆ 모범답안 ◆

I 행정조사의 개념

행정기관이 정책을 결정하거나 직무를 수행하는 데 필요한 정보나 자료를 수집하기 위하여 현장조사·문서열람·시료채취 등을 하거나 조사대상자에게 보고요구·자료제출요구 및 출석·진술요구를 행하는 활동을 말한다.

II 행정조사의 기본원칙

1. 행정조사는 조사목적을 달성하는데 필요한 최소한의 범위 안에서 실시하여야 하며, 다른 목적 등을 위하여 조사권을 남용하여서는 아니 된다.

2. 행정기관은 조사목적에 적합하도록 조사대상자를 선정하여 행정조사를 실시하여야 한다.

3. 행정기관은 유사하거나 동일한 사안에 대하여는 공동조사 등을 실시함으로써 행정조사가 중복되지 아니하도록 하여야 한다.

4. 행정조사는 법령등의 위반에 대한 처벌보다는 법령등을 준수하도록 유도하는 데 중점을 두어야 한다.

5. 다른 법률에 따르지 아니하고는 행정조사의 대상자 또는 행정조사의 내용을 공표하거나 직무상 알게 된 비밀을 누설하여서는 아니된다.

6. 행정기관은 행정조사를 통하여 알게 된 정보를 다른 법률에 따라 내부에서 이용하거나 다른 기관에 제공하는 경우를 제외하고는 원래의 조사목적 이외의 용도로 이용하거나 타인에게 제공하여서는 아니 된다.

문제 3 「행정절차법」상 행정예고의 개념과 대상에 관하여 설명하고, 행정상 입법예고와의 관련성 및 차이점에 관하여 설명하시오. (20점)

◆ 모범답안 ◆

I 개념

행정청이 정책, 제도 및 계획을 수립·시행하거나 변경하려는 경우에 사전에 이를 국민에게 알리는 제도를 의미한다. 이는 국민으로 하여금 대비할 수 있는 시간적 여유를 제공함으로써 국민생활에 안정성과 예측가능성을 도모함을 목적으로 한다.

II 행정예고 대상

1. 원칙

   행정청은 정책등을 수립·시행하거나 변경하려는 경우에는 이를 예고하여야 한다.

2. 예외

   (1) 신속하게 국민의 권리를 보호하여야 하거나 예측이 어려운 특별한 사정이 발생하는 등 긴급한 사유로 예고가 현저히 곤란한 경우

   (2) 법령등의 단순한 집행을 위한 경우

   (3) 정책등의 내용이 국민의 권리·의무 또는 일상생활과 관련이 없는 경우

   (4) 정책등의 예고가 공공의 안전 또는 복리를 현저히 해칠 우려가 상당한 경우

III 행정상 입법예고와의 관련성 및 차이점

1. 입법예고로 갈음

   예고대상임에도 불구하고 법령등의 입법을 포함하는 행정예고는 입법예고로 갈음할 수 있다.

2. 예고기간

   입법예고기간은 예고할 때 정하되, 특별한 사정이 없으면 40일(자치법규는 20일) 이상으로 한다.

   행정예고기간은 예고 내용의 성격 등을 고려하여 정하되, 20일 이상으로 한다. 다만, 행정목적을 달성하기 위하여 긴급한 필요가 있는 경우에는 행정예고기간을 단축할 수 있다. 이 경우 단축된 행정예고기간은 10일 이상으로 한다.

3. 예고방법과 의견수렴

   행정예고의 방법, 의견제출 및 처리에 관하여는 입법예고 규정을 준용한다. 다만, 행정예고는 입법예고와는 달리 행정청은 의견을 제출한 자에게 그 제출된 의견의 처리결과를 통지할 의무를 부담하지 않는다.

   입법예고와 행정예고는 모두 공청회 및 온라인공청회의 규정을 준용한다.

문제 4 「행정규제기본법」상 행정규제의 개념과 행정규제 법정주의에 관하여 설명하시오. (20점)

◆ 모범답안 ◆

I 행정규제의 개념

국가나 지방자치단체가 특정한 행정 목적을 실현하기 위하여 국민(국내법을 적용받는 외국인을 포함한다.)의 권리를 제한하거나 의무를 부과하는 것으로서 법령등이나 조례·규칙으로 규정되는 사항을 말한다.

II 규제 법정주의

1. 규제는 법률에 근거하여야 하며, 그 내용은 알기 쉬운 용어로 구체적이고 명확하게 규정되어야 한다.

2. 규제는 법률에 직접 규정하되, 규제의 세부적인 내용은 법률 또는 상위법령에서 구체적으로 범위를 정하여 위임한 바에 따라 하위법령으로 정할 수 있다. 다만, 법령에서 전문적·기술적 사항이나 경미한 사항으로서 업무의 성질상 위임이 불가피한 사항에 관하여 구체적으로 범위를 정하여 위임한 경우에는 고시 등으로 정할 수 있다.

3. 행정기관은 법률에 근거하지 아니한 규제로 국민의 권리를 제한하거나 의무를 부과할 수 없다.

2014년 제2회 행정사 2차 기출문제
행정절차론 모범답안

∥문제 1∥ 甲은 「건축법」상의 건축허가를 받아 건물을 건축하던 중 건물 옥상의 일부분이 관계 법령상의 용적률을 초과하게 되었다. 이에 따라 관할 행정청은 용적률 위반부분에 대하여 건축법에 따라 철거명령을 발하였다. 관할 행정청의 위 철거명령처분이 갖추어야 할 절차적 요건에 대하여 논하시오. (40점)

◆ 모범답안 ◆

Ⅰ 논점의 정리

행정청의 건축물 철거명령처분은 처분의 상대방에 대한 불이익한 처분에 해당한다. 따라서 행정청이 공표한 처분기준에 따라 불이익한 처분을 하는 경우에는 사전에 통지하여 의견청취 절차를 거친 후, 문서로 처분과 그 이유를 명시하고 구제방법 등을 고지하여야 한다. 이는 처분 당사자등의 절차적 권리이며, 당사자의 개인적 공권으로 보호되어야 한다.

Ⅱ 처분절차

1. 사전통지

(1) 대상

행정청은 당사자에게 불이익한 처분을 하기 전에 일정한 사항을 당사자등에게 통지하여야 한다.

(2) 생략사유

① 공공의 안전 또는 복리를 위하여 긴급히 처분을 할 필요가 있는 경우
② 법령등에서 요구된 자격이 없거나 없어지게 되면 반드시 일정한 처분을 하여야 하는 경우에 그 자격이 없거나 없어지게 된 사실이 법원의 재판 등에 의하여 객관적으로 증명된 때
③ 당해 처분의 성질상 의견청취가 현저히 곤란하거나 명백히 불필요하다고 인정될 만한 상당한 이유가 있는 경우

(3) 사전통지 기간

① 청문
청문이 시작되는 날부터 10일 전까지는 당사자등에게 통지하여야 한다.
② 의견제출
의견제출에 필요한 기간을 10일 이상으로 고려하여 정하여야 한다.

2. 의견청취 절차

(1) 의견제출 절차

① 의의
행정청이 어떠한 행정작용을 하기에 앞서 당사자등이 의견을 제시하는 절차로서 청문이나 공청회에 해당하지 아니하는 절차를 말한다.
② 실시사유
불이익한 처분에 있어 청문 또는 공청회를 거치지 않은 경우 의견제출 절차를 의무적으로 거치도록 규정하고 있다.

(2) 청문절차
　① 의의
　　행정청이 어떠한 처분을 하기 전에 당사자등의 의견을 직접 듣고 증거를 조사하는 절차를 말한다.
　② 실시사유
　　㉠ 다른 법령등에서 청문을 실시하도록 규정하고 있는 경우
　　㉡ 행정청이 필요하다고 인정하는 경우
　　㉢ 인허가 등의 취소, 신분·자격의 박탈, 법인이나 조합 등의 설립허가의 취소 처분을 하는 경우
(3) 공청회절차
　① 의의
　　행정청이 공개적인 토론을 통하여 어떠한 행정작용에 대하여 당사자등 전문지식과 경험을 가진 자 기타 일반인으로부터 의견을 널리 수렴하는 절차를 말한다.
　② 실시사유
　　㉠ 다른 법령등에서 공청회를 개최하도록 규정하고 있는 경우
　　㉡ 당해 처분의 영향이 광범위하여 널리 의견을 수렴할 필요가 있다고 행정청이 인정하는 경우
　　㉢ 국민생활에 큰 영향을 미치는 처분(국민 다수의 생명, 안전 및 건강에 큰 영향을 미치는 처분 또는 소음 및 악취 등 국민의 일상생활과 관계되는 환경에 큰 영향을 미치는 처분)으로써 30명 이상의 당사자등이 공청회 개최를 요구하는 경우
(4) 의견청취 절차 생략사유
　사전통지의 생략사유와 당사자가 의견진술의 기회를 포기한다는 뜻을 의견제출 기간 내에 명백히 표시한 경우에는 의견청취를 생략할 수 있다.

3. 처분의 이유제시

(1) 의의
　처분의 근거가 된 법적·사실적 사유를 처분시에 구체적으로 명시하여야 한다.
(2) 대상
　이유제시는 모든 처분을 대상으로 한다.
(3) 생략사유
　① 신청내용을 모두 그대로 인정하는 처분인 경우
　② 단순·반복적인 처분 또는 경미한 처분으로서 당사자가 그 이유를 명백히 알 수 있는 경우
　③ 긴급히 처분을 할 필요가 있는 경우

Ⅲ 절차적 요건 하자시 효과

행정과정에 대한 국민의 참여와 행정의 공정성, 투명성 및 신뢰성을 확보하고 국민의 권익을 보호함을 목적으로 하는 「행정절차법」의 입법목적을 비추어 볼 때, 사전통지·의견제출·이유제시의 절차는 불이익한 처분에 앞서 반드시 행하여야 하는 의무적 절차이다.
「헌법」 제12조 적법절차원리가 일반조항으로서 행정절차에 유추적용된다는 점을 볼 때, 절차의 하자도 기본권 침해에 해당하므로 절차 하자의 독자적 위법성을 인정하는 것이 타당하다.

문제 2 「개인정보 보호법」상 정보주체의 권리에 대하여 설명하시오. (20점)

•••• 모범답안 ••••

I 정보주체의 개념
정보주체란 처리되는 정보에 의하여 알아볼 수 있는 사람으로서 그 정보의 주체가 되는 사람을 말한다.

II 정보주체의 권리
1. 정보주체는 개인정보의 처리에 관한 정보를 제공받을 권리를 가진다.
2. 정보주체는 개인정보의 처리에 관한 동의 여부, 동의 범위 등을 선택하고 결정할 권리를 가진다.
3. 개인정보의 처리 여부를 확인하고 개인정보에 대한 열람(사본의 발급을 포함) 및 전송을 요구할 권리를 가진다.
4. 정보주체는 개인정보의 처리 정지, 정정·삭제 및 파기를 요구할 권리를 가진다.
5. 정보주체는 개인정보의 처리로 인하여 발생한 피해를 신속하고 공정한 절차에 따라 구제 받을 권리를 가진다.
6. 완전히 자동화된 개인정보 처리에 따른 결정을 거부하거나 그에 대한 설명 등을 요구할 권리를 가진다.

문제 3 │ 현행 「공공기관의 정보공개에 관한 법률」상 비공개 대상 정보에 대하여 설명하시오. (20점)

◆ 모범답안 ◆

I 정보공개의 원칙

공공기관이 수집, 직무상 작성 또는 취득하여 관리하고 있는 각종의 정보는 국민의 알권리 보장 등을 위하여 적극적으로 공개하여야 한다.

「정보공개법」은 비공개대상정보에 대하여 열거하고 있다. 이에 해당하지 아니하는 경우 공공기관은 공개청구에 대하여 정보를 공개하여야할 의무를 진다.

II 비공개 대상 정보

1. 다른 법률 또는 법률에서 위임한 명령(국회규칙·대법원규칙·헌법재판소규칙·중앙선거관리위원회규칙·대통령령 및 조례로 한정)에 따라 비공개 사항으로 규정된 정보

2. 국가의 중대한 이익을 현저히 해칠 우려가 있다고 인정되는 정보

3. 국민의 생명·신체 및 재산의 보호에 현저한 지장을 초래할 우려가 있다고 인정되는 정보

4. 진행 중인 재판에 관한 정보와 공개될 경우 그 직무 수행을 현저히 곤란하게 하거나 형사피고인의 공정한 재판을 받을 권리를 침해한다고 인정할 만한 상당한 이유가 있는 정보

5. 업무의 공정한 수행이나 연구·개발에 현저한 지장을 초래한다고 인정할 만한 상당한 이유가 있는 정보(다만, 의사결정 과정 또는 내부검토 과정을 이유로 비공개할 경우에는 비공개 결정 통지를 할 때 의사결정 과정 또는 내부검토 과정의 단계 및 종료 예정일을 함께 안내하여야 한다.)

6. 개인에 관한 사항으로서 공개될 경우 사생활의 비밀 또는 자유를 침해할 우려가 있다고 인정되는 정보

7. 법인·단체 또는 개인의 경영상·영업상 비밀에 관한 사항으로서 공개될 경우 법인등의 정당한 이익을 현저히 해칠 우려가 있다고 인정되는 정보

8. 특정인에게 이익 또는 불이익을 줄 우려가 있는 정보

문제 4 | 「행정절차법」상 신고의 절차와 효과에 대하여 설명하시오. (20점)

◆ 모범답안 ◆

I. 「행정절차법」상 신고

신고는 자체완성적 사인의 공법행위에 해당하는 경우와 행위요건적 사인의 공법행위에 해당하는 경우가 있다. 현행 「행정절차법」에서는 제40조에서 자체완성적 사인의 공법행위에 해당하는 신고를 규정하고 있다.

II. 「행정절차법」상 신고의 절차

1. 편람

법령등에서 행정청에 일정한 사항을 통지함으로써 의무가 끝나는 신고를 규정하고 있는 경우 신고를 관장하는 행정청은 신고에 필요한 사항을 게시(인터넷 등을 통한 게시를 포함)하거나 이에 대한 편람을 갖추어 두고 누구나 열람할 수 하여야 한다.

2. 신고 의무 이행시기

신고서가 접수기관에 도달된 때에 신고 의무가 이행된 것으로 본다.

3. 보완요구 및 반려조치

행정청은 법률이 정한 일정한 요건을 갖추지 못한 신고서가 제출된 경우에는 지체 없이 상당한 기간을 정하여 신고인에게 보완을 요구하여야 한다. 한편, 행정청은 신고인이 법률의 규정에 따른 기간 내에 보완을 하지 아니하였을 때에는 그 이유를 구체적으로 밝혀 해당 신고서를 되돌려 보내야 한다.

III. 「행정절차법」상 신고의 효과

신고는 행정청에 대하여 일정한 사항을 통지함으로써 법적 효과가 발생한다. 따라서 신고에 대한 수리행위나 수리거부행위는 처분이 아니며, 이에 대한 행정쟁송제기가 인정되지 않는다. 따라서 신고가 있으면 형식적 요건에 하자가 없는 한 행정기관은 이를 수리하여야 한다는 것이 판례의 태도이다.

2015년 제3회 행정사 2차 기출문제
행정절차론 모범답안

┃문제1┃ A시는 시민들의 복리증진을 목적으로 시민공원을 설치하여 24시간 무료개방 하고 있다. 그런데 이 공원에서 범죄와 무질서행위가 증가하여 시민들의 민원이 제기되자, A시의 시장 甲은 공원 출입문, 산책로 및 화장실에 영상정보처리기기를 설치·운영하고자 한다. 「개인정보 보호법」상 甲의 위 영상정보처리기기 설치·운영에 관하여 논하시오. (40점)

◆ 모범답안 ◆

I 고정형 영상정보처리기기의 설치 가능 여부

1. 고정형 영상정보처리기기의 개념

일정한 공간에 지속적으로 설치되어 사람 또는 사물의 영상 등을 촬영하거나 이를 유·무선망을 통하여 전송하는 장치를 의미한다.

2. 고정형 영상정보처리기기의 설치·운영 제한

(1) 공개된 장소의 경우

법령에서 허용하고 있거나 범죄의 예방·수사, 시설 안전 및 화재예방, 교통단속, 교통정보의 수집·분석·제공을 위하여 정당한 권한을 가진 자가 설치·운영하는 경우를 제외하고는 공개된 장소에 고정형 영상정보 기기를 설치·운영하여서는 아니 된다.

(2) 사생활 침해가 현저한 장소의 경우

불특정 다수가 이용하는 목욕실, 화장실, 탈의실 등 개인의 사생활을 현저히 침해할 우려가 있는 장소에 고정형 영상정보기기를 설치 운영하여서는 아니 된다. 다만, 교도소, 정신보건시설 등 법령에 근거하여 사람을 구금하거나 보호하는 시설에 대하여는 그러하지 아니하다.

3. 사안의 적용

본 사안에서 고정형 영상정보처리기기의 설치 목적이 범죄와 무질서행위 예방임을 알 수 있으므로 공원의 출입문과 산책로에 이를 설치하는 것은 가능하다. 그러나 화장실의 경우 사생활을 침해할 우려가 현저하므로 고정형 영상정보처리기기의 설치가 불가능하다고 보아야 한다.

II 고정형 영상정보처리기기의 설치·운영 절차

1. 고정형 영상정보처리기기를 설치·운영하려는 공공기관의 장은 공청회·설명회 개최 등 일정한 절차를 거쳐 관계전문가 및 이해관계인의 의견을 수렴해야 한다.

2. 고정형 영상정보처리기기운영자는 정보주체가 쉽게 인식할 수 있도록 ① 설치 목적 및 장소, ② 촬영 범위 및 시간, ③ 관리책임자의 연락처 등이 포함된 안내판을 설치하여야 한다.

3. 고정형 영상정보처리기기운영자는 설치목적과 다른 목적으로 고정형 영상정보기기를 임의로 조작하거나 다른 곳을 비춰서는 아니 되며, 녹음기능은 사용할 수 없다.

4. 고정형 영상정보처리기기운영자는 개인정보의 분실·도난·유출·변조 또는 훼손되지 아니하도록 안전성 확보에 필요한 조치를 하여야 한다.

5. 고정형 영상정보처리기기운영자는 고정형 영상정보처리기기에 운영관리방침을 마련해야 한다.
6. 고정형 영상정보처리기기운영자는 고정형 영상정보처리기기에 설치운영에 관한 사무를 위탁할 수 있다.

Ⅲ 「개인정보 보호법」 적용의 일부 제외

공개된 장소에 고정형 영상정보처리기기를 설치·운영하여 처리되는 개인정보에 대하여는 개인정보의 수집·이용, 개인정보의 수집·이용 동의 방법, 아동의 개인정보 보호, 영업양도에 따른 개인정보 이전의 제한, 개인정보 유출 통지 및 개인정보의 처리 정지에 관한 규정을 적용하지 아니한다.

Ⅳ 개인정보 보호의 기본원칙

1. 개인정보처리자는 개인정보의 처리 목적을 명확하게 하여야 하고 그 목적에 필요한 범위에서 최소한의 개인정보만을 적법하고 정당하게 수집하여야 한다.
2. 개인정보처리자는 개인정보의 처리 목적에 필요한 범위에서 적합하게 개인정보를 처리하여야 하며, 그 목적 외의 용도로 활용하여서는 아니 된다.
3. 개인정보처리자는 개인정보의 처리 목적에 필요한 범위에서 개인정보의 정확성, 완전성 및 최신성이 보장되도록 하여야 한다.
4. 개인정보처리자는 개인정보의 처리 방법 및 종류 등에 따라 정보주체의 권리가 침해받을 가능성과 그 위험 정도를 고려하여 개인정보를 안전하게 관리하여야 한다.
5. 개인정보처리자는 개인정보 처리방침 등 개인정보의 처리에 관한 사항을 공개하여야 하며, 열람청구권 등 정보주체의 권리를 보장하여야 한다.
6. 개인정보처리자는 정보주체의 사생활 침해를 최소화하는 방법으로 개인정보를 처리하여야 한다.
7. 개인정보처리자는 개인정보를 익명 또는 가명으로 처리하여도 개인정보 수집목적을 달성할 수 있는 경우 익명처리가 가능한 경우에는 익명에 의하여, 익명처리로 목적을 달성할 수 없는 경우에는 가명에 의하여 처리될 수 있도록 하여야 한다.
8. 개인정보처리자는 「개인정보 보호법」 및 관계 법령에서 규정하고 있는 책임과 의무를 준수하고 실천함으로써 정보주체의 신뢰를 얻기 위하여 노력하여야 한다.

문제 2 | 「행정절차법」상 청문 주재자에 관하여 설명하시오. (20점)

◆ 모범답안 ◆

I 자격

행정청은 소속 직원 또는 대통령령으로 정하는 자격을 가진 사람 중에서 청문 주재자를 공정하게 선정하여야 한다.

II 다수의 주재자 선정

1. 사유

행정청은 다수 국민의 이해가 상충되거나 다수 국민에게 불편이나 부담을 주는 처분을 하려는 경우에는 청문 주재자를 2명 이상으로 선정할 수 있다.

2. 제한

행정청은 2명 이상의 청문 주재자를 선정하는 경우 전체 청문 주재자의 2분의 1 이상을 대통령령으로 정하는 자격을 가진 사람 중에서 선정해야 한다.

III 대표주재자

1. 선정

행정청은 2명 이상의 청문 주재자 중에서 청문사안에 대한 중립성·전문성 등을 고려하여 대표주재자 1명을 선정해야 한다.

2. 역할

(1) 대표주재자는 청문 주재자를 대표하여 청문을 진행과 종결을 하며, 청문조서 및 의견서를 대표로 작성한다.

(2) 대표주재자는 청문 주재자 사이에 의견이 일치하지 않는 경우에는 그 내용을 청문 주재자의 의견서에 모두 기록해야 한다.

IV 청문 주재자의 제척·기피·회피

「행정절차법」은 공정한 청문을 위하여 청문 주재자 제척·기피·회피 사유를 명문으로 규정하고 있다.

문제 3 | 「행정조사기본법」상 행정조사의 사전통지와 연기신청에 관하여 설명하시오. (20점)

◆ 모범답안 ◆

I 행정조사의 의의
행정기관이 정책을 결정하거나 직무를 수행하는데 필요한 정보나 자료를 수집하는 활동을 말한다.

II 사전통지

1. 원칙

    행정조사를 실시하고자 하는 행정기관의 장은 출석요구서, 보고요구서·자료제출요구서 및 현장출입조사서를 조사개시 7일 전까지 조사대상자에게 서면으로 통지하여야 한다.

2. 예외

    (1) 행정조사를 실시하기 전에 관련 사항을 미리 통지하는 때에는 증거인멸 등으로 행정조사의 목적을 달성할 수 없다고 판단되는 경우
    (2) 「통계법」에 따른 지정통계의 작성을 위하여 조사하는 경우
    (3) 조사대상자의 자발적인 협조를 얻어 실시하는 행정조사의 경우

III 조사연기신청

1. 조사대상자는 ① 천재지변이나 ② 화재나 그 밖의 재해로 인하여 사업장의 운영이 불가능한 경우 또는 ③ 조사대상자의 질병이나 장기 출장 등으로 인하여 조사가 곤란하다고 판단되는 경우에는 연기신청서를 제출함으로써 행정조사 연기를 요청할 수 있다.

2. 행정기관의 장은 행정조사의 연기요청을 받은 때에는 연기요청을 받은 날부터 7일 이내에 조사의 연기 여부를 결정하여 조사대상자에게 통지하여야 한다.

∥문제 4∥ 「주민등록법」상 주민등록증의 재발급에 관하여 설명하시오. (20점)

◆ 모범답안 ◆

Ⅰ 주민등록증의 재발급

1. 본인의 재발급 신청

① 주민등록증의 분실이나 훼손, ② 성명, 생년월일 또는 성별의 변경 등의 사유로 주민등록증을 재발급을 받으려는 자는 시장·군수 또는 구청장에게 그 사실을 신고하고 재발급을 신청하여야 한다.

2. 회수 및 재발급 신청

주민등록 업무를 수행하는 공무원은 ① 주민등록증이 훼손되거나 그 밖의 사유로 그 내용을 알아보기 어려운 경우, ② 주민등록증의 주요 기재내용이 변경된 경우에 해당하여 업무수행이 어려우면 그 주민등록증을 회수하고, 본인이 시장·군수 또는 구청장에게 재발급신청을 하도록 하여야 한다.

3. 수수료 징수

시장·군수 또는 구청장은 주민등록증을 재발급 신청하는 자에게 수수료를 징수할 수 있다. 다만, ① 주민등록증 발급상의 잘못으로 인하여 재발급하는 경우, ② 행정안전부령으로 정하는 경우에 해당하면 그러하지 아니하다.

Ⅱ 중증장애인에 대한 주민등록증의 발급 및 재발급

시장·군수 또는 구청장은 신체적·정신적 장애정도가 심하여 자립하기가 매우 곤란한 장애인(중증장애인)으로서 본인이 직접 주민등록증의 재발급을 신청하기가 어렵다고 판단하는 경우에는 해당 중증장애인, 그 법정대리인 또는 보호자의 신청에 따라 관계 공무원으로 하여금 해당 중증장애인을 직접 방문하게 하여 주민등록증을 재발급할 수 있다.

2016년 제4회 행정사 2차 기출문제
행정절차론 모범답안

∥문제 1∥ 관할 행정청인 A시장은 '○○치킨'이라는 상호로 음식점 영업을 하고 있는 甲이 2016. 9. 7. 청소년에게 술을 제공한 사실을 적발하고,「식품위생법령」상의 처분기준에 따라 甲에게 2개월의 영업정지처분(이하 '이 사건 처분'이라 한다.)을 하고자 한다.(「식품위생법령」상 이 경우에 청문이나 공청회를 거치도록 하는 규정은 없다.) 다음 물음에 답하시오. (40점)

(1) A시장은 이 사건 처분을 함에 있어서 어떠한 행정절차를 거쳐야 하는지 설명하시오. (20점)
(2) 만약 A시장이 위 (1)에서 요구되는 행정절차를 거치지 않고 이 사건 처분을 한 경우, 이 사건 처분이 유효한지 검토하시오. (10점)
(3) 만약 A시장이 위 (1)에서 요구되는 행정절차를 이 사건 처분을 한 뒤에 비로소 거친 경우라면, 이 사건 처분이 유효한지 검토하시오. (10점)

---◆ 모범답안 ◆---

물음 1) (20점)

I 논점의 정리
행정청이 공표한 처분기준에 따라 불이익한 처분을 하는 경우에는 사전에 통지하여 의견청취 절차를 거친 후, 문서로 처분과 그 이유를 명시하고 구제방법 등을 고지하여야 한다. 이는 처분 당사자등의 절차적 권리이며, 당사자의 개인적 공권으로 보호되어야 한다.

II 처분절차

1. 사전통지
    (1) 대상
        행정청은 당사자에게 불이익한 처분하기 전에 일정한 사항을 당사자등에게 통지하여야 한다.
    (2) 생략사유
        ① 공공의 안전 또는 복리를 위하여 긴급히 처분을 할 필요가 있는 경우
        ② 법령등에서 요구된 자격이 없거나 없어지게 되면 반드시 일정한 처분을 하여야 하는 경우에 그 자격이 없거나 없어지게 된 사실이 법원의 재판 등에 의하여 객관적으로 증명된 때
        ③ 당해 처분의 성질상 의견청취가 현저히 곤란하거나 명백히 불필요하다고 인정될 만한 상당한 이유가 있는 경우
    (3) 사전통지 기간
        의견제출에 필요한 기간을 10일 이상으로 고려하여 정하여야 한다.

2. 의견제출절차
    (1) 의의
        행정청이 어떠한 행정작용을 하기에 앞서 당사자등이 의견을 제시하는 절차로서 청문이나 공청회에 해당하지 아니하는 절차를 말한다.

(2) **실시사유**
불이익한 처분에 있어 청문 또는 공청회를 거치지 않은 경우 의견제출 절차를 의무적으로 거치도록 규정하고 있다.

(3) **생략사유**
사전통지의 생략사유와 당사자가 의견진술의 기회를 포기한다는 뜻을 의견제출 기간 내에 명백히 표시한 경우에는 의견청취를 생략할 수 있다.

3. **처분의 이유제시**

(1) **의의**
처분의 근거가 된 법적·사실적 사유를 처분시에 구체적으로 명시하여야 한다.

(2) **대상**
이유제시는 모든 처분을 대상으로 한다.

(3) **생략사유**
① 신청내용을 모두 그대로 인정하는 처분인 경우
② 단순·반복적인 처분 또는 경미한 처분으로서 당사자가 그 이유를 명백히 알 수 있는 경우
③ 긴급히 처분을 할 필요가 있는 경우

물음 2) (10점)

「행정절차법」은 강행규정이라는 점, 「헌법」 제12조 적법절차원리가 일반조항으로서 행정절차에 유추적용된다는 점을 볼 때, 절차의 하자도 기본권 침해에 해당하므로 절차 하자의 독자적 위법성을 인정하는 것이 타당하다. 절차상 하자의 위법성 여부는 중대·명백설에 따라 판단한다. 본 사안에서의 처분은 취소할 수 있다고 보아야 한다.

물음 3) (10점)

하자의 치유는 원칙적으로 부정되지만, 국민의 권익침해가 없고 행정의 능률적 수행이 가능하다면 그 한도 내에서 제한적으로만 하자의 치유가 가능하다.
또한, 치유를 인정하려면 적어도 쟁송제기 이전에 행정청의 치유를 위한 행위가 존재해야 한다.
따라서 사안의 경우 일반적으로는 치유를 인정할 수 없다. 다만 예외적으로 국민의 권익침해가 없고 행정절차를 행정쟁송 제기 이전에 거친 경우를 모두 만족한다면 하자의 치유를 인정하여 처분은 처음부터 적법하다고 볼 수 있다.

∥문제 2∥ 「공공기관의 정보공개에 관한 법률」상 정보공개 청구를 받은 공공기관의 정보공개 여부 결정 절차에 관하여 설명하시오. (20점)

◆ 모범답안 ◆

I 결정 기간

청구를 받은 날부터 10일 이내에 정보공개심의회의 심의를 거쳐 공개 여부를 결정한다. 공공기관은 부득이한 경우 10일의 범위에서 공개 여부 결정기간을 연장할 수 있다. 이 경우 공공기관은 연장된 사실과 연장 사유를 청구인에게 지체 없이 문서로 통지하여야 한다.

II 제3자에의 통지

공개 청구된 정보가 제3자와 관련이 있는 경우에는 그 사실을 제3자에게 지체 없이 통지하여야 한다.

III 이송

다른 공공기관이 보유·관리하는 정보의 공개 청구를 받았을 때에는 지체 없이 이를 소관 기관으로 이송하여야 한다.

IV 민원 처리

공공기관은 정보공개 청구가 ① 공개 청구된 정보가 공공기관이 보유·관리하지 아니하는 정보인 경우, ② 공개 청구의 내용이 진정·질의 등으로 정보공개 청구로 보기 어려운 경우로서 민원으로 처리할 수 있는 경우에는 민원으로 처리할 수 있다.

V 반복 청구 등의 처리

1. 정당한 사유 없이 다시 동일한 청구를 하는 경우에는 동일 여부를 종합적으로 고려하여 해당 청구를 종결처리할 수 있다. 이 경우 종결처리 사실을 청구인에게 알려야 한다.

2. 공개를 목적으로 작성되어 이미 공개된 정보를 공개 청구하는 경우에는 해당 정보의 소재를 안내하고 종결처리할 수 있다.

3. 다른 법령이나 사회통념상 수령할 수 없는 방법으로 정보공개 청구를 하는 경우에는 수령이 가능한 방법으로 청구하도록 안내하고 종결처리할 수 있다.

문제 3 인터넷몰 사업자 A는 2만 명 이상의 회원정보를 수집하여 회원정보 파일을 관리하던 중, 그 파일을 해킹당하여 회원 정보 일체가 유출되었음을 알게 되었다. 이때 「개인정보 보호법」상 A가 취하여야 할 조치를 설명하시오. (20점)

◆ 모범답안 ◆

I 안전조치의무

개인정보처리자는 개인정보의 처리 방법 및 종류 등에 따라 정보주체의 권리가 침해받을 가능성과 그 위험 정도를 고려하여 개인정보를 안전하게 관리하여야 한다. 따라서 개인정보처리자는 개인정보가 분실·도난·유출·위조·변조 또는 훼손되지 아니하도록 내부 관리계획 수립, 접속기록 보관 등 안전성 확보에 필요한 기술적·관리적 및 물리적 조치를 하여야 한다.

II 개인정보 유출 통지

1. 통지

개인정보가 유출등이 된 경우 개인정보처리자는 ① 개인정보의 항목, ② 시점과 그 경위, ③ 피해를 최소화하기 위한 정보, ④ 개인정보처리자의 대응조치 및 피해 구제절차, ⑤ 피해등을 접수할 수 있는 담당부서 및 연락처에 해당하는 사항을 해당 정보주체에게 지체 없이 알려야 한다.

2. 구제조치

개인정보처리자는 개인정보가 유출등이 된 경우 그 피해를 최소화하기 위한 대책을 마련하고 필요한 조치를 하여야 한다.

3. 신고

개인정보처리자는 ① 1천명 이상의 정보주체에 관한 개인정보가 유출등이 된 경우, ② 민감정보 또는 고유식별정보가 유출등이 된 경우, ③ 개인정보처리시스템 또는 개인정보취급자가 개인정보 처리에 이용하는 정보기기에 대한 외부로부터의 불법적인 접근에 의해 개인정보가 유출등이 된 경우에 해당한다면, 72시간 이내에 보호위원회 또는 한국인터넷진흥원에 신고하여야 한다.

문제 4 「질서위반행위규제법」상 행정청의 과태료 부과·징수 및 불복절차에 관하여 설명하시오. (20점)

◆ 모범답안 ◆

I 과태료 부과 절차

1. 사전통지 및 의견제출 등
행정청이 질서위반행위에 대하여 과태료를 부과하고자 하는 때에는 미리 당사자에게 통지하고, 10일 이상의 기간을 정하여 의견을 제출할 기회를 주어야 한다. 이 경우 지정된 기일까지 의견제출이 없는 경우에는 의견이 없는 것으로 본다.

당사자는 의견제출 기한 이내에 행정청에 의견을 진술하거나 필요한 자료를 제출할 수 있고, 행정청은 당사자가 제출한 의견에 상당한 이유가 있는 경우에는 과태료를 부과하지 아니하거나 통지한 내용을 변경할 수 있다.

2. 과태료의 부과
행정청은 의견제출 절차를 마친 후에 서면(당사자가 동의하는 경우에는 전자문서를 포함)으로 과태료를 부과하여야 한다.

3. 과태료 부과의 제척기간
행정청은 질서위반행위가 종료된 날부터 5년이 경과한 경우에는 해당 질서위반행위에 대하여 과태료를 부과할 수 없다. 행정청은 법원의 결정이 있는 경우에는 그 결정이 확정된 날부터 1년이 경과하기 전까지는 과태료를 정정부과 하는 등 해당 결정에 따라 필요한 처분을 할 수 있다.

II 과태료 징수절차

1. 가산금 징수 및 체납처분 등
(1) 행정청은 당사자가 납부기한까지 과태료를 납부하지 아니한 때에는 납부기한을 경과한 날부터 체납된 과태료에 대하여 100분의 3에 상당하는 가산금을 징수한다.

(2) 체납된 과태료를 납부하지 아니한 때에는 납부기한이 경과한 날부터 매 1개월이 경과할 때마다 체납된 과태료의 1천분의 12에 상당하는 가산금(중가산금)을 가산금에 가산하여 징수한다. 이 경우 중가산금을 가산하여 징수하는 기간은 60개월을 초과하지 못한다.

(3) 행정청은 당사자가 기한 이내에 이의를 제기하지 아니하고 가산금을 납부하지 아니한 때에는 국세 또는 지방세 체납처분의 예에 따라 징수한다.

2. 자진납부자에 대한 과태료 감경
행정청은 당사자가 의견제출 기한 이내에 과태료를 자진하여 납부하고자 하는 경우에는 과태료를 감경할 수 있다.

III 과태료 불복절차

1. 행정청의 과태료 부과에 불복하는 당사자는 과태료 부과 통지를 받은 날부터 60일 이내에 해당 행정청에 서면으로 이의제기를 할 수 있다.

2. 이의제기가 있는 경우에는 행정청의 과태료 부과처분은 그 효력을 상실한다.

3. 이의제기를 받은 행정청은 이의제기를 받은 날부터 14일 이내에 이에 대한 의견 및 증빙서류를 첨부하여 관할 법원에 통보하여야 한다.

2017년 제5회 행정사 2차 기출문제
행정절차론 모범답안

문제 1 甲은 이슬람교 선교 활동 등을 위한 단체를 설립하고자 관할 행정청인 A시장에게 관련 법령에 따라 乙재단법인 설립허가 신청을 하였다. 이에 A시장은 乙재단법인이 들어서게 될 주소지의 인근에 위치한 丙이슬람사원(비영리법인)을 고려하여, "해당 지역에 특정종교시설의 밀집으로 인한 주민 불안 및 선교사업으로 인한 지역주민 민원 발생 등 해당 법인설립을 허가할 경우 지역사회 갈등이 야기될 수 있다."는 이유로 甲에게 乙재단법인 설립불허가 처분을 하였다. 다음 물음에 답하시오. (40점)

(1) A시장은 위 乙재단법인 설립불허가처분을 하기에 앞서 「행정절차법」상 사전통지절차를 거쳐야 하는지를 검토하시오. (20점)
(2) 만약, A시장이 위 처분을 하기에 앞서 「행정절차법령」상 정보통신망을 이용한 공청회(전자공청회)을 실시하고자 하는 경우, '전자공청회의 의의, 실사요건, 방법 및 절차'에 관하여 설명하시오. (20점)
※ 전자공청회가 온라인공청회로 명칭 변경

◆ **모범답안** ◆

물음 1) (10점)

I 문제의 소재
사전통지의 대상과 신청에 대한 거부처분이 사전통지 대상에 해당하는지 여부를 살펴본다.

II 사전통지

1. 대상
행정청은 당사자에게 불이익한 처분하기 전에 일정한 사항을 당사자등에게 통지하여야 한다.

2. 생략사유
(1) 공공의 안전 또는 복리를 위하여 긴급히 처분을 할 필요가 있는 경우
(2) 법령등에서 요구된 자격이 없거나 없어지게 되면 반드시 일정한 처분을 하여야 하는 경우에 그 자격이 없거나 없어지게 된 사실이 법원의 재판 등에 의하여 객관적으로 증명된 때
(3) 당해 처분의 성질상 의견청취가 현저히 곤란하거나 명백히 불필요하다고 인정될 만한 상당한 이유가 있는 경우

3. 거부처분에도 사전통지절차가 적용되는지 여부
수익적 행위의 거부처분이 권익을 제한하는 처분에 해당하여 사전통지절차가 적용되는지가 문제된다.
신청이 거부된 경우에도 권익에 손상을 입을 위험이 있다는 점, 거부처분이 사전통지의 생략사유에 해당하지 않는다는 점을 논거로 거부처분이 권익을 제한하는 처분에 해당하여 사전통지절차가 적용된다는 견해도 있다. 그러나 신청에 따른 처분이 이루어지지 않은 경우에는 아직 당사자에게 권익이 부과되지 아니하였으므로 특별한 사정이 없는 한 신청에 대한 거부처분이라고 하더라도 직접 당사자의 권익을 제한하는 것은 아니다. 따라서 신청에 대한 거부처분은 사전통지의 대상이 아니다.

Ⅲ 사안의 해결

A시장의 설립불허가 처분은 특별히 사전통지 생략사유에 해당하지는 않지만, 신청에 대한 거부처분은 불이익한 처분에 해당하지 않으므로 사전통지의 대상이 아니다. 따라서 사전통지 절차를 거칠 필요가 없다.

물음 2) (10점)

Ⅰ 의의

온라인공청회란 행정청이 전자적 방법으로 공개적인 토론을 통하여 어떠한 행정작용에 대하여 당사자등, 전문지식과 경험을 가진 사람, 그 밖의 일반인으로부터 의견을 널리 수렴하는 절차를 말한다.

Ⅱ 실시요건

1. 행정청은 공청회와 병행하여서만 온라인공청회를 실시할 수 있다.

2. ① 국민의 생명·신체·재산의 보호 등 국민의 안전 또는 권익보호 등의 이유로 공청회를 개최하기 어려운 경우, ② 공청회가 행정청이 책임질 수 없는 사유로 개최되지 못하거나 개최는 되었으나 정상적으로 진행되지 못하고 무산된 횟수가 3회 이상인 경우, ③ 행정청이 널리 의견을 수렴하기 위하여 온라인공청회를 단독으로 개최할 필요가 있다고 인정하는 경우(다만, 다른 법령등에서 공청회를 개최하도록 규정하고 있는 경우와 국민생활에 큰 영향을 미치는 처분으로서 30명 이상의 당사자등이 공청회 개최를 요구하는 경우에 해당하여 공청회를 실시하는 경우는 제외)에 해당하는 경우에는 온라인공청회를 단독으로 개최할 수 있다.

Ⅲ 방법 및 절차

1. 행정청은 온라인공청회를 실시하는 경우 의견제출 및 토론 참여가 가능하도록 적절한 전자적 처리능력을 갖춘 정보통신망을 구축·운영하여야 한다.

2. 온라인공청회를 실시하는 경우에는 누구든지 정보통신망을 이용하여 의견을 제출하거나 제출된 의견 등에 대한 토론에 참여할 수 있다.

3. 행정청은 처분을 할 때에 온라인공청회를 통하여 제시된 사실 및 의견이 상당한 이유가 있다고 인정하는 경우에는 이를 반영하여야 한다.

문제 2 자신의 가족관계등록부에 기재된 출생연월일이 잘못되었다고 생각한 甲은 행정사 乙을 방문하였다. 甲의 사정을 들은 乙이 검토해야 할 「가족관계의 등록 등에 관한 법률」상 가족관계등록부의 정정절차에 관하여 설명하시오. (20점)

◆ 모범답안 ◆

I 위법한 가족관계 등록기록의 정정

등록부의 기록이 법률상 허가될 수 없는 것 또는 그 기재에 착오나 누락이 있다고 인정한 때에는 이해관계인은 사건 본인의 등록기준지를 관할하는 가정법원의 허가를 받아 등록부의 정정을 신청할 수 있다.

II 가정법원의 심리

가정법원은 심리를 위하여 국가경찰관서의 장에게 신청인의 범죄경력 조회를 요청할 수 있고, 그 요청을 받은 국가경찰관서의 장은 지체 없이 그 결과를 회보하여야 한다.

III 정정신청의 의무

가정법원의 가족관계등록기록의 정정에 대한 허가의 재판이 있었을 때에는 재판서의 등본을 받은 날부터 1개월 이내에 그 등본을 첨부하여 등록부의 정정을 신청하여야 한다.

IV 정정신청

1. 신청의 장소

    본인의 등록기준지 또는 신고인의 주소지나 현재지에서 할 수 있다.

2. 신고기간의 기산점

    재판이 송달 또는 교부된 날부터 기산한다.

3. 신고의 최고

    (1) 시·읍·면의 장은 신고를 게을리 한 사람을 안 때에는 상당한 기간을 정하여 신고의무자에 대하여 그 기간 내에 신고할 것을 최고하여야 한다.

    (2) 신고의무자가 상당한 기간 내에 신고를 하지 아니한 때에는 시·읍·면의 장은 다시 상당한 기간을 정하여 최고할 수 있다.

4. 기간경과 후의 신고

    시·읍·면의 장은 신고기간이 경과한 후의 신고라도 수리하여야 한다.

문제 3 | 「행정규제기본법령」상 규제영향분석 및 자체심사에 관하여 설명하시오. (20점)

◆ 모범답안 ◆

I. 규제영향분석의 개념

규제로 인하여 국민의 일상생활과 사회·경제·행정 등에 미치는 여러 가지 영향을 객관적이고 과학적인 방법을 사용하여 미리 예측·분석함으로써 규제의 타당성을 판단하는 기준을 제시하는 것을 말한다.

II. 규제영향분석시 고려사항

1. 규제 목적의 실현 가능성
2. 규제의 신설 또는 강화의 필요성
3. 규제의 시행에 따라 규제를 받는 집단과 국민이 부담하여야 할 비용·편익의 비교 분석
4. 규제 외의 대체 수단 존재 여부 및 기존규제와의 중복 여부
5. 규제의 시행이 중소기업에 미치는 영향
6. 규제 내용의 객관성과 명료성
7. 경쟁 제한적 요소의 포함 여부
8. 부담을 경감하기 위하여 폐지·완화가 필요한 기존규제
9. 규제의 존속기한·재검토기한의 설정 근거 또는 미설정 사유

III. 입법예고

중앙행정기관의 장은 규제영향분석서를 입법예고 기간 동안 국민에게 공표하여야 하고, 제출된 의견을 검토하여 규제영향분석서를 보완하며, 의견을 제출한 자에게 제출된 의견의 처리결과를 알려야 한다.

IV. 자체심사

중앙행정기관의 장은 규제영향분석의 결과를 기초로 규제의 대상·범위·방법 등을 정하고 그 타당성에 대하여 자체심사를 하여야 한다. 이 경우 관계 전문가 등의 의견을 충분히 수렴하여 심사에 반영하여야 한다.

문제 4 | 「공공기관의 정보공개에 관한 법령」상 정보공개 청구권자와 공공기관의 범위에 관하여 설명하시오. (20점)

◆ 모범답안 ◆

1 정보공개 청구권

정보공개 청구권이란 사인이 공공기관에 대하여 정보를 제공해 줄 것을 요구할 수 있는 개인적 공권을 말한다. 이는 「헌법」의 제21조 국민의 알권리에서 직접 파생하는 구체적이고 현실적인 권리이므로, 「헌법」상의 기본권으로 보장된다.

공공기관의 정보공개에 관한 법률의 정보공개 청구권은 특정인의 특정사안에 대한 이해관련성의 유무를 불문하고 정보에 대한 이익 그 자체를 권리로서 보장하고 있다.

II 정보공개 청구권자

1. 모든 국민은 정보의 공개를 청구할 권리를 가진다. 또한 법인과 법인격 없는 단체도 설립 목적 불문하고 정보의 공개를 청구할 권리를 가진다.

2. 외국인의 경우도 국내에 일정한 주소를 두고 거주하거나 학술·연구를 위하여 일시적으로 체류하는 사람, 국내에 사무소를 두고 있는 법인 또는 단체에 해당한다면 정보의 공개를 청구할 권리를 가진다.

III 공공기관의 범위

1. 공공기관은 국가기관, 지방자치단체, 「공공기관의 운영에 관한 법률」 제2조에 따른 공공기관 등을 의미한다.

2. 그 밖에 각급 학교, 지방공사 및 지방공단, 특별법에 따라 설립된 특수법인 또는 국가나 지방자치단체로부터 보조금을 받는 사회복지법인과 사회복지사업을 하는 비영리법인등도 공공기관의 범위에 포함한다.

2018년 제6회 행정사 2차 기출문제
행정절차론 모범답안

문제 1 관할 행정청 A는 甲에 대해 부담금 부과처분을 하면서 「행정절차법」상 요구되는 처분의 근거와 이유를 구체적으로 제시하지 않았다. 甲은 자신에 대한 부담금 부과의 근거와 이유를 정확히 알 수 없었으나 납부기한의 도과로 인한 불이익을 우려하여 일단 부담금을 납부하였고, 이후 자신에 대한 부담금 부과처분은 이유제시의 하자가 있는 위법한 것임을 이유로 부담금 부과처분에 대해 취소소송을 제기하였다. 다음 물음에 답하시오. (40점)

(1) 甲이 납부한 부담금이 내용적으로 정당한 경우에는 법원은 이유제시의 하자가 있음을 이유로 부담금 부과처분을 취소할 수 있는지 설명하시오. (20점)
(2) 취소소송의 계속 중에 A가 甲에게 부담금 부과의 근거와 이유를 구체적으로 제시하였다면, 이유제시의 하자는 치유되는지 설명하시오. (20점)

모범답안

I. 문제의 소재

처분의 근거와 이유를 구체적으로 제시하지 아니한 이유제시가 절차상 하자에 해당하는지 여부를 먼저 판단한 후 절차상 하자에 해당한다면 각 물음의 처분의 효력과 치유 가능 여부를 살펴본다.

II. 처분의 이유제시

1. 의의

처분의 근거가 된 법적·사실적 사유를 처분 시에 구체적으로 명시하게 하는 것을 의미한다.

2. 대상

(1) 원칙

모든 처분시 이유가 기재되어야 한다.

(2) 생략사유

① 신청내용을 모두 그대로 인정하는 처분인 경우
② 단순·반복적인 처분 또는 경미한 처분으로서 당사자가 이유를 명백히 알 수 있는 경우
③ 긴급히 처분을 할 필요가 있는 경우

3. 이유제시의 정도

「행정절차법」은 명시적 규정을 두고 있지 않지만, 적어도 처분의 상대방 기타 이해관계인이 이를 기초로 하여 차후 행정구제절차에 대처할 수 있을 정도로 구체적이어야 한다. 따라서 처분의 근거법령, 해당 조항 및 문언, 당해 근거법조를 적용하게 된 원인사실 및 포섭의 경위가 명시되어야 한다. 또한 재량행위의 경우 재량행사의 전후과정이 제시되어야 한다.

한편, 사실적 이유는 처분을 하게 된 사정 전부에 대해 일일이 근거를 제시할 필요는 없으며, 주로 법률요건 해당사실, 즉 주요사실의 골자만 제시하면 된다.

4. 사안의 적용

甲에 대해 부담금 부과처분은 구체적 이유를 제시하지 않은 절차적 하자가 있다.

물음 1) (20점)

Ⅰ 절차상 하자의 독자적 위법성 인정 여부

1. 문제점

절차상 하자의 효력에 대한 「행정절차법」상 처리 규정이 존재하지 않는다. 따라서 처분이 내용적으로 정당한 경우 절차상 하자만으로 처분의 독자적 위법성을 인정할 수 있는지 견해가 나뉜다.

2. 견해의 대립

(1) 학설

행정의 효율성을 강조하는 입장에서 절차 하자의 독자적 위법성을 부정하는 견해와 국민 권익 보호를 강조하는 입장에서 긍정하는 견해로 나뉜다.

(2) 판례

판례는 주류도매업면허의 취소처분 사례에서 취소처분의 근거와 위반사실의 적시를 빠뜨린 하자만을 이유로 행정행위의 취소를 구할 수 있다고 판시하여 절차상 하자를 행정행위의 독자적 위법사유로 보고 있다.

3. 검토

「헌법」 제12조의 적법절차원리는 일반조항으로서 행정절차에 유추 적용된다는 점을 볼 때, 절차의 하자도 기본권 침해에 해당하므로 절차 하자의 독자적 위법성을 인정하는 것이 타당하다.

Ⅱ 위법성의 정도

절차상 하자가 무효인지 취소인지의 구별은 통설과 판례의 견해인 중대·명백설에 따라 판단함이 타당하다.

Ⅲ 부담금 부과처분의 취소 여부

이유제시의 절차상 하자만으로도 독자적 위법성을 가지므로 甲에 대해 부담금 부과처분은 취소할 수 있다.

물음 2) (20점)

Ⅰ 치유가능성

하자의 치유는 원칙적으로 부정되지만, 예외적으로 하자의 치유를 인정한다 하더라도 국민의 권익침해가 없고 행정의 능률적 수행이 가능하다면 그 한도 내에서 제한적으로만 하자의 치유가 가능하다고 보아야 한다.

Ⅱ 치유시기

학설은 ① 쟁송제기 이전시설과, ② 쟁송종결 이전시설이 대립하며, 판례는 치유를 허용하려면 적어도 처분에 대한 불복여부의 결정 및 불복신청에 편의를 줄 수 있는 상당한 기간 내라고 판시하였다.

Ⅲ 치유의 효과

행정행위의 절차상 하자의 치유를 인정하면 절차상 위법은 제거되고 당해 행정행위는 적법한 것으로 간주된다. 치유의 효과는 소급적이므로 그 행정행위는 처음부터 적법한 행위가 된다.

Ⅳ 사안의 적용

원칙적으로 하자의 치유는 인정될 수 없으며 예외적으로 인정된다 하더라도 행정청 A의 치유행위는 취소소송의 진행 중에 이루어졌으므로 치유 가능시기에 해당한다고 볼 수 없다. 따라서 이유제시의 하자는 치유되지 않는다.

문제 2 甲은 질서위반행위로 인하여 과태료 부과처분을 받았다. 「질서위반행위규제법」에 따를 때 다음 각각의 경우에 위 과태료 부과처분이 적법한지 설명하시오. (20점)

(1) 甲이 위 위반행위에 대한 고의 또는 과실이 없었고, 설령 고의가 있었다고 하더라도 위 위반행위가 위법한 줄 몰랐던 경우 (10점)
(2) 甲이 18세이지만 심신장애로 인하여 자신의 행위의 옳고 그름을 판단할 능력이 없었던 경우 (10점)

◆ 모범답안 ◆

Ⅰ 질서위반행위

법률 또는 조례상의 의무를 위반하여 과태료를 부과하는 행위를 의미한다.

Ⅱ 성립요건

1. 질서위반행위 법정주의
법률에 따르지 아니하고는 어떤 행위도 질서위반행위로 과태료를 부과하지 아니한다.

2. 고의 또는 과실
고의 또는 과실이 없는 위반행위는 과태료를 부과하지 아니한다.

3. 위법성의 착오
자신의 행위가 위법하지 아니한 것으로 오인하고 그 오인에 정당한 이유가 있는 때에 한하여 과태료를 부과하지 아니한다.

4. 책임연령
14세가 되지 아니한 자의 질서위반행위는 과태료를 부과하지 아니한다.

5. 심신장애
(1) 심신장애로 인하여 행위의 옳고 그름을 판단할 능력이 없거나 그 판단에 따른 행위를 할 능력이 없는 자의 질서위반행위는 과태료를 부과하지 아니한다.
(2) 심신장애로 인하여 (1)에 따른 능력이 미약한 자의 질서위반행위는 과태료를 감경한다.
(3) 스스로 심신장애 상태를 일으켜 질서위반행위를 한 자에 대하여는 (1) 및 (2)을 적용하지 아니한다.

물음 1) (10점)

甲이 위 위반행위에 대한 고의 또는 과실이 없었다면 과태료를 부과할 수 없으므로 과태료 부과처분은 부적법하다. 또한 고의가 있었다고 하더라도 위 위반행위가 위법한 줄 몰랐던 경우에는 그 위법성의 착오에 정당한 이유가 있다면 과태료를 부과할 수 없다.

물음 2) (10점)

甲이 18세이므로 책임연령 이상이지만, 심신장애로 인하여 자신의 행위의 옳고 그름을 판단할 능력이 없었던 경우에는 과태료를 부과할 수 없으므로 과태료 부과처분은 부적법하다.

‖ **문제 3** ‖ 행정기관의 장 A는 조사원 B로 하여금 행정법규 위반이 의심되는 甲의 사업장에 출입하여 현장조사를 실시하게 하고자 한다. 「행정조사기본법」상 현장조사의 절차 및 제한에 관하여 설명하시오. (20점)

◆ 모범답안 ◆

I 의의

행정조사란 행정기관이 정책을 결정하거나 직무를 수행하는 데 필요한 정보나 자료를 수집하는 활동이다.

II 현장조사

1. 사전통지

조사원이 현장조사를 실시하는 경우에는 행정기관의 장은 현장출입조사서 등을 조사대상자에게 발송하여야 한다.

2. 시간적 제한

(1) 원칙

현장조사는 해가 뜨기 전이나 해가 진 뒤에는 할 수 없다.

(2) 예외

① 조사대상자가 동의한 경우
② 사업장 등의 업무시간에 행정조사를 실시하는 경우
③ 해가 뜬 후부터 해가 지기 전까지 행정조사를 실시하는 경우에는 조사목적의 달성이 불가능하거나 증거인멸로 인하여 조사대상자의 법령등의 위반 여부를 확인할 수 없는 경우

3. 실명제

현장조사를 하는 조사원은 그 권한을 나타내는 증표를 지니고 이를 조사대상자에게 내보여야 한다.

문제 4 「공공기관의 정보공개에 관한 법률」상 공공기관의 정보 비공개 결정에 대한 청구인의 불복 구제 절차에 관하여 설명하시오. (20점)

◆ 모범답안 ◆

I 이의신청

1. 이의신청 청구

청구인은 비공개 결정에 대하여 공공기관으로부터 정보 비공개 결정 통지를 받은 날부터 30일 이내에 해당 공공기관에 문서로 이의신청을 할 수 있다.

2. 심의회 개최

이의신청이 있는 경우에는 심의회를 개최하여야 한다. 다만, ① 심의회의 심의를 이미 거친 사항, ② 단순·반복적인 청구, ③ 법령에 따라 비밀로 규정된 정보에 대한 청구에 해당하는 경우에는 심의회를 개최하지 아니할 수 있으며, 개최하지 아니하는 사유를 청구인에게 문서로 통지하여야 한다.

3. 이의신청의 결정기간

공공기관은 이의신청을 받은 날부터 7일 이내에 그 이의신청에 대하여 결정하고 그 결과를 청구인에게 지체 없이 문서로 통지하여야 한다. 다만, 부득이한 사유로 정하여진 기간 이내에 결정할 수 없을 때에는 그 기간이 끝나는 날의 다음 날부터 기산하여 7일의 범위에서 연장할 수 있으며, 연장 사유를 청구인에게 통지하여야 한다.

4. 통지의무

공공기관은 이의신청을 각하 또는 기각하는 결정을 한 경우에는 청구인에게 행정심판 또는 행정소송을 제기할 수 있다는 사실을 결과 통지와 함께 알려야 한다.

II 행정심판·행정소송

정보공개와 관련한 공공기관의 비공개 결정에 대하여 불복이 있는 때에는 「행정심판법」 또는 「행정소송법」이 정하는 바에 따라 행정심판 또는 행정소송을 청구할 수 있다.
이의신청과 행정심판, 행정소송은 임의적 전치주의 관계이다.

2019년 제7회 행정사 2차 기출문제
행정절차론 모범답안

문제 1 A시의 甲구청장은 음식점을 운영하고 있는 乙이 정당한 사유 없이 6개월 이상 계속 휴업하고 있어 「식품위생법」 제75조 제3항에 따른 영업허가 취소처분을 하려고 하였다. 이를 위해 청문통지서를 두 차례에 걸쳐 발송하였으나 청문통지서가 주소 불명으로 반송되었다. 이에 甲구청장은 乙이 청문기일에 불출석하였다는 이유로 청문을 생략하고 음식점 영업허가 취소처분을 하였다. 甲구청장의 乙에 대한 영업허가 취소처분의 위법 여부를 설명하시오. (40점)

◆ 모범답안 ◆

Ⅰ 논점의 정리

甲구청장이 행한 영업허가 취소처분은 청문과 관련하여 절차상 하자가 있는지와 청문을 생략한 처분의 위법 여부를 살펴본다.

Ⅱ 행정청 처분의 절차적 하자 여부

1. 청문의 개념

  행정청이 처분에 앞서 당사자등의 의견을 직접 듣고 증거를 조사하는 절차를 말한다.

2. 대상

  (1) 실시사유

  청문은 다른 법령에서 규정한 경우와, 행정청이 필요를 인정한 경우 그리고 인허가 등의 취소, 신분·자격의 박탈, 법인이나 조합 등의 설립허가의 취소 처분이 있는 경우에 실시하여야 한다.

  (2) 생략사유

  ① 공공의 안전 또는 복리를 위하여 긴급히 처분을 할 필요가 있는 경우
  ② 법령등에서 요구된 자격이 없거나 없어지게 되면 반드시 일정한 처분을 하여야 하는 경우에 그 자격이 없거나 없어지게 된 사실이 법원의 재판 등에 의하여 객관적으로 증명된 때
  ③ 당해 처분의 성질상 의견청취가 현저히 곤란하거나 명백히 불필요하다고 인정될 만한 상당한 이유가 있는 경우
  ④ 당사자가 의견진술의 기회를 포기한다는 뜻을 명백히 표시한 경우

3. 사안의 적용

  행정과정에 대한 국민의 참여와 행정의 공정성, 투명성 및 신뢰성을 확보하고 국민의 권익을 보호함을 목적으로 하는 청문 절차의 입법목적 등에 비추어 보면, 특별한 생략사유에 해당하지 않는 한 법령에 규정한 청문은 의무적으로 실시되어야 한다.
  본 사안에서는 乙이 청문기일에 불출석하였다는 이유로 甲구청장은 청문을 생략하였으므로 이와 같은 사유가 청문의 생략사유에 해당하는지가 문제된다.
  「행정절차법」상 생략사유인 당해 처분의 성질상 의견청취가 현저히 곤란한 경우란 당해 행정처분의 성질에 비추어 판단하여야 하는 것이지, 청문통지서의 반송 여부, 청문통지의 방법 등에 의하여 판단할 것은 아니다. 또한 청문통지서를 받지 못한 乙은 정당한 사유로 청문을 불출석하였다고 볼 수 있으므로 이를 이유로 청문을 실시하지 아니하였다면 이는 절차의 하자에 해당한다.

Ⅲ 취소처분의 위법 여부

1. 문제점
절차상 하자의 효력에 대한 「행정절차법」상 처리 규정이 존재하지 않는다.

2. 견해의 대립
행정의 효율성을 강조하는 입장에서 절차 하자의 독자적 위법성을 부정하는 견해와 국민 권익 보호를 강조하는 입장에서 긍정하는 견해로 나뉜다.
판례는 법령에서 규정한 청문 절차를 실시하지 않았다는 절차상의 하자만을 이유로 행정행위의 취소를 구할 수 있다는 입장이다.

3. 검토
「헌법」 제12조 적법절차원리가 일반조항으로서 행정절차에 유추적용 된다는 점을 볼 때, 절차의 하자도 기본권 침해에 해당하므로 절차 하자의 독자적 위법성을 인정하는 것이 타당하다.

4. 위법성의 정도
중대·명백설에 따라 절차상의 하자는 취소에 해당한다.

Ⅳ 사안의 해결
본 사안에서 甲구청장의 영업허가 취소처분은 반드시 필요한 청문 기회를 제공하지 아니하였으므로 절차적 하자가 있는 위법한 처분이다.

문제 2 「행정규제기본법」상 규제개혁위원회의 설치, 기능 및 조사·의견청취 등에 관하여 설명하시오. (20점)

◆ 모범답안 ◆

I 설치

정부의 규제정책을 심의·조정하고 규제의 심사·정비 등에 관한 사항을 종합적으로 추진하기 위하여 대통령 소속으로 규제개혁위원회를 둔다.

II 기능

1. 심의·조정 사항
   (1) 규제정책의 기본방향과 규제제도의 연구·발전에 관한 사항
   (2) 규제의 신설·강화 등에 대한 심사에 관한 사항
   (3) 기존규제의 심사, 신산업 규제정비 기본계획 및 규제정비 종합계획의 수립·시행에 관한 사항
   (4) 규제의 등록·공표에 관한 사항
   (5) 규제 개선에 관한 의견 수렴 및 처리에 관한 사항
   (6) 각급 행정기관의 규제 개선 실태에 대한 점검·평가에 관한 사항
   (7) 그 밖에 위원장이 위원회의 심의·조정이 필요하다고 인정하는 사항

2. 권고
   위원회는 신기술 서비스·제품 관련 규제특례에 관한 사항을 심의하기 위하여 관계 법률에 따라 설치된 위원회에 의견을 제출하거나, 필요한 경우 권고할 수 있다. 이 경우 권고를 받은 위원회는 권고사항에 대한 처리결과를 위원회에 제출하여야 한다.

III 조사 및 의견청취 등

1. 위원회는 기능을 수행할 때 필요하다고 인정하면 다음의 조치를 할 수 있다.
   (1) 관계 행정기관에 대한 설명 또는 자료·서류 등의 제출 요구
   (2) 이해관계인·참고인 또는 관계 공무원의 출석 및 의견진술 요구
   (3) 관계 행정기관 등에 대한 현지조사
2. 관계 행정기관의 장은 규제의 심사 등과 관련하여 소속 공무원이나 관계 전문가를 위원회에 출석시켜 의견을 진술하게 하거나 필요한 자료를 제출할 수 있다.

문제 3 | 「개인정보 보호법」상 보호의 대상이 되는 개인정보의 개념 및 개인정보처리자의 손해배상책임에 관하여 설명하시오. (20점)

◆ 모범답안 ◆

I 개인정보의 개념

살아 있는 개인에 관한 정보로서 성명, 주민등록번호 및 영상 등을 통하여 개인을 알아볼 수 있는 정보를 의미한다. 또한 해당 정보만으로는 개인을 알아볼 수 없더라도 다른 정보와 쉽게 결합하여 개인을 알아 볼 수 있는 정보와 가명정보도 개인정보에 포함한다.

II 개인정보처리자의 손해배상책임

1. 정보주체는 개인정보처리자의 위법한 행위로 손해를 입으면 개인정보처리자에게 손해배상을 청구할 수 있다. 이 경우 그 개인정보처리자는 고의 또는 과실이 없음을 입증하지 아니하면 책임을 면할 수 없다.

2. 개인정보처리자의 고의 또는 중대한 과실로 인하여 개인정보가 분실·도난·유출·위조·변조 또는 훼손된 경우로서 정보주체에게 손해가 발생한 때에는 법원은 그 손해액의 5배를 넘지 아니하는 범위에서 손해배상액을 정할 수 있다. 다만, 개인정보처리자가 고의 또는 중대한 과실이 없음을 증명한 경우에는 그러하지 아니하다.

III 법정손해배상의 청구

1. 정보주체는 개인정보처리자의 고의 또는 과실로 인하여 개인정보가 분실·도난·유출·위조·변조 또는 훼손된 경우에는 300만 원 이하의 범위에서 상당한 금액을 손해액으로 하여 배상을 청구할 수 있다. 이 경우 해당 개인정보처리자는 고의 또는 과실이 없음을 입증하지 아니하면 책임을 면할 수 없다.

2. 법원은 법정손해배상의 청구가 있는 경우에 변론 전체의 취지와 증거조사의 결과를 고려하여 300만 원 이하의 범위에서 상당한 손해액을 인정할 수 있다.

3. 손해배상을 청구한 정보주체는 사실심의 변론이 종결되기 전까지 그 청구를 법정손해배상의 청구로 변경할 수 있다.

문제 4 | 「행정조사기본법」상 행정조사의 기본원칙 및 위법한 행정조사에 기초한 행정행위의 효력에 관하여 설명하시오. (20점)

◆ 모범답안 ◆

Ⅰ 행정조사의 개념

행정조사란 행정기관이 정책을 결정하거나 직무를 수행하는 데 필요한 정보나 자료를 수집하는 활동을 말한다.

Ⅱ 행정조사의 기본원칙

1. 행정조사는 조사목적을 달성하는데 필요한 최소한의 범위 안에서 실시하여야 하며, 다른 목적 등을 위하여 조사권을 남용하여서는 아니 된다.
2. 행정기관은 조사목적에 적합하도록 조사대상자를 선정하여 행정조사를 실시하여야 한다.
3. 행정기관은 유사하거나 동일한 사안에 대하여는 공동조사 등을 실시함으로써 행정조사가 중복되지 아니하도록 하여야 한다.
4. 행정조사는 법령등의 위반에 대한 처벌보다는 법령등을 준수하도록 유도하는 데 중점을 두어야 한다.
5. 다른 법률에 따르지 아니하고는 행정조사의 대상자 또는 행정조사의 내용을 공표하거나 직무상 알게 된 비밀을 누설하여서는 아니 된다.
6. 행정기관은 행정조사를 통하여 알게 된 정보를 다른 법률에 따라 내부에서 이용하거나 다른 기관에 제공하는 경우를 제외하고는 원래의 조사목적 이외의 용도로 이용하거나 타인에게 제공하여서는 아니 된다.

Ⅲ 위법한 행정조사에 기초한 행정행위의 효력

1. **견해의 대립**

   행정의 효율성을 강조하는 입장에서 행정조사는 행정행위의 준비작용일 뿐 반드시 행정행위결정의 선행요건으로 볼 수는 없다는 승계부정설과 행정조사는 전체적으로 하나의 행정과정을 구성하고 있으므로 행정조사에 중대한 위법사유가 있으면 곧 행정행위도 위법하다는 승계긍정설이 대립한다.

2. **검토**

   행정조사와 그에 기초한 행정행위는 별개라 할지라도 밀접한 관련성을 가지므로, 국민의 권익을 보호하는 입장에서 행정조사의 위법성은 행정행위에도 원칙적으로 승계된다고 보는 것이 타당하다.

2020년 제8회 행정사 2차 기출문제
행정절차론 모범답안

문제1 어업조합법인 甲은 A시 관할 구역 내 32만 m²에 수산물종합유통센터를 건축하기 위하여 B지방해양항만청장으로부터 항만공사 시행 허가 및 항만공사 실시계획 승인을 받았다. 그런데 그 후 甲은 A시장으로부터 위 센터 건축을 위한 항만시설 사용허가를 두 차례 받았으나 건축을 하지 못하고 모두 그 사용기간이 만료되었다. 甲은 다시 위 센터를 건축하고자 항만시설 사용허가를 신청하였으나 A시장은 위 센터 예정 부지 주변의 여건 변화, 각종 행사의 증가로 인한 공공 시설 부족 심화 등을 이유로 불허가 처분을 내렸다. 그런데 A시장은 불허가 처분을 하기 전에 甲에게 그 처분의 내용 및 법적 근거, 의견제출 절차 등을 통지하지 않았다. 다음 물음에 답하시오. (40점)

(1) 甲은 이미 두 차례나 항만시설 사용허가를 해 주었으면서 이번에는 이를 거부한 것은 신뢰보호 원칙 위반이라고 주장한다. 신뢰보호 원칙의 요건에 비추어 이 주장의 타당성을 검토하시오. (20점)
(2) 甲은 A시장이 항만시설 사용에 대한 불허가 처분을 하면서 사전통지를 하지 않았다는 점을 들어 「행정절차법」 위반이라고 주장한다. 이 주장의 타당성을 검토하시오. (20점)

──◆ 모범답안 ◆──

물음1) (20점)

Ⅰ 신뢰보호 원칙

행정청은 법령등의 해석 또는 행정청의 관행이 일반적으로 국민들에게 받아들여진 때에는 공익 또는 제3자의 정당한 이익을 현저히 해할 우려가 있는 경우를 제외하고는 새로운 해석 또는 관행에 따라 소급하여 불리하게 처리하여서는 아니 된다.

Ⅱ 적용요건

일반적으로 행정청의 행위에 대하여 신뢰보호 원칙이 적용되기 위해서는 ① 행정청이 개인에 대하여 신뢰의 대상이 되는 공적인 견해표명을 하여야 하고, ② 행정청의 견해표명이 정당하다고 신뢰한 데에 대하여 그 개인에게 귀책사유가 없어야 하며, ③ 그 개인이 그 견해표명을 신뢰하고 이에 상응하는 어떠한 행위를 하였어야 하고, ④ 행정청이 그 견해표명에 반하는 처분을 함으로써 견해표명을 신뢰한 개인의 이익이 침해되는 결과가 초래되어야 하며, ⑤ 그 견해표명에 따른 행정처분을 할 경우 이로 인하여 공익 또는 제3자의 정당한 이익을 현저히 해할 우려가 있는 경우가 아니어야 한다.

Ⅲ 사안의 해결

항만시설 사용허가가 두 차례 있었다는 사유만으로 행정청의 허가가 국민에게 받아들여진 일반적인 관행에 해당하지는 않는다. 따라서 甲이 이전에 있었던 사용허가를 근거로 새로운 허가처분을 기대하였다고 하여 이를 보호가치 있는 신뢰라고 볼 수 없으며, A시장의 불허가 처분이 선행조치에 반하는 후행처분이라 볼 수도 없다. 또한 센터 예정 부지 주변의 여건 변화, 각종 행사의 증가로 인한 공공 시설 부족 심화 등 공익을 해칠 우려가 있는 경우에는 이전의 허가와 다른 불허가 처분이 충분히 가능하다.
따라서 A시장의 불허가 처분이 신뢰보호 원칙 위반이라는 甲의 주장은 타당하지 않다.

물음 2) (20점)

I 대상

행정청은 당사자에게 불이익한 처분을 하기 전에 일정한 사항을 당사자등에게 통지하여야 한다.

II 생략사유

1. 공공의 안전 또는 복리를 위하여 긴급히 처분을 할 필요가 있는 경우

2. 법령등에서 요구된 자격이 없거나 없어지게 되면 반드시 일정한 처분을 하여야 하는 경우에 그 자격이 없거나 없어지게 된 사실이 법원의 재판 등에 의하여 객관적으로 증명된 때

3. 당해 처분의 성질상 의견청취가 현저히 곤란하거나 명백히 불필요하다고 인정될 만한 상당한 이유가 있는 경우

III 거부처분에도 사전통지절차가 적용되는지 여부

신청에 대한 거부처분이 권익을 제한하는 처분에 해당하여 사전통지절차가 적용되는지가 문제된다.

신청이 거부된 경우에도 권익에 손상을 입을 위험이 있다는 점, 거부처분이 사전통지의 생략사유에 해당하지 않는다는 점을 논거로 거부처분이 권익을 제한하는 처분에 해당하여 사전통지절차가 적용된다는 견해도 있다. 그러나 신청에 따른 처분이 이루어지지 않은 경우에는 아직 당사자에게 권익이 부과되지 아니하였으므로 특별한 사정이 없는 한 신청에 대한 거부처분이라고 하더라도 직접 당사자의 권익을 제한하는 것은 아니다. 따라서 신청에 대한 거부처분은 사전통지의 대상이 아니다.

IV 사안의 해결

항만시설 사용에 대한 불허가 처분은 신청에 대한 거부처분으로서 불이익한 처분에 해당하지 않으므로 사전통지의 대상이 아니다. 따라서 사전통지를 하지 않았다는 점을 들어 「행정절차법」 위반이라는 甲의 주장은 타당하지 않다.

｜문제 2｜ 甲이 공공기관 A에게 공개 청구한 정보가 제3자인 乙과 관련이 있는 경우, 乙의 권리보호에 관하여 설명하시오. (20점)

◆ 모범답안 ◆

I 제3자의 비공개 요청

공개 청구 사실을 통지받은 제3자는 통지받은 날부터 3일 이내에 비공개 요청을 할 수 있다.

II 공개 실시일

비공개 요청에도 불구하고 공공기관이 공개 결정을 할 때에는 공개 결정일과 공개 실시일 사이에 최소한 30일의 간격을 두어야 한다.

III 이의신청

1. 이의신청 청구

비공개 요청에도 불구하고 공공기관이 공개 결정을 할 때에는 공개 결정 이유와 공개 실시일을 분명히 밝혀 지체 없이 문서로 통지하여야 하며, 제3자는 정보공개 통지를 받은 날부터 7일 이내에 문서로 이의신청을 할 수 있다.

2. 심의회 개최

이의신청이 있는 경우에는 심의회를 개최하여야 한다. 다만, ① 심의회의 심의를 이미 거친 사항, ② 단순·반복적인 청구, ③ 법령에 따라 비밀로 규정된 정보에 대한 청구에 해당하는 경우에는 심의회를 개최하지 아니할 수 있으며, 개최하지 아니하는 사유를 청구인에게 문서로 통지하여야 한다.

3. 이의신청의 결정기간

공공기관은 이의신청을 받은 날부터 7일 이내에 그 이의신청에 대하여 결정하고 그 결과를 청구인에게 지체 없이 문서로 통지하여야 한다. 다만, 부득이한 경우에는 7일의 범위에서 연장할 수 있으며, 연장 사유를 청구인에게 통지하여야 한다.

4. 통지의무

공공기관은 이의신청을 각하 또는 기각하는 결정을 한 경우에는 청구인에게 행정심판 또는 행정소송을 제기할 수 있다는 사실을 결과 통지와 함께 알려야 한다.

IV 행정심판 · 행정소송

「행정심판법」 또는 「행정소송법」이 정하는 바에 따라 행정심판 또는 행정소송을 청구할 수 있다. 이의신청과 행정심판, 행정소송은 임의적 전치주의 관계이다.

▌문제 3 ▐ 「행정조사기본법」상 행정조사 방법에 관하여 설명하시오. (20점)

◆ 모범답안 ◆

1 의의

행정조사란 행정기관이 정책을 결정하거나 직무를 수행하는 데 필요한 정보나 자료를 수집하기 위하여 현장조사·문서열람·시료채취 등을 하거나 조사대상자에게 보고요구·자료제출요구 및 출석·진술요구를 행하는 활동을 말한다.

2 보고요구·자료제출요구 및 출석·진술요구

1. 행정기관의 장은 행정조사를 위해 요구서를 발송하여야 한다.
2. 조사대상자는 업무 또는 생활에 지장이 있는 때에는 행정기관의 장에게 일시를 변경하여 줄 것을 신청할 수 있다.
3. 조사원은 조사대상자의 1회 출석으로 당해 조사를 종결하여야 한다.

3 현장조사

1. 현장조사는 해가 뜨기 전이나 해가 진 뒤에는 할 수 없다. 다만, ① 조사대상자가 동의한 경우, ② 사무실 또는 사업장 등의 업무시간에 행정조사를 실시하는 경우, ③ 해가 뜬 후부터 해가 지기 전까지 행정조사를 실시하는 경우에는 조사목적의 달성이 불가능하거나 증거인멸로 인하여 조사대상자의 법령등의 위반 여부를 확인할 수 없는 경우에 해당하는 경우에는 그러하지 아니하다.
2. 현장조사를 하는 조사원은 그 권한을 나타내는 증표를 지니고 이를 조사대상자에게 내보여야 한다.

4 시료채취

1. 시료채취를 하는 경우에는 그 시료의 소유자 및 관리자의 정상적인 경제활동을 방해하지 아니하는 범위 안에서 최소한도로 하여야 한다.
2. 행정기관의 장은 조사대상자에게 손실을 입힌 때에는 그 손실을 보상하여야 한다.

5 자료등 영치

1. 조사원이 자료등을 영치하는 때에는 조사대상자 또는 그 대리인을 입회시켜야 한다.
2. 조사원이 자료등을 영치하는 경우에 조사대상자의 생활이나 영업이 사실상 불가능하게 될 우려가 있는 때에는 조사원은 자료등을 사진으로 촬영하거나 사본을 작성하는 등의 방법으로 영치에 갈음할 수 있다. 다만, 증거인멸의 우려가 있는 자료등을 영치하는 경우에는 그러하지 아니하다.
3. 조사원이 영치를 완료한 때에는 영치조서 2부를 작성하여 입회인과 함께 서명날인하고 그중 1부를 입회인에게 교부하여야 한다.

6 공동조사

행정조사는 공동조사 대상이거나 조사대상자의 신청 또는 국무조정실장의 요청이 있는 경우 공동조사를 실시한다.

7 중복조사 제한

행정기관의 장은 동일한 사안에 대하여 동일한 조사대상자를 재조사 하여서는 아니 된다. 또한, 각 행정기관 간의 동일한 조사대상자에게 동일하거나 유사한 사안에 대한 행정조사도 역시 제한된다.

문제 4 「질서위반행위규제법」상 과태료 체납자에 대한 제재로서 관허사업의 제한과 고액·상습 체납자에 대한 제재를 설명하시오. (20점)

••• ◆ 모범답안 ◆ •••

I 관허사업의 제한

1. 개념
행정청은 과태료 체납자 중 허가등을 요하는 사업을 경영하는 자에 대하여는 사업의 정지 또는 허가등의 취소를 할 수 있다.

2. 요건
(1) 해당 사업과 관련된 질서위반행위로 부과받은 과태료를 3회 이상 체납하고 있고, 체납발생일부터 각 1년이 경과하였으며, 체납금액의 합계가 500만 원 이상인 체납자
(2) 천재지변이나 그 밖의 중대한 재난, 체납자 또는 그 동거가족의 중한 질병, 생계를 유지하기 어려울 정도의 경제적 손실 등 특별한 사유 없이 과태료를 체납한 자

3. 절차
(1) 사업의 주무관청이 따로 있는 경우에는 행정청은 당해 주무관청에 대하여 사업의 정지 또는 허가등의 취소를 요구할 수 있다.
(2) 행정청은 당해 과태료를 징수한 때에는 지체 없이 사업의 정지 또는 허가등의 취소나 그 요구를 철회하여야 한다.
(3) 행정청의 요구가 있는 때에는 주무관청은 정당한 사유가 없는 한 이에 응하여야 한다.

II 고액·상습체납자에 대한 제재

1. 개념
법원은 검사의 청구에 따라 결정으로 30일의 범위 이내에서 과태료의 납부가 있을 때까지 고액·상습 체납자(법인인 경우에는 대표자)를 감치에 처할 수 있다.

2. 요건
(1) 과태료를 3회 이상 체납하고 있고, 체납발생일부터 각 1년이 경과하였으며, 체납금액의 합계가 1천만 원 이상인 체납자
(2) 과태료 납부능력이 있음에도 불구하고 정당한 사유 없이 체납한 경우

3. 절차
(1) 행정청은 관할 지방검찰청 또는 지청의 검사에게 체납자의 감치를 신청할 수 있다.
(2) 행정청의 감치 신청 결정에 대하여는 즉시항고를 할 수 있다.
(3) 감치에 처하여진 과태료 체납자는 동일한 체납사실로 인하여 재차 감치되지 아니한다.

2021년 제9회 행정사 2차 기출문제
행정절차론 모범답안

문제 1 공무원 甲은 코로나19 확산 방지를 위한 집합금지명령 위반 단속업무 등을 담당하던 중, 유흥주점 업자인 乙로부터 위반행위 단속을 피할 수 있도록 단속일시·장소 등을 알려달라는 청탁을 받았다. 甲은 이를 알려준 대가로 자신의 계좌로 30만 원을 송금 받은 것을 비롯하여 수회에 걸쳐 합계 190만 원의 뇌물을 받은 사실을 이유로 인사 및 징계권자인 A로부터 직위해제처분을 받은 후 징계절차를 거쳐 최종적으로 파면처분을 받았다. 다음 물음에 답하시오. (40점)

(1) 甲은 A가 직위해제처분을 하면서 사전통지나 의견청취 절차를 거치지 않았다는 점을 들어 「행정절차법」 위반이라고 주장한다. 이 주장의 타당성을 검토하시오. (10점)
(2) 甲은 제시된 징계사유(뇌물수수)를 모두 인정하면서도 A가 관련법령의 징계절차상 처분사유설명서를 교부하지 않았음을 들어 자신에 대한 파면처분은 취소되어야 한다고 주장한다. 이 주장의 타당성을 검토하시오. (30점)

◆ 모범답안 ◆

물음 1) (10점)

국가공무원법상 직위해제처분은 잠정적이고 가처분적인 성격을 가진 조치에 해당하며, 또한 직위해제처분을 받은 공무원은 사후적으로 소청이나 행정소송을 통하여 충분한 의견진술 및 자료제출의 기회를 보장받고 있다. 이러한 점을 고려한다면 「국가공무원법」상 직위해제처분은 「행정절차법」 제3조 제2항에 규정되어 있는 당해 행정작용의 성질상 행정절차를 거치기 곤란하거나 불필요하다고 인정되는 사항 또는 행정절차에 준하는 절차를 거친 사항에 해당하므로, 처분의 사전통지 및 의견청취 등에 관한 「행정절차법」의 규정이 별도로 적용되지 않는다.
따라서 甲의 주장은 타당하지 않다.

물음 2) (30점)

Ⅰ 문제의 소재

A의 파면처분은 불이익한 처분에 해당하며, 파면처분의 절차상 하자 여부와 절차상 하자 있는 처분의 효력이 문제된다.

Ⅱ 절차상 하자 여부

1. 「행정절차법」상 불이익한 처분 절차

행정청이 공표한 처분기준에 따라 불이익한 처분을 하는 경우에는 사전에 통지하여 의견청취 절차를 거친후, 문서로 처분과 그 이유를 명시하고 구제방법 등을 고지하여야 한다. 이는 처분 당사자등의 절차적 권리이며, 당사자의 개인적 공권으로 보호되어야 한다.

2. 「행정절차법」 적용범위

「행정절차법」은 행정절차에 관한 일반법의 지위를 가진다. 다만, 공무원 인사 관계 법령에 따른 징계와 그 밖의 처분에 관하여는 그 적용을 배제하고 있다.

행정과정에 대한 국민의 참여와 행정의 공정성, 투명성 및 신뢰성을 확보하고 국민의 권익을 보호함을 목적으로 하는 「행정절차법」의 입법목적 등에 비추어 보면, 공무원 인사관계 법령에 의한 처분에 관한 사항 전부에 대하여 「행정절차법」의 적용이 배제되는 것이 아니라 성질상 행정절차를 거치기 곤란하거나 불필요하다고 인정되는 처분이나 행정절차에 준하는 절차를 거치도록 하고 있는 처분의 경우에만 「행정절차법」의 적용이 배제된다.

3. 처분사유설명서를 교부하지 않은 파면처분의 절차상 하자 여부

파면처분의 상대방은 차후 행정구제절차에 대처할 수 있을 정도로 구체적인 이유를 제시받아야 하는데 이에 준하는 절차가 처분사유설명서에 해당한다. 그런 의미에서 처분사유 설명서는 해당 공무원에게 방어의 준비 및 불복의 기회를 보장하고 징계권자의 판단에 신중함과 합리성을 담보하게 한다.

따라서 처분사유설명서를 교부하지 않은 파면처분은 절차상 하자가 있다.

Ⅲ 절차상 하자 있는 처분의 효력

1. 절차상 하자의 독자적 위법성 인정 여부

(1) 문제점

절차상 하자의 효력에 대한 「행정절차법」상 처리 규정이 존재하지 않는다.

(2) 견해의 대립

행정의 효율성을 강조하는 입장에서 절차 하자의 독자적 위법성을 부정하는 견해와 국민 권익 보호를 강조하는 입장에서 긍정하는 견해로 나뉜다.

판례는 절차상 하자만을 이유로 행정행위의 취소를 구할 수 있다고 판시하여 절차상 하자를 행정행위의 독자적 위법사유로 보고 있다.

(3) 검토

「헌법」 제12조 적법절차원리가 일반조항으로서 행정절차에 유추적용 된다는 점을 볼 때, 절차의 하자도 기본권 침해에 해당하므로 절차 하자의 독자적 위법성을 인정하는 것이 타당하다.

2. 위법성의 정도

중대·명백설에 따라 절차상의 하자는 취소에 해당한다.

Ⅳ 사안의 해결

A의 파면처분은 절차상 하자가 있는 처분이므로, 파면 처분의 취소를 요구하는 甲의 주장은 타당하다.

문제 2 | 개인정보자기결정권의 의미와 「개인정보 보호법」상 개인정보 보호원칙에 관하여 설명하시오. (20점)

◆ 모범답안 ◆

❶ 개인정보자기결정권

정보주체가 개인정보의 공개와 이용에 관하여 스스로 결정할 권리로, 「헌법」 제17조 사생활의 비밀과 자유에서 도출된다. 「개인정보 보호법」 제4조에서 정보주체의 권리로 규정하고 있다.

❷ 개인정보 보호 원칙

1. 개인정보처리자는 개인정보의 처리 목적을 명확하게 하여야 하고 그 목적에 필요한 범위에서 최소한의 개인 정보만을 적법하고 정당하게 수집하여야 한다.

2. 개인정보처리자는 개인정보의 처리 목적에 필요한 범위에서 적합하게 개인정보를 처리하여야 하며, 그 목적 외의 용도로 활용하여서는 아니 된다.

3. 개인정보처리자는 개인정보의 처리 목적에 필요한 범위에서 개인정보의 정확성, 완전성 및 최신성이 보장되도록 하여야 한다.

4. 개인정보처리자는 개인정보의 처리 방법 및 종류 등에 따라 정보주체의 권리가 침해받을 가능성과 그 위험 정도를 고려하여 개인정보를 안전하게 관리하여야 한다.

5. 개인정보처리자는 개인정보 처리방침 등 개인정보의 처리에 관한 사항을 공개하여야 하며, 열람청구권 등 정보주체의 권리를 보장하여야 한다.

6. 개인정보처리자는 정보주체의 사생활 침해를 최소화하는 방법으로 개인정보를 처리하여야 한다.

7. 개인정보처리자는 개인정보를 익명 또는 가명으로 처리하여도 개인정보 수집목적을 달성할 수 있는 경우 익명처리가 가능한 경우에는 익명에 의하여, 익명처리로 목적을 달성할 수 없는 경우에는 가명에 의하여 처리될 수 있도록 하여야 한다.

8. 개인정보처리자는 「개인정보 보호법」 및 관계 법령에서 규정하고 있는 책임과 의무를 준수하고 실천함으로써 정보주체의 신뢰를 얻기 위하여 노력하여야 한다.

문제 3 국내에 주소를 두고 거주하는 외국인 甲은 A광역시에 건물을 보유하고 있다. 그러나 이 건물이 공익사업을 이유로 A광역시지방토지수용위원회의 수용재결을 받게 되었고, 이에 대해 이의신청을 하였으나 중앙토지수용위원회에서 기각재결이 이루어졌다. 그러자 甲은 토지수용위원회의 회의록에 기재된 발언내용에 대한 해당 발언자의 인적사항 부분에 관한 정보공개를 청구하였다. 甲이 정보공개 청구권의 주체가 될 수 있는지와 청구내용이 정보공개 대상이 되는지를 검토하시오. (20점)

◆ 모범답안 ◆

I 정보공개 청구권자

1. 모든 국민은 정보의 공개를 청구할 권리를 가진다. 또한 법인과 법인격 없는 단체도 설립 목적 불문하고 정보의 공개를 청구할 권리를 가진다.

2. 외국인의 경우도 국내에 일정한 주소를 두고 거주하거나 학술·연구를 위하여 일시적으로 체류하는 사람, 국내에 사무소를 두고 있는 법인 또는 단체에 해당한다면 정보의 공개를 청구할 권리를 가진다.

3. 「공공기관의 정보공개에 관한 법률」의 정보공개 청구권은 특정인의 특정사안에 대한 이해관련성의 유무를 불문하고 정보에 대한 이익 그 자체를 권리로서 보장하고 있다.

II 공개 대상 정보

1. 정보공개의 원칙

공공기관이 수집, 직무상 작성 또는 취득하여 관리하고 있는 각종의 정보는 국민의 알권리 보장 등을 위하여 적극적으로 공개하여야 한다.

「정보공개법」은 비공개 대상 정보에 대하여 열거하고 있다. 이에 해당하지 아니하는 경우 공공기관은 공개청구에 대하여 정보를 공개하여야할 의무를 진다.

2. 예외(비공개 대상 정보)

(1) 다른 법률 또는 법률에서 위임한 명령(국회규칙·대법원규칙·헌법재판소규칙·중앙선거관리위원회규칙·대통령령 및 조례로 한정)에 따라 비공개 사항으로 규정된 정보

(2) 국가의 중대한 이익을 현저히 해칠 우려가 있다고 인정되는 정보

(3) 국민의 생명·신체 및 재산의 보호에 현저한 지장을 초래할 우려가 있다고 인정되는 정보

(4) 진행 중인 재판에 관한 정보와 공개될 경우 그 직무 수행을 현저히 곤란하게 하거나 형사피고인의 공정한 재판을 받을 권리를 침해한다고 인정할 만한 상당한 이유가 있는 정보

(5) 업무의 공정한 수행이나 연구·개발에 현저한 지장을 초래한다고 인정할 만한 상당한 이유가 있는 정보 (다만, 의사결정 과정 또는 내부검토 과정을 이유로 비공개할 경우에는 비공개 결정 통지를 할 때 의사결정 과정 또는 내부검토 과정의 단계 및 종료 예정일을 함께 안내하여야 한다.)

(6) 개인에 관한 사항으로서 공개될 경우 사생활의 비밀 또는 자유를 침해할 우려가 있다고 인정되는 정보

(7) 법인·단체 또는 개인의 경영상·영업상 비밀에 관한 사항으로서 공개될 경우 법인등의 정당한 이익을 현저히 해칠 우려가 있다고 인정되는 정보

(8) 특정인에게 이익 또는 불이익을 줄 우려가 있는 정보

III 사안의 해결

갑은 정보공개 청구권의 주체에 해당한다. 그러나 갑이 공개 청구한 발언자의 인적사항은 개인의 사생활의 비밀 또는 자유를 침해할 우려가 있어 비공개될 수 있다.

｜문제 4｜ 「질서위반행위규제법」상 질서위반행위의 개념과 시간적, 장소적 적용범위에 관하여 설명하시오. (20점)

◆ 모범답안 ◆

I 질서위반행위

법률 또는 조례상의 의무를 위반하여 과태료를 부과하는 행위를 의미한다.

II 시간적 적용범위

1. 원칙

   행위시의 법률에 따른다.

2. 예외

   (1) 질서위반행위 후 법률이 변경되어 그 행위가 질서위반행위에 해당하지 아니하게 되거나 과태료가 변경되기 전의 법률보다 가볍게 된 때에는 법률에 특별한 규정이 없는 한 변경된 법률을 적용한다.

   (2) 행정청의 과태료 처분이나 법원의 과태료 재판이 확정된 후 법률이 변경되어 그 행위가 질서위반행위에 해당하지 아니하게 된 때에는 변경된 법률에 특별한 규정이 없는 한 과태료의 징수 또는 집행을 면제한다.

III 장소적 적용범위

1. 대한민국 영역 안에서 질서위반행위를 한 자에게 적용한다.

2. 대한민국 영역 밖에서 질서위반행위를 한 대한민국의 국민에게 적용한다.

3. 대한민국 영역 밖에 있는 대한민국의 선박 또는 항공기 안에서 질서위반행위를 한 외국인에게 적용한다.

2022년 제10회 행정사 2차 기출문제
행정절차론 모범답안

문제 1 甲은 식품접객업을 영위하고 있는 자로 판매하던 식품에 이물질이 혼입되어 있다는 사실이 관할 행정청의 단속과정에서 적발되었다. 그런데 관할 행정청은 甲에게 시정명령서를 송부하지 아니하고, 담당 공무원이 甲의 영업장을 방문하여 구두로 시정명령의 내용을 고지하였다. 그런데 관할 행정청이 정밀조사한 결과 위 이물질이 사람의 생명을 해칠 수 있는 유독물질임이 밝혀졌다. 이에 관할 행정청은 甲의 영업소에 대한 폐쇄명령을 하고자 청문통지서를 발송하였으나, 청문일 5일 전에 甲에게 도달하였다. 그런데 「행정절차법」에 따르면 청문일 10일 전까지 통지하여야 하므로 절차상 하자가 있었지만, 甲은 청문일에 출석하여 자신의 의견을 진술하는 등 방어의 기회를 충분히 가졌고, 관할 행정청은 폐쇄명령을 하였다. (40점)

(1) 위 시정명령의 위법 여부를 설명하시오. (20점)
(2) 위 폐쇄명령의 위법 여부를 설명하시오. (20점)

◆ 모범답안 ◆

물음 1) (20점)

Ⅰ 처분의 방식

1. 원칙

   행정청이 처분은 문서로 하여야 한다.

2. 예외

   (1) 전자문서

   ① 당사자등의 동의가 있는 경우에 해당하는 경우와 ② 당사자가 전자문서로 처분을 신청한 경우에는 전자문서로 할 수 있다.

   (2) 구술 등

   긴급히 처분을 할 필요가 있거나 사안이 경미한 경우에는 구술 기타 방법으로 할 수 있으며, 이 경우 당사자의 요청 시 지체 없이 처분에 관한 문서를 교부하여야 한다.

3. 실명제

   처분을 하는 문서에는 그 처분 행정청과 담당자의 소속·성명 및 연락처를 적어야 한다.

Ⅱ 구두로 고지한 처분의 위법성 여부

사안에서 담당공무원이 시정명령을 구두로 고지한 것은 공공의 안전 또는 복리를 위하여 긴급성이 인정되지 않는다는 전제 하에 「행정절차법」상 규정을 위반한 절차상 하자에 해당한다. 「헌법」 제12조 적법절차원리가 일반조항으로서 행정절차에 유추적용 된다는 점을 볼 때, 절차의 하자도 기본권 침해에 해당하므로 절차 하자의 독자적 위법성을 인정하는 것이 타당하다.

Ⅲ 처분의 효력

절차 하자에 대한 위법성의 정도는 중대·명백설에 따라 판단한다. 따라서 사안에서의 시정명령은 특별한 예외 사유에 해당하지 않는 한 중대하고 명백한 하자로 무효이다.

물음 2) (20점)

Ⅰ 절차상 하자있는 처분의 효력

「헌법」제12조 적법절차원리가 일반조항으로서 행정절차에 유추적용된다는 점을 볼 때, 절차의 하자도 기본권 침해에 해당하므로 절차 하자의 독자적 위법성을 인정하는 것이 타당하다. 위법성의 정도는 중대·명백설에 따라 판단하며, 청문 통지상의 하자는 취소 사유에 해당한다.

Ⅱ 치유가능성

하자의 치유는 원칙적으로 부정되지만, 예외적으로 하자의 치유를 인정한다 하더라도 국민의 권익침해가 없고 행정의 능률적 수행이 가능하다면 그 한도 내에서 제한적으로만 하자의 치유가 가능하다고 보아야 한다.

Ⅲ 치유시기

학설은 ① 쟁송제기 이전시설과, ② 쟁송종결 이전시설이 대립하며, 판례는 치유를 허용하려면 적어도 처분에 대한 불복여부의 결정 및 불복신청에 편의를 줄 수 있는 상당한 기간 내라고 판시하였다.

Ⅳ 치유의 효과

행정행위의 절차상 하자의 치유를 인정하면 절차상 위법은 제거되고 당해 행정행위는 적법한 것으로 간주된다. 치유의 효과는 소급적이므로 그 행정행위는 처음부터 적법한 행위가 된다.

Ⅴ 사안의 해결

사안의 폐쇄명령은 절차상 하자가 존재한다.
그러나 청문일 5일 전에 청문통지서가 도달하였다는 점과 甲은 청문일에 출석하여 자신의 의견을 진술하는 등 방어의 기회를 충분히 가졌다는 점을 비추어 하자의 치유를 인정할 수 있다. 따라서 폐쇄명령은 적법한 처분이다.

문제 2 학교폭력 사건에 연루되어 강제전학조치를 받은 사립중학교에 재학중인 학생 甲이 강제전학조치에 불복하여 행정심판을 제기하고자, 학교폭력대책위원회의 회의록에 대하여 「공공기관의 정보공개에 관한 법률」(이하 "법"이라 한다.)에 근거하여 정보공개를 청구하였다. 사립중학교가 이 법의 적용대상이 되는 지를 설명하고, 회의록에 사생활 관련 사항이 포함되어 있다면 어떤 범위로 정보공개를 할 수 있는지를 설명하시오. (20점)

◆ 모범답안 ◆

I 정보공개 의무자

국가기관, 지방자치단체, 「공공기관의 운영에 관한 법률」에 따른 공공기관 등을 의미한다. 사립학교의 공공기관 해당 여부에 관하여 대법원은 교육의 공공성, 공·사립학교의 동질성 등을 이유로 사립학교를 정보공개의무를 지는 공공기관의 하나로 보고 있다.

II 비공개 대상 정보

「공공기관의 정보공개에 관한 법률」제9조는 비공개 대상 정보를 열거하고 있다. 사안에서의 사생활 관련 사항은 개인정보로서 공개될 경우 사생활의 비밀 또는 자유를 침해할 우려가 있다고 인정되는 정보로 법에서 규정한 비공개 대상 정보에 비공개 대상 정보에 해당할 수 있다.

III 부분 공개

공개 청구한 정보가 비공개 대상 부분과 공개가 가능한 부분이 혼합되어 있는 경우로서 공개 청구의 취지에 어긋나지 아니하는 범위 안에서 두 부분을 분리할 수 있는 때에는 비공개 대상 부분을 제외하고 공개하여야 한다.

IV 사안의 적용

사립학교는 공개 의무자에 해당하며, 회의록 역시 공개 대상 정보에 해당한다. 따라서 회의록 상의 사생활 관련 사항이 비공개 필요성이 인정되며, 공개 청구의 취지에 어긋나지 아니하는 범위 안에서 두 부분을 분리할 수 있는 때에는 부분 공개의 방법으로 사생활 관련 부분을 제외하고 공개하여야 한다.

문제 3 「행정조사기본법」에서는 정기조사와 수시조사를 규정하고 있다. 수시조사를 실시하고 있는 경우를 설명하고, 정기조사 또는 수시조사를 실시한 행정기관의 장은 동일한 사안에 대하여 동일한 조사대상자를 조사하여서는 안된다는 원칙과 그 예외에 관하여 설명하시오. (20점)

◆ 모범답안 ◆

I 조사의 주기

1. 정기조사
법령등 또는 행정조사운영계획으로 정하는 바에 따라 정기적으로 실시함을 원칙으로 한다.

2. 수시조사 실시사유
(1) 법률에서 수시조사를 규정하고 있는 경우
(2) 법령등의 위반에 대하여 혐의가 있는 경우
(3) 다른 행정기관으로부터 법령등의 위반에 관한 혐의를 통보 또는 이첩받은 경우
(4) 법령등의 위반에 대한 신고를 받거나 민원이 접수된 경우

II 중복조사 제한

1. 행정기관의 재조사 금지
행정기관의 장은 동일한 사안에 대하여 동일한 조사대상자를 재조사하여서는 아니 된다. 다만, 당해 행정기관이 이미 조사를 받은 조사대상자에 대하여 위법행위가 의심되는 새로운 증거를 확보한 경우에는 그러하지 아니하다.

2. 행정기관 간의 중복조사 금지
(1) 행정조사를 실시할 행정기관의 장은 행정조사를 실시하기 전에 다른 행정기관에서 동일한 조사대상자에게 동일하거나 유사한 사안에 대하여 행정조사를 실시하였는지 여부를 확인할 수 있다.
(2) 행정조사를 실시할 행정기관의 장이 사실을 확인하기 위하여 행정조사의 결과에 대한 자료를 요청하는 경우 요청받은 행정기관의 장은 특별한 사유가 없는 한 관련 자료를 제공하여야 한다.

문제 4 「행정규제기본법」상 규제의 원칙을 설명하고 규제개혁위원회의 심의·조정 사항을 기술하시오. (20점)

◆ 모범답안 ◆

I 실정법상 규제의 원칙

1. 국가나 지방자치단체는 국민의 자유와 창의를 존중하여야 하며, 규제를 정하는 경우에도 그 본질적 내용을 침해하지 아니하도록 하여야 한다.

2. 국가나 지방자치단체가 규제를 정할 때에는 국민의 생명·인권·보건 및 환경 등의 보호와 식품·의약품의 안전을 위한 실효성이 있는 규제가 되도록 하여야 한다.

3. 규제의 대상과 수단은 규제의 목적 실현에 필요한 최소한의 범위에서 가장 효과적인 방법으로 객관성·투명성 및 공정성이 확보되도록 설정되어야 한다.

II 우선허용·사후규제 원칙(입법 방식의 유연화)

국가나 지방자치단체가 신기술을 활용한 새로운 서비스 또는 제품과 관련된 규제를 법령등이나 조례·규칙에 규정할 때에는 다음의 규정 방식을 우선적으로 고려하여야 한다.

1. 네거티브 리스트
   규제로 인하여 제한되는 권리나 부과되는 의무는 한정적으로 열거하고 그 밖의 사항은 원칙적으로 허용한다.

2. 포괄적 개념 정의
   서비스와 제품의 인정 요건·개념 등을 장래의 신기술 발전에 따른 새로운 서비스와 제품도 포섭될 수 있도록 한다.

3. 유연한 분류 체계
   서비스와 제품에 관한 분류 기준을 장래의 신기술 발전에 따른 서비스와 제품도 포섭될 수 있도록 유연하게 정한다.

4. 사후평가 방식
   신기술 서비스·제품과 관련하여 출시 전에 권리를 제한하거나 의무를 부과하지 아니하고 필요에 따라 출시 후에 권리를 제한하거나 의무를 부과한다.

III 규제개혁위원회의 심의·조정 사항

1. 규제정책의 기본방향과 규제제도의 연구·발전에 관한 사항
2. 규제의 신설·강화 등에 대한 심사에 관한 사항
3. 기존규제의 심사, 신산업 규제정비 기본계획 및 규제정비 종합계획의 수립·시행에 관한 사항
4. 규제의 등록·공표에 관한 사항
5. 규제 개선에 관한 의견 수렴 및 처리에 관한 사항
6. 각급 행정기관의 규제 개선 실태에 대한 점검·평가에 관한 사항
7. 그 밖에 위원장이 위원회의 심의·조정이 필요하다고 인정하는 사항

2023년 제11회 행정사 2차 기출문제
행정절차론 모범답안

문제 1 관할 행정청인 A시장(이하 '행정청'이라 한다.)은 甲이 소유한 건물(이하 '이 사건 건물'이라 한다.)에 대하여 甲의 사전 동의를 받아 甲이 참석한 가운데 현장조사를 실시하였다. 甲은 위 현장조사 과정에서 이 사건 건물의 무단 용도변경 사실을 인정하고 그 위반경위에 대해 진술하였다. 그런데 행정청은 현장조사 다음날에 원상복구를 명하는 시정명령(이하 '이 사건 처분'이라 한다.)을 하였다. 이에 甲은 이 사건 처분이 사전통지 및 의견제출기회 부여 절차를 거치지 않은 위법한 처분임을 이유로 취소소송을 제기하였다. 다음 물음에 답하시오. (40점)

(1) A행정청은 '처분의 사전통지'에 관하여, 현장조사 당시 甲이 법률위반사실을 인정하였고 그 위반경위를 진술하였으므로 「행정절차법」 제21조 제항 제3호가 정한 "해당 처분의 성질상 의견청취가 현저히 곤란하거나 명백히 불필요하다고 인정될 만한 상당한 이유가 있는 경우"로서 처분의 사전통지를 하지 아니하여도 되는 경우에 해당한다고 주장한다. 「행정절차법」상 '처분의 사전통지'에 관하여 설명하고, 행정청 주장의 타당성을 검토하시오. (20점)

(2) 행정청은 '의견제출기회 부여'에 관하여, 현장조사 당시 甲이 법률위반 경위에 대해 진술하였으므로 의견제출기회가 부여되었고, 아니라고 하더라도 위와 마찬가지로 「행정절차법」 제21조 제4항 제3호에 따라 의견제출기회 부여를 하지 아니하여도 되는 경우에 해당한다고 주장한다. 「행정절차법」 상 '의견제출'에 관하여 설명하고, 행정청 주장의 타당성을 검토하시오. (20점)

◆ 모범답안 ◆

물음 1) (20점)

I 대상

당사자에게 불이익한 처분을 하는 경우에는 미리 해당 사항을 당사자등에게 통지하여야 한다.

II 사전통지의 생략사유

1. 공공의 안전 또는 복리를 위하여 긴급히 처분을 할 필요가 있는 경우
2. 법령등에서 요구된 자격이 없거나 없어지게 되면 반드시 일정한 처분을 하여야 하는 경우에 그 자격이 없거나 없어지게 된 사실이 법원의 재판 등에 의하여 객관적으로 증명된 때
3. 당해 처분의 성질상 의견청취가 현저히 곤란하거나 명백히 불필요하다고 인정될 만한 상당한 이유가 있는 경우

III 사전통지 기간

의견제출에 필요한 기간을 10일 이상으로 고려하여 정하여야 한다.

Ⅳ 사안의 적용

시정명령은 불이익한 처분으로 사전통지 절차는 의무적이다. 따라서 의견제출에 필요한 상당한 기간을 고려하여 미리 처분의 제목, 처분하려는 원인이 되는 사실과 처분의 내용 및 법적 근거, 이에 대하여 의견을 제출할 수 있다는 뜻과 의견을 제출하지 아니하는 경우의 처리방법, 의견제출기관의 명칭과 주소, 의견제출기한 등의 사항을 당사자등에게 통지하여야 한다.

본 사안의 경우 적법한 사전통지 사항에 대한 통지도 없었으며 의견제출에 필요한 상당한 기간도 주어지지 않았다. 나아가 행정청이 주장하는 해당 처분의 성질상 의견청취가 현저히 곤란하거나 명백히 불필요하다고 인정될 만한 상당한 이유가 있는 경우에도 해당하지 않는다. 따라서 행정청의 주장은 타당하지 않다.

물음 2) (20점)

Ⅰ 의의

의견제출이란 행정청이 어떠한 행정작용을 하기 앞서 당사자등이 의견을 제시하는 절차로서 청문이나 공청회에 해당하지 아니하는 절차를 말한다.

Ⅱ 대상

불이익한 처분에 있어 청문 또는 공청회를 거치지 않은 경우 의견제출 절차를 의무적으로 거쳐야 한다.

Ⅲ 의견제출의 생략사유

행정청은 사전통지의 예외사유에 해당하는 경우와 당사자가 의견진술의 기회를 포기한다는 뜻을 명백히 표시한 경우에는 의견청취를 아니 할 수 있다.

Ⅳ 사안의 적용

사전통지를 하지 않고 단순히 현장조사 당시 甲이 법률위반 경위에 대해 진술한 사정만으로는 의견제출기회를 부여했다고 볼 수 없다. 또한 의견청취가 현저히 곤란하거나 명백히 불필요하다고 인정될 만한 상당한 이유가 있는 경우에 해당하는지는 해당 행정처분의 성질에 비추어 판단하여야 하며, 처분상대방이 이미 행정청에게 위반사실을 시인하였다거나 처분의 사전통지 이전에 의견을 진술할 기회가 있었다는 사정을 고려하여 판단할 것은 아니다.

따라서 행정청의 주장은 타당하지 않다.

‖ **문제 2** ‖ 甲은 A시장의 업무추진비가 사적인 용도로 사용되고 있을지도 모른다는 의혹이 생기자 「공공기관의 정보공개에 관한 법률」에 근거하여 A시장에게 'A시장의 업무추진비 집행명세서 사본'(이하 '이 사건 정보'라고 한다.)의 공개를 청구하였다. 이 사건 정보의 내용 중에는 A시장의 업무추진비 집행의 상대방이 된 개인의 이름과 주민등록번호도 포함되어 있지만, 이름·주민등록번호가 삭제된 사본을 교부하는 방식에 의한 공개는 가능하다. 그런데 A시장은 "이 사건 정보의 내용 중에는 개인의 이름과 주민등록번호도 포함되어 있어 이를 공개할 경우에는 개인의 사생활의 비밀과 자유를 침해할 우려가 있다"는 이유로 이 사건 정보의 전부에 대해 비공개 결정을 하였다. 이 사건 정보 중 이름·주민등록번호를 제외한 나머지 부분은 비공개 대상 정보가 아니라고 전제할 때, A시장이 위와 같은 이유로 이 사건 정보의 전부에 대해 비공개 결정을 한 것이 타당한지를 검토하시오. (20점)

◆ 모범답안 ◆

I 정보공개 청구권과 공개 대상 정보

정보공개 청구권은 「헌법」의 제21조에서 직접 파생하는 구체적이고 현실적인 권리로, 「헌법」상의 기본권으로 보장된다. 「공공기관의 정보공개에 관한 법률」도 정보공개 청구권을 국민의 알권리로서 특정인의 특정사안에 대한 이해관련성의 유무를 불문하고 정보에 대한 이익 그 자체를 권리로서 보장하고 있다.

「공공기관의 정보공개에 관한 법률」은 비공개 대상 정보를 열거하고 있으며 이러한 비공개 대상 정보에 해당하지 않는다면 공공기관이 보유·관리하는 정보는 공개하여야 한다.

II 부분 공개

공개 청구한 정보가 비공개 대상 부분과 공개가 가능한 부분이 혼합되어 있는 경우로서 공개 청구의 취지에 어긋나지 아니하는 범위 안에서 두 부분을 분리할 수 있는 때에는 비공개 대상 부분을 제외하고 공개하여야 한다.

III 사안의 적용

본 사안에서 공개 청구한 정보 중 이름·주민등록번호를 제외한 나머지 부분은 비공개 대상 정보가 아니며, 이름·주민등록번호가 삭제된 사본을 교부하는 방식에 의한 공개는 가능하며, 공개 대상 정보만으로도 청구인의 알권리를 충족할 수 있다고 보여 지므로 A시장은 부분 공개 결정을 내려야 한다.

따라서 A시장이 이 사건 정보의 전부에 대해 비공개 결정을 한 것은 타당하지 않다.

문제 3 甲은 허가를 요하는 사업의 주무관청인 A행정청으로부터 허가를 받아 사업을 경영하고 있다. 그러던 중 甲은 법률상의 의무위반을 이유로 B행정청으로부터 과태료를 부과받았으나 이를 체납하고 있다. 이 경우 행정청이 「질서위반행위규제법령」에 따라 과태료 체납자에 대한 제재로서 위 허가를 취소할 수 있는 요건과, 그 요건이 충족된다면 B행정청이 취할 수 있는 조치에 관하여 설명하시오. (20점)

◆ 모범답안 ◆

I 관허사업의 제한

행정청은 과태료 체납자 중 허가등을 요하는 사업을 경영하는 자에 대하여는 사업의 정지 또는 허가등의 취소를 할 수 있다.

II 요건

1. 해당 사업과 관련된 과태료를 ① 3회 이상 체납하고 있고, ② 체납발생일부터 각 1년 경과하였으며, ③ 체납 금액의 합계가 500만 원 이상인 체납자

2. 천재지변이나 그 밖의 중대한 재난 등 특별한 사유 없이 과태료를 체납한 자

III B행정청이 취할 수 있는 조치

B행정청은 甲에게 관허사업의 제한 결정을 할 수 있다.

이 경우 B행정청은 A행정청에 대하여 사업의 정지 또는 허가등의 취소를 요구할 수 있다. 또한 B행정청은 A행정청에 대하여 그 요구를 한 후 당해 과태료를 징수한 때에는 지체 없이 사업의 정지 또는 허가등의 취소나 그 요구를 철회하여야 한다.

문제 4 「주민등록법」상 주민등록번호의 '정정사유'와 '변경사유'에 관하여 설명하시오. (20점)

◆ 모범답안 ◆

I 주민등록번호 정정사유

주민등록지의 시장·군수 또는 구청장은 ①「가족관계의 등록 등에 관한 법률」에 따른 신고에 따라 등록 사항의 정정으로 인하여 주민등록번호를 정정하여야 하는 경우, ② 주민으로부터 주민등록번호의 오류를 이유로 정정신청을 받은 경우, ③ 주민등록번호에 오류가 있음을 발견한 경우에는 주민등록번호를 부여한 시장·군수 또는 구청장에게 주민등록번호의 정정을 요구하여야 한다.

II 주민등록번호 변경사유

1. 유출된 주민등록번호로 인하여 생명·신체에 위해를 입거나 입을 우려가 있다고 인정되는 사람

2. 유출된 주민등록번호로 인하여 재산에 피해를 입거나 입을 우려가 있다고 인정되는 사람

3. 아동·청소년의 성보호에 관한 법률」에 따른 피해아동·청소년, 성폭력피해자, 성매매피해자, 가정폭력범죄의 피해자 등에 해당하는 사람으로서 유출된 주민등록번호로 인하여 피해를 입거나 입을 우려가 있다고 인정되는 사람

4. 공익신고자등, 범죄행위로 명예를 훼손당한 사람, 특정범죄신고자등, 학교폭력 피해학생 등에 해당하는 사람으로서 유출된 주민등록번호로 인하여 생명·신체에 위해를 입거나 입을 우려 또는 재산에 피해를 입거나 입을 우려가 있는 사람

2024년 제12회 행정사 2차 기출문제
행정절차론 모범답안

문제 1 甲은 그의 소유인 A시 소재 건물(이하 '이 사건의 건물'이라 한다.)에서 유흥주점 영업을 해오던 중, 甲의 지방세 체납으로 이 사건 건물이 압류되었다. 乙은「지방세법」에 따른 압류재산 매각절차에서 이 사건 건물을 낙찰받아, 乙 명의로 소유권이전등기를 경료하고, 관할행정청인 A시장에게 위 유흥주점의 영업자지위승계신고를 하였다.「식품위생법」에 따르면, 관할행정청은 영업자지위승계신고를 받은 날부터 3일 이내에 신고수리 여부를 신고인에게 통지하여야 하며, 그 기간 내에 신고수리 여부 또는 민원 처리 관련 법령에 따른 처리기간의 연장을 신고인에게 통지하지 아니하면 그 기간이 끝난 날의 다음 날에 신고를 수리한 것으로 본다. 다음 물음에 답하시오. (40점)

(1) 乙의 영업자지위승계신고의 법적 성질을 설명한 후, A시장이 乙의 영업자지위승계신고를 수리할 경우 그 수리처분에 있어서 甲은「행정절차법」상 '당사자등'이 되는지 검토하시오. (20점)

(2) A시장이 乙의 영업자지위승계신고를 수리하지 않을 경우 그 불수리처분에 앞서 乙에 대하여「행정절차법」제21조(처분의 사전 통지) 및 제23조(처분의 이유 제시)의 절차를 거쳐야 하는지 검토하시오. (20점)

◆ 모범답안 ◆

물음 1) (20점)

I 영업자지위승계신고의 법적 성질

영업자의 지위를 승계한 자가 관할행정청에 이를 신고하여 행정청이 영업자지위승계신고를 수리하는 경우에는 종전의 영업자에 대한 영업허가 등은 그 효력을 잃는다 할 것이다. 따라서 영업자지위승계신고는 수리를 요하는 신고이며, 이를 수리하는 처분은 종전 사업자에 대한 불이익한 처분에 해당한다. 행정청이 공표한 처분기준에 따라 불이익한 처분을 하는 경우에는 사전에 통지하여 의견청취 절차를 거친 후, 문서로 처분과 그 이유를 명시하고 구제방법 등을 고지하여야 한다. 이는 처분 당사자등의 절차적 권리이며, 당사자의 개인적 공권으로 보호되어야 한다.

II 당사자등

1. 개념

당사자등이란 행정청의 처분에 대하여 직접 그 상대가 되는 당사자와 행정청이 직권으로 또는 신청에 따라 행정절차에 참여하게 한 이해관계인을 의미한다.

2. 자격

(1) 자연인

(2) 법인, 법인이 아닌 사단 또는 재단

(3) 다른 법령등에 따라 권리·의무의 주체가 될 수 있는 자

3. 사안의 적용
처분에 관한 권리 또는 이익을 사실상 양수한 자는 행정청의 승인을 받아 당사자등의 지위를 승계할 수 있다. 본 사안에서 乙의 영업자지위승계신고를 수리하는 A시장의 수리처분은 乙이 甲의 지위를 승계하므로, 종전의 영업자인 甲은 영업자지위를 상실한다는 점에서 처분의 직접 상대방인 당사자에 해당한다.

물음 2) (20점)

I 사전통지

1. 대상
당사자에게 불이익한 처분을 하는 경우에는 미리 해당 사항을 당사자등에게 통지하여야 한다.

2. 생략사유
(1) 공공의 안전 또는 복리를 위하여 긴급히 처분을 할 필요가 있는 경우
(2) 법령등에서 요구된 자격이 없거나 없어지게 되면 반드시 일정한 처분을 하여야 하는 경우에 그 자격이 없거나 없어지게 된 사실이 법원의 재판 등에 의하여 객관적으로 증명되는 경우
(3) 당해 처분의 성질상 의견청취가 현저히 곤란하거나 명백히 불필요하다고 인정될 만한 상당한 이유가 있는 경우

3. 거부처분
신청에 따른 처분이 이루어지지 않은 경우에는 아직 당사자에게 권익이 부과되지 아니하였으므로 특별한 사정이 없는 한 신청에 대한 거부처분이라고 하더라도 직접 당사자의 권익을 제한하는 것은 아니다.

II 이유제시

1. 의의
처분의 근거가 된 법적·사실적 사유를 처분 시에 구체적으로 명시하여야 한다.

2. 대상
(1) 원칙
모든 처분을 대상으로 한다.
(2) 생략사유
① 신청내용을 모두 그대로 인정하는 처분인 경우
② 단순·반복적인 처분 또는 경미한 처분으로서 당사자가 그 이유를 명백히 알 수 있는 경우
③ 긴급히 처분을 할 필요가 있는 경우

3. 사안의 해결
처분의 신청에 대한 수리를 거부하는 처분은 불이익한 처분에 해당하지 않으므로 사전통지의 대상이 아니다. 이유제시의 경우 특별히 생략사유에 해당하지 않는 한 모든 처분을 대상으로 한다. 따라서 본 사안의 경우 「행정절차법」 제21조(처분의 사전 통지)의 절차는 거칠 필요가 없지만, 제23조(처분의 이유 제시)의 절차는 거쳐야 한다.

문제 2 「개인정보 보호법」상 '집단분쟁조정'의 실시요건과 이에 대한 분쟁조정위원회의 처리절차에 관하여 설명하시오. (20점)

◆ 모범답안 ◆

I 집단분쟁조정의 실시

국가 및 지방자치단체, 개인정보 보호단체 및 기관, 정보주체, 개인정보처리자는 정보주체의 피해 또는 권리침해가 다수의 정보주체에게 같거나 비슷한 유형으로 발생하는 경우로서 50명 이상의 정보주체(이미 구제가 끝났거나 구제절차가 진행되고 있는 정보주체는 제외)가 피해를 입은 경우에는 집단분쟁조정을 의뢰 또는 신청할 수 있다.

II 처리절차

1. 개시 공고

   분쟁조정위원회는 집단분쟁조정 절차의 개시를 공고하여야 하며, 집단분쟁조정의 당사자가 아닌 정보주체 또는 개인정보처리자로부터 그 분쟁조정의 당사자에 추가로 포함될 수 있도록 하는 신청을 받을 수 있다.

2. 처리기간

   분쟁조정위원회는 공고가 종료된 날의 다음 날부터 60일 이내로 한다. 다만, 부득이한 사정이 있는 경우에는 분쟁조정위원회의 의결로 처리기간을 연장할 수 있다.

3. 대표자 선정

   분쟁조정위원회는 집단분쟁조정의 당사자 중에서 공동의 이익을 대표하기에 가장 적합한 1인 또는 수인을 대표당사자를 선임할 수 있다.

4. 보상계획서 제출 권고

   분쟁조정위원회는 개인정보처리자가 집단분쟁조정의 내용을 수락한 경우에는 당사자가 아닌 자로서 피해를 입은 정보주체에 대한 보상계획서를 제출하도록 권고할 수 있다.

5. 조정절차에서의 제외

   분쟁조정위원회는 집단분쟁조정의 당사자인 다수의 정보주체 중 일부의 정보주체가 법원에 소를 제기한 경우에는 그 절차를 중지하지 아니하고, 소를 제기한 일부의 정보주체를 그 절차에서 제외한다.

‖ **문제 3** ‖ 「질서위반행위규제법」상 약식재판에 대한 이의신청이 제기된 경우 법원의 처리절차를 설명하고, '이의신청 취하'와 '이의신청 각하'를 비교하여 공통점과 차이점을 설명하시오. (20점)

◆ 모범답안 ◆

Ⅰ 약식재판

법원은 상당하다고 인정하는 때에는 심문 없이 과태료 재판을 할 수 있다.

Ⅱ 이의신청의 처리 절차

1. 신청 기간

당사자와 검사는 약식재판의 고지를 받은 날부터 7일 이내에 이의신청을 할 수 있다. 이때의 기간은 불변기간이다.

2. 신청 방식

당사자와 검사는 약식재판을 한 법원에 이의신청서를 제출하며, 법원은 이의신청의 상대방에게 이의신청서 부본을 송달하여야 한다.

3. 정식재판 절차로의 이행

법원이 이의신청이 적법하다고 인정하는 때에는 약식재판은 그 효력을 상실하며, 법원은 심문을 거쳐 다시 재판하여야 한다.

Ⅲ 이의신청 취하와 각하

1. 이의신청 취하

이의신청을 한 당사자 또는 검사는 정식재판 절차에 따른 결정을 고지받기 전까지 이의신청을 취하할 수 있다. 이의신청의 취하는 이의신청취하서를 법원에 제출함으로써 한다. 다만, 심문기일에는 말로 할 수 있다.

2. 이의신청 각하

법원은 이의신청이 법령상 방식에 어긋나거나 이의신청권이 소멸된 뒤의 것임이 명백한 경우에는 결정으로 이를 각하하여야 한다.

3. 공통점

당사자 또는 검사가 이의신청을 취하한 때와 이의신청에 대한 각하결정이 확정된 때에는 약식재판을 확정한다.

문제 4 | 「행정조사기본법」상 자율관리체제의 구축신고에 관하여 설명하시오. (20점)

◆ 모범답안 ◆

I 자율신고제도

1. 행정기관의 장은 조사사항을 조사대상자로 하여금 스스로 신고하도록 하는 제도를 운영할 수 있다.

2. 행정기관의 장은 조사대상자가 신고한 내용이 거짓의 신고라고 인정할 만한 근거가 있거나 신고내용을 신뢰할 수 없는 경우를 제외하고는 그 신고내용을 행정조사에 갈음할 수 있다.

II 자율관리체제의 구축

1. 행정기관의 장은 조사대상자가 자율적으로 행정조사사항을 신고·관리하고, 스스로 법령준수사항을 통제하도록 하는 체제의 기준을 마련하여 고시할 수 있다.

2. 조사대상자와 조사대상자가 법령등에 따라 설립하거나 자율적으로 설립한 단체 또는 협회는 자율관리체제의 기준에 따라 자율관리체제를 구축하여 행정기관의 장에게 신고할 수 있다.

3. 국가와 지방자치단체는 행정사무의 효율적인 집행과 법령등의 준수를 위하여 조사대상자의 자율관리체제 구축을 지원하여야 한다.

III 자율관리에 대한 혜택의 부여

행정기관의 장은 자율신고를 하는 자와 자율관리체제의 기준을 준수한 자에 대하여는 행정조사의 감면 또는 행정·세제상의 지원을 하는 등 필요한 혜택을 부여할 수 있다.

2025년 제13회 행정사 2차 기출문제
행정절차론 모범답안

문제 1 건강보험 지역가입자인 甲은 동성(同性)인 乙과 동거하던 중 결혼식을 올린 뒤 국민건강보험공단(이하 '공단'이라 한다)에 건강보험 직장 가입자인 乙의 사실혼 배우자로 피부양자 자격취득 신고를 하자 공단은 이를 수리하여 피부양자 자격을 취득한 것으로 등록하였다. 이후 甲은 지역가입자 보험료를 납부하지 않고 乙의 피부양자 자격으로 보험급여를 받아왔다. 그런데 이 사실이 언론에 보도되자 공단은 甲을 피부양자로 등록한 것이 착오 처리였다며 甲의 피부양자 자격을 박탈해서 소급하여 상실시키고 지역가입자로 甲의 자격을 변경한 후 그동안의 지역가입자로서의 건강보험료를 납입하라고 고지(이하 '이 사건 납입고지'라 한다)하였다. 이에 甲은 공단을 방문하여 乙의 사실혼 배우자로 피부양자 자격취득 신고를 다시 하였으나, 며칠 후 공단은 그 수리가 불가하다는 내용을 휴대전화 문자메시지로 통지(이하 '이 사건 통지'라 한다)하였다. 한편, 「전자문서 및 전자거래 기본법」의 규정에 따르면 공단이 보낸 위 휴대전화 문자메시지는 전자문서에 해당한다. 다음 물음에 답하시오. (40점)

(1) 공단이 이 사건 납입고지를 할 때 어떤 절차를 밟아야 하는지 검토하시오. (20점)
(2) 이 사건 통지의 방식에 하자가 있는지와 공단이 수리거부처분을 할 때 사전통지를 하여야 하는지 검토하시오. (20점)

◆ 모범답안 ◆

물음 1) (20점)

I 논점의 정리

이 사건 납입고지는 甲에 대한 불이익한 처분에 해당한다. 따라서 행정청이 공표한 처분기준에 따라 불이익한 처분을 하는 경우에는 사전에 통지하여 의견청취절차를 거친 후, 문서로 처분과 그 이유를 명시하고 구제방법 등을 고지하여야 한다. 이는 처분 당사자등의 절차적 권리이며, 당사자의 개인적 공권으로 보호되어야 한다.

II 처분절차

1. 사전통지
   (1) 대상
   행정청은 당사자에게 불이익한 처분을 하기 전에 일정한 사항을 당사자등에게 통지하여야 한다.
   (2) 생략 사유
   ① 공공의 안전 또는 복리를 위하여 긴급히 처분을 할 필요가 있는 경우
   ② 법령등에서 요구된 자격이 없거나 없어지게 되면 반드시 일정한 처분을 하여야 하는 경우에 그 자격이 없거나 없어지게 된 사실이 법원의 재판 등에 의하여 객관적으로 증명된 때
   ③ 당해 처분의 성질상 의견청취가 현저히 곤란하거나 명백히 불필요하다고 인정될 만한 상당한 이유가 있는 경우

2. 의견청취절차

(1) 의견제출
행정청이 어떠한 행정작용을 하기에 앞서 당사자등이 의견을 제시하는 절차로서 청문이나 공청회에 해당하지 아니하는 절차를 말한다.

(2) 청문
행정청이 어떠한 처분을 하기 전에 당사자등의 의견을 직접 듣고 증거를 조사하는 절차를 말한다.

(3) 공청회
행정청이 공개적인 토론을 통하여 어떠한 행정작용에 대하여 당사자등 전문지식과 경험을 가진 자 기타 일반인으로부터 의견을 널리 수렴하는 절차를 말한다.

(4) 의견청취절차의 생략 사유
사전통지의 생략 사유와 당사자가 의견진술의 기회를 포기한다는 뜻을 의견제출 기간 내에 명백히 표시한 경우에는 의견청취를 생략할 수 있다.

(5) 의견제출의 대상
불이익한 처분에 있어 청문 또는 공청회를 거치지 않은 경우 의견제출 절차를 거쳐야 한다.

3. 처분의 이유제시

(1) 의의 및 취지
모든 처분은 그 근거가 되는 법적·사실적 사유를 처분 시에 구체적으로 명시하여야 한다. 이는 행정청의 자의적 결정을 배제하고 당사자로 하여금 행정구제절차에서 적절히 대처할 수 있도록 하는 데 그 취지가 있다.

(2) 생략 사유
① 신청 내용을 모두 그대로 인정하는 처분인 경우
② 단순·반복적인 처분 또는 경미한 처분으로서 당사자가 그 이유를 명백히 알 수 있는 경우
③ 긴급히 처분을 할 필요가 있는 경우

물음 2) (20점)

I 처분의 방식

1. 원칙
행정청이 처분을 할 때에는 다른 법령등에 특별한 규정이 있는 경우를 제외하고는 문서로 하여야 한다.

2. 전자문서
① 당사자등의 동의가 있는 경우에 해당하는 경우, ② 당사자가 전자문서로 처분을 신청한 경우에는 전자문서로 할 수 있다.

3. 문서가 아닌 방법
공공의 안전 또는 복리를 위하여 긴급히 처분을 할 필요가 있거나 사안이 경미한 경우에는 말, 전화 등 문서가 아닌 방법으로 처분을 할 수 있다. 이 경우 당사자가 요청하면 지체 없이 처분에 관한 문서를 주어야 한다.

4. 실명제
처분을 하는 문서에는 그 처분 행정청과 담당자의 소속·성명 및 연락처를 적어야 한다.

5. 사안의 적용
본 사안의 경우 甲은 공단에 방문하여 신고를 하였으므로, 전자문서로 처분을 신청한 경우에 해당하지 않는다. 따라서 관할 행정청은 반드시 문서의 방식으로 甲에게 통지하여야 한다.

Ⅱ 사전통지

1. 대상
행정청은 당사자에게 불이익한 처분을 하기 전에 미리 일정한 사항을 당사자 등에게 통지하여야 한다.

2. 거부처분
신청에 따른 처분이 이루어지지 않은 경우에는 아직 당사자에게 권익이 부과되지 아니하였으므로 특별한 사정이 없는 한 신청에 대한 거부처분이라고 하더라도 직접 당사자의 권익을 제한하는 것은 아니다.

3. 사안의 적용
본 사안에서 甲의 자격취득 신고에 대한 수리거부처분은 불이익한 처분이 아니므로 사전통지의 대상이 아니다. 따라서 공단은 사전통지를 할 필요는 없다.

문제 2 甲은 음주 상태로 차량 운행 중에 중상을 입는 사고가 발생하여 의식이 없는 상태로 병원 응급센터로 후송되었다. 담당 경찰관은 음주측정기에 의한 호흡 측정을 할 수 없다는 사유로 甲의 혈액을 채취하였는데, 이 채혈과 관련하여 「도로교통법」은 운전자의 동의를 받도록 규정하고 있으나 甲의 동의를 얻지 않았을 뿐 아니라 사후에 법원으로부터 영장을 발부받지도 않았다. 그런데, 채혈된 甲의 혈액을 감정한 결과 혈중알코올농도는 0.125%로 분석되어 관할 경찰청장은 甲에 대해 음주운전을 이유로 자동차운전면허를 취소하는 처분을 하였다. 위 채혈에 근거한 운전면허취소처분이 적법한지 검토하시오. (20점)

◆ 모범답안 ◆

I 논점의 정리

본 사안의 채혈은 행정조사에 해당하며, 행정조사 절차의 위법성이 인정된다면 그 행정조사를 기초로 한 처분의 효력에 대하여 살펴볼 필요가 있다.

II 행정조사

1. 의의

행정조사란 행정기관이 정책을 결정하거나 직무를 수행하는 데 필요한 정보나 자료를 수집하는 활동을 말한다.

2. 행정조사의 근거

행정기관은 법령등에서 행정조사를 규정하고 있는 경우에 한하여 행정조사를 실시할 수 있다. 다만, 조사대상자의 자발적인 협조를 얻어 실시하는 행정조사의 경우에는 그러하지 아니하다.

3. 행정조사의 영장주의

행정조사에도 기본권 보장을 위해 원칙상 영장주의가 적용되어야 함이 타당하다.

4. 사안의 적용

채혈과 관련하여 「도로교통법」은 운전자의 동의를 받도록 규정하고 있으나 甲의 동의를 얻지 않았으므로 행정조사의 절차상 하자가 있다. 또한 채혈의 경우 강제처분으로서 기본권 침해가 심각하므로 영장이 필요하다. 따라서 본 사안의 경우 위법한 행정조사에 해당한다.

III 위법한 행정조사에 기초한 행정행위의 적법성 여부

1. 견해의 대립

행정의 효율성을 강조하는 입장인 승계부정설과 국민의 권익을 강조하는 입장인 승계긍정설이 대립한다.

2. 검토

행정조사와 그에 기초한 행정행위는 별개라 할지라도 밀접한 관련성을 가지므로, 행정조사의 위법성은 행정행위에도 원칙적으로 승계된다고 보는 것이 타당하다.

IV 사안의 해결

본 사안에서의 행정조사는 위법한 행정조사에 해당하고, 이러한 행정조사의 위법성은 이를 기초로 내린 처분에도 승계된다. 따라서 채혈에 근거한 운전면허취소처분은 위법하다.

문제 3 | 「행정규제기본법」상 규제법정주의 및 규제의 원칙을 설명하고 우선허용·사후규제 원칙에 대하여 설명하시오. (20점)

◆ 모범답안 ◆

I 행정규제의 의의

행정규제란 국가나 지방자치단체가 특정한 행정 목적을 실현하기 위하여 국민 또는 국내법을 적용받는 외국인의 권리를 제한하거나 의무를 부과하는 것으로서 법령등이나 조례·규칙에 규정되는 사항을 말한다.

II 규제법정주의

1. 규제는 법률에 근거하여야 하며, 그 내용은 알기 쉬운 용어로 구체적이고 명확하게 규정되어야 한다.

2. 규제는 법률에 직접 규정하되, 규제의 세부적인 내용은 법률에서 구체적으로 범위를 정하여 위임한 바에 따라 명령 또는 조례·규칙으로 정할 수 있다. 다만, 법령에서 전문적·기술적 사항이나 경미한 사항으로서 불가피한 경우에 구체적으로 범위를 정하여 고시 등으로 위임할 수 있다.

3. 행정기관은 법률에 근거하지 아니한 규제로 국민의 권리를 제한하거나 의무를 부과할 수 없다.

III 규제의 원칙

1. 국가나 지방자치단체가 규제를 정하는 경우 그 본질적 내용을 침해하지 아니하도록 하여야 한다.

2. 국가나 지방자치단체가 규제를 정할 때에는 실효성이 있는 규제가 되도록 하여야 한다.

3. 규제의 대상과 수단은 규제의 목적 실현에 필요한 최소한의 범위에서 가장 효과적인 방으로 객관성·투명성 및 공정성이 확보되도록 설정되어야 한다.

IV 우선허용·사후규제 원칙(입법 방식의 유연화)

1. 대상

    신기술을 활용한 새로운 서비스 또는 제품과 관련된 규제이다.

2. 내용

    (1) 규제로 인하여 제한되는 권리나 부과되는 의무는 한정적으로 열거하고 그 밖의 사항은 원칙적으로 허용한다(네거티브 리스트).

    (2) 포괄적으로 개념 정의한다.

    (3) 분류 기준을 유연하게 정한다.

    (4) 필요에 따라 출시 후에 권리를 제한하거나 의무를 부과한다.

문제 4 「개인정보 보호법」상 개인정보처리자의 개인정보의 목적 외 이용·제공 제한에 대하여 설명하시오. (20점)

◆ 모범답안 ◆

I 원칙

개인정보처리자는 개인정보를 목적 외 이용·제공하여서는 아니 된다.

II 예외(4부터 8까지의 경우는 공공기관의 경우로 한정)

1. 정보주체로부터 별도의 동의를 받은 경우
2. 다른 법률에 특별한 규정이 있는 경우
3. 명백히 급박한 생명, 신체, 재산의 이익을 위하여 필요
4. 소관 업무를 수행할 수 없는 경우로서 보호위원회의 심의·의결을 거친 경우
5. 조약, 국제협정의 이행
6. 범죄의 수사와 공소의 제기 및 유지
7. 법원의 재판업무 수행
8. 형 및 감호, 보호처분의 집행
9. 공중위생 등 공공의 안전과 안녕을 위하여 긴급히 필요한 경우

III 동의 시 통지사항

1. 개인정보를 제공받는 자
2. 개인정보의 이용 목적
3. 이용 또는 제공하는 개인정보의 항목
4. 개인정보의 보유 및 이용 기간
5. 동의를 거부할 권리 및 동의 거부에 따른 불이익의 내용

IV 공공기관의 공개 의무

공공기관은 목적 외 이용·제공 시 보호위원회가 고시로 정하는 바에 따라 관보 또는 인터넷 홈페이지 등에 게재하여야 한다.

2026 박문각 행정사 2차
이상기/이준희 행정절차론 기본서

초판인쇄 | 2025. 10. 27.　**초판발행** | 2025. 11. 3.　**편저자** | 이상기/이준희
발행인 | 박 용　**발행처** | (주)박문각출판　**등록** | 2015년 4월 29일 제2019-000137호
주소 | 06654 서울시 서초구 효령로 283 서경 B/D 4층　**팩스** | (02)584-2927
전화 | 교재 문의 (02)6466-7202

저자와의
협의하에
인지생략

이 책의 무단 전재 또는 복제 행위는 저작권법 제136조에 의거, 5년 이하의 징역 또는 5,000만 원 이하의 벌금에 처하거나 이를 병과할 수 있습니다.

정가 29,000원

ISBN 979-11-7519-305-5